JN067480

主流文明の世界史

魅力と魔力が歴史をつくる

宮原一武
MIYAHARA Kazutake

はじめに

現生人類の祖先が誕生した地は、いまから二〇万年ほど前の南アフリカ、現在のボツワナ共和国であるとの国際研究チームによる論文が、二〇一九年一〇月に雑誌『ネイチャー』に掲載された。母系に遺伝するミトコンドリアDNAの分析にもとづくもので、ボツワナ北部のこのオカバンゴ湿地帯には、かつてはビクトリア湖の約二倍もの大きさの巨大湖があり、人類の生存に適していたという。人類はこの地域に約七万年の間暮らしていたが、約一三万年前の気候変動による降雨量の増加で、新たな大地を求めて世界各地に拡散していったと考えられている。

正確なことは研究の進展を待つことになるが、現生人類の誕生からおよそ一九万年間、人類は狩猟採集の生活をしながら世界各地に拡がり、一万年ほど前には中近東地域で農業を始めている。

農業が始まると、その農業を基盤とする都市が生まれるようになり、そこから文明が誕生した。ほんの数千年前のことであり、われわれが「世界史」とよぶ内実は、ほとんどがこの数千年の間に生まれた文明の出来事である。したがって、われわれが世界史として認識する主要なものは、人類の「文明史」なのである。

しかしながら、この世界はさまざまな民族が、それぞれの自然条件、歴史条件などによって異なったかたち、あるいは異なった特徴を具えた文明として生み出だしてきた結果である。さらに、それらの文明は文明間で争いを起こし、戦争で勝ったり負けたりしながら、歴史をつくってきたのである。その結果、残念なことに消滅してしまった文明、民族もある。

歴代の歴史家はそのような文明を詳細に研究して、静止画のようなかたちでそれらを「歴史」として記述してきた。一方、歴史家ではない文明研究者は、歴史家が説明する「歴史」を参照しながら、世界史を「動画」のように理解したいと考えた。本書はその試みである。

世界史を動画のように理解するには、それなりの方法論が必要である。その方法の一つは、世界史における「主要な国際語」の変遷を跡づけることだ。世界史のなかで小さな国際語は多数存在したが、主要な国際語、すなわち影響力の大きかった国際語は、それほど多くはない。現代世界における主要な国際語は、アメリカ英語である。その前はイギリス英語であったし、その前はフランス語であり、その前はラテン語、その前はギリシャ語というように、世界史を遡るとそれぞれの時代に国際語であった主要な言語が登場する。しかも、そのような国際語を生み出していたのは「主流文明」であったことがわかる。すなわち、世界史を先導してきたのは主流文明であり、主流文明が一直線のように連なって世界史をつらぬいていることを発見する。

さらに、産業革命以後の文明形成には、国際語だけでなく「国際通貨」が絶対的に必要であった。適切な国際通貨の供給がなければ、世界経済は破綻することも理解できる。すなわち、主要な国際語と国際通貨をキーワードにして世界史を読むと、世界史は動画のように理解できるのである。そして、周辺文明や遠隔地の文明はこの主流文明から国際語を通して多くを学び、それぞれの文明を築いてきたという歴史観が生まれる。

この場合、主流文明を「主流」にした要因は、本文中でも強調している「魅力と魔力であった」とするのが本書のもう一つの主張である。通常、主流文明はさまざまな魅力を具えている。人びとはそれに魅せられて主流文明を築き、あるいはそれに接近する。そこには「幸せ」があるからだ。

しかし、実際に主流文明のもとに生きた人たちは、ほんとうに幸せであったのか。そこに魔力はなかったのだろうか。主流文明は、その魔力によって弱小文明を痛めつけ、かつ搾取もしてきた。本書はそのようなことも考えてみる。

美人は魅力的である。しかし、ときに魔力が潜んでいることがある。そんなことを承知のうえで、多くの男たちは美人の魅力に引きつけられる。学問研究は当然のことながら、美人の魅力とは関係がない。しかし、学問研究もまた人間の営みであるので、「魅力的な研究領域やテーマ」に引きつけられることになる。

魅力的な研究領域の一つが、人類が築きあげてきた輝くばかりのすばらしい文化と文明である。世界各地の各時代に生み出され、称賛された文化や文明を発見し、その特徴や偉大さを研究して評価するなどという仕事は、想像しただけでもわくわくする魅力に満ちている。文明学、比較文明学などに関心を抱き、研究をつづけてきた専門家たちは、そういう魅力に陥落させられた人たちである。したがって、従来の文明学、比較文明学の研究の多くは、世界各地・各時代の文化や文明の「魅力」を強調する業績を生んできた。そのような研究者は、古代ギリシャの華麗な文化や文明、古代マヤ文明の不思議、さらにはこんにちのアメリカ文明にさえ、「もっと知りたい、もっと研究してみたい」という魅力を覚えるのである。

ところが、若い歴史学者ユヴァル・ノア・ハラリ教授は、そのような伝統的な学問風潮を強烈に否定した。彼の著書、『サピエンス全史』を日本語版に翻訳をした柴田裕之氏は、「目から鱗が落ちる体験をするだろう」と解説しているほどである。言語表現としては、ハラリ教授の伝統的な学問批判は、人類の全足跡を抹消してしまいそうな勢いである。曰く、「歴史の道筋は、三つの重要な革命が決めた。約七万年前に歴史を始動させた**認知革命**、約一万二〇〇〇年前に歴史の流れを加速させた**農業革命**、そしてわずか五〇〇年前に始まった**科学革命**だ」と。

オックスフォード大学で博士号を取得した彼は、現在、エルサレムのヘブライ大学歴史学教授で、マクロ歴史学を専攻しているという。したがって、彼の挑戦はヨーロッパの歴史学界にたいするものであり、『歴史の研究』などでわれわれにもなじみのあるアーノルド・トインビーや、フィリップ・バグビーなどの比較文明学の先覚者も、その批判対象となる。

彼の論調は厳しい。そもそも現生人類はなにをしてきたのか。「万物の霊長」などと自称し、厚かましくも「ホモ・サピエンス（賢いヒト）」と自らを名づけて地球を支配したと主張してきた。およそ七万年前ころからアフリカ大陸を離れた複数の現生人類の集団は、ネアンデルタール人など他のすべての人類種を中近東地域から追い払ったばかりか、地球上からも一掃してしまった。そして、一万二〇〇〇年ほど前に南米大陸の先端に到達するまでの間に、「マンモスをはじめ厖大な数の動植物を絶滅させた」、とも彼は指摘する。

「狩猟採集」とよばれていた時代においてさえ、そのように巨大な環境破壊をくりかえしていたのだ。当然のことながら、その破壊は農業革命以後さらに促進されたとも彼は指摘している。

ハラリ教授によると、文明などは虚構であって、人間がかってにつくりあげた文化や文明はすべて想像物であり、簡単に変更され、消滅してしまう。宗教などという文化は、その最たるもので、なんらの真理も実体も具えていないと主張する。宗教だけでなく、日常生活の習慣、法制度、政治制度など、どれをとっても仮の文化であり、簡単に変えることができ、かつ消滅すると、彼はいう。

それでは、たんなる想像や虚構でなく、真理であり真実であるものとはなになのか。それは文化や文明の対極にある「自然」だとハラリ教授は説明する。

このユヴァル・ノア・ハラリ教授の著書、『サピエンス全史』(Sapiens: A Brief history of Humankind)には副題があり、「文明の構造と人類の幸福」となっている。私はかつて、『文明の構造と諸問題』と題する著作を出版している。このように類似のテーマを論じた研究者としては、ハラリ教授の強烈な主張にぜひ応答したいとの欲求が湧いてくる。彼は、グローバリゼーションについても論じ、これを促進する原動力が「貨幣と帝国と宗教だ」などと主張している。そのような彼の論調にも挑戦したい。

「マクロ人類史」を語ろうとするこのハラリ教授の著書は、私の問題意識と共通するものがあり、賛同できることもある。しかし、彼は人類の歴史の「負」の側面を強調する論調である。これにたいして私の立場は、「主流」である。人類が犯してきた「負」の側面を認めながらも、なおその偉大さを理解しようとするのが、本書の特徴といえるであろう。

ハラリ教授の主張を読み進めると、「人類は生まれながらにして、悪人であった」といった「人類悪人説」を背景にしているように感じられる。たしかに、その一面もある。しかし、「善人」である場合も多々あるだろう。人類の歴史を実際に推進してきた「力」は、この「善人であろうとする」、あるいは「善人でありたいと願う」多くの人たちの「祈願力」であったと、私は考えている。祈り願う巨大な数の人たちを対岸から見る人には、その姿はとても大きな「魅力」として受け止められる。

当初はいかにも敗退したように見えたものが、しばらくして見なおすと、その内実は「偉大な魅力」に満ちていることが理解されるようになり、その魅力が歴史を推し進めてきた。「イエス・キリストもその例である」というのが私の主張である。しかしながら、歴史は戦争のような「魔力」によっても形成されてきたことは事実である。

後で詳しく述べるように、ほとんどすべての「主流文明」は、戦争ばかりをくりかえしてきた「悪人集団」であった。世界史を先導してきたのは主流文明であるが、その源泉になったのは「魅力」ばかりではなく、「魔力」と「魅力」の両者であったと主張するのも本書である。

人類の歴史はおよそ二〇万年であると考えられているが、その大部分の一九万年間は、狩猟採集の暮らしであった。いわば他の類人猿のゴリラやチンパンジーなどと似たような生活をしていたのである。そのような「自然な生活」をしていたはずなのに、「厖大な数の動植物を人類は絶滅に追いやった」とハラリ教授は指摘する。ある一面だけをとりあげると、そのとおりであろう。「人類悪人説」が正しいことになる。しかし、人類はずっとそのように「呪われた存在」であったのであろうか。それほど呪われた悪者集団であったなら、一九万年もの長きにわたって生存できなかったのではなかろうか。どこかの段階で排除されていても、おかしくないはずではないか。

なぜ、排除されないで生き延びることができたのか。「厖大な数の動植物が人類に絶滅させられた」とハラリ教授は述べているが、その最大の被害者は大自然である。すると、その被害者である大自然からの「仕返し」があるはずだ。にもかかわらず、そのような人類に、それらしき仕返しはなかった。それはなぜか。客観的にみると、大自然の「魔力」が少々、手心を加えたからだということになる。大被害を被った大自然は、その強大な魔力によって人類を滅ぼすことなどは容易であったはずである。人類にとっては、これはまったくの幸運であり、大自然の恵みと魅力の賜であった。

この「狩猟採集時代」とよばれる一九万年の人類の足跡には、どのような大自然の「魅力と魔力」が働いていたのであろうか。次章以降でその物語を概観する。

主流文明の世界史
魅力と魔力が歴史をつくる

もくじ

はじめに …… 01

第1章 狩猟採集から農耕生活へ …… 10

第2章 新しい文明理論 文明を構成する四種類の文化 …… 32

第3章 原始四大文明 主流文明になりえた文明はどれか …… 112

第4章 古代前期の主流文明 シュメール、メソポタミア、アケメネス朝ペルシャ …… 130

第5章 古代後期の主流文明 フェニキアと古代ギリシャ、古代ローマ …… 154

第6章 中世の主流文明　ビザンチン、フランス …… 186
第7章 近代産業革命後の主流文明　魔力と「金」が生んだイギリス …… 216
第8章 現代世界の主流文明　魅力と魔力が交錯するアメリカ …… 264
第9章 「主流」からはずれた諸文明　エジプト、イスラーム、インド、中国、ロシア、中小ヨーロッパ諸国、アジア諸国 …… 340
第10章 移民・植民が築いた諸文明　アフリカ、新大陸 …… 444
第11章 文明と個人　人は生まれる文明を選べない …… 489
第12章 未来の主流文明　文明崩壊ののちに女性主導文明が誕生 …… 511
おわりに …… 530

狩猟採集から農耕生活へ

●地球上に最初に誕生した生命が人類の祖先……12
直立二足歩行が脳の容量を拡大させる／たった一人のクロマニヨン人の女性から生まれた私たち／二〇万年前の祖先の暮らしを類推する三つの方法／群れから家族、集落の形成に進む／東アフリカの大地溝帯を出て、北へ、西へと移住する／文明の道筋をつくった認知革命、農業革命、科学革命／言語能力の飛躍的な向上を五万年前に達成した人類／突然変異は「ミトコンドリア・イヴ」だけに起こった

人の文化・文明の多様性はどうして生まれたのか〈ケニア〉

第1章

縄文人だけでも、弥生人だけでもない日本人の先祖

……25

日本語の起源を難解にした言語変換／広葉樹林よりも落葉樹林帯のほうが暮らしは楽だった／狩猟採集が限界に達して農耕を始める

青森の復元縄文遺跡、三内丸山遺跡

地球上に最初に誕生した生命が人類の祖先

前出のユヴァル・ノア・ハラリ教授によると、「真理であり真実であるものは自然である」という。自然は、文化や文明のように、いつか消えてなくなるものではない、という意味であろう。人間の感覚ではそうかもしれない。しかし、客観的には、「存在するものはすべて消滅する」のが真理である。宇宙でさえ、誕生があり、消滅がある。

その宇宙は、およそ一五〇億年前にビックバンによって誕生したと考えられており、その宇宙空間に地球が誕生したのが四六億年前といわれている。そして、地球上に最初の生命が誕生したのが約三六億年前である。ここで重要なことは、「誕生した最初の生命」こそが、われわれ人類の祖先だということである。具体的には、遺伝子ＤＮＡの誕生であり、現在のわれわれ一人ひとりのＤＮＡの祖先だということである。最初の生命のシアノバクテリアはラン藻類で、その後の地球上に誕生した生命、生物はすべてこのＤＮＡが生み出したものである。ただし、ＲＮＡによるものも少々ある。

このＤＮＡは、外部環境からの影響を受けて突然変異を起こし、生命現象に進化や分裂などの変化をもたらした。その結果、地球上にさまざまな植物や動物が誕生した。それが「生命三六億年の歴史」ということになる。

ここで注目すべきは、この三六億年の間に誕生した生命種の九九パーセントは、すでに死滅、絶滅しているということである。地球上に残っている現在の生命種は、全地球生命史のたった一パーセントにすぎない。われわれ人類も、そのなかの大切な、大切な生命の一つなのである。

直立二足歩行が脳の容量を拡大させる

類人猿のチンパンジーと共通の祖先から分かれて、われわれ人類が「猿人」として独立したのは五〇〇万年前のアフリカ大地溝帯においてである、というのが現在の通説である。南アフリカ東部からタンザニア、ケニア、エチオピアとつづく大地溝帯では、猿人の化石がいくつも発見されている。この猿人は東アフリカの地で進化して、二〇〇万年から二五〇万年前にホモ・ハビリス（能力ある人）になり、さらに一七〇万年から一八〇万年前にホモ・エレクトス（原人）になった。

この原人は、東アフリカを離れてユーラシア大陸に移住し、ジャワには一〇〇万年前、中国には七〇万年から八〇万年前に到着していたと考えられている。インドなどの温かい地域を伝って移動してきたのであろう。ジャワ原人、北京原人とよばれる原人が、現在のわれわれの祖先になったと、数十年前の日本の学校では教えられていた。

しかし、一九七〇年代に急速に発展した分子進化学、人類遺伝学の進展によって、ホモ・ハビリスもホモ・エレクトスも、われわれモンゴロイド（黄色人）の直接の祖先ではないことが明らかになった。すなわち、現生人類がこのアジアの地に到着する前に、原人は絶滅していたのだ。

なぜ、絶滅したのか、専門家もその理由はよくわからないようである。急激な気候変動などがあって、これに適応できなかったのかもしれない。いずれにしても、これは大自然のなせる業であり、彼らは「大自然の魔力」によって絶滅させられたということになる。

いずれにせよ、類人猿のゴリラやチンパンジーと分かれて、ホモ属とよばれる人類になることができたのは、「直立二足歩行」ができるようになり、「脳」を発達させることができたからである。実際に四つん這いになり、犬と同じように歩いてみると、頭がいかに重いかがわかる。ところが、立ち上がって、いつもと同じように直立二足歩行に戻ると、重い頭も軽くなり、かつ速く歩くことができる。「脳が発達した」とは、脳の容量が大きくなったということである。単純に頭が大きくなったということではない。こうして、「脳の容量」が大きくなるように「進化」した者が生き残ったのだ。

わかりやすいように、これを表1「人類種の進化とその概要」によって示そう。

この表1には、「やや古いのではないか」との批判があるかもしれないので、補足説明を少々しておく。脳容量は、種それぞれの化石の平均値である。猿人、原人、旧人（ネアンデルタール人）、新人（クロマニヨン人）のそれぞれの決定的な違いは、脳の大きさにあることを強調している。ただし、平均値といっても総数がそんなに多くはないので、実際にはそれほど明確ではないであろう。

最近の発見によると、ネアンデルタール人の頭蓋骨のほうが、クロマニヨン人の頭蓋骨よりも大き

表１　人類種の進化とその概要

種　名	脳容量	誕　生	居住地	固有名（代表名）
猿人	600cc	500万年前	アフリカ	アウストラロピテクス
原人	900cc	180万年前	アフリカ ヨーロッパ 中近東、アジア	ジャワ原人、ペキン原人
旧人	1300cc	50万年前	アフリカ ヨーロッパ 中近東、アジア	ネアンデルタール人
新人	1500cc	20万年前	アフリカから 全地球上へ	クロマニヨン人

（樺山紘一ら『クロニック世界全史』他などより作成）

かったとの報告もある。それぞれの人類の誕生年は多くの研究者の推測であって、おおよその時代である。それでも、だいたいのイメージは描けるであろう。居住地は発見された化石の場所によって裏づけられているから、ほぼ正確である。固有名は例示である。

遺伝学の発展には目を見張るものがある。最近の研究では、ネアンデルタール人の化石から遺伝子を復活させることに成功し、そのゲノムまでも解明できたという。しかも、現生人類のゲノムの中に、ネアンデルタール人の遺伝子がおよそ二パーセント入っているというのである。日本人の遺伝子にも、二パーセントくらいのネアンデルタール人の遺伝子が入っているというから驚きである。アジアではまだネアンデルタール人の化石が発見されていないのに、その遺伝子だけは入っているということである。このような発見は、これからもつづくことになるであろう。

たった一人のクロマニヨン人の女性から生まれた私たち

さて、話をもどして、現生人類の誕生物語を記すことにしよう。遺伝学の研究が進んで、ヒトの系譜をたどるには、細胞内に住み着いて細胞にエネルギーを供給する器官になったミトコンドリアの遺伝子、DNAを調べればよいことがわかってきた。しかも受精のさい、精子のミトコンドリアは卵に吸収されてしまうので、親から子どもに伝えられるミトコンドリアのDNAは母親のものだけになる。したがって、ミトコンドリアDNAは母から娘へ、すなわち女から女へとしか伝えられない。しかも、このミトコンドリアDNAは、ヒトがヒトであるための遺伝情報であるから、絶対に欠かすことのできないものである。

そうすると、現在の地球上に存在している四〇億人近い女性のミトコンドリアには、共通の遺伝子があるということになる。このことはさらに、「旧人（ネアンデルタール人）から分かれて誕生した最初の新人（クロマニヨン人）の女性は一人だけだった」ということにもなる。もし複数だったとすると複数の種類のDNAが生まれ、新人とは異なるヒトも誕生してしまう。

そこで、この一人だけの女性に、『旧約聖書』の「創世記」に登場する最初のヒト、「アダムとイヴ」にちなんで、イヴという名前がつけられた。「ミトコンドリア・イヴ」という愛称でよばれることになっている。

この唯一の女性のイヴは、冒頭に書いたように約二〇万年前に南アフリカの現在のボツワナの大地で誕生したと考えられている。これがわれわれ現代人の直接の祖先の誕生ということになる。ボツワナに住んでいるコイサン語を話す人たちのＤＮＡサンプルを地理的分布や考古学、気候変動のデータと合わせてゲノム年表を作成することで判明したという。

イヴは旧人のなかから突然変異によって生まれてきたものであるから、群れの中ではたぶん、多少なりとも異質な存在であっただろう。しかし、多産な女性であったことは確かである。たくさんの子どもを産み、子孫をどんどん増やす家系になった可能性は充分に考えられる。イヴの子孫たちは数を増し、ちょっとした一大勢力になったであろう。

二〇万年前の祖先の暮らしを類推する三つの方法

彼らがどのような暮らしをしていたか、興味が湧いてくる。しかし、当時の状況を知ることは、かなりむずかしい。そこでさまざまな方法を使って推察することになる。

まず、ヒトにもっとも近い動物の観察である。サル、ゴリラ、チンパンジーなどの行動や暮らしを調べてみる。次は未開民族といわれている人たちの生活を観察し、類推する。三番目に、考古学者が発掘した遺跡、そこで発見された遺物などによって原状況を類推する。このような方法によって、東アフリカの大地溝帯での彼らの暮らしを推察してみることにする。

草原と森林という自然のもとで、狩猟と採集によって生きることは困難をともなったであろうことは推察できる。しかも、ヒョウやライオンなどの外敵もいて、そういう獣から身を守ることも考えなくてはならなかったであろう。

その当時、原人はすでに絶滅していたかもしれないが、旧人はまだ生存していた。新人と旧人との交流はあまりなかったようだが、住み分けてはいたようである。旧人と新人の墓場だったと思える遺跡は別々の場所で発見されるからである。

この新人と旧人との間に見いだされた違いの一つは、旧人の骨格のなかにはヒョウにかみ砕かれたものがいくつもあったことだ。これにたいして、新人は火を利用して獣に襲われない工夫をしていたのではないかと考えられている。旧人と新人との間には、このような知恵の相違があったようである。このことはたぶん、食糧の入手方法など、多様な分野についても考えられる。つまりは、ハラリ教授が説明する「新人が旧人を絶滅に追いやった」という非難は、あまり公平な判断ではないように思われるのである。

群れから家族、集落の形成に進む

さて、旧人の群れのなかから突然変異によって新人、「ミトコンドリア・イヴ」が誕生し、その子孫がますます増加して、ついには旧人たちとの生存競争に勝利していった物語。現在まで生き残ってきたイヴの子孫たちの立場からすると、この物語は大自然のなせる偉大な業で、巨大な「魅力」を現生人類に示したものということになるであろう。

ヒトという動物は猿と同じように群れをつくって行動し、三〇～四〇人くらいの単位で食べものを求める暮らしであった。ここで重要なことは、群れのつくり方と生殖である。多くの猿や類人猿は、オスのボス猿がリーダーになって群れのメスを支配して、生殖も一元的に進める。ところがヒトの群れは、リーダーはいたかもしれないが、群れの成人メンバーの男女は平等で、当初は群れの内部での群婚であった。したがって、特定の夫婦というものはなく、「群れ」であった。

ボス一匹による生殖の独占は、子どもに伝えられる遺伝子の単純化を意味する。一方、ヒトの群れの平等な群婚は、多様な遺伝子を伝え・残すことになった。腕力の強い遺伝子、知恵のある遺伝子、病気に強い遺伝子など、多様な資質に富んだ群れをつくりだした。それは、異なった自然環境にも適応できる遺伝子をつくりだすことをも可能にした。

ただしかし、群婚にともなう近親婚は弊害をもたらすことが経験的にわかってきた。そこで、結婚はいくつかの群れと群れのネットワーク間で行なわれるようになった。このとき、群れを出て他の群れに移ったのは女性であった。いわゆる「嫁に行く」というかたちである。現在も伝統的な暮らしをしている東アフリカのマサイ族の社会では、一つの大家族から他の家族に移るのはやはり女性で、牛一〇頭と交換されている。チンパンジーの群れでも、成長すると雌が他の群れに移る。女性のほうが異なった環境にも適応しやすいということでもあろう。

東アフリカの大地溝帯を出て、北へ、西へと移住する

南アフリカで誕生した新人の人口は、東アフリカ一帯で徐々に増加していったと思われる。そして一〇万年ほどたったころ、たぶん人口が増えすぎ、かつなんらかの自然条件の変化があって、いくつかのグループがユーラシア大陸に向かって移動を開始した。

大地溝帯という谷と川は、北東アフリカの紅海に沿って北に向かってつづいており、これがパレスチナを通る死海地溝帯に連なり、トルコにまで到達している。南アフリカを出発し、東アフリカを経由して北進した新人たちは、この地溝帯を回廊のように利用して、ユーラシア大陸に移動したのであろう。こうして彼らが到達した大地こそ、「パラダイス」であった。

この中近東一帯には、さまざまな種類の小麦、大麦が自生していたし、羊、山羊、牛、豚なども野生の状態で生息していた。のちに、この有用植物は栽培し、動物は飼育するようになる。アフリカから移動してきた彼らにとっては、この地はまさに「エデンの園」であったであろう。

新人はこの地域に五万年ほど住んだが、食糧が豊かになると人口は増える。人口が増えると「楽園」も食糧不足になり、住みにくくなっていった。この楽園から出てゆくグループが現れたのである。東に向かって移動する者もあれば、西に向かって移住する者もいる。この速度はゆっくりしたもので、平均すると一年に一キロメートルくらいだったと計算されている。新人が四〇〇〇年かかって四〇〇〇キロメートル離れたスペインに到達した証拠も残っている。住居は、遺跡として残りやすい洞窟だっ

たと想像するが、平地ではテント式の簡易住居もあった。そこに一、二か月滞在し、また移動するといった暮らしであったようだ。それでも冬の寒い期間は、洞窟などにしっかりした住居をつくっていたようである。

平地の遺跡では、マンモスの牙を柱にして、毛皮で屋根や壁をつくったウクライナの例がよく知られている。ヨーロッパの洞窟の壁には絵が描かれていて、文明以前の人たちも高い感性を発揮して芸術をする心があったことがわかる。

文明の道筋をつくった認知革命、農業革命、科学革命

ここで、ハラリ教授が主張する「歴史の道筋」をつくった三つの革命のうちの「認知革命」をとりあげなくてはならない。われわれの祖先、現生人類は誕生した当初から、この「芸術する心」のような高度な知能をもっていたかどうかという疑問に直面するからだ。三つの革命のあと二つは、人類がかってにつくりあげた「農業革命」と「科学革命」である。しかし彼がいう、「約七万年前に歴史を始動させた認知革命」は、人類が人工的につくりあげた文化革命ではない。

彼の説明によると、認知革命とは、「七万年前から三万年前にかけてみられた、新しい思考と意思疎通の方法の登場」のことだという。その主な原因は、「たまたま遺伝子の突然変異が起こり、サピエンスの脳内の配線が変わり、それまでにない新しい種類の言語による意思疎通を可能にした」とい

うのである。遺伝子の突然変異を人間が生み出すことなどは、もちろん不可能だ。そうすると、ハラリ教授がいうところの真理・大自然の仕業であるといわざるをえない。しかし、彼の説明には大きな疑問を提起しなくてはならない。すなわち、「七万年前から三万年前」までの四万年もの長きにわたって、遺伝子の突然変異が起こりつづけるのか、という疑問である。

言語能力の飛躍的な向上を五万年前に達成した人類

じつは、この問題はかねてから議論されてきたものである。およそ五万年前ころから人類は飛躍的な「言語能力の向上」を獲得してきた、という共通認識があった。問題は、では、なぜそのような「言語能力」を獲得できたのか、という点である。

私は、次のような理解をしている。まず、人類の母「ミトコンドリア・イヴ」の脳の容量である。彼女は旧人のネアンデルタール人の群れのなかから誕生したが、彼ら全員が同じ容量の脳をもっていたわけではないだろう。さまざまな個人差があり、頭の大きな人もあれば、小さな人もいたであろう。そんななかで、イヴだけが「大きめな脳」をもっていたのではなかろうか。

彼女が母の胎内にいたときに突然変異が起こったのかもしれない。あるいは、誕生したときは他のネアンデルタール人と同じくらいの大きさの脳であったが、成長途中で突然変異が起こり、「大きめな脳」をもつことになったのかもしれない。新人と旧人の脳容量は、平均値で二〇〇CCもの差があるから、イヴはネアンデルタール人のなかでは、どちらかというと頭でっかちな女の子であったのだろう。そのような「脳容量の大きな人たち」が、新人であるクロマニヨン人になっていったと考えるのが適切ではなかろうか。

さて、脳容量が大きい人たちだけで集団をつくり、生活と行動をともにすると、どのようなことが起こるであろうか。おそらく、「がやがや」と会話が活発になるだろう。すなわち、「情報」が大量に交換されることになる。脳の発達が促進され、脳が活性化した結果である。

ここで赤ちゃんの脳の発達を研究した報告を一例、記しておくことにする。

ある病院で二人の赤ちゃんが同時に生まれた。しかし気の毒なことに、一人の赤ちゃんの母親は亡くなってしまった。病院はやむをえず、この気の毒な赤ちゃんを、職員の手をわずらわせて育てることにした。外部からの非難を避けるためにも、病院は充分に栄養のあるミルクを用意したり、保育室を用意したりと、適切な配慮もした。一方、正常な状態で生まれた赤ちゃんは、母親のもとで愛情をいっぱいに受けて育てられた。

誰もが予想できるように、病院で育てられた赤ちゃんは身体の成長も悪いし、脳の発達もおぼつかない赤ちゃんになってしまった。実の母親のもとで育てられた赤ちゃんは、ミルクが少々不足していたが立派な赤ちゃんに育ったのである。この二人の赤ちゃんの育児にもっとも必要であったのはなにか。抱っこして、赤ちゃんに熱心に「話しかけたかどうか」であった。赤ちゃんの脳の発達にとって大切なことは、「愛情のこもった会話」なのである。すなわち、「たくさんの言葉」が必要なのだ。

突然変異は「ミトコンドリア・イヴ」だけに起こった

さて、ハラリ教授の認知革命に関する話に戻ることにしよう。先に述べたように、「遺伝子の突然変異が四万年も継続して起こる」などというのは信じ難い。突然変異は、ミトコンドリア・イヴに起こったのであり、その結果、イヴの脳容量が大きくなったのである。その子孫たちは、この大きな脳を活性化させて「言語革命」とでもよべる高度な言語能力を獲得した、というのが私の推論である。

「文明は、共通言語と共通通貨によって形成される」と主張してきた私である。言語については、あとで詳しく説明するはずである。また、そうとう多くのグループに分かれ、しかもかなり広い地域に分散して暮らしていたはずの祖先たちが、なぜ、みながみな高度な言語能力を獲得できたのか。それは、彼らが全員、脳容量が大きな「イヴの子孫」であったからである。突然変異ではなかったし、高度言語能力といっても、一つとか二つの言語を獲得したというようなことでもない。それぞれのグループが話していた言語が高度化したのである。

現在の日本を考えても、このことは理解できるであろう。すなわち、東北弁を話す東北の人も、鹿児島弁を話す鹿児島の人も、別の言語を話していても、高度な言語能力は発揮できている。

われわれの直接の祖先「現生人類」が高度な言語能力を獲得したのは、およそ五万年前ころと考えられている。そういう彼らが暮らしていたのは、中近東であったということになる。すなわち、「楽園」において彼らは高度言語能力を獲得したのである。魅力にあふれた楽園で、さらに魅力的な能力を身につけたのである。

この言語能力は、仲間の間で互いに「大量の情報」を交換することによって獲得した能力である可能性がある。一種の文化革命であり、こうして人類はより魅力的な生物へと成長していった。

先に述べたように、食糧が豊かであった楽園では、人口が増加した。しかし、住みにくくなった楽園は、もはや楽園ではない。多くのグループが中近東を離れて西に東にと、それぞれの新しい楽園を求めて移住していった。西に向かった人たちはヨーロッパ人になり、東に向かった人たちはアジア人になった。東アフリカの大地溝帯は熱帯であるし、死海地溝帯は亜熱帯である。したがって東に向かった人たちは、住み慣れた暖かい地域と同じような地方を選んで東進したことであろう。すなわち、インドや東南アジアを通るルートである。

縄文人だけでも、弥生人だけでもない日本人の先祖

狩猟採集生活で日本列島に生きた人たちは、前述のようにしてアジアに移住してきた人たちの子孫

年前である。

であったと考えられる。その人たちに、われわれは「縄文人」という名前をつけた。「縄文」という名前をつけたのは、彼らが製造した素焼きの土器に施されていた文様が「縄目模様」であったことによる。およそ二万年から三万年前のことで、いわゆる「縄文文化」が生まれるようになったのは一万年前である。

発見された人骨や遺伝子の研究によって、このような縄文人が住んでいたのは、南は沖縄から北は北海道まで広範囲であったことが明らかになっている。琉球の人とアイヌの人たちは、同じ遺伝子をもつ縄文人であることもわかった。推計であるが、縄文時代の日本列島の人口は二〇万から三〇万であったという。狩猟採集という自然にのみ依存した生活では、その程度の人口しか日本列島は養うことができなかったということである。

ところで、こんにちの「日本人」は、この縄文人だけが先祖ではないことも記しておいたほうがよいだろう。二三〇〇年ほど前から数百年、あるいは一〇〇〇年近くの長期にわたって、水田稲作の技術を携えた人たちが、朝鮮半島を中心に続々と日本列島に渡ってきている。いわゆる侵略ではなく、「移住してきた」のである。

聖徳太子が活躍した七世紀ころまでの一〇〇〇年間に、一〇〇万人以上の渡来人が日本列島に移住してきたという説がある。なぜか、日本はずいぶん「魅力的な島」であったのであろう。

遺伝子の研究では、そういう渡来人にはモンゴル、中国東北部、バイカル湖周辺などからの人たちも含まれていたことが判明している。日本列島にとっては革命的なことであった。三〇万人が暮らす縄文列島に、水田稲作技術と弥生文化を携えた渡来人が平均すると毎年一〇〇〇人単位で移住してきたからである。この結果、日本列島の人口の八割くらいが、渡来系の遺伝子をもった人たちになった。

日本語の起源を難解にした言語変換

さて、以上の物語をまとめると、次のようになるであろう。まず、南方系のアジア人が日本列島にやってきて縄文人になり、次に北方系アジア人が渡来してきた。それまで住んでいた縄文人と混血して、弥生系の強い日本人になったということになる。ところが、ここには別の重要な問題が残されている。それが「日本語の起源と系統」という課題である。

ヨーロッパの言語だと、インド・ヨーロッパ語族とか、ラテン系、ゲルマン系、スラブ系などと、言語区分はかなりはっきりしている。日本人の起源と日本語の起源はほぼ同じだろうという一種の常識があるが、日本語の起源と系統に関しては、依然として論争がつづいている。なかには、かなり説得力のある説明もあるので、それを次に記しておこう。

日本語の源流は東北アジア系であって、そこに中国系や東南アジア系の言語が流入し、混合して日本語になったというものである。なぜこの説明に説得力があるかというと、先に記したように、三〇万人ほどのいわゆる「原日本人」は南方系のモンゴロイド（黄色人）で縄文人とよばれているが、そこに一〇〇万人もの北方系モンゴロイドが移住してきたという事実があるからである。さらに単純化して表現すると、縄文文化というやや貧しい文化の縄文社会に、「稲作技術」という高度な文化を携えた渡来人が大勢やってきたということである。

当然のことながら、縄文人には稲作の技術も知識もない。「知識がない」というのは、その知識に関する「言語がない」ことでもある。三〇万対一〇〇万という人口比率の問題だけではなく、稲作技術という高度文化とともにやってきた生活文化までもが、異なった言語で語られるようになった。これまでになかった言語表現であるから、当然のことである。こうして、日本列島における縄文語は「日本語」に置き換わっていった、という説である。

じつは、この日本列島に起こった「言語大変換」と類似の現象が、一六世紀の中南米で起こっていたことを追記しておこう。中米のマヤ文明やアステカ文明、そして南米のインカ文明は、それぞれ独自の文化を誇った独立文明であった。ところが、ヨーロッパからやってきたほんの数百人の軍隊によって征服され、滅びてしまった。征服者のスペイン人やポルトガル人は、本国からの命令によって、これら中南米の国ぐにをそれぞれの国の植民地にすると同時に、本国と同じ言語と宗教を先住民に強要した。あらゆる意味で力の弱い先住民が、それに従わざるをえなかったことは当然である。しかし、もし彼ら自身の文化がヨーロッパ文化よりも高度であったとしたら、「言語と宗教」という基本的な文化を受け入れることはなかったであろう。南米大陸という広大な地域で、ブラジルはポルトガル語、その他の国ぐにはすべてスペイン語という、驚くような言語変換が一六世紀に起こっていたのである。

広葉樹林よりも落葉樹林帯のほうが暮らしは楽だった

大自然は、狩猟採集の時代においても、日本列島を自然豊かな魅力ある島として満たしてくれた。縄文時代はおよそ七〇〇〇年つづいたとされているが、その代表的な遺跡が青森市にある三内丸山遺跡である。なぜ、青森市のような寒い地域に縄文遺跡があるのか不思議に思うかもしれない。現在の常識からいうと、暖かくて草も木もよく茂る南のほうが繁栄したのではないか、と。

その回答はこうである。元始日本列島の森林構成は主として南部が照葉樹林で、北部が食糧となる栗やドングリのなる落葉樹が主であったからである。すなわち、狩猟採集生活には北部のほうが有利であったのだ。したがって、縄文文化も北部で発達し、あの魅力的な国宝の火炎型土器は新潟県で初めて発見された。国宝には指定されなかったものの、いくつかの小さな火炎型土器もあり、その多くは長野県以北において発見されている。

青森の三内丸山遺跡は、縄文時代後期に縄文人が暮らしていた集落跡である。ときには五〇〇人もの人が集まって、祭りのような催しをしていたという。栗の木なども栽培していたようである。こうなると、弥生時代がほとんど始まっていたことになる。

しかし、稲作技術を携えて日本列島に移住してきた渡来人、すなわち本物の弥生人は、日本列島の北部ではなく、南部に住み着いた。佐賀県にある吉野ヶ里遺跡は堀に囲まれてほとんど要塞のような環濠遺跡で、築いたのは弥生人たちである。稲作には日本列島の南部が適していたので、弥生遺跡が九州に多くあることに納得するだろう。

縄文の三内丸山遺跡と弥生の吉野ヶ里遺跡は、日本列島における狩猟採集生活と、そこから農耕生活へと大変身していった日本文明を代表する遺跡となっている。この二つの遺跡が輝いて魅力的にみえるのは、大自然が日本人に与えてくれた恵みを表しているからでもある。さらにこの時代、「日本列島と日本人は、大きな魔力を経験することがなかった」という意味で、大自然に感謝、感謝ということになるだろう。

狩猟採集が限界に達して農耕を始める

さて、人類史全体を俯瞰するとき、狩猟採集生活がほぼ限界に達した時点と人類が農耕生活を始めた時代とが、不思議なことにほぼ同時であることに気づくであろう。

人類が南米大陸の南端に到達したのは、およそ一万年から一万五〇〇〇年ほど前と考えられている。「南米大陸の南端に到着する」とは、楽園を求めて狩猟採集活動をする暮らしが、人類と地球にとって限界に達していたことを意味する。狩猟採集生活をこれ以上つづけることが不可能になったがゆえに、多くの人たちは未開拓の地を求めて南下したのである。

そんなころ、人類は農耕生活の方法を、南米大陸ではなく中近東で見出したのである。狩猟採集生活が限界に達したとき、自然の魔力は「もうこれまで」といって人類を絶滅に追いやってもよいのに、そうはしなかった。大自然は、「農耕」という新しい魅力を人類に示したのである。

しかしこの時点で、大自然は人類史を大きく変更する「大転換」を行なったことに注目する必要がある。すなわち、狩猟採集生活とは自然の魅力を追いかける人類の「拡散」であったが、農耕を始めるとまったく逆の「統合」という魔力が働くように原理を変更したのである。

これ以降、この「統合の魔力」は、いまもその力を推し進めている。それが、「グローバリゼーション」である。狩猟採集生活が終わった時点は、じつは「生物としてのグローバリゼーション」が終了したときでもあった。そして、農耕が始まったときこそ、「文明のグローバリゼーション」が始まったときであったことを強調しておかなくてはならない。

新しい文明理論
文明を構成する四種類の文化

感性豊かな彫刻はプリミティブ・アートとよばれるが……〈タンザニア〉

● **総合的な研究で専門分野を超える**……34

● **文化と文明**……35

生存と繁栄の欲望を充足させる／拡散の原理が統合の原理に代わる／農業革命の背後に潜む魔力／文化と文明の関係／「戦争」は文化の発達と発展の促進剤／文明の二つの概念

● **文明を構成する四つの文化 I**

基軸文化……45

人心を統一する第一基軸文化と活力をつくる第二基

古代ローマ文明の都市遺跡〈ポンペイ〉

第2章

軸文化／文明に物質価値を供給する第二基軸文化

●文明を構成する四つの文化 Ⅱ

政治・行政文化……50

近代化に寄与した幕藩体制／政治・行政機構の媒体文化は、共通言語と共通通貨／政治機構に不可欠な二つの「社会の安定」

●文明を構成する四つの文化 Ⅲ

媒体文化……54

共通言語――共同体を形成し、文明を発展させる／共通通貨――文明の発展に不可欠の媒体

●文明を構成する四つの文化 Ⅳ

エンリッチング文化……68

生活文化／生産活動文化／政治・行政サービスの文化／教育・科学の文化／芸術文化

修道士のスカル（頭蓋骨）。最盛期は150人を数えた修道士もいまは3人〈ギリシャ〉

総合的な研究で専門分野を超える

法学、政治学、経済学などの社会現象を研究する学問は、「社会科学」とよばれる。これは自然科学の手法の学問的成功を模倣しての名称であり、その研究方法も自然科学の方法にできるかぎり近づけるのがよい、とされてきた。自然科学の方法とは、自然現象を客観的に観察してその現象を分析し、そこに「原理」を発見するというものである。社会科学の多くの研究方法も、この原則にもとづくことで、それなりの成功をおさめてきたようにみえる。しかしながら、この結果、「重箱の隅を突っつくような」と表現される研究が多くなったという嘆きの声も、ときに聞こえるようになった。もう少し「総合的な研究」をしよう、という声も出てきた。

総合的な研究というのは、専門分野を超えての、あるいはいくつかの分野にまたがっての研究ということである。こうして文明研究、比較文明研究などの新しい研究が始まった。「近代文明の危機」という問題意識が高くなったこともある。そこで文明の研究を始めてみると、研究は「文明とはなにか」という基本的な問題にも直面する。「文化と文明」というかなり抽象的な概念の整理も必要になってくる。本章では、そのような基本的な問題を整理し、新しい文明理論を試みることにする。

第一章で述べた「狩猟採集から農耕生活へ」の物語は、「シュメール文明の魅力と魔力」について記すときにつづけることにしよう。狩猟採集と比較して、農耕生活はいかにも魅力的である。しかし、大きな魔力も待ち構えている。この詳細も、シュメール文明についての項で述べることにする。

文化と文明

自明のことながら、文化も文明も自然界には存在しない。文化も文明も、ともに人間がつくるものであるからだ。ではなぜ、人間は文化や文明をつくるのであろうか。

現生人類であるホモ・サピエンスが誕生した地は、いまから二〇万年ほど前の南アフリカであると考えられている。しかし、そのころから人類は文明をつくっていたわけではない。われわれの知見では、小さな文化はつくっていたであろうが、文明はまだ生み出されていなかった。

当時は狩猟採集の生活で、狩猟用具や採集用具などの物質文化、そして煮炊きや住居用具の文化、さらに祭礼などの文化は存在していたかもしれない。しかし、「文明とよべるような文化の集合体」は、まだ出現していなかった。狩猟採集の生活はおよそ一九万年間つづいたが、この一九万年にもわたって蓄積されてきた「文化」によっても、文明は生まれてこなかった。

それでは、なにによって文明は生まれてきたのか。人類が人口増加によって、自然のみに依存する狩猟採集生活をつづけることができなくなり、「農耕」を始めたことに起因する。すなわち、文明は「農耕生活の文化」が蓄積されたことによって生み出されてきたのである。しかもそれは、一九万年などよりはるかに短い、たったの「一万年」前からの出来事であった。実質的にはほんの数千年という短い期間に生み出され、蓄積された文化によって、文明は誕生したのである。ずいぶん短い期間であったことに、ただただ驚くばかりである。

生存と繁栄の欲望を充足させる

さてここで、元の疑問に答えることにしよう。人間はなぜ、文化や文明をつくってきたのか。それは、生物としての生存本能と人間独自の欲望とを充足するためであった、ということができる。

人間も生物であるから、他の動植物と同様に自己保存と種の保存の本能を具えている。生物本来の本能を発揮して、人類は一九万年もの狩猟採集生活をつづけたのである。しかも、人類は、他の動物と比較して環境への適応能力が優れていたので、高温の熱帯地域から寒冷地帯にまで住み着くことができた。すなわち、人類が地球上に「拡散」していた時代であるが、自ら選んでそうしたわけではなかった。いうならば、大自然の恵みに依存した選択であって、自然の魅力に導かれての活動であったということである。

しかし、地球の広さは有限である。人類がこれ以上人口を増加させると生きてゆけない、そういう状況が生まれた。すなわち、「自己保存と種の保存」が困難になってきたのである。この根源的な問題を解決すべく、人類が生き残るために考案したのが「農耕文化」であった。「食べていけない」という問題を解決するために、「食物を人工的に生産する文化」であった。

しかし農耕は、たんに「食物を生産する」という文化ではなく、「人工的になにかをつくる」、あるいは「人工的になんでもつくる」という「発想」を獲得したのである。「自然界から採ってくる」という発想だけでなく、「人工的につくる」という発想が、ほんの数千年という短い期間に、極端に大量かつ多数の「文化大爆発」を引き起こしたのである。

拡散の原理が統合の原理に代わる

「自然界から採ってくる」狩猟採集の発想は、いわば「大自然の魅力」を求めて生活圏を「拡散」する歴史を生んだ。自然界において獲物を狩り果実を採集するには、拡散するほうが有利だからだ。

しかし、農耕を始めると拡散とはまったく逆の、「統合の原理」が働き始めた。農耕には、単独作業よりも協働作業のほうが有利であるばかりか、協働の必要性をも増大させる。たとえば、灌漑用水を引くには多くの労働力が必要になる。農作物を他の動物や盗賊から守るにも、共同作戦が必要である。農業用の大地・農地を他の集団に奪われないよう防衛もしなくてはならない。したがって、すくなくとも集落を形成しなくてはならない。それが統合の始まりである。

集落と集落は時に協力し、ときに争い、村をつくり、それが町に発展し、都市に統合された。多くの都市は他の都市と戦争して、その勝利者が地域を統合して大都市を成立させた。統合の原理をさらに推し進めたのは、戦争であった。戦争は、言語を含む文化の統合をも進めたのである。

農業革命の背後に潜む魔力

ここで注目しなくてはならないのは、農業革命はいかにも魅力的であるかのようにみえるものの、その裏に大きな魔力が控えていたことである。それが戦争であった。しかも戦争は、「言語を含む文化の統合をも進めた」。戦争によらずとも、統合が進むことは「自己の母語（母国語）や伝統文化を失う」という悲しい事態に直面することでもある。農耕革命がもたらす魔力である。

農業革命は、集団の統合を促して戦争を招来するだけでなく、ひいては独自の言語や文化をも否定するようになる。にもかかわらず、人類は統合を進め、大都市を建設してきた。この大都市こそが文明を生み出す母体となったが、ではその源泉はなにであったのだろうか。

自己保存とか種の保存といった「生存」への欲求は、人間の第一義的な欲望である。農耕を始めることによって、この第一義的な欲望が充足されると、人間はさらなる欲望の実現をはかろうとする。第二義的な欲望とは、「豊かさと繁栄」への欲求である。

「統合の原理」によって都市の魅力を実現したとき、人類は「豊かさと繁栄の欲望を充足させることのできるのは大都市」であることを知った。大都市への統合を進めたのは魔力であったが、その大都市はさらなる巨大な魅力を発揮して人を大都市に集めた。この結果、権力者や能力の高い者たちが都市に集住することになり、それぞれに必要な文化、あるいは「豊かさへの欲望」を充足してくれる多様な文化が大都市において生み出された。「文化大爆発」は、大都市の産物であったのである。

　人類はなぜ、文化をつくり、文明をつくってきたのかという疑問への回答は、「生存と繁栄への強力な欲望を充足させるためであった」ということになる。

文化と文明の関係

　次に、文化と文明との関係を明らかにすることにしよう。

　私が学生であった五〇年ほど前までは、文化をもっているのは人間だけだと説明されてきた。しかし、類人猿の研究者によって、現在はその説明が否定されるようになった。

　類人猿の研究者によると、西アフリカのチンパンジーは、適当な大きさの石を探してきて、それで硬い木の実を割って食べるという。この事実は、映像でも記録されている。すなわち、チンパンジーも「石で木の実を割って食べる文化」をもっていて、この文化は親から子どもへと世代を超えて伝承されているという。チンパンジーは、小枝をアリの巣に差し込み、アリを釣って食べるという報告もある。狩猟採集時代の人類は、これら類人猿の文化と似た文化をもって生きていたはずである。

もちろん、人類は彼ら以上の文化を生み出していた。言語を発達させたり、火を利用したりと、かなり高度な文化を生み出していた。しかし、一九万年もの間、そのような文化を蓄積したにもかかわらず、文明はそこからは生まれてこなかったのである。

「戦争」は文化の発達と発展の促進剤

農耕を始めると、さまざまな文化が必要になった。まずは栽培可能な植物の選択、その植物についての知識、栽培方法、増収方法、自然環境の観察、暦の作成、天体観測等々である。集落形成のための文化も必要になる。守護神の祭事、共同体の倫理、指導者の選定と選出、同時に「戦争の文化」も必要になった。農耕によって食糧と富の蓄積が始まると、戦争が頻発するようになったからである。

日本列島における狩猟採集の暮らしは二万年から三万年くらいつづき、そのうち「縄文文化」とよばれる文化が出現した縄文時代は、およそ七〇〇〇年つづいたと考えられている。その後期になると、一定の定住がみられるようになる。その代表的な遺跡が先にも述べた青森市の三内丸山遺跡である。一方、日本列島に稲作農業が伝わって農耕生活が始まるのは、いまから二四〇〇年ほど前で、ここから弥生時代が始まる。この弥生時代を代表する遺跡が、佐賀県の吉野ヶ里遺跡である。

縄文からは調理用石器が、弥生からは人を殺す刀が出土する

ここで、縄文遺跡と弥生遺跡とを比較してみよう。一見してわかることは、縄文遺跡はアメリカ先

住民のいわゆるインデアンの遺跡に似て、平地に粗末な建物が点在している。これにたいして弥生遺跡を代表する吉野ヶ里遺跡は環濠遺跡で、集落全体が濠によって囲まれていた。高い石垣に囲まれていた中世ヨーロッパの都市の光景との共通性をみることができる。

出土する埋蔵品にも大きな違いがある。縄文遺跡からは動物の肉を調理するための黒曜石製の石器が出土するが、弥生遺跡からは人を殺すための青銅製の刀がたくさん出土する。農耕を始めて弥生時代に入ると頻繁に戦争をするようになり、「戦争の文化」が発展したということである。

以上の説明からも、農耕生活が始まるといかに多くの文化が生まれる必要性があったかがわかる。戦争文化を含むたくさんの文化が生み出されているのである。農耕によって食物が充足すると、人口は増加する。人口が増加すると、その人口を維持する衣食住の供給を増加させなくてはならない。そこで関連の技術開発が進められたが、決定的に不足するものがあった。それが「土地と資源」である。農耕文化を充分に発達・発展させた人たちは人口増加に成功するが、人口増加は人口圧力を生み出し、他の人たちの土地や資源を奪う戦争を始めることになった。攻める戦争にしろ、守る戦争にしろ、戦争には勝たなくてはならない。それには、勝つための文化を発達させなくてはならなかった。

戦士の闘争心を強化した歌舞音曲

こんにちのオリンピックは「平和の祭典」と謳われているが、その原点といわれる古代ギリシャのオリンピックは「戦士を育成するための祭典」であり、女神の女性一人を除き、女人禁制の祭典であった。戦争に勝つための文化を発展させることが目的であったからである。

強い戦士を育成するには、強靭な肉体と強固な精神を獲得しなくてはならない。それには、栄養価の高い食物や合理的な訓練が必要になる。強固な精神を養うには、高度な思想や宗教も必要である。ギリシャは、そのような文化も発展させてきた。戦士にさらに必要なものに、情緒の安定や闘争心の強化がある。勇敢に戦ううえで必要なものである。意外に思われるかもしれないが、「歌舞音曲」こそ、そのような働きをする文化であった。

アフリカを旅すると、伝統的な暮らしをつづけるマサイ族の男たちが、歌舞音曲の原型を思わせるショーをみせてくれる。戦争に出陣するさいの勇ましい歌舞や、勝利したさいの喜びの舞いである。

以上のように、農耕生活はさまざまに新しい文化を大量に生み出した。しかしながら、これらの農耕文化は、つねに戦争と共存せざるをえない宿命にあった。「戦争と共存する」とは、戦争に負けない文化を発達・発展させる必要があったということである。すなわち、「戦争の脅威」はあらゆる文化の発達と発展の促進剤であった。

「文明の統合」を促進する戦争と帝国の形成

人類史に貢献、あるいは変更を迫ったもう一つの重要な役割が、戦争にはあった。「文明の統合」を促進する役割である。人類が農耕生活を始めて以来、戦争は絶えることがなく、戦争によって文明は統合された。多くの場合、村落は統合されて都市をつくり、都市は他の都市と戦って国家を生んだ。

日本史における戦国時代の最終段階は、豊臣家と徳川家との戦いであった。それは「豊臣・大阪」対「徳川・江戸」の戦争であった。江戸と大阪、二つの都市の戦争でもあった。江戸が勝利することによって日本の統合が完成し、一つの国家が成立したのである。

古代国家の時代を含めて、日本は外国と大規模な戦争をしたケースは稀であった。しかし、ユーラシア大陸では、国家間の戦争が絶えることはなかった。国家と国家とが戦争し、統合されて「帝国」が生まれた。中心文明、大文明、あるいは主流文明とよばれる主要な文明はすべて、帝国を形成した文明であった。言い換えると、主要な文明とは、戦争に勝ち抜き、帝国を形成した文明のことでもある。

ここで、帝国の概念を説明しておこう。

帝国も、国家の形成原理と同様の過程をへて成立したものであるから、国家の一種である。ただし、一般的な国家と比較すると、帝国は通常、広大な領地、豊かな経済、強力な軍事力、そして高度な文明を具えていることに特徴がある。しかも、たいていの帝国は一人の皇帝によって統治され、複数の民族、複数の言語、ときには複数の宗教、さらには多様で魅力的な「エンリッチング文化」を具えていることを特徴とする。

エンリッチング文化とは、当該文明を「より豊かにする文化」のことである。皇帝をはじめ、多くの人たちが個人的な欲望を実現できる文化のことである。たとえば、豊かな生活文化、高度な科学、技術、音楽、舞踊、美術などである。

文明の二つの概念

混乱を避けるために、ここで文明の概念について追加の説明をしておこう。

われわれが用いる「文明」という用語は通常、二種類の概念をもっている。たとえば、「古代ギリシャ文明」、「現代アメリカ文明」というように具体的な国名や民族名が与えられて個別の文明を意味するものと、「宗教文明」、「近代文明」、「資本主義文明」、「石油文明」など、抽象的な意味を与えた文明概念の二つである。

前者の具体的な文明はすぐに想像がつく。これにたいし、後者の抽象的な名称には説明が必要になる。たとえば「宗教文明」は、ある地域・国家において、特定の時代の政治、経済、価値観の大きな部分を宗教が支え、支配していた場合に、その文明を「宗教文明」とよんだ。同様に「近代文明」は、近代的な価値観や文物で満たされている社会のことであろう。

「資本主義文明」は、その社会のほとんどすべてが「資本の論理」に貫かれているような社会を意味した。あるいは「石油文明」は、ほとんどのエネルギー源を石油に依存しているほか、石油を原料にする化学産業が生み出した厖大な商品に依存している社会を表現している。

それでは、そのような抽象的な文明概念の「文明」はどのように呼称すればよいのであろうか。そのような文明はすべて「高度な文化」を意味しているので、私はそのような文明を表現したい場合は、すべてに「高度」という形容詞を頭につけて表現すればよいと考えている。すなわち、「高度な宗教文化」、「高度な近代文化」、「高度な資本主義文化」、「高度な石油文化」などである。

しかし、「近代文明」とか「文明化された社会」などの表現は使いやすいので、本書でもときには使うかもしれない。

さて、この「文化と文明」を説明した本節において、文化と文明ははたして「魅力」であったのか、あるいは「魔力」であったのか。その両面があると思うが、どちらかというと魅力のほうが大きいのではないかと思うが、どうだろうか。

文明を構成する四つの文化Ⅰ　基軸文化

前節では文化と文明とを説明したが、本節では「文明を構成する文化」という視点で、それらの関係を示すことにする。具体的には、「一つの文明は、四種類の文化によって構成されている」という主張である。たとえば、「現代日本文明は、〈民主主義文化〉、〈日本語と日本円〉、〈高度な福祉文化〉、そして世界中から集めた〈エンリッチング文化〉で構成されている」というように説明できる。

原初の文明においては、文化の数はそれほど多くなかったので、比較的簡単に文化と文明との関係を示すことができた。しかし、こんにちのようにほとんど無数に存在する文化のすべてを示すことなど不可能である。しかし、それでも整理すると四種類の文化に分類できるというのが、私の主張である。その筆頭が、基軸文化である。

人心を統一する第一基軸文化と活力をつくる第二基軸文化

基軸文化とは、文明の根幹を形成している文化で、通常は二種類の文化からなっている。一つは、「文明内の人心を統一する作用の宗教、思想など」である。もう一つは、「物質的価値を生産・供給して文明を支える産業など」である。たとえば、約三〇〇年つづいた「江戸日本文明」だと、「その基軸文化は儒教と稲作文化であった」とすることができる。

すなわち、江戸時代の日本文明を考えると、社会基盤を形成する原理は儒教とその学問体系である朱子学にもとづく身分制であり、多くの価値は生まれながらの身分によって決まっていた。すなわち、武士の家に生まれた者は生まれた時点でたとえば一〇点の価値があるとされ、農民の家に生まれた者は一点。同じ武士の家に生まれた者でも次男は五点、女は二点などの決定的な差別が「常識」として社会を支配していた。

儒教は中国から受け入れた政治思想であったが、日本では中国のような中央集権的な政治制度ではなく地方分権的な封建制が確立した。この封建制と儒教にもとづく身分制の価値観は常識化することで社会に安定をもたらし、独自の「江戸日本文明」として花開いた。しかし、その封建的身分制は当然のことながら弊害をともなっており、その弊害を癒してくれたのが仏教であった。男性も生老病死の苦しみからの解放を仏教に求めたが、女性はもっと多くの救いを仏教に依存していた。

父親文化の儒教と母親文化の仏教の融合

「江戸日本文明」を築いた人たちの心を統一し、独自の文明を生み出した基軸文化の一つは儒教文化であった。これは社会と人とを厳しく律する、いわば「父親文化」であった。文明の中心を担い、かつ日本文明を運営する政治機構は、この基軸文化によって形成される。その江戸日本文明を担い・運営した政治機構も、この儒教文化にもとづく徳川幕藩体制であった。

さらに、この儒教文化によって苦しみや悲しみを強要された人たちに癒しを授け、社会の安定に貢献した仏教もまた、江戸日本文明を支えた文化であった。この意味において、「儒教文化が父親文化」であったとすると、「仏教文化は母親文化」であったといえるであろう。したがって、「江戸日本文明の基軸文化は、仏教文化の支援を得た儒教文化であった」という結論になる。

「儒教＋仏教」の日本と「キリスト＋マリア」のヨーロッパ

ところで、「封建制」の研究者によると、世界史において典型的な封建制が確立されていたのは西ヨーロッパと日本であり、その西ヨーロッパと日本が、他の国ぐにに先駆けて近代文明を実現させたという。そうだとすると、西ヨーロッパ諸文明の基軸文化はなにであったのか。それはいうまでもなく、キリスト教であろう。しかし、先に述べたように日本は儒教だけでは不充分で、仏教の支援が必要であった。

では、西ヨーロッパは、なぜキリスト教だけで近代文明を実現できたのであろうか。

このテーマは、比較宗教学の観点からも検討されなくてはならないが、一つの回答は、キリスト教の内実として「儒教＋仏教」的性格を具えているからだといえるかもしれない。二番目にいえることは、カトリック教会が「マリア信仰」を普及させたからかもしれない。マリア信仰は、文字どおり「母親文化」だからである。イエス・キリスト信仰は、儒教と同じように厳しい倫理を求めるが、マリア信仰は人びとに安らぎと癒しを与えてくれるもののように思われる。

文明に物質価値を供給する第二基軸文化

二番目の基軸文化は、「文明に物質的価値を供給する文化」である。当初、それはいうまでもなく農業文化であったが、江戸日本文明では「水田稲作農業が基軸文化であった」といえよう。

江戸時代を通じて、狭い日本列島で約三〇〇〇万もの人口を養うことができたのは、高い技術による水田稲作農業があったからである。小麦農業でも陸稲農業でも、栄養面で水田稲作ほどの生産性を上げることはできなかったであろう。「加賀百万石」の表現は水田稲作による米の収穫量であり、経済力を米の石高で表現したものである。江戸日本文明の経済力を的確に表現する手段であった。

この結果、こんにち、伝統文化とよばれるほとんどの日本文化は稲作農業に関連して誕生し、発展してきた。年中行事、村祭り、民謡や踊り、そして食事に関する習慣や伝統なども、そういう範疇である。

このように、あらゆる文明は物質的価値、すなわち経済力に支えられて誕生し、発展してきたのである。ひいては、「経済力の強い者が軍事力でも強い」という結果を生み、強い文明を栄えさせてきた。このことは同時に、経済力が衰退すると、その文明も衰退するということである。経済力は、単純に「食べていける」という経済力だけでなく、あらゆる文明活動はこの経済力に依存していることを強調しておかなくてはならない。

物質的価値を飛躍させた「農業革命」と「産業革命」

人類の文明史において、物質的価値を飛躍的に増大させた最初の革命は、すでに述べてきたように「農業革命」であった。そして、二番目はイギリス文明が生み出した「産業革命」であった。詳細は後で述べることにするが、産業革命は人類の歴史において決定的に偉大かつ重要な「革命」であった。人類に豊かさをもたらすだけでなく、取り返しのつかない「負」の遺産ともなったからである。

すると、ここでも「基軸文化」は魅力であるか、魔力であるか、と問われるかもしれない。答えは前節と同様、両面がある。たとえば「封建制」。現代人のわれわれからみると、封建制はいかにも「魔力」に映る。しかし、当時の世界を客観的に見回すと「奴隷制度」などはあたり前の社会のシステムであった。他の世界と比較すると、封建制は「主従の関係」のなかにもかなりの自由や平等の要素を含んでいた。それゆえに、西ヨーロッパと日本においては、封建制は近代的な制度を産みだす基礎となったのである。したがって「魅力」でもあった。

文明を構成する四つの文化Ⅱ　政治・行政文化

基軸文化の次は「政治・行政文化」とでもよぶべき文化である。この政治・行政文化は、第一の基軸文化、すなわち宗教あるいは思想にもとづいて形成されるのが通例である。先例にならって、江戸日本文明に当てはめると、徳川家を中心とする幕藩体制がそれである。江戸幕府の国教は儒教・朱子学で、その儒教倫理にもとづく封建制はみごとに機能し、幕府と各藩は主従関係を確立して一種の地方分権による政治と行政を行なっていた。

近代化に寄与した幕藩体制

近代思想によって封建制は否定されたが、先に述べたように世界史のなかでこの封建制を明白に成立させていた西ヨーロッパと日本は、近代文明を早期に実現させた。封建制のもとでの政治・行政機構がさまざまな政治文化を生み出し、江戸日本文明の形成と運営にあたったからである。

幕藩体制、封建制、身分制、参勤交代などは、江戸日本文明の代表的な政治文化であり、そこから多彩な文化が生み出された。たとえば、参勤交代は徳川幕府による諸大名を支配する巧妙な制度であったが、政治文化として機能しただけでなく、中央から地方への新しい文化や高度文化の伝達・創造などの重要な役割を果たしていた。全国に道路網を張り巡らし、各地に宿場町が栄えるシステムは、日本の商業全体の発展を促した。江戸、京都、大阪などで発展した諸文化が地方に伝えられたのも、この参勤交代のルートを通じてであった。

江戸日本文明が世界に誇ることのできるさらなる文化は、日本人の識字率の高さであった。当時のヨーロッパ諸国を凌駕するものであった。参勤交代という政治文化がもたらした快挙ではないとしても、国民の識字率の高さは明治維新以後の日本の近代化に大きく貢献したことは確かであろう。

政治・行政機構の媒体文化は、共通言語と共通通貨

政治・行政機構が成立するとき、この機構が最初に定めなくてはならないのが、「共通通貨と共通言語」である。政治・行政機構が管轄する文明を管理・運営し、新しい文明として発展させる「媒体文化」が共通通貨と共通言語だからである。たとえば、ソビエト連邦は一九九〇年に崩壊し、実質的にロシアに支配されていた一五の共和国は、それぞれに独立して独自の文明形成を始めた。そして彼らが最初に定めたものは、自分たちの民族語の復活と、新しい通貨の発行であった。ウクライナの場合、それはウクライナ語の公用語化と新しい通貨、グリブナの発行である。

政治・行政機構は、軍事力、警察力などの強制力を具えた権力機関である。権力によって共通通貨を強制的に流通させ、特定の言語を公用語と定めてその使用を強制するのである。特定の宗教を国教

と定め、特定の思想を強要することもある。そうすることで、政治・行政機構は支配する領域あるいは国家（文明）の管理と運営を容易にする。為政者が考える「つごうのよい共同体」、あるいは「理想国家（文明）」を宣伝することも可能になる。徳川の江戸日本文明が崩壊し、明治維新によって近代日本文明が成立した過程を概観すると、これまで説明してきた政治・行政機構の実態がよく理解できるであろう。

明治政府は最初に、それまでの各藩による通貨制度を統一して「日本円」を定めている。あるいは、各藩によって話されていた異なる言語を、東京周辺の言語をもとに「標準語」をつくり、新しく誕生させた学校制度を活用してこれを全国に普及させている。共通通貨と共通言語を用いることで、近代日本文明は目覚ましい発展を遂げることになったのである。

先進欧米諸国から学んだ結果の国家神道

明治政府は欧米文明からも学んでいた。欧米諸国がキリスト教を国教と定め、国民に倫理・道徳観を普及させて国内の安定を図っていることも、学んだ一つであった。日本では、江戸時代を通じて儒教と仏教とが並立し、ときには対立したことから廃仏毀釈を断行した。ヨーロッパの王政にならって、天皇制と儒教とを結合させた「国家神道」を生み出し、これを国教と定めて国民に強制した。

日本の神道は民族宗教であって、キリスト教や仏教のような世界宗教ではないから、倫理や道徳を説く宗教ではない。そこで明治政府は、江戸時代から日本に普及していた儒教を神道に結合させ、その上に天皇制を載せて「国家神道」を創造したのである。それを短期間に日本のすみずみにまで強制するうえで、有効かつ能率的な政治文化が背景にあったともいえる。

儒教にもとづく封建制に親しんできた日本の国民にとって、国家神道を基礎に置く天皇制は受け入れやすかったようだ。政治機構としての明治政府は、みごとにその役割を果したといえるであろう。欧米で確立された民主主義思想によって、明治政府の政治文化は批判されることにはなるが、この時代の日本の政治機構は立派な業績を残した。

政治機構に不可欠な二つの「社会の安定」

文明内における政治機構の役割は、その文明を活性化して発展させることである。それには社会が安定していなくてはならない。この「社会の安定」には二種類の安定がある。一つは「対内的安定」であり、もう一つは「対外的安定」である。対内的安定は国内の安定であって、治安が守られている、社会に混乱や争いが少ないことなどである。

政治機構の要諦は、法律の制定と普及を通して社会の安定に努めること。すなわち、「法文化」の確立である。この法律は通常、先に述べた基軸文化である宗教や思想にもとづいて制定される。メソポタミア文明が生み出した「ハムラビ法典」は、社会生活全般を律する成文法であったが、その法思想は古代ローマ文明に受け継がれ、「ローマ法」になった。ローマ法はさらに、フランス文明へと継承されて「ナポレオン法典」を生んだ。この法文化の系譜は、本書が主張する「主流文明」と同じ系譜をたどるのである。

「対外的な安定」とは、主として周辺諸国などとの安定した関係のことである。通常は外交交渉によって対外関係の安定は図られるが、人類の歴史においては多くの場合、戦争によって国際紛争は解決され、安定が図られてきた。政治機構が歴史的に重要な役割を担ったのは、戦争の局面においてであったのである。過去の歴史において、ほとんどの政治機構がもっとも力を入れて築いた文化は、「軍事力の増強」という文化であった。兵器の高度化、軍人の育成を可能にする経済力の増強である。文明の存立にとって、「戦争に勝つ」ことは決定的に重要な条件であった。

「政治・行政文化」は、どちらかというと権力色が強く、魔力的なイメージが濃厚である。しかし、福祉国家の思想が浸透して社会福祉が重視される現代の世界では、魅力を増したように思われる。

文明を構成する四つの文化Ⅲ　媒体文化

第三の文化は、「媒体文化」とでもいうべきものである。具体的には、「共通通貨」と「共通言語」である。文明には、その文明内で通用するこの二つの媒体文化がペアで存在することが必要である。

現代日本文明に当てはめると、それは「日本円と現代日本語」である。現代日本文明は、日本円と現代日本語によって形成されているのである。アメリカ文明は、アメリカ・ドルとアメリカ英語である。

ところが、西ヨーロッパでは先進的な文明実験として、EUの設立と統一通貨ユーロを導入した。しかし、イギリスのEUからの離脱やギリシャの財政危機などから、EUと統一通貨は存立の危機を迎えている。なぜ、危機を迎えることになったのか。理由は、EU内に「共通言語と共通通貨」が存在しないからである。

「EU文明」をつくるのであれば、「共通EU語と共通通貨」が必要である。「共通EU語」が必要であったにもかかわらず、言語はバラバラであった。しかも、イギリスはポンドを使いつづけた。これが「EU文明」の形成をかなり困難にしていたと、私は考えている。三〇年ほど前から、「一つの文明は、共通言語と共通通貨のペアによって形成される」と主張してきた私は、EUの存続につねに疑問を抱いていた。

共通言語　共同体を形成し、文明を発展させる

そこで、まず言語について考えてみる。文明内の共通言語は、その文明内のほとんどすべての文化を流動化、活性化させることを強調しておかなくてはならない。人間の能力のうち、音楽や絵画のように「感性」によって表現されるものを除き、他のすべての文化は言語によって表現され、活性化さ

れ、その文明内の一つの文化としての役割を果たしている。

別言すると、言語がなくなれば文化が死んでしまう、ということである。どのように秀でた宗教、思想、学問であっても、言語がなくなるとその名称すら失われる。言語はすべての文化を表現し、その文化が「動く」ことを可能にする。すなわち、人は言語を用いることで文明内の文化を認識し、自己の脳内で思考し、それを他の人に伝えることができる。文化の伝達、伝承、開発など、あらゆる人間活動を可能にする。しかも、政治機構、経済組織、文化組織などを形成して、文明の形成と発展を推進するのも言語である。言語なしでは、人の人らしい活動はできない。

一つの文明の存続には、「文明内における共通言語」が重要であることも強調しておかなくてはならない。一方、異言語間でのコミュニケーションは困難で、同一の文明形成はむずかしい。そこで、一つの文明の政治機構は、その支配下のすべての人たちに共通言語としての「公用語」を定め、その使用を強制してきたのが人類の歴史である。実際問題として、文明の順調な形成と発展には公用語が不可欠であることは確かである。ただし、多くの場合、強者の言語を公用語として強制することでさまざまな軋轢を起こしてきたことも、歴史の事実である。

文字の重要性　帝国の公用語をアラム語に変えたペルシャ文明

言語に関連して欠かせないのは、「文字」である。言語の本体は「音声」であるが、音声によるコミュニケーションは、瞬時に完了して消えてしまう。したがって、時間や場所を超えてのコミュニケーションには文字が不可欠になる。

文明の形成に、その文明がどのような文字を使用していたかは重要である。たとえば、アケメネス朝ペルシャ文明は、インド北西部からエジプトに至る西アジアに統一帝国を建設したが、ペルシャ語は楔形文字で書記法が複雑であった。そこで、広大な帝国の公用語をペルシャ語ではなく、アラム語にした。現在のシリア人であるアラム人の言語である。商業の民であるアラム人は中近東一帯でアラム語を「商業用語」として広く普及させており、アケメネス朝はその商業用語を公用語に採用したのである。アラム語の文字は楔形ではなく、フェニキア人から学んだ表音文字で、文字数は現在のラテン文字（ローマ字）よりも少ない二二文字であった。

近代の例では、第一次世界大戦に敗北したオスマン・トルコも、その再建にあたってそれまでのアラビア文字によるトルコ語表記をラテン文字に換えている。先進の西欧文明を受容するうえでアラビア文字は不適切であり、西欧文明に共通するラテン文字を採用したほうが有利だと新生トルコは判断したからである。その効果もあってか、トルコ文明は周辺のアラビア文字を用いるイスラーム諸国よりも早く近代化、西欧化に成功しているように思われる。

ついでに、現代の「米中覇権争い」について言及しておこう。中国語の文字は漢字であるが、漢字は楔形文字と同様に複雑な文字である。たいするアメリカ英語は、ほとんど世界中に普及しているラテン文字である。「一帯一路」の世界に限ったとしても、この地域の英語を破棄して中国語を普及させることは、まず不可能であろう。言い換えると、この地域では「一帯一路」を実現するには、逆に英語を積極的に使うことになるということである。

教養は言語化されて文化になる

ところで、言語はどこで生み出されるのであろうか。英語やフランス語で「文化」を意味する単語はカルチャー（culture）である。ところが日本語には、このカルチャーを意味する単語が二つある。一つは「文化」であり、もう一つは「教養」である。ということは、文化と教養とは同じものということになる。では、日本語ではなぜ二つに分けて表現しなくてはならないのか。私の理解では、次のようになる。教養とは個人の内部にある文化のことであって、外部から認識できない文化である。すなわち、個人の内部にあった教養が外に出て他者にその認識が可能になったとき、日本語ではこれを「文化」として認めるのである。

ここで注意しておきたいことがある。それは、「言語は他者とのコミュニケーションのためだけでなく、自分自身の思考や感性にも使用されている」ということである。すなわち、われわれが一人で考えごとをしているときも、通常は自分の母語を使って考えている。美しい光景に接して「すばらしい」と思うのも、言語を用いて感じている。「新しい文化が脳内で生まれる」と書いたのは、このような脳の働きを表現したもので、言語化されて教養になるのも、このような脳の働きの結果である。

言語に関する以上の説明をまとめると、次のようになる。

あらゆる文化は、まず一人の個人の脳の内部に誕生し、その個人が使用している言語によって「言語化」され、教養になる。そして、それが外部に発現されることで文化になる。文明は、それらすべての文化を総合し、組織化されてはじめて成立するのである。

「一つの新しい文化は、個人の脳の内部で言語化されて教養になる」と書いたが、この場合の個人は当然、日本人、アメリカ人、ドイツ人というように、それぞれに異なった言語を母語とする個人である。この結果、「言語化されて教養になる」さいに、日本語、英語、あるいはドイツ語を用いて「新しい文化」が生み出されるのだ。したがって現代世界においては、英語を母語にしている人が有利になる。自らの文化のままで世界中に情報を発信できるからである。

相互理解を進める国際語の価値と役割

じつは、これまで書いてきたことは、日本語、英語などの「民族語」を想定しての「文明と言語との関係」であった。しかし、現代世界においては、もっと重要な言語問題があることを指摘しなくてはならない。「国際語」をどうするかという身近かつ重大な問題である。

戦争の危機をつねにはらんでいた一九世紀のヨーロッパにおいて、この問題は真剣に論じられた。戦争は国際間の意思疎通が充分にできないために起こるのだから、共通言語をつくって相互理解を進めるべきだという発想から、国際語の議論は生まれた。これは一種の平和運動でもあったし、資本主義経済が具えている戦争肯定論にたいするアンチ・テーゼとして、社会主義運動とも連動する言語運動でもあった。

いくつもの「国際語案」が具体的に作成され、提案された。最終的に多くの人が認めた案は、ポーランド人歯科医師のザメンホフが考案した「エスペラント語」であった。一九世紀後半に始まったこのエスペラント運動は現在もつづいており、日本でも熱心なメンバーによって小さいながらも大会が毎年開かれている。故梅棹忠夫（国立民族学博物館初代館長）先生もメンバーであったことがある。やはり、「国際語」は重要である。

じつは、この「国際語」の問題を解決してくれそうな状況が、現在進行しているように思われる。これは第八章、「現代世界の主流文明——魅力と魔力が交錯するアメリカ」で説明することにする。

共通通貨　文明の発展に不可欠の媒体

次は共通通貨であるが、通貨は言語とよく似たところがある。すでに、「言語がなくなったならば、ほとんどすべての文化が死んでしまう」と述べた。通貨の場合も同様で、通貨がなくなると現代文明下の経済はほとんどが死んでしまうのである。もちろん、言語と通貨とでは異なる点もある。言語は狩猟採集時代から存在したのに、通貨は農耕の始まりとともに誕生し、文明が成立した後に発展してきた点である。しかし、両者は文明が発展するにつれて歩調をあわせて進展し、共通通貨は文明を発展させるうえで不可欠の文化となったことを強調しておかなくてはならない。

通貨が流通する条件は信頼

通貨の素材には当初、小麦などの保存可能な暮らしの必需品が使用された。「現物通貨」である。ただし、後述するように、特定の狭い社会のみで通用する実用性のない慣習上のお金（custom money）も存在した。次に、利便性の高い金属が使われ、なかでも素材として魅力のあった銀が広く受け入れられた。しかし、金が多く発掘されて金貨が鋳造されるようになると、通貨の主流を金貨が独占することになった。

なぜ、金貨が選好されてきたのか。それを考えると、通貨とはなにかが理解できる。「通貨とは信頼である」ということである。通貨の本質は信頼なのである。鉄、銅、そして銀でさえも長い時間がたつと錆びたり、腐食したりする。しかし、金はほとんど永遠に輝きつづける。大切な資産が減価することなく、その価値を維持できる金属、すなわちもっとも信頼のおける金属こそが「金」であり、通貨の素材として最適となったのである。

じつは、この点でも通貨は言語と似た性質を具えている。たとえば、「行きます」という言葉は実際に「行く」ことによって、言葉としての「信頼」を獲得し、その社会に通用する言葉になる。「行きます」といって実際には行かないと、「行きます」という言葉は信頼を失い、使用されなくなる。同様に、一万円の金貨で一万円の商品が買えないと、その金貨は信頼を失って使われなくなるか、使われたとしても一万円以下に評価されて使われることになる。

金は、もっとも信頼できる通貨の素材であったが、天然資源としての金は、その数量において世界経済の拡大についていけなくなった。そこで考案されたのが、「金兌換券」という紙幣である。金の裏づけのある紙幣で、金本位制下の世界で使用された。文明が発展すると通貨も発展して、手形、小切手、クレジットカードなどの補助通貨が、日常の暮らしや経済活動で使用されるようになった。さらに一九六〇年代以後は、「金」とは完全に縁の切れた紙幣が世界で通用するようになった。金の裏づけのない通貨は、それぞれの通貨を発行する「国家の裏づけ」によって信頼を獲得し、流通するようになったのである。

通貨の二つの機能

通貨の素材とその変遷を簡単に述べてきたが、そもそも通貨とはいったいなにか。当然ながら、自然には存在しない人工的な産物である。そこで、この通貨に定義を与えるとすると、「一つの人間集団における『信頼の記号』であり、『価値基準』を表現し、かつその人間集団内において『万能請求権』を表示するものである」とすることができる。具体的には、「二つの機能を具えた人工媒体である」とすることができる。

機能の一つは、「その通貨が所属する人間集団内に存在するあらゆるものの価値基準になり、その一つずつに価格をつける機能」である。たとえば、土地一坪は一〇万円、米一〇キロは四〇〇〇円、労働賃金は一日二万円などという価格表現である。実際に売買されなくとも、単純にものや行為を評価する尺度の機能である。

もう一つは、実際に使用され、経済活動を実現する機能である。一〇〇〇円札を出してパン三個を請求することのできる権利で、「物品売買」を可能にする。物々交換では「米と魚」との交換しかできなくとも、通貨ならば米も魚も、衣類でも手に入れることができる。この意味において、通貨は「万能請求権」に近い媒体であるといえる。

分業システムを生み出し、専門家を誕生させた通貨

「言語は人間の脳の内部で生まれる」と書いたが、通貨はどう誕生するのであろうか。自然発生したかのような通貨もあった。たとえば、貝殻、動物の角や牙、鳥の羽など、子どもの遊び道具のようなものから誕生したこともあった。これが慣習上のお金である。通貨の本質は「信頼」であるから、小さな人間集団内ではメンバーが同意できるものであれば、なんでも通貨にすることができた。

しかし、そのような通貨を使用していた人間集団から、文明が生まれた歴史はなかった。すくなくとも、「主流文明」とよべる文明が貝殻や動物の角や牙などを使って築かれた歴史はなかった。

じつは、文明を生み出すような通貨を誕生させたのは、政治権力者であった。なぜ、政治権力者が通貨を発行するようになったのか。それは、彼ら自身が通貨を必要としたからである。ではなぜ、必要としたのか。権力者が戦争を行なう費用、行政を行なう費用など、あらゆる出費の支払手段とすることができたからである。

使用人の労賃にしても、当初は現物支給の米や麦であった。しかし、支配地域が広くなり、多くの

官吏や軍人、商人への支払いなどがかさむと、「現物支給」はいかにも煩雑で運搬にも不便である。そこで、銀のバー（インゴット）などが使われるようになったが、権力者の像を刻印するなどした銀貨が鋳造されると、その利便性から商業活動にも使われるようになり、文明の発展へと進むことになったのである。

政治権力者は、自身が関わる人間集団に共通の言語を普及させるとともに、共通する通貨を発行して、その文明の発展を推進する。では、通貨を発行するとなぜ文明は発展するのか。通商や生活に便利であることは確かである。しかし、通貨誕生の本質的な効果は、もっとはるかに文明的であることを強調しなくてはならない。人間社会に「分業」のシステムを植えつけ、「専門家」を誕生させた効果である。

文明は都市を生み出したが、都市こそ通貨が大量に流通する空間であり、通貨を使用した分業が成立する場所となった。この結果、都市には分業によって生まれた専門家が誕生し、その専門家の頭脳や技術から新しい文化が生み出されることで、都市において文明が発達・発展した。

農村生活は原則として「自給自足」であり、専門家は生まれにくいが、都市では通貨が流通することで専門的な職業を生み出し、分業が技術を熟達させ、芸術を含む多くの文化を生み出したのである。

国家の総合力を背景に誕生した紙幣

通貨のもっとも重要な要件は、多くの人に「信頼」されることであることは先に述べた。信頼されない通貨は誰も受け取らず、通貨の機能を失う。したがって、政治権力者の仕事の一つは、支配地域内における自己の通貨の信頼性を維持し、できればその信頼度を高めることであった。

「通貨の信頼度」は、まずその素材により計られる。当初は、産出量の多かった銀が広く使用された。やがて金鉱山が発見され、金の産出量が増えると徐々に金が主要な素材になっていった。黄金の永遠の輝きと希少性が、金の信頼性を最高位に押し上げたのである。したがって、政治権力者は「金」の入手にますます努力するようになった。

戦争や侵略も一つの手段であったが、通商を盛んにして平和裡に金を獲得することが基本になった。銀も通貨として使用されたが、金と銀との交換比率は時代と地域によって多少の違いはあったものの、おおむね一対一三から一対一五であった。すなわち、通貨の素材としての銀は、金と比較して効率の悪いものであった。フランスと中国が銀本位制を採用したほかは、日本を含む他の主要国は金本位制とし、金をもっとも信頼できる通貨としたのである。

しかしながら、金は天然資源であって、地球上に存在する数量には限界がある。産業革命以後の世界経済が驚異的な発展と拡大をつづけると、金の産出量はとても必要量に追いつかなくなった。「金が不足する」ということは、すなわち「通貨が不足する」という事態を生んだ。

そこで考案されたのは、「管理通貨制」にもとづく「紙幣」の発行であった。この紙幣の裏づけすなわち「信頼性」は、その紙幣を発行する国家の経済力と、軍事力を含む国家の権力によって保証された。いわば、国家が約束するという制度に依存することになった。通貨の信頼性、すなわち通貨の価値は、それぞれの通貨を発行する国家の「総合力」を示すものになったのである。

こうして、具体的な通貨の価値は「外国為替市場」で決まることになった。政治権力者も、強力な国家も、この外国為替市場には勝てない。世界最強の権力者は、「市場」になったのである。

安定した国際通貨がないと混乱する世界経済

では、ほんとうにそうなのか。この市場を覗いてみると、意外な発見をする。すなわち、「通貨の価値」を決めるのは「その通貨の魅力」なのだとわかるのである。どこかの国家権力者が市場に介入してくることがときどきあるからである。そんなときの市場は、いかにも介入してくる国家に遠慮するように、その意向を尊重する。

すなわち、介入してきた国家の意向に沿うように為替相場での価格にお付きあいするのである。しかし、そのような国家が巨額の資金を投入して何か月も市場に介入をつづけることはできない。そうすると、その通貨のほんとうの魅力が、通貨相場に反映されることになるのである。すなわち、その国の通貨は市場で評価されて、それ相応の価格が形成されることになる。

一九七一年七月、人類の文明史でずっとつづいてきた「金と通貨との関係」が断たれた。第二次世界大戦後の国際通貨制度「金・ドル本位制」が、完全に崩壊したのである。一九四四年のいわゆる「ブレトン・ウッズ協定」によって、戦後の国際通貨は「金に裏づけられたアメリカ・ドル」を基軸に各国通貨の交換比率は一定に保たれていた。ところが、アメリカがこの約束を守ることができなくなり、金とドルとを切り離してしまったのである。

金に裏づけられた通貨は、金という安定した価値がついている通貨なので、この制度は「固定相場制」とよばれていた。しかし、その金と通貨とが別べつに離れてしまうと、通貨にはかってに値がつくようになった。この制度は「変動相場制」とよばれることになった。市場における自由な競争によって、為替相場が決まる制度である。

変動相場制下での通貨価値は、つねに変動しているので、価値基準は安定しない。金という安定した基準があると、安心して将来設計を考えることができる。しかし、将来はどれだけの価値に変わるかわからないとなると、不安である。

こんにちの世界経済が混乱をつづけているのは、「安定した国際通貨」が存在しないからである。すなわち、日本円と同じく国民通貨の一つでしかないアメリカ・ドルに、世界が依存している事態にある。この矛盾した、異常な制度が混乱の要因になっているのである。この問題については、第八章、「現代世界の主流文明——魅力と魔力が交錯するアメリカ」と第一二章で、その解決策を提案する。

以上の説明でわかるように、こんにちでは「自国通貨」だけを特別に扱うことは、もはやできなくなっている。すなわち、好むと好まざるとにかかわらず、通貨はすでにグローバリゼーションを実現している。通貨には大きな魅力もあるが、同時に恐ろしい魔力も潜んでいることを強調しておく。

文明を構成する四つの文化Ⅳ　エンリッチング文化

最初に、この文化だけがなぜカタカナ表現であるのかを説明しておかなくてはならない。じつは、この章は、国際比較文明学会の機関誌に英文で発表した原稿がベースになっていて、そのさいに用いたのがこの用語であった。日本語で表現しようと懸命に考え、検討もした。しかし、どうしても日本語表現できなかったのである。いまもこの表現以上に良いものを思いつかないのである。

本題に戻ると、第四の文化はエンリッチング文化（Enriching Cultures）とでもよべる文化群である。文明を「より豊かにする文化群」である。なんと魅力的な文化群であることか。人類はなぜ文明を生み出し発展させてきたのかを考えたとき、それはこの「第四の文化群」を入手したかったからではないか、と気づくのである。より豊かな生活を求め、より豊かな美術や音楽、さらにスポーツなどを楽しみたかったのだ。文明を文明あらしめる「魅力」そのものである。

生活文化

エンリッチング文化群に属する代表的な文化は、「生活文化」である。〈衣食住の文化〉、〈性と生殖〉、〈家族の文化〉、〈宗教〉、〈冠婚葬祭と暦の文化〉、〈スポーツと娯楽の文化〉、そして〈医療の文化〉も、これに加えることができる。

戦争という魔力が変えた女性の服飾

衣料品すなわち服飾文化は、それぞれの文明ごとに、それぞれの時代ごとに変遷してきた。同じ民族であっても、貴族と庶民、若者と老人、職業などによって異なった服飾文化を形成してきた。衣料品の素材も、それぞれの文明・時代によって、また年齢や身分によっても変遷してきた。毛皮を着る、綿織物を着る、絹織物を着る、化繊の衣料を着るなど、じつに多様な例があった。

戦争が女性の服飾文化に大きな影響を与え、それが世界に拡がることになった例もある。第一次世界大戦下のフランスでは、男子労働者が大幅に不足した。若い女性を工場労働者として採用することになったが、くるぶしまで届くほどの彼女たちの伝統的な長いスカートは工場作業には不向きであり、危険でもあった。そこで、裾をかなり短くしたスカートが奨励された。身動きがしやすくなった女性たちは、これを歓迎したばかりか、日常生活でもこれを着用するようになった。フランス女性のこのファッションは広く世界の女性に受け入れられ、こんにちまでつづいている。戦争という魔力が魅力的な女性たちを生み出したとは、まったくの皮肉である。

火で料理して食べる高度な食文化

人類の食文化は、その誕生のときから始まった。動物として生きるには、まず食べなくてはならない。では、どのような食文化であったのだろうか。

類人猿のチンパンジーが石を使って木の実を割って食べる話は、先に述べた。チンパンジーが木の枝でアリを釣って食べる話も書いた。人類が誕生した当時も、おそらく同じような食文化を習得していただろうという想像はできる。

人類は原人の時代から、すでに「火」を使用する文化をもっていた。他の動物たちは、火を恐れて近づかない。しかし、人類は猿人の段階から山火事などを経験することで、火の取り扱いを徐々に習得したのであろう。北京原人の遺跡からは、原人たちが一日中、火を絶やさぬように焚火を使っていた証拠が発見されている。山火事などの残り火を絶やさずに利用する知恵であったことは想像がつく。

問題は、「火を起こす」という技術・文化を、人類はいつのころに考案したのかである。それは旧人、すなわちネアンデルタール人の時代の「往復摩擦式」の発火器ではないかと考えられている。そして、われわれの祖先のクロマニヨン人の時代になると、さらに効率のよい「回転摩擦式」が考案されていた。

「火を使った食文化」とは、〈焼いて食べる〉、〈土器で煮て食べる〉という基本的な調理法にもとづくものである。一九万年もつづいた狩猟採集生活の時代は、「狩猟あるいは採集によって入手した食材を、火で料理して食べる」というかなり高度な食文化であった。人類の食文化にとって「火」は絶大で、とてつもなく偉大な魅力であったであろう。

文明は小麦、米、トウモロコシで誕生した

さらに農耕生活が始まると、食文化は激変する。農業革命が人類にもたらした食文化は、主として

「小麦、米、トウモロコシ」を主食とする食文化に単純化された。小麦を主食とする食文化を発展させたのは、ユーラシア大陸における中国北部から西ヨーロッパまでであったし、米を主食とする食文化は、中国南部を含む東南アジアから東アジアの一部の中国、朝鮮半島、そして日本であった。トウモロコシの文化は中南米で発展したし、中南米の高地では馬鈴薯の食文化も残っている。

以上は、人類史における食文化の大雑把なまとめであるが、じつは「小麦、米、トウモロコシ」を主食とする食文化を発展させた地域においてのみ、「文明」は誕生し、発展してきた。サハラ砂漠以南のアフリカ、オセアニア、そして北アメリカの地域では、小麦、米、トウモロコシの食文化が誕生しなかったので、文明が生まれてこなかった。

それでは、小麦、米、トウモロコシの文化が、なぜ文明を生み出すことができたのか。この解答は、これらの作物の「生産性」と「栄養価」が圧倒的に高いからであるというものである。その一例として、江戸日本文明の水田稲作農業の生産性の高さについては、すでに説明した。生産性が高いと、余剰生産物が多くなり、農耕以外に従事する人たちを養うことができる。アーティスト、芸人、職人、宗教家、教育者など、高度の文化を生み出す人たちを養う原資になったのである。

しかも、小麦、米、トウモロコシは保存性が高いことから、権力者は租税として徴収・保存し、これを必要に応じて農業者以外に分配することが容易であった。権力者の誕生と支配体制と権威の保持に大きく貢献したのである。これにたいして、イモなどの根菜作物は重量当たりの栄養価は低く、かつ保管も運搬も困難をともなう作物である。小麦、米、トウモロコシがいかに偉大で魅力的であったかを強調しなくてはならない。

食文化は、それぞれの文明によって、服飾文化以上に多様な豊かさを展開してきた。一つの文明内においても、多彩な食文化を発展させている例はたくさんある。中国文明もその一つであろう。このほかにも、世界的に知られている食文化として、フランスとトルコの料理がある。

日本は中国と同様、さまざまな食文化を発展させてきたばかりか、世界各地の食文化を数多く受け入れてきた。世界でもっとも豊かな食文化を享受している民族は、おそらく日本人ではなかろうか。現代の日本人は、日本食、中華料理、西洋料理、エスニック料理等々、世界各地の食文化を堪能している。しかし、「飽食の時代」を迎えた先進文明圏では、飽食が原因の病気が蔓延したことで、「健康食」へと変化する様相が観察できる。「医食同源」という東洋思想の復活が期待される。

異質な文化と気候のもとでも進む建築の同質化

人類が始めた住文化は、竪穴式、横穴式などから出発したが、当然のことながら、それぞれの文明あるいは民族によって異なった住文化を発展させてきた。乾燥、高温、温暖、寒冷地域と、それぞれの自然環境に適応した文化である。住宅の素材も、東アフリカのマサイ族は牛の糞を壁の素材として使用しているが、それぞれの地域で産出する石材、木材などの素材に依存しつつ、その地の自然環境に適合した住環境を整えてきたのである。

しかし、世界を眺めてみると、近年は二つの建築素材に集約されてきたことに気づく。鉄筋とコンクリートである。世界各地で人口増加が進み、自然素材の枯渇、人口の都市集中が起こり、集合住宅が経済的にも合理性があるとして、鉄筋コンクリートの住宅が多く建つようになった。しかも、鉄筋コンクリート製の共同住宅は堅牢で耐久性にも優れているので、世界中で受け入れられることになったのである。

いまでは、世界各地を旅行しても、どこも同じような四角形のコンクリート製住宅群に出会うことになる。ただし、外観はたしかに四角形で同じように見えるが、内部に入ってみるとそれぞれの文明ごとの特徴を残している。砂漠の民は内装に絨毯を多く使い、木造住宅に親しんできた人たちは内装に木材を多く使うなどの特徴である。

内装の多様性にもかかわらず、家具に注目すると「世界共通」という現実に驚く。テレビ、パソコン、電話、洗濯機、冷蔵庫、水洗便所、風呂とシャワー、そしてエア・コンディショナーなどである。人類が求めてきた生活文化におけるエンリッチング文化は、なぜか共通の方向を向いてきたのである。

生活文化としての衣食住は、快適さ、便利さを追求することで、ほとんど最高度の富裕文化に到達した。さらに、先進国を中心に「車文化」、カー・ライフが急速に拡大している。これは一見、「万々歳」のようにみえる。しかし、この豊かな生活文化は同時に「浪費文化」であり、資源の枯渇、水不足、環境破壊の大きな要因を構成している。したがって、この豊かな生活文化は、持続可能な文化ではないことが明白になってきた。

「カー・ライフを含む豊かな生活文化」はいかにも魅力的である。しかし、この巨大な浪費文化の背後にも、巨大な魔力が潜んでいることを指摘しておかなくてはならない。

男女平等の思想が自由な性、生殖、家族を推進

生活文化としての「性、生殖、家族の文化」も、それぞれの文明と時代によって変遷してきた。女性を軽視・差別してきた歴史は、いずれの文明においても、ほぼ共通していた。

売春の文化も同様である。古代ギリシャの哲学者プラトンも、売春を容認していたという。しかし、そのような文化はキリスト教文明圏に始まって徐々に否定されるようになり、男女平等の思想は世界に拡がる傾向にある。先進国を中心に、女性の首長を歓迎する傾向もみえてきた。

性風俗は政治権力者によって規制・利用されてきたが、民主主義思想が普及し、人権意識が高まるにつれて性風俗は個人の自由権の問題と理解され、イスラーム文明圏以外では規制がゆるやかに解除される傾向にある。技術革新の影響を大きくうけたものでもある。テレビやインターネットによって発信される情報は、国境を越えて発受信できることから規制が困難という性質にもよる。インターネット革命は、こんなところでも威力を発揮している。

生殖と家族の問題も、基本的には「男と女の関係」であるが、それぞれの文明と時代によってさまざまな文化が生まれた。男女がどのように出会うか、あるいは結婚するかは、その男女が所属する文

明によって異なっていた。時代によっても異なったが、近代化が進んだ社会では、原則として民主主義にもとづく男女平等の実現へと進展し、個人の自由度が増している。

日本の家族のかたちの現状をみると、男性の家事・育児参加、女性の労働力化などが叫ばれているが、どれもこれも大きな困難をかかえている。「二〇代、三〇代の男女の三〇パーセントほどが結婚を望んでいない」との世論調査の結果もある。経済不安、社会不安、環境不安などが影響しているのであろうが、この傾向が長くつづくようだと日本民族の消滅に繋がる危惧さえある。

家族、宗教、冠婚葬祭の文化の明日

「家族、宗教、冠婚葬祭の文化」は、ほとんどの文明において宗教が価値観や理念、規律、儀式などの面で中心的な役割を担うものであった。家制度が確立していた日本だと、「家の宗教」が決まっていて、その宗教の枠のなかで家族の信仰も同一と理解され、その宗教の教えと慣例に従って、冠婚葬祭も営まれてきた。ただ、欧米のキリスト教文明圏と異なって日本は多神教が多数派であったために、仏教とともに神道も一定の役割を担ってきたとみることができる。

欧米ではキリスト教会とその各派が、日本の仏教と同じような役割を担ってきたし、いまもそのような伝統が多くの地域でつづいている。ユダヤ教、ヒンドゥー教、イスラーム教、その他の宗教文明圏でも、ほぼ同様である。しかし、イスラーム以外の宗教圏では、若者を中心にいわゆる宗教離れが進んでいて、伝統的な「家の宗教」は衰退へと進んでいるように思われる。

グレゴリオ暦を世界に広めたキリスト教文明

暦は、人の日常生活に大きな影響を与える。狩猟採集の生活には、暦はそれほど必要としなかったであろう。しかし、農耕を始めると、種まき、水やり、収穫などの適切な時期を知っておかなくてはならない。どうしても暦が必要になる。したがって、地球上に存在したすべての文明は、それぞれの暦法をもっていた。

たとえば、小規模文明であるマヤはマヤ暦、アステカはアステカ暦をもっていたが、大別すると太陰暦、太陽暦、太陰太陽暦の三つのうちのどれかであった。マヤやアステカは太陽暦であったし、イスラームのヒジュラ暦は太陰暦である。同様に、紀元前三五〇〇年ころに現れて初期のメソポタミア文明を開花させた古代シュメール文明は太陰暦を生み出し、太陰月を三〇日、一年を三六〇日にした。一日を二四時間に分けて、昼と夜とをそれぞれ一二時間にした。こうして、一二の倍数である二四、六〇、三六〇からなる暦法を完成させている。

一週を七日とする七曜も、このメソポタミアで生まれている。紀元前六世紀に捕虜となったユダヤ人たちは、バビロニア地方に連行・移住させられるというバビロン捕囚の事件によって、メソポタミア文明に学ぶことになった。そのユダヤ人たちが、『旧約聖書』の「創世記」にこの一週七日制度を取り入れ、七日目を聖別して安息日にしたのである。

『旧約聖書』のユダヤ教から生まれたキリスト教は、このメソポタミア生まれの暦法を伝承して太陽暦であるグレゴリオ暦を確立している。そして、キリスト教文明と西欧文明を世界に拡張することで、グレゴリオ暦を世界に広めたのである。古代メソポタミア文明で生まれた暦法は、ユダヤ文明、西欧キリスト教文明に伝承され、世界に受容される暦となったのである。

明治維新以後の日本も、このグレゴリオ暦のもとで日常生活を送っている。戦争による支配などという魔力によるのではなく、高度に科学的な知恵によって「人類の暦」は完成したのである。文明の魅力によって、暦の文化はいわばグローバリゼーションを完了したことになる。

なお、「旧暦」とよばれるものは、中国、インドで採用されていた太陰太陽暦で、日本などアジア各地で伝統的に使用されてきた暦である。

文明の発展で享受するスポーツ、娯楽の文化

スポーツ、娯楽、医療は、まさにエンリッチング文化群（Enriching Cultures）である。文明が発展して豊かにならないと、庶民はこのような文化を享受することができないからである。

「スポーツ（sports）」は、第二次世界大戦以後に英語として入ってきた新しい言葉である。英語のスポーツは、もともと「気晴らし」や「娯楽」の意味であった。それが「運動」や「競技」を意味するようになったのは、運動や競技が日常の労働から解放される「気晴らし」や「娯楽」になったからであった。すなわち、スポーツとは「運動系の娯楽」のことである。運動系の娯楽以外の娯楽は、エンターテインメント（entertainments）とよばれる。

スポーツにしても娯楽にしても、産業革命以前においては一般庶民には無縁の文化であった。庶民は日常の労働と生活に追われていて、スポーツや娯楽を楽しむ経済的・時間的な余裕はなかったのである。したがって、スポーツは王侯貴族の文化であった。

しかし、産業革命に成功した諸文明では庶民でも経済的・時間的な余裕がもてるようになり、スポーツや娯楽が普及するようになった。ただし、所得の低い階層の人たちには、「カネも時間もない」としてスポーツからも娯楽からも遠い人たちはいた。あるいは、ある種のスポーツや娯楽を禁止する文明、逆に推進する文明もある。とくに女性のスポーツや娯楽は、さまざまな障害に直面することが多いのが実情である。

世界的に盛んなスポーツのほとんどは、西欧文明とアメリカ文明で誕生している。インド文明や中国文明のもとで誕生したスポーツは、世界的に普及することが少なかった。その結果、オリンピックやワールドカップといった世界的な競技会の多くは、欧米が主導するものになった。そういうなかで、なぜか日本の柔道や空手は、特別な存在感を獲得している。

文明によって異なる発展をみた医療の文化

スポーツの発展はみられなかったイスラーム文明だが、一〇世紀ころにはユナニ医学とよばれたイスラーム医学が、世界最先端医学として誕生している。このイスラーム医学の「ユナニ」はギリシャ語の「イオニア」のことである。イオニアとは、エーゲ海に面したアナトリア半島南西部に存在した地方の名称で、哲学のイオニア学派などが知られている。つまりは、ギリシャ医学にインド医学など、他の文明の医学書を翻訳・総合して生まれた医学であった。

この当時、インド文明の「アーユル・ヴェーダ」、日本にも伝えられた中国文明の「中国伝統医学」が、世界三大伝統医学として生まれている。

この医療の文化も、先に述べた「暦の文化」や「国際語の文化」と類似の系譜をつくることになった。すなわち、ギリシャ医学→イスラーム医学→西欧医学という系譜である。

西欧においては、中世を通じてすべての学問が修道院で営まれていたため、医学も宗教的な観点によって固定されたものであった。しかし、西欧近代が誕生すると自然科学が発達し、医学も自然科学の一部になったことで、こんにちの医学に通じる大発展をみた。

人体を「機械」と理解すると、たしかに人間の身体は臓器の集合体として考えることができる。すると、医療は車両の修理のようなもので、各臓器の故障箇所を修復したり臓器を交換さえすれば、修復は完了すると考えることができる。こうして、「生体肝移植」などの反人格的な治療が行なわれたが、この問題もiPS細胞による治療が始まると解決しそうである。自分の細胞で自分の臓器を作成できるからである。

とはいえ、人体はそんなに単純ではないことが明白になってきた。最近の医学の最前線は、病気の治療についても、臓器別ではなく、人体の仕組みを総合的に判断することで、対応することが主流になっている。たとえば、従来は「脳」が全身の司令塔で、身体の各部は脳の指示に従って活動していると考えられていた。しかし、実際はそうではなく、ほとんどの身体部分が、すなわち「骨」も「筋肉」も「脂肪」も、それぞれに「メッセージ物質」を血液中に流すことで人体の維持に必要な「指令」を出しているとのことである。二人に一人が「癌」になるというが、その原因が骨から出ている「メッセージ物質」だとすると、どの骨を治療すればよいのかという難題が突きつけられることになる。

結果として、このようなむずかしい病気は治らないことになる。厚生労働省が指定する「指定難病」は、いまや三〇〇にも達している。多くの人が「病院不信」を語るようになり、従来は軽視されていたインド起源の伝統医学のアーユル・ヴェーダやヨーガが見直される傾向さえ見受けられる。

医療の文化は魅力的である。いろいろな病気や痛みを取り除いてくれる文化であるからだ。多くの人が、「自分の病気が治るのなら」と考え、高価な医療でも受けようとすることは理解できる。さらに日本は、「国民皆保険」という健康保険制度を設立してこの文化を支援している。しかし、国家の財政問題がその継続を危うくしている。

生産活動文化

生活文化は、正確に表現すると「消費生活文化」ということになるだろう。当然のことながら、消費活動の対極には生産活動がなくてはならない。しかも、この生産活動文化こそが文明を生み出し、文明の盛衰を左右するキー・カルチャー、「鍵となる文化」であることを強調しておきたい。

都市型経済活動としての生産と文明

人類が狩猟採集によって生きていた時代にも、生産活動文化は存在した。弓、矢、短刀、網（ネット）といった単純な道具類と、狩猟の方法や採集の場所に関する情報など、いわゆるソフトウエアでなりたっていた。しかし農耕が始まると、この生産活動文化は質的にも量的にも飛躍的に高度化し、かつ増大した。鍬、鋤、鎌などのほかに、労働力としての牛や馬、舟、釣り具、そして徐々に武器が必要になってきた。宗教の文化、農作業のための暦の文化、天文学の文化、さらに政治・行政の文化も必要になってきた。

政治・行政は、農業用水を引く灌漑施設の建設や農産物を害獣から守る施設・用具、さらに農地・村落を防衛する軍事文化などを担当する。すでに述べたように、そのような文化はやがて統合されて都市が誕生し、文明が誕生することになった。

最初の都市は宗教都市の性格を帯びていることが多かったが、宗教都市は徐々に政治都市に変わっていった。商業都市も誕生した。都市は、一面では生活文化を中心とする消費都市であったが、同時に農業生産ではない産業を生み出す都市にもなっていった。通常の都市からは、宗教文化、行政文化、軍事文化、商業文化、芸術文化などが生み出されるが、生産活動文化である建築、衣料生産、食品加工、手工業などが生まれると、それは都市経済を支える生産活動文化になっていった。

都市で生産された産物は、都市が農村から購入する農産物の支払い手段になった。ときには輸出品になり、外国からの特殊輸入品の代金に充てられた。絹織物や金細工製品などの輸入である。

産業革命は生産活動文化変革の極地

農耕誕生以後の文明史における最大の生産活動文化の変革は、一八世紀のイギリスにおいて始まった産業革命によってもたらされた。いったいなぜ、イギリスで産業革命が興隆したのであろうか。この課題に関する回答は山ほどある。しかし、私は次のように考えている。「政治主導による産業政策の結果である」と。

というのも、隣国のフランスは豊かな農業国で、特別な産業政策など必要はなかった。ところが、イギリスはヨーロッパ大陸の端に位置する島国で、土地はやせて貧しい国であった。そのイギリスをなんとか強国にしたい、と考える王が登場したのである。フランスと百年戦争を始めたエドワード三世（在位一三二七年～一三七七年）である。

当時のイギリスは、こんにち的な表現でいうとヨーロッパの「発展途上国」であった。すなわち、中世に毛織物業を中心に繁栄して先進地域であったフランドル（オランダ南部、ベルギー西部、フランス北部にかけての地域）やオランダに原毛を輸出して、完成品の毛織物を輸入していた。エドワード三世は、この産業構造を変えたいと考えた。そこでフランドルやオランダから毛織物職人、染色職人などをイングランドに招聘して土地を与え、羊毛産地で手工業を興すことを始めたのだ。

当時のヨーロッパは各地で強力なギルド制度が確立しており、技術者の移動は不可能であった。イングランドでも、都市ではギルドがしっかりとこの制度を守っていた。そこで、エドワード三世は農村でこのギルド破りを実行し、技術者を受け入れた。イングランドの農村に毛織物の産地が誕生することになったのである。しかも、羊毛の輸出を禁止し、毛織物にしてから輸出するよう奨励したのである。地元の原材料を加工し、付加価値をつけて輸出する経済政策であった。

この政策は、イギリスの人たちに、「発想の転換がいかに重要か」を教えることになった。牧草地で羊を飼い、その原毛を売って生活するという単純な生活からの脱却である。質の良い毛を産出する羊を飼い、その羊毛を加工して外国に輸出するという発想の転換が各地に根をおろすようになった。イギリスは、当時の毛織物先進国スペインと競うほどに強力な毛織物輸出国に成長したのである。

「モノとサービス」を売る文化の誕生

この毛織物産業がやがて直面したのは、「毛織物市場は小さい」という問題であった。「大きな市場」、無限大のように見える大きな需要は「綿織物」にあった。寒いイギリスでは、原料の綿花の生産はできない。しかし、原料の綿花を輸入できれば、毛織物工場は比較的簡単に「綿織物工場」に変換可能だ。イギリスは、これを実行した。この挑戦が産業革命のすべての歴史を貫くことになった。

綿花輸入のためにインドを植民地にして搾取した結果、負の遺産を生むことにもなった。それでも、綿織物生産を巨大産業にする過程で、鉄鋼産業、石炭産業、造船産業、蒸気機関、さらには海運業、外国為替銀行業、海上保険業などの多様な産業を生み出すことになった。すなわち「モノとサービス」を生産する文化が誕生したのである。

産業革命はイギリスに始まり、一〇〇年をへずして西ヨーロッパとアメリカ、そして明治維新後の日本にも拡がった。産業革命はエネルギー革命であったといわれるが、この生産活動文化を動かし、イギリス文明を支えたエネルギー源は石炭であった。そして、石炭の衰退とともにイギリスも衰退することになった。

次に登場したのは電気エネルギーで、その主要な熱源は石油であった。石油を熱源に発電した電気エネルギーを利用する産業は、テレビ、洗濯機などを生産する家電産業、さらにパソコンや携帯電話、IT産業などにつづいている。やがて、石油産業からは巨大な化学産業が生まれ、多くの日用品がプラスチックで製造されるようになった。化学肥料や医薬品なども、やはり石油から生産されている。自動車産業、航空機産業、航空運送業も、石油と深く結びついている。

しかし、石油も限られた天然資源である。そこで、原子爆弾に始まる核エネルギーの利用が喧伝された。いわゆる原子力産業である。とはいえ、二〇一一年の福島原子力発電所のメルトダウンで明らかになったように、「おごれる人類の技術」は途方もない魔力を導入することになる。これらの産業を主導してきたのはアメリカ文明である。魅力的で豊かな社会を一面において実現したものの、同時に大規模な環境破壊、水不足、資源不足などの負の遺産を生産しつつあることも記しておく。

労働者の七割がサービス産業に従事する日本

二一世紀の世界に、「ＩＴ革命」の名の魅力を携えて君臨しているのが情報産業文化である。ＩＴは、インフォメーション・テクノロジー（Information Technology）の略語で、コンピュータに始まる情報技術革命である。ＩＴが革命とよばれる所以は、工場の生産工程の合理化やロボット化の進展ばかりか、平凡な会社の事務室で行なわれてきた会計帳簿までもが、この技術によってきわめて効率的かつ正確に処理されるようになったからである。

モノとサービスを生産する生産活動文化のほぼすべてが、コンピュータで管理・生産されるようになった。しかも、そのような生産活動が人間の直接的な操作なしに、自動で営まれる時代になった。チャールズ・チャップリンの映画が風刺した「機械に服従する労働者」の光景から、人間は救われることになった。単純な労働を一日中つづける生活から人間を解放した魅力的な技術革新である。

このＩＴ革命は、いわゆる単純労働だけでなく、「内科医」など高度な知識と技術を必要とする職業の人までも失業させるかもしれない可能性を秘めているのである。ただし、治療に高度な機械を使用したとしても、やはり外科医は必要であろう。

生産文化はモノをつくるだけでなく、「サービス」をつくる文化も発展させた。いわゆる第三次産業とよばれるもので、商業、金融、運輸、交通、観光、スポーツ、娯楽、教育、医療、福祉などの産業である。農耕文化のもとで生きていたかつての時代は、ほとんどの人が農業に従事していた。すなわち、産業は農業とわずかな漁業くらいしかなかった。しかし、産業革命が始まるとしだいに工業に従事する人たちも増えて、農村から工業都市に人は移住していった。

しかし、工業生産で機械化、情報化が進展すると工場での仕事は減少し、サービス産業への転職が求められた。私が住む町でも電子部品工場は縮小し、アニメ動画の企業が勃興してきた。「アニメ大好き」の中国人を含む若者が、連日のようにこのアニメ企業を訪ねている。しかし、過日焼失した。

こんにちでは、日本の全労働者の七〇パーセント以上がサービス産業に従事している。日本製のアニメ動画は輸出され、世界各地で歓迎される様相を呈している。もしかしたら、アメリカにおける映画産業のように、日本においては「アニメ産業」が発展することになるかもしれない。

政治・行政サービスの文化

三番目の文化は、「政治・行政サービスの文化」である。五〇ページの「政治・行政文化」で論じたものは、政治機構が共通言語や共通通貨を選定して、それを普及させなくてはならないとか、外交や戦争などの対外的な業務が多かった。ところが、この政治・行政サービスの文化は、対内的に住民に行なわなくてはならない文化である。広い意味での「行政サービス」である。

文明の発展に並行して、道路や橋も改良したり拡げたりする必要性は生ずる。治山・治水も同様であるし、自然災害に対する「災害対策の文化」も進展させなくてはならない。

近代文明が実現させた「楽園」の福祉政策

いわゆる「インフラ」とよばれる港湾、空港、鉄道、電気、ガス、水道などのサービス文化も、改善や充実が必要である。この公共的な事業のかなりは、民営化されるべきものである。しかし、基本的には住民に必須のサービスであり、行政サービスとして認識されるべきものである。

近代文明が発展してくると、北欧を中心に「福祉国家」の思想や政策が浸透し、先進国においては国家による福祉政策が実施されるようになった。行政サービスは、住民の健康保険、医療、介護、年金制度などをも担うことになったのである。各家庭の家族によって担われていた役割を、社会全体で担おうとする思想である。

病気になった人、年老いた人の身のまわりの世話などを家族だけに負わせるのは、本人・家族ともに大きな負担と痛みになる。これを社会全体で担う行政サービスは、じつにありがたい魅力である。近代文明が実現した、ほとんど「楽園」とでもよべる成果である。

しかしながら、これらの福祉政策を実行する財政的な負担を今後どのようにするのか、大きな課題を残している。これは日本だけの問題ではなく、世界各国が直面している難題でもある。

教育・科学の文化

四番目は、「教育・科学の文化」である。狩猟採集の時代においても、群れをなして行動していた人の集団は、内部において教育を行なっていたし、自然観察なども行なわれていたであろう。もっとも、かなり限定的で初歩的なものであったであろうとは考えられる。

ところが、農耕生活が始まると、がぜん教育に多忙をきわめることになった。山ほどある知識や知恵を、家族の者、あるいは仲間に教育する必要が生まれたからである。農作物を栽培するには多くの知識や経験が必要である。さらに、自然に依存している農業は、自然の観察と科学的な考察を必要とした。人類は、そのような教育の蓄積によって文明を生み、かつ文明を営んできた。

文明を享受・伝承する教育の役割と価値

文明の主人公は人間である。その人間は文明を創造し、その成果を享受してきたが、ある時代の文明を享受し次代に伝承するには、教育が不可欠になる。その文明を形成している若い世代の人たちが適切な教育を受けることができなければ、その文明を維持することはできなくなる。すなわち、文明は教育によって継承され、発展してきたのである。

文明の主人公が人間であることは、その人間集団がどのような価値観をもち、どのような希望あるいは欲望をもって生きているかによって、その人間集団がどのような文明を形成するかが決まる。しかも、それは歴史とともに変化してきたし、変化するものでもある。

たとえば、日本には六世紀初めに百済を通じて仏教が伝えられたが、その仏教はすぐに多くの日本人を教化し、日本文化として定着することはなかった。しかし、七世紀に入ると聖徳太子が登場して熱心に仏教を布教、すなわち仏教教育に取り組むと、仏教は日本各地に普及して日本人の基本的な価値観を形成するものになった。すなわち、仏教教育によって日本文明形成の基盤が完成したのである。

その当時、日本には儒教も到来していた。権力者の聖徳太子は、徳川幕府や明治政府のように儒教を採用するほうが自身にとっては有利であったはずである。儒教は、権力者のための政治思想だからである。にもかかわらず、聖徳太子は仏教を選択し、仏教教育に力を入れている。これをもとに、日本人は「生老病死」の真理を学び、「憐みの心」などを具えた高い倫理観や道徳を身につけたのである。高い教養なしに立派な文明を生み出すことはできない。これはヨーロッパも同様で、ヨーロッパにキリスト教が伝わっていなかったら、いまのようなヨーロッパ文明の発展はなかったであろう。

このように、基軸的な文化である宗教や思想などが教育されてはじめて、文明の転移や発展が起こるのである。とくに、産業革命以後の「近代文明」を形成した地域では、教育が迅速かつ急速な社会の変革を可能にした。明治維新後の日本の普通教育制度や第二次世界大戦後の教育制度の改革が日本文明の発展に貢献したことは、日本人がよく知っている事実であり、経験でもある。

危険でもある文明の性質をかみしめる

しかしながら、念のために注意すべきことを、指摘しておかなくてはならない。それは、教育によって「文明が形成され、発展し、成長する」だけではないことである。すなわち、衰退・崩壊させることもあるという事実である。

この実例は、二〇世紀にロシアで起こった共産主義革命と、その崩壊である。ロシアは基軸文化として「マルクス主義・共産主義」を主張し、国民にその教育を強要し、その実践を強制した。当初はいわゆる社会発展をみたので、日本の大学でも「マルクス主義経済学」などの講義が一世を風靡した。しかし、この文明は七〇年ほどで崩壊した。

それでは、いわゆる「自由主義・民主主義」を基軸文化とする西欧、アメリカ、日本の文明は、従来の近代文明を追求する教育のままで、次代を担える文明を形成できるのであろうか。従来の教育、すなわち「効率と経済成長」に貢献する教育で、人類は生き残ることが可能なのだろうかという疑問である。多少長くはつづいたが、共産主義文明が崩壊したように、じつは西側文明も崩壊の瀬戸際に立たされているからである。

近年はとくに、「すぐに役だつ教育」が求められている。しかし、すぐに役だつものは、「すぐに役にたたなくなる」という真理をかみしめてみるべきではなかろうか。いかにも魅力的にみえる西側文明だが、私には後ろから魔力が迫っているようにみえるのである。

文明をエンリッチする科学は国境を超える

近代文明が実現して以来、科学はつねに教育と結びつけて論じられてきた。教育が科学的知見の探求と、その蓄積・伝承を担ってきたからであろう。こうして科学知識は蓄積され、世代を超えて伝承されることによって文明が発展してきたことは確かである。

主要な文明は、この科学知識の巨大な集積と伝承によって実現してきたが、科学は技術と結合することで新しい産業を生み出してきた。物理学から生まれた電子工学は工学技術と結びついてテレビを生み、コンピュータを開発し、こんにちのＩＴ産業を繁栄へと導いてきたのである。したがって、大学教育においても工学技術系はいまも人気を集めている。

文明の歴史を概観しても、農耕文化の誕生や産業革命後の生産活動文化の進展が、科学技術のいっそうの発展を後押ししている。その意味では、科学はたしかに文明をエンリッチする文化でもある。したがって、各国政府は科学教育と科学研究に予算を配分し、振興に努力してきた。しかし、高度化された科学研究はやさしい仕事ではない。予算、人材、時間、どれをとっても小さな組織では、あるいは大きな組織でさえ、単独で研究や開発をつづけることができなくなっている。

そこで、テーマによっては「オール・ジャパン」のナショナル・チームを結成して開発に取り組む例もいくつかある。さらに、国単位での取り組みでも課題が大きすぎるようなケースでは、国際協力によって研究・開発が進められるようにもなった。科学研究のグローバリゼーションは、今後はさらに進むであろう。

ラテン語を共通語にして科学研究を進めた西欧諸国

国境を超えた研究協力を推進するさいの日本の課題は、「国際語」への対応である。中世から近世にかけてのヨーロッパの科学研究は、当初は修道院で行なわれ、ラテン語が共通語であった。その伝統から、ヨーロッパ近代の科学研究ではラテン語を共通語として使用していた。ポーランド人のコペルニクス、イタリア人のガリレイ、フランス人のデカルト、イギリス人のニュートン、これらの科学者はいずれも異なる国の出身である。しかし、科学研究の結果はすべてラテン語で発表していた。現代の日本人も、科学研究の成果発表は国際語である英語でしなくてはならなくなった。

一方で、華々しい科学の功績は、誤った幻想を現代の人たちに与えることにもなった。いわゆる「科学信仰」が生まれたのである。「どんな難題も科学に任せておけば解決できる」との楽観論が市民のあいだで語られることになったのである。

「固定電話から携帯電話へ、さらにスマートフォンへ」という通信革命も、宇宙空間に通信衛星を打ち上げてはじめて実現する。しかし、多くの国が衛星を打ち上げたら、どうなるのか。衛星がゴミになったらどうするのか。原子力発電所が出す核燃料のゴミの後始末ができないまま、「利用」だけを先取りしていたのと同じ例である。

科学信仰は、一面では個人の生涯をも支配しそうな気配がある。たとえば、「卵子を凍結しておいて、ゆとりができたら解凍して子どもを産もう」といった冒険である。本人たちはそれでよいかもしれないが、生まれてくる子どもは、どのような生涯を生きることになるのであろうか。はなはだ心もとない。核燃料の後始末のようなことにならないことを祈るばかりである。

科学は大きな魅力を発揮してきた。しかし同時に、魔力をも秘めていることを肝に銘じたい。

芸術文化

五番目は芸術文化である。日常生活においてわれわれが「文化」とよぶものの代表が、この芸術文化である。人間が創り出す文化のなかで、もっとも文化らしい文化だからである。衣食住の文化などは、どのように立派であったとしても、基本的には他の動物にも同じような営みがある。ところが芸術文化となると、これは人間だけが創造し、鑑賞できる文化だからである。

さらに、この文化は他のエンリッチング文化と比較すると、異なった特徴を具えている。それぞれの文明が立脚している「自然条件」から強い影響をうけているということである。この自然条件には、「言語」も「人種」も含まれている。地球上のどの地域に生きている芸術家で、何語を話し、どういう人によって創作されたかが重要な要素になるからだ。

たとえば、ラテン系の人たちは南ヨーロッパに住み、太陽光が豊かにそそぐため、明るくて陽気な芸術を生み出す傾向にあったりする。北ヨーロッパに住むゲルマン系の人たちはやや哲学的で、暗い感じの芸術をつくる傾向があったりする。同様に、長い冬の影響を受けるロシアなどスラブ系の人たちは辛抱強く耐え、生き抜く芸術を創造する。日本列島は、太平洋側と日本海側とでそれぞれの特徴を発揮するなど、恵まれた芸術環境が与えられているといえよう。

紀元前三〇〇〇年に誕生した『ギルガメシュ叙事詩』

まずは文芸であるが、これは文明が生まれる以前の、人類が言語を習得した時点に始まったものと考えられる。それは詩などの韻文のようなものであったであろう。人は言語を獲得すると、これをコミュニケーション手段に使うだけでなく、喜びや悲しみ、願いごとなどを、詩のかたちにして歌った。地球上のすべての民族が、それぞれ独自の言語とリズムで心情を歌ってきた。

文明史上よく知られているそのような作品に、紀元前三〇〇〇年ころにシュメールの都市国家、ウルクで誕生した『ギルガメシュ叙事詩』がある。英雄であると同時に暴君でもあったウルクの王ギルガメシュとそのライバルの野人との闘いと和解、その後の二人の冒険を描いている。パンを食べビールを飲むなどの食文化や、神聖娼婦の存在などの記述もある。口承であったであろう物語は、のちにシュメール語で編纂された。人類最古の文明であるシュメール文明は楔形文字を考案し、この叙事詩を書いたことでこんにちまで残ることになった。

同様に、古代ギリシャのホメロスによる二大叙事詩、『イリアス』と『オデュッセイア』は、紀元前一五〇〇年ころに口承形式により伝えられていたものを、フェニキアの文字から学んだギリシャ文字によって記録され、こんにちにまで伝えられたものである。これらギリシャの物語や神話は、中世、近代を通じてヨーロッパ文化に大きな影響を与えた。

インド起源のサンスクリット語による『ラーマーヤナ』も同じく長編叙事詩で、ヒンドゥー教の聖典の一つになっている。邦題は『ラーマ王行状記』。ラーマ王子が、誘拐された妻のシーターを奪還しようと大軍を率いてラークシャサのラーヴァナ王に挑む姿を描いている。この物語はインド文化を受け入れた東南アジア諸国に伝えられ、多くの芸術文化に受け入れられている。

主流文明や大規模な文明は、そのように言語も発達していたし、文字も具えていたので、それぞれの民族特有の韻文を発達させたのである。

総数四五〇〇首もの一大韻文集『万葉集』

さて、それでは日本はどうであったか。漢字先進国の中国文明において李白や杜甫が活躍したのは八世紀であったが、日本における最古の韻文集『万葉集』は、五世紀ころから八世紀ころまでのおよそ三五〇年間に蓄積された詩歌集である。漢詩や長歌も含まれているが、ほとんどはいわゆる和歌で、総数四五〇〇首もある大韻文集である。奈良時代の日本には日本語文字はなく、漢字を応用した「万葉仮名」によって書き残したものである。

『万葉集』は、それほど凄い日本文学の遺産である。しかし、『源氏物語』は読まれても、『万葉集』はそれほど親しまれていない。若いころに教科書で学んだ柿本人麻呂や山部赤人などの歌人の名や歌を少々知っている程度である。そこで、有名な一首だからという理由からではなく、私にとって魅力的な和歌の一首を、『万葉集』から紹介しておくことにする。

信濃なる 千曲の川の さざれ石も 君し踏みてば 玉と拾わむ

「信濃の国の千曲川のさざれ石も、あなたが踏みしめて行かれた石だと思うと、私は玉と思って、それを拾いあげます」という恋歌である。奈良の都から「東下り」を命じられた役人の妻が、夫を訪ねる旅の途中で詠んだ歌ではないかといわれている。この歌碑は、千曲川河畔にある戸倉上山田温泉の歌碑公園に立っている。私の故郷である。

千曲川は、軽井沢や佐久平の水を集めて流れる川であるが、急流になる上流は大きな石しか残っていない。下流に行くと砂の河原になる。手に取って抱きしめることができるほどの「さざれ石」は、この戸倉上山田温泉の周辺の河原だろうということで、「万葉歌碑」としてこの歌碑公園に建立されたようである。

この歌碑公園からやや下流に「大正橋」という橋があり、その上流に新しく立派な橋が完成した。ならば、この橋の名前は昭和の世なのだから「昭和橋」が適切だと思うが、じつはこの万葉歌碑にちなんで「万葉橋」と命名されている。

漢字・漢文から解放されて花開いた日本女性の才能

日本文学の源流は『万葉集』であるが、そのあと『古今和歌集』などが編集され、平安時代になると日本が世界に誇ることのできる「女流文学」全盛の時代を迎える。紫式部の『源氏物語』は、世界文学史における最初の長編小説とされている。神話や叙事詩には『源氏物語』よりもはるかに古いものがたくさんある。しかし、作者がはっきりして、実話ではない「小説」を世界で最初に書いたのは日本人、しかも女性であったことに大きな驚きを覚える。

一〇世紀から一一世紀の日本の平安時代に、女性文学がなぜ栄えたのであろうか。西欧諸国に例をみない日本だけの特殊な文化現象であり、はなはだ不思議である。その理由の第一は、島国の日本で平和な時代がつづいたからではないだろうか。西欧や中国の大陸諸国では、ほとんど切れ目なく戦争がつづき、とても文学を楽しむなどの余裕はなかったのである。

しかし、なぜ女性なのかという難問がある。八世紀の中国で李白や杜甫が活躍したことは先に書いた。平和だから男性が登場して、男性文学を遺したのであろう。ところが、日本では女性文学が登場した。

その第一の理由は、日本の男性は「漢字」に縛られていたからではないだろうか。というのも、当時の日本社会では、話し言葉は日本語であっても、書き言葉は漢字・漢文を用いなくてはならなかった。あるいは、『万葉集』、『日本書記』に代表される万葉仮名の使用であった。漢字は中国語の「響き」をもった文字であるから、日常生活で日本語を用いていた日本人男性が、漢字で非論理の文学を表現することには無理があったのであろう。

「万葉橋」からの千曲川（1950 年ころの著者のスケッチ）

日本語には、「七五調」で表現されるような特有の響きがあり、その日本語に親しんできた日本人には、日本人らしい感性がある。その感性を漢字で表現すること、文学的に表現することに、かつての日本人はやはり苦痛を感じたのではなかろうか。

これにたいして、女性たちには「漢字の縛り」がなかった。自由にのびのびと、日本語の感性そのままに表現することができたのである。彼女たちは、自分たちの文学を表現するのにつごうのよい「仮名文字」を考案していたからである。いわゆる「ひらがな」である。平安時代の女性文学は、独自の「日本語文字」を誕生させるまでに発展していたのである。

ルターの宗教改革は「聖書を民族語で書く」運動でもあった

類似のことは、西欧も経験している。中世を通じて、西欧における学問はすべてキリスト教の修道院において「ラテン語」で行なわれていたことは先に書いた。日本における「漢字の縛り」と同様に、ヨーロッパ諸国ではこの「ラテン語の縛り」に困惑していた。すなわち、書き言葉はすべてラテン語でなくてはならなかった。

イングランドで一五一六年に書かれたトマス・モアの『ユートピア』も、ラテン語で書かれていた。ところが、翌一五一七年にドイツにおいて始まったマルチン・ルターの宗教改革は、「聖書を民族語で書く」という改革を、ヨーロッパ全土に広めることになった。やがて、聖書以外の書物もそれぞれの民族語で書かれるようになり、民族文学へと発展していった。シェークスピアが多くの戯曲を英語で書くことができたのは、それから五〇年ほど後のことであった。

政治と権力から離れて花開いた日本語と日本文学

もう一度、日本文学に戻ることにしよう。平安時代は平和であったから文学が生まれた、と先に書いた。散文の小説は当然のことながら、なんらかのテーマをもっている。

中国文学の主要なテーマは戦争を含む「政治」であり、日本文学は『源氏物語』以来、「恋愛」であるという。『万葉集』もそうかもしれない。もっとも純粋に人間の感性を表現するものが恋愛であることは理解できる。「彼・彼女が好き」という告白は、理由などなしに、自分の感性を告白しているのである。

七五調などの日本語の響きが日本人の感性を育ててきた、と私は考えている。日本語と日本人の感性が日本文学を生み出している、ということでもある。しかも恋愛は、女性を蔑視するところからは生まれにくい。男女がかなり平等でないと、恋愛は成立しない。その意味でも、平安時代に女流文学が日本で生まれた理由がわかるというものである。

そのように平穏な平安時代が終わり、「武士」という男性が威張りだすと、恋愛も文学も衰退することになる。武士文化の衰退が顕著になる江戸日本文明の末期には、町人文化として文学が少々花開くが、本格的に文学が復活するのは明治維新後の統一日本が近代化を進める過程においてであった。日本語の文語調から口語調への転換など、文学が果たした役割は大きかった。

民族と言語を超える「国際文学」を生んだ国際語

『伊豆の踊子』や『雪国』を書いた川端康成が、日本人として初めてノーベル文学賞を受賞したのは一九六八年であった。では、その受賞理由はどうであったのか。私は次のように考えている。「川端文学こそもっとも美しい日本語で、その日本語にふさわしい魅力的な、伝統の恋愛を描いたから」という理由からである。美しい日本語で戦争文学を書いても、魅力的な作品にはならないだろう。美しい響きのある日本語は、男女の繊細な心の動きと感性を表現する恋愛作品を描くには最適である。「科学を書くには、科学的でない日本語はむいていない」と、よくいわれる。しかし、文学を書くとき、日本語はすばらしい感性を発揮するのである。

二〇一七年のノーベル文学賞を受賞したのは、日系イギリス人のカズオ・イシグロであった。久しぶりにノーベル文学賞をイギリス人が受賞したといって、イギリス国内ではその喜びが大きく報道された。国籍はイギリスであっても、名前からして日本人らしいということで、日本でも歓迎される声がかなり聞こえた。

彼は長崎県出身で、五歳まで長崎市に住んでいたという。両親が日本人であるから、イギリスに移住したとしても、日本文化の響きはどうしても身につくことになったのであろう。いわば日本語的な感性を身につけており、それを英語でイギリス文学として書くようになったのである。

一九八九年には長編小説『日の名残り（The Remains of the Day）』でイギリス最高の文学賞である「ブッカー賞」を受賞して

いる。最近では、『私を離さないで』（Never Let Me Go）が日本でドラマとして制作され、テレビで放映された。川端康成が日本人として初めてノーベル文学賞を受賞してほぼ五〇年が過ぎ、今度は日本人的イギリス人がノーベル文学賞を受賞したのである。

川端の受賞とイシグロの受賞とを比較して、私は次のような感想をもった。すなわち、川端の受賞は日本文学という「民族文学」の受賞であり、イシグロの受賞は「国際文学」にたいするノーベル賞であるという感想だ。文学作品は、それぞれの作家が所属する民族の言語で表現される芸術である。これにたいして、「イギリス英語」はもはやイギリス人の民族語とは考えにくい。アメリカ英語と同じような国際語と理解したほうがよい。

イシグロが書く作品は、日本、イギリスという国家や民族を超えた「国際語」で書かれた文学なのである。世界には、おそらくこのような「国際文学」作品はすでに数多く誕生していることであろう。このような国際文学に重要なのは、その普遍性である。人間ならば、民族を超えて感動する共通の魅力を具えた作品が、これからも数多く誕生することを期待したい。

芸術を支えるスポンサーという存在と役割

ところで、芸術がかかえる宿命として、スポンサーを必要とするという側面がある。スポンサーがいなくては、芸術作家は食べていけない。しかも、このスポンサーの性格は、文明の変遷とともに変容してきた。芸術全般についていえることだが、当初のスポンサーは政治権力者か宗教権威者であった。やがて、文明が豊かになるにつれ、下層の貴族や資産家も参加するようになった。さらに、近代社会が実現すると、スポンサーは大衆になった。

平安時代の女流文学は宮廷文学であったことから、そのスポンサー、つまり読者は宮廷貴族であった。現代の日本文学もまた、女流文学全盛のようにみえる。芥川賞など多くの文学賞が、女性作家に与えられている。そして、その多くの読者は大衆である。

ところが、テレビやインターネットの影響で、いわゆる「活字離れ」が大衆の間で進んでいる。また、「文学」とよぶかどうかは別の問題として、いわゆる漫画や動画が若い世代を中心に愛好されている。前途多難な文学ということにもなろうか。

目で鑑賞する芸術文化、絵画、彫刻、建築も、スポンサーがいないと誕生しなかったし、発展もなかった。すなわち、それぞれの文明によって、時代によって、スポンサーがどの芸術に価値を見出していたかにも違いがある。しかし本来的には、人類は自分の喜びや悲しみ、神への願いなどを、芸術を通して表現してきたのである。

最初に援助者になった宗教権威者たちの目的

アフリカやオーストラリアで「洞窟絵画が発見された」、などのニュースが伝えられることがある。世界遺産にもなっているスペインのアルタミラ洞窟やフランスのラスコー洞窟の絵画は、文明以前の人間本来の感性の表現であるが、なにかを表現したいという欲求も示している。

フランスには、このような洞窟群は一〇〇以上もある。条件さえそろっていれば、誰もがなにかを表現したかったのであろう。

ところが、農耕を始めて文明が発展してくると、そのような民衆の「表現したい」という欲求はさまざまに制限されるようになる。権力者や宗教指導者の援助を特別に得た者だけが、美術専門家として活躍するようになった。イスラームのように、偶像崇拝を禁止する教えのもとで制限され、狭い領域でのみ自己表現が許可されるという環境もある。

多くの文明において、美術の最初の援助者になったのは宗教権威者たちであった。絵画にしろ、彫刻にしろ、寺院建築にしろ、彼らは「神のイメージ」を美術で表現して大衆に示したかったのである。しかし、「神」は本質的に「見えないもの」であることから、つねに論争がくり返されてきた。仏教でも、当初は釈迦の足跡でしか釈迦自身を表現できなかった。しかし、それではわかりにくいので、アレキサンダー大王がギリシャ彫刻を携えてインドを征服したとき、ギリシャ彫刻に学んだ仏像がインドで制作されるようになった。

キリスト教でも、ユダヤ教の時代から「偶像崇拝の禁止」があり、論争はつねにつづいていた。ローマ帝国が東西に分裂すると、ギリシャ正教会では「イコン」という聖画を重視する聖堂建築が進展し、聖堂内に入るとイコンに囲まれた「天国」が出現することになった。

ビザンチン帝国時代の九世紀にギリシャ正教を受け入れたロシアでは、これをロシア正教会として発展させてロシア文明を形成することに成功した。しかし、共産主義国家のソビエト連邦では宗教は政策的に弾圧されたものの、マルクス主義崩壊後のロシア正教会は大きくて立派な聖堂の建築が国民に受け入れられ、これを復活させている。内部には色鮮やかなイコンが壁から天井まで所せましと飾られ、「ここは天国だ」と主張しているかのようである。

一方、西欧のローマ・カトリック教会は「偶像崇拝禁止」を守り、聖堂建築だけを推進していた。そのカトリック教会も、その後は「マリア像」の偶像は認めて普及させたが、その他の絵画的な要素は否定してきた。

ギリシャ正教会ではイコンの普及が図られたが、好きかってに聖画を描けばよいというものではなかった。細部にわたって「伝統」が守られなくてはならない。したがって、ロシア正教会でも新しい絵画が誕生する可能性はなく、西欧からの影響を近代まで待たなくてはならなかった。一方、カトリック教会には比較的「自由」があった。ギリシャ正教会のイコンの影響かもしれないが、聖堂の内部に少しずつ聖画的なものが描かれるようになった。

ルネサンスと宗教画からの解放

イタリア・ルネサンスは、地中海貿易で富をなしたブルジョアで、フィレンツェの富豪のコジモ・デ・メディチなどがスポンサーとして登場して実現した文化革命であった。ルネサンスは、「再生」、「復活」を意味するフランス語で、ギリシャ、ローマの文化を復興しようとする文化運動であった。しかし、ルネサンスの初期の絵画は、アンジェリコの『受胎告知』などのように、まだ宗教から足を洗うことはできていなかった。

それでも、後期になってレオナルド・ダ・ヴィンチなどが登場してくると、『モナ・リザ』のような、ほとんど教会とは関係のない作品が描かれるようになった。ボッティチェルリの『ヴィーナス誕生』は宗教から解放されて、いわゆる人本主義の近代が始まることを示唆する美しい絵画である。

一五世紀から一六世紀にかけては、フランス王がダ・ヴィンチをイタリアからフランスに招待してフランス・ルネサンスを促進するなどの努力があった。これにより、ルネサンスはイタリアからフランス、さらに西欧諸国に拡がる歴史がつくられた。しかし、世界の他の地域、たとえば中国、インド、イスラーム圏などでは、絵画の著しい発展はみられなかった。

美術館というビジネスの登場

ルネサンスの精神が根底にある西欧では、その後も美術の発展と展開は各地に拡がった。それでも、やはりスポンサーが重要であったことは記しておかなくてはならない。すなわち「植民地などを獲得して経済発展に成功し、スポンサーになりうる力」を獲得した国ぐにでは優れた画家が生まれ、美術史に残る作品を生み出したという事実である。

スペインのベラスケスは宮廷画家となり、写真がなかった当時の王家の人たちを中心に肖像画を描いた。ゴヤもまた出世して宮廷画家となった。しかし、ゴヤはスペインがナポレオンに征服されるという民族の危機を経験したことで、他の画家にはない真に近代的な画家になった。マドリッドにあるプラド美術館には、こういう近代的な画家の国宝的な作品が多く展示されている。

オランダはスペインから独立後、ハンザ同盟の名主として経済発展し、日本にまで進出している。その時代に活躍したのが、『夜警』などを描いたレンブラントである。もっとも美しい裸体画を描いたのは、『グランド・オダリスク』を残したフランス人画家のアングルである。

美術作品の世界を見渡してみると、魅力的な作品を多く残しているのは西欧である。フランスはこれに着眼し、名作の多くを収集して美術館を建てた。しかもそのほとんどをパリに集中して建設し、パリを美術館都市にした。美術を鑑賞したいならパリにきなさい、というわけである。

パリ以外での優れた美術館には、先に述べたマドリッドのプラド美術館、ウィーンの美術史美術館、ロシアのサンクト・ペテルブルクのエルミタージュ美術館、ニューヨークのメトロポリタン美術館、そしてボストン美術館などがある。

優れた美術作品の多くは、美しく多くの人を魅了するものである。しかし、このことを逆手にとって弾圧に利用する権力者も現れる。ヒットラーやスターリンなどである。美術界が魔力の隠れ家にされることもある。

伝承され、統合されて選択・洗練された歌舞

芸術文化の最後は、音楽芸術文化である。「歌舞音曲」という熟語があるが、じつはこれこそが、

芸術文化の原点であることを、最初に強調しておきたい。

狩猟採集の時代の人たちは、数十人の集団で生活していたと先に書いた。このような集団がひもじい思いで何日もすごし、久しぶりに大きな獲物を入手したとき、おそらく子どもたちがまず歌って踊りだしたであろう。大人たちは、それにつづいたはずである。

人間の暮らしにおいて、喜怒哀楽はつきものである。喜びだけでなく、慕っていた人が亡くなるなどの悲しみのときもまた、人は悲しみの歌を歌い、葬送の踊りを舞ったことであろう。現在も原始的な生活をつづけているアフリカの人たちは、観光客を接待するショーとして、戦争に出陣するさいの勇ましい歌舞、勝利したさいの喜びの歌舞を、砂埃をあげながら見せてくれる。

人間は生まれながらにして、ほとんど「自然」であるかのように言語をもっていたが、歌舞もまた自然のように存在していたであろう。どの民族にも、原始的であろうがなかろうが、それぞれに自分たちの歌舞を携えていたのである。

他の芸術と同じように、農業生活が始まると歌舞の統合も進み、それなりの成長を遂げた。そして文明が成立すると、やはりスポンサーの問題などに直面する。ここで大きく歌舞を成長させる文明と、そこで成長を止める文明とが出現する。

「音の保存法」を開発した修道院

音楽が他の芸術と決定的に異なる点は、「音」は人の手で発生されてもすぐに消えてしまうところにある。言語と同じである。文学芸術について書いたように、言語は文字を考案することで「消えてしまう音」を留めることに成功し、文学を成立させた。このとき、「文字」が大きな役割を果たしたが、どのような文字をもつかによって、その後の文明発展の行方は左右された。アケメネス朝ペルシャ帝国は、自分たちの楔形文字を放棄してアラム文字を公用語として採用したことを、その具体例として指摘した。

では、消えてしまう音楽の「音」をどのように保存し、他に伝えることができるようにしたか。これは文明によって異なった。この音をとらえることにもっとも成功したのは、やはり西欧である。この原点が、ギリシャ文明が生み出した数学・幾何学にあったことは驚きであろう。

ここに一本の弦があるとする。これを、ギターのような楽器につけて音を出す。次に、その弦を半分の長さにして、同じように音を出す。さらに、それを半分にして音を出す。このような実験をギリシャ人は行なったのである。こうして、すぐに消えてしまう音を二分の一の高さの音、四分の一の高さの音などと計測したのである。

ただギリシャの場合、そのような音を保存する方法までは到達できなかった。「音を保存する方法」は、中世、西欧の修道院で徐々に進められた。しかし、カトリック教会の信仰は、個人が神に直接お祈りすることを許さない。教会と聖職者を通して、個人は神に祈ることができることになっている。したがって、祈りは書面に書かれ、どこの教会でも同じでなくてはならない。修道院で歌われる『グレゴリアン・チャント』は、すべての修道院が同じ曲として歌わなくてはならない。それには、共通の「音を保存」する必要があったのだ。

しかし、カトリック教会や修道院には「自由」がなかったために、発展させるという発想が欠けてしまった。これにたいして、一六世紀前半にマルチン・ルターやジャン・カルヴァンによって成立したプロテスタント教会には自由があった。人びとは、神に向かって直接に祈ることができたのである。自由に祈ると、それは韻文になる。優れたよい歌は讃美歌として保存し、みなで一緒に歌いたい。そのような動機から、修道院でつづいていた「音を保存」する方法を改善して、こんにちにつづく五線譜タイプの楽譜が成立することになったのである。

一七世紀の楽器革命は、音の保存・伝達革命に

一七世紀は、西欧で起こった「科学革命」の世紀であった。多くの分野で変革があったが、音楽では楽器革命が起こり、それまでのリュートに代わって鍵盤楽器が主要な楽器として登場した。鍵盤は音を正確に、かつ精彩に打ち出すことができる。すると、五線譜も同じように正確、かつ精彩でなくてはならない。五線譜タイプの楽譜が急速に発展したのは当然である。

J・S・バッハは、プロテスタント教会でオルガンを弾き、讃美歌を歌う聖歌隊の指揮をとっていた。しかも、「音楽を通して民衆に聖書の真理を伝えたい」との思いから、作曲も手がけるようになった。彼の代表曲『マタイ受難曲』は、こんにちの日本でも聴かれ、多くの人に感動を与えている。モー

ツァルト、ベートーベン、メンデルスゾーンなど、後の作曲家は、このバッハから多くのものを学ぶことになったのである。

西欧において高度に発展した音楽を、専門家はどのように評価しているのだろうか。一般論として、クラシック音楽の最高峰はベートーベンの『運命交響曲』などの「交響曲」だという。同じくらいに重要視されるのは「歌劇」である。ワーグナーの「楽劇」をあげる専門家もいる。

音楽における最大の問題は、五線譜に音符をびっしり書きつけても、作曲は終わりにならないところにある。その五線譜を読んで演奏する演奏家によって、その音楽はまったく違ったものになることがあるからである。これは宿命であって、どうすることもできない。

しかし、現代の科学技術革命は、技術によって「録音」という方法を開発した。「レコード」という録音方法がかなり長くつづいたが、現代はＩＴによって携帯電話機に録音し、それを他人に送ることも可能になった。文学や絵画と同様、その愛好者すなわちスポンサーは、大衆に代わったのである。

豊かさが格差を生む社会

文学や絵画はまだ民族性や地域性を残しているが、音楽は民族性や地域性をあまり強調しなくなっている。人類は共通した感性をもっているということでもある。ポピュラー・ミュージックやミュージカルは、ほとんど世界同時流行のごとく急速に普及する。もちろん、技術革命であるテレビやインターネットの影響も大きいが、音楽の世界では先に述べた性格上、とくにグローバリゼーションが進展し、拡張しているといえる。

エンリッチング文化は、魅力の宝庫である。人類が文明を築いてきた理由がよくわかる。生活文化から芸術文化まで、いわゆる先進国において、とくに「豊かさの文化」があふれている。

しかし、その豊かさのなかでとんでもない「貧しさ」が同時進行している現実がある。老人の孤独死、若者の失業、結婚しても子どもを産めない夫婦、あるいは結婚できない若者。これらの問題の陰にあるのが、「豊かさは格差を生む」という魔力である。このような問題に、人類はどのように対応することになるのだろうか。

原始四大文明
主流文明になりえた文明はどれか

●古代エジプト文明の成立……114

歴史と言語的背景／古代エジプト文明は「王家の権力の文明」／魅力の「石の文化」と魔力の「ミイラ文化」

●モヘンジョ・ダロ、ハラッパーのインダス文明……119

未解読のインダス文字とドラビダ人／「征服と支配」を容認する思想を受け継いだ悲劇

命と魂の永遠性を信じた古代エジプトのミイラ

第3章

空しい努力なのか人の優れた創造力の賜物なのか〈エジプト〉

果てしなくつづく万里の長城と人間のエネルギー〈中国〉

●悠久の歴史の黄河・中国文明……122

「馬と麦」の北部、「船と米」の南部の文化を統合／基軸文化は「太陽・天・天子」という太陽神／文明としての連続性を保つ黄河・中国文明／モンゴル人支配のもとで人類最初の「紙幣」を発行／工芸文化を花開かせる／周辺弱小民族を支配・併合してきた魔力文化

古代エジプト文明の成立

ふたたび、人類の歴史に戻ることにしよう。

一九万年もの狩猟採集生活に別れを告げると、人類は農業を始めるようになった。その農業はかつての楽園、近東周辺で起こった。近東は、現在のエジプト、トルコ、シリア、イラク、レバノン、イスラエル、パレスチナ、南コーカサスなどが相当する地理的概念である。

なぜ近東で農業が起こったのか。栽培に適した植物が多く自生し、しかも家畜化できる動物たちがかなり多く生息していたからである。現在のように品種改良が進んでいなかったので効率は悪かったが、小麦や大麦が栽培されるようにもなった。野生の山羊、羊、豚なども生息していたので、やがてこれを家畜化していった。

こうして、紀元前八〇〇〇年から七〇〇〇年ころには、現在のパレスチナのジェリコ（エリコ）に、二五〇〇人もの人たちが暮らす世界最古の都市ができている。ジェリコは、死海にそそぐヨルダン川河口から北西約一五キロメートルに位置する。エルサレムの東北東の町である。

都市ができれば文明が誕生してもよいはずであるが、ジェリコに文明は生まれなかった。なぜか。理由は単純で、文明とよべるような「高度文化」を生み出せなかったからである。狩猟採集の暮らしとは異なっていたが、農業生活の寄せ集めのような都市に、そのような文化水準で暮らしていたにすぎなかった。

ヨルダン川西岸に位置するジェリコは、つねに争いと争いの渦中にさらされているような地理的状況にあったことも影響していた。文明が成立するには、ある程度の平和な時間と豊かな環境が必要だからである。

歴史と言語的背景

このジェリコの時代からおよそ三五〇〇年の年月をへた紀元前三〇〇〇年ころになって、エジプトに最初の王国が成立している。この王国が、ナイル川上流地域と下流地域とを統合して成立したことで平和が生まれ、古代エジプト文明が成立したので

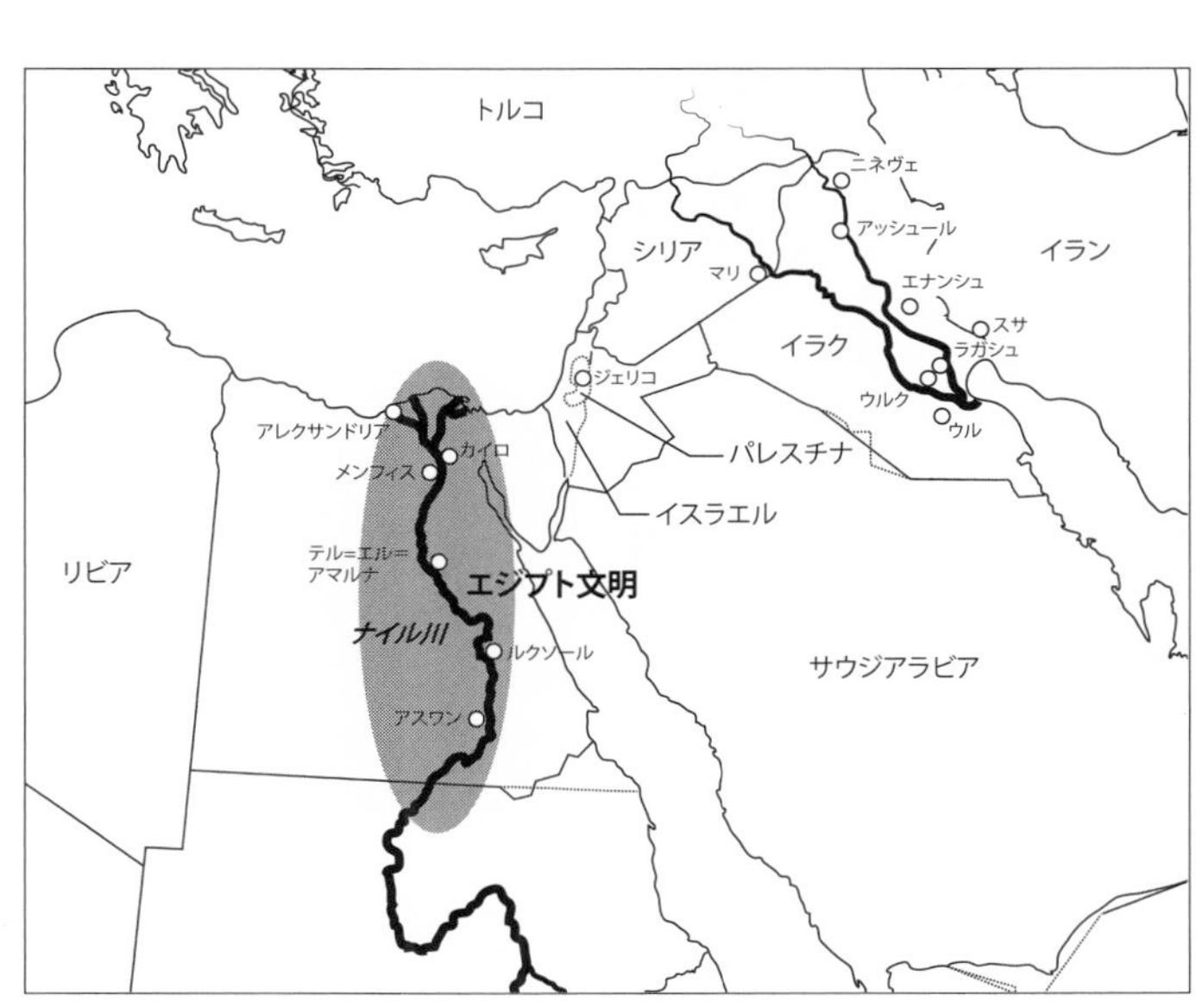

エジプト文明と周辺世界

である。

しかし、疑問はある。その古代エジプト人がどこからきたのかが、よくわかっていないのである。人類は南アフリカの土地を出て、ユーラシア大陸に移住している。しかも、古代エジプト文明がナイル川を中心に成立した文明であるならば、その文明をつくったのはユーラシア大陸への移住途中にナイル川に魅せられて定住した人たちではないかとの思いが浮かぶ。

そこで彼らの言語、エジプト語を調べてみる。すると、彼らの言語はセム語、アッカド語、ヘブライ語などと同じ系列の言語で、近東の言語であることがわかる。しかもそれは、ずいぶん長い歴史のある言語で、紀元前四〇〇〇年ころには誕生している。しかし、その後はアラビア語に負けて、一般には使用されなくなったという。その言語の末裔が、現在まで生きつづけているコプト語であるともいわれる。つまり、エジプトに初期のキリスト教徒が誕生して、その地でやがてキリスト教徒として生きることになるコプト教会の人たちが話していた言語がコプト語ということになる。

古代エジプト文明をつくった人たちは当初は現在のジェリコなどに住んでいて、その後に地中海とナイル川を利用して現在のエジプトに移住してきた人たちであることはわかった。ナイル川は、ここでも重要な役割を果たしていた。古代エジプト文明とは、「ナイル川文明」であったのだ。

よく知られているように、ナイル川は毎年、春先に氾濫して上流から土砂を運んできて肥沃な農地を提供した。これが基軸文化の農業を支える「自然の恵み」という魅力であった。オアシスなどに多少の樹木はあったが、川沿いから離れると砂漠地帯で、木材はほとんどなかった。そこで、石でさまざまな生活用具をつくった。巨大な石造の神殿や宮殿、さらにピラミッドなどもつくることになった。では、巨大で重い石をどのようにして運んだのか。これもまたナイル川に依存していた。木材もナイル川を利用して他の都市から輸入していたのである。とにかく、古代エジプト文明は、ほとんどすべての経済活動をナイル川に依存していたのである。

古代エジプト文明は「王家の権力の文明」

もう一つの基軸文化、「人を統合し、結束させる力」は、エジプト文明においてはなにであったのか。一般的な宗教の概念でいうと、古代エジプトは多神教社会であったが、実態的にはほとんど一神教であった。「太陽信仰」である。ナイル川の変化は、たしかに太陽の動きに支配されており、古代エジプトの人たちがそのように自然を支配する太陽に信仰心を抱くことは理解できる。しかもそれは、「天（神）と地（人間）」を結ぶ役割をする「王家」を信仰する文化でもあった。

エジプト文明は、太陽を信仰することで結果として王家を信仰し、ほとんどすべての力を王家に捧げる文化を育てたのである。砂漠地帯のエジプトでは、発見される遺跡・遺物は盗掘されたものを除くと、ほとんど腐敗することなくそのまま残った。他の古代遺跡と比較しても、驚くべき高度な調度品や工芸品が発見されるのである。しかし、そういうもののほとんどすべてが、「王家の者と物」である。保存されたミイラから純金製のマスクまで、すべて王家の人たちのものであった。古代エジプト文明とはすなわち、「王家の権力の文明」であったということである。

媒体文化であるエジプト語は、古代エジプト文明の誕生から発展まで、しっかりとその役割を果たした。のちにイスラームに征服され、アラビア語に支配されることになるが、その末裔はいまもコプト語として生きつづけている。さらに、エジプト文字の構造のアイデアをフェニキア人に伝え、フェニキア文字の誕生に貢献している。

もう一つの媒体文化、通貨は現物通貨の小麦や大麦であった。貿易取引でどのような通貨が使われていたかは、よくわからない。たぶん、現物通貨であったであろうと思われる。

魅力の「石の文化」と魔力の「ミイラ文化」

政治・行政文化とエンリッチング文化についても、評価できるモノはある。ピラミッドの建造は農閑期の失業対策として行なわれたらしいし、進んだ暦の文化、数学、天体観測なども評価できる。しかし、その最大のものは、「石を細工する技術」であろう。

石の加工技術は突出して魅力的であったので、のちに勃興してきた多くの文明はエジプト文明に学ぶことになった。アケメネス朝ペルシア文明がペルセポリスを建造するさいは、大勢のエジプト人石工を集めることで、ようやくあのような立派な石造都市、石造宮殿が建設できている。ギリシャ文明が各地に残した美麗な石造の神殿は、その加工技術をエジプト文明から学んだものであることを教える。

では、古代エジプト文明を全体として評価した場合の魅力はなんであろうか。それはやはり、「石の文化」ということになるであろう。地理的にはエジプト側に残存する「アレキサンドリアとクレオパトラの魅力」を追加できたらよいのだが、残念ながらこれはギリシャ文明の残影である。古代エジプト文明には、そのような魅力は欠けていたということである。強烈な一神教と優雅な多神教の世界の違いであろうか。

それでは、なんらかの魔力はあったのであろうか。私は、エジプト文明に大きな魔力はなかったとしたい。しかし、ミイラをつくる文化に魔力を感じる人は多いように思われる。死後の自分がミイラにされて、何年かのちに復活することを望むような現代人は少ないだろう。近隣の諸文明において、エジプトのミイラ文化を学んで継承した例がないことが、そのことを証明している。やはり魔力であったのだ。

モヘンジョ・ダロ、ハラッパーのインダス文明

インダス文明の遺跡を発掘・発見したのはインド人考古学者だが、発掘を主導して世界に紹介した

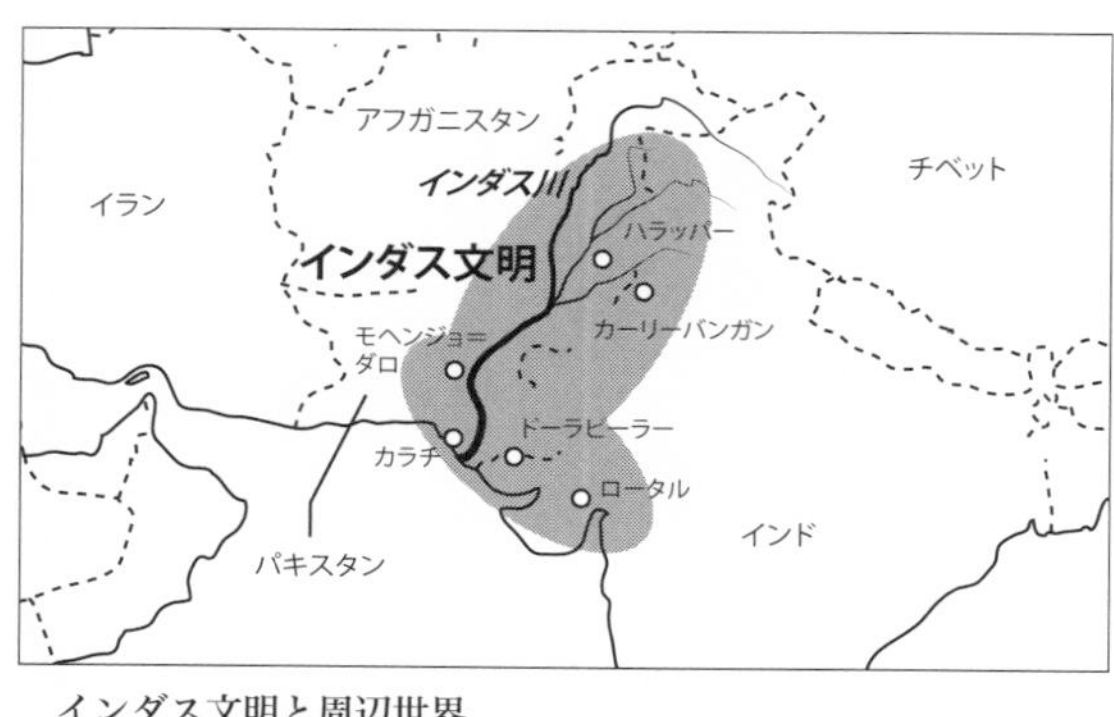

インダス文明と周辺世界

のは、古代エジプト文明と同様、植民地主義国のヨーロッパのイギリス人であった。一九二二年に始まった発掘によって、インダス川の渓谷、モヘンジョ・ダロで最初のインダス文明遺跡が確認された。

紀元前二五〇〇年から紀元前一八〇〇年にかけて、最大四万人近くが居住していたと推測される都市遺跡である。遺跡は碁盤の目状に整備され、水道、汚水の排水システム、公衆浴場などが整備されていた。現在はパキスタンに属する。

第二次世界大戦が終わった一九四五年には、パキスタン北東のパンジャブ地方のラホール近郊のハラッパーにおいてもインダス文明の都市遺跡が発見され、発掘が始まっている。

未解読のインダス文字とドラビダ人

インダス文明の遺跡探しは、モヘンジョ・ダロとハラッパーの二つの遺跡を中心につづいているが、明快な成果は報告されていない。その最大の理由は、表意文字であるインダス文字がまだ解読できていないことにある。わかっているのは、このインダス文字がドラビダ語に似ているということだけである。ドラビダ語族の言語は、現在はインド南部とスリランカ、それにパキスタン、アフガニスタン、ネパール、ブータンなどで話されている。そうすると、このインダス文明をつくった人たちは、ドラビダ人と同系統の人たちではないかと想像することはできる。

この文明はメソポタミアから小麦や大麦の栽培方法を学び、紀元前四〇〇〇年ころに最盛期を迎え、紀元前一七〇〇年ころに崩壊したと考えられている。崩壊した理由は、灌漑によって地中の塩分が上昇して穀物の栽培が困難になったためのようである。

数千年つづいたこの文明は、インダス渓谷で小麦、大麦、豆類、ゴマ、マンゴー、ナツメヤシなどを栽培していた。ロバ、馬、野牛、ラクダ、牛などを食用に飼育した記録も残している。さらに、ヨーガ行者と推察できる像や、シヴァ神像に似た像も発掘されている。ヒンドゥー教のある部分は、この古代インダス文明の影響をうけているのかもしれない。

「征服と支配」を容認する思想を受け継いだ悲劇

古代インダス文明にとっての悲劇は、紀元前一六〇〇年ころに隆盛した中央アジアの遊牧民、インド・アーリア人による征服をうけたことである。彼らが持ち込んだ宗教は多神教で、先住民の宗教や信仰も取り入れて『リグ・ヴェーダ』を編纂し、これを聖典とするヒンドゥー教を成立させている。

この宗教の特徴は、「征服と支配」を容認する思想をもっていたことである。このことが、征服者と被征服者という関係を社会に定着させる効果を発揮してしまったのである。ひいては、これがこんにちにまでつづくカースト制度を生むことにもなった。

このインダス文明と直接的な関係はないが、ヒンドゥー教の前身であるバラモン教からゴータマ・ブッダによる仏教が生まれたことは記しておいたほうがよいかもしれない。この仏教は、カースト制度を否定し、平和を強調するという魅力的な宗教なのである。

古代インダス文明は、内容がよくわからないだけでなく、私にはなにかしら「魔力」に包まれた文明のように思われる。

悠久の歴史の黄河・中国文明

黄河文明を築いたのは漢民族であったが、彼らはどこからきたのか。そもそも漢民族という言葉や概念は後の時代に命名されたもので、もとは「周」という国を築いた人たちであった。西北の中央アジアから中原地域に移動してきて、周辺地域の人たちを統合して国を形成した。

彼ら漢民族は、漢字を考案して使用することで国も文化も飛躍的に発展させ、国土も長期にわたって強大さを誇った。

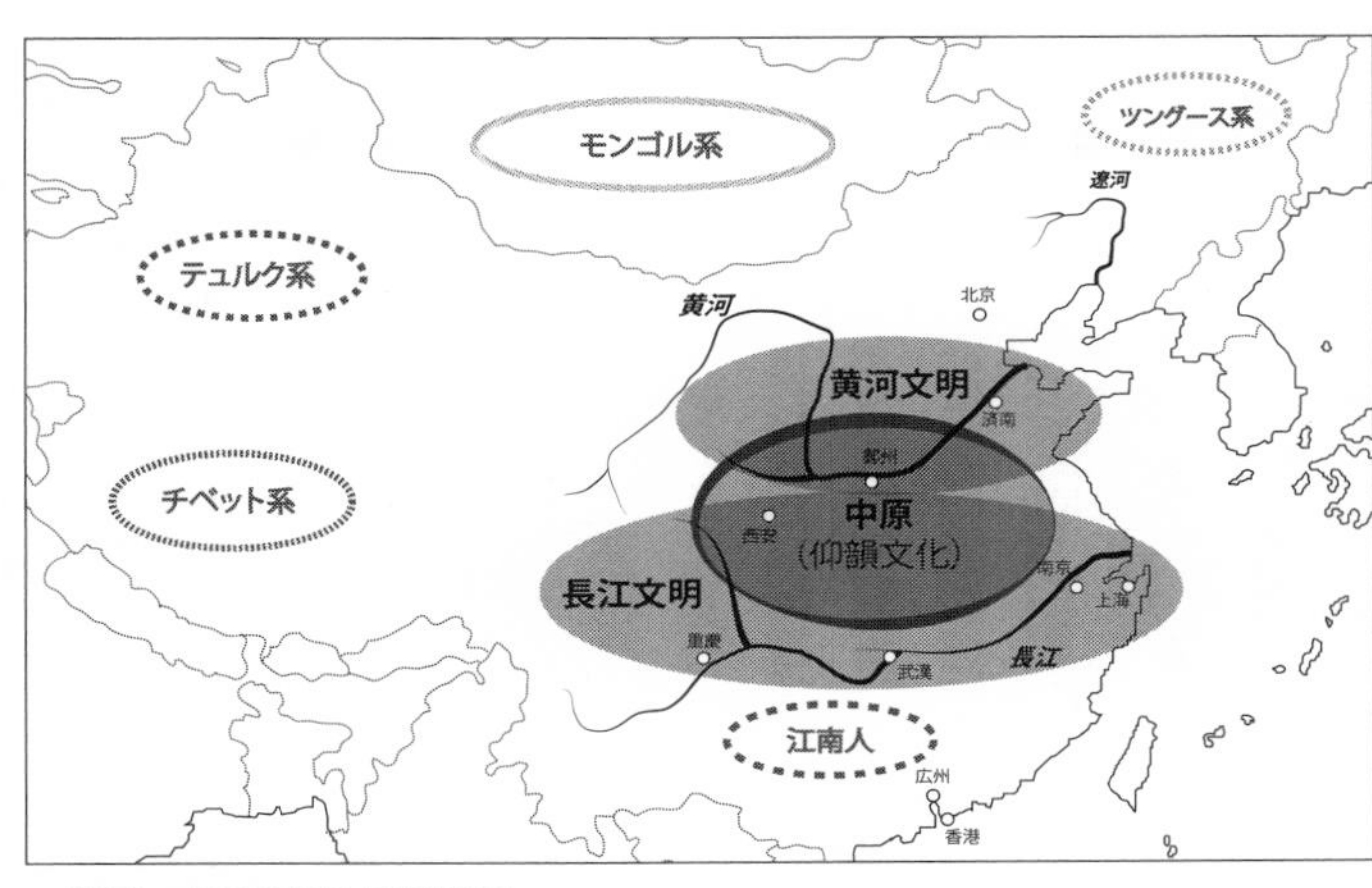

黄河・中国文明と周辺世界

「馬と麦」の北、「船と米」の南の文化を統合

紀元前六〇〇〇年から紀元前五〇〇〇年ころの新石器時代に、黄河中流の台地に半地下式の住居をつくって定住した人たちがいた。彼らが栽培していた主食はアワで、石製の鋤をすでに使用していた。犬、豚、鶏、羊なども飼育していた。

黄河文明の領域は寒い地域が多く、当初は植物の栽培農業というよりも、どちらかというと家畜を飼い、その家畜が草などを餌に生産する乳や肉を主な食料にしていた可能性はある。しかし、およそ一〇〇〇年をかけてメソポタミア文明から小麦の栽培方法が伝わると、黄河文明はがぜん活性化し、中国大陸全土に拡がっていった。

インダス文明の担い手は南方系モンゴロイドのドラビダ系の人たちであったが、黄河文明を築いたのは北方系モンゴロイドであったことになる。さらに、中国文化の特徴を表現するのに「南船北馬」という言葉がある。北部では「馬の文化」と「麦の文化」が発達し、南部では「船の文化」と「米の文化」が発達していた。この両者を統合することで、魅力的で豊かな、そして強大な中国文明に発展したことを表現している。

基軸文化は「太陽・天・天子」という太陽神

エジプト文明は神殿遺跡を残し、インダス文明はヨーガ行者の像やシヴァ神の像などの埋蔵品を残している。ところが、黄河文明からはそのような宗教的な色彩は、青銅器の一部を除いてみられない。時代が進んで紀元前一三〇〇年ころになると中国最古の王朝、「殷」が成立する。殷では王を「天帝」とよばせるなど、王は宇宙の支配者と称して、神意を占って政治を行なったという。王朝の宗教は太陽崇拝で、一種の神権政治であった。そこから「天命」という概念が生まれた。王がもし暴君になった場合、王はその一族ともども天命を失い、徳の高い人の一族に王朝が代わる、すなわち「天命が改まる」と理解した。

天に至高神が存在するという考え方は、中央アジアの牧畜民に由来するといわれている。こうした殷の時代の「天」、「天命」の思想は、紀元前五〇〇年ころの春秋・戦国時代に登場した孔子にも受け継がれた。すなわち、至高神である天の代理人としての「天子」が王になり、有徳の政治を行なってほしいという思想を展開したのである。この孔子の教説は『論語』としてまとめられ、その後継者たちによって儒教へと発展していった。中国文明の基軸文化の一つは稲作・小麦文化であったが、もう一つは孔子による儒教を中心とする政治思想であったのである。

古代エジプト文明も、これを支えていたのは「太陽・神・王」であった。しかし、そこから儒教のような高尚な思想は生まれてこなかった。中国文明は同じような「太陽・天・天子」という基軸文化をもとに、これを儒教として発展させて魅力的な思想に成長させたのである。朝鮮半島、日本などは、この魅力的な思想を導入することで、それぞれの文明の発展を可能にさせたのである。

文明としての連続性を保つ黄河・中国文明

原始四大文明のうち、その子孫が文明としての連続性を維持し、長期にわたってつづいているのは、黄河文明という中国文明のみである。なぜこれが実現したのであろうか。その要因は、基軸文化と媒体文化の両者がともに普遍性をもち、異民族支配に屈することがなかったことにある。

古代エジプト文明の項で、「アレキサンドリアとクレオパトラの魅力」と書いたように、異民族に支配されるとその基軸文化までも失っている。というのは、古代エジプト文明の基軸文化そのものに普遍性が乏しかったからである。さらに時代が進むとアラビアに支配され、基軸文化はイスラームになったし、媒体文化もアラビア語になってしまった。

その古代エジプト文明と比較すると、黄河・中国文明もエジプト文明と類似した「太陽、天、天子」

という基軸文化であったが、黄河・中国文明はこれを儒教に発展させ、かつ普遍化して現実の政治に生かしたという点で違いがあったのである。

媒体文化の漢字文化も大きな役割を果たしている。現在でも、北京語と上海語とではかなり表現は異なるという。しかし、漢字で書くと大きな違いはなく伝わるという。すなわち、媒体文化が黄河・中国文明の統一と統合、そしてその連続性を確保する力となっていたのである。

モンゴル人支配のもとで人類最初の「紙幣」を発行

第二次世界大戦後の数年を除くと、日本は異民族に支配された経験はない。ところが、漢民族の中国文明は、遼、金、元、清の四王朝が、異民族による支配を経験している。元はモンゴル人による支配で、一二七一年から約一〇〇年間つづいた。このことをあえてここに書くのは、このモンゴル人による支配の間に、元は人類の歴史において初めて「紙幣」を発行したからである。しかも、一〇〇年近くも使用されつづけた。この歴史的事実を述べたかったのである。

エジプトでは「金」は神さまであり、金が通貨として使用されるなどは考えられなかった。ところが、後世のギリシャ文明、ローマ文明、さらについ最近までの欧州でも、もっとも信頼できる通貨は金であった。その金に相当する通貨を、モンゴル支配下の中国（元）では紙幣をもって代替したのである。

日本文明が中国文明から学んだエンリッチング文化は、箸の文化から始まって漢字文化、仏教文化など多岐にわたる。日本人にとっても、中国文明は魅力的な文明であったのだ。中国文明を隣にもたなかったなら、日本の文明はそうとうに遅れた、貧しいものになっていたはずである。

日本の伝統的な楽器だと思われている琴や寺院を飾る水墨画にしても、中国から学んだものである。日本人にとってはどれもこれも魅力的であるが、真に魅力的なものは、本来は縁のない人たちからみても魅力を感じるものである。いったいどうしてであろうか。

工芸文化を花開かせる

そういうものの一つに、「シルク・ロード」という特別な名前が生まれる由来のものがある。中国から西に向かって送られた「絹織物」である。ヨーロッパの王侯貴族や高位聖職者は、その権力や権威を主張するために競って中国からの絹織物を着用したのである。柔らかい肌触り、輝きのある色あい、実際の保温力など、他の素材にはないすばらしい特徴を具えていたのが絹であった。やがて、ヨーロッパでも自ら生産を始め、フランスのリヨン、イタリアのフィレンツェなど、各地に絹織物のブランド都市が誕生することになる。

日本もその例外ではない。古くに中国から養蚕を学び、各地で養蚕と絹織物の産業を興して、特徴のある各地の染めと織りのブランド、たとえば桐生銘仙とか大島紬、黄八丈、西陣織、友禅染といったブランドを生んでいる。明治維新後の日本は、茶と並んで、そうして磨いた技術の絹糸を基幹輸出商品としたのである。

絹織物の次に世界を魅了した中国製品は、景徳鎮をはじめとする陶磁器である。ヨーロッパの宮殿や博物館を訪れると、必ずその銘品に出会う。ウィーンのシェーンブルン（美しい泉の意）宮殿には、この景徳鎮の陶磁器だけで装飾された大きな部屋があるし、トルコのイスタンブールのトプカプ宮殿の食堂には、景徳鎮の食器が所せましと並んでいる。

日本もこの景徳鎮や数々の中国宮廷直属の陶磁窯、官窯からその技法や様式など多くを学んでいる。平安時代には官窯をまねて猿投（さなげ）窯を、江戸時代には各藩が御用窯を設けている。これをもとに日本各地に陶磁器産地が生まれ、発展することになったのである。絹糸と同様、伊万里焼などは外貨の獲得に大きく貢献している。

周辺弱小民族を支配・併合してきた魔力文化

すでに書いたように、中国文明には魅力的な文化があふれている。しかし、魔力文化もまた持ち合わせていることも指摘しておかなくてはならない。それは黄河文明からの連続として、周辺の弱小民族を支配し、併合する性行である。「中華思想」という表現があるが、漢民族の優位性を強調することで成功してきた歴史がある。ベトナムは一〇〇〇年間も中国文明に支配されたし、朝鮮半島も従属した経験がある。その延長線上に現在のチベット、内モンゴル、ウイグルなどの自治区を中心に、支配・被支配の紛争をかかえているのである。

もう一つ、小さな魔力を追記すると、それは「纏足（てんそく）の文化」である。エジプト文明におけるミイラ文化ほどではないが、足先の小さな女性が美人であると喧伝されて、中国の女性たちを苦しめた文化である。日本を含めて、このような文化を受け入れた近隣の国がなかったことは幸いであった。

原始四大文明のうち、三つの文明についてその概略を書いた。古代エジプトとインダス文明は、それを継承する次なる文明が生まれなかった。黄河・中国文明は、かなり有力な文明で、日本、朝鮮半島、ベトナムなどに、その文明要素である高度文化を拡げた。しかし、そこからさらに発展して他の文明にまでその文明を拡げる歴史は生まれなかった。

これにたいして、四番目のシュメール文明は世界で最初に誕生した文明であり、もっとも魅力的な文明であった。次からつぎに後継者が生まれ、人類史における「主流文明」を形成することになった。そこで、シュメール文明についてはこの章のタイトルに不備があることを承知で、別章を設けて記述することにする。

古代前期の主流文明

シュメール、メソポタミア、アケメネス朝ペルシャ

主流文明「シュメール」 鬼才たちが創造した文明……132
都市国家の集合体シュメール／楔形文字で国際的なシュメール文明圏を形成／戦争に脆弱な神殿国家

主流文明「メソポタミア」 軍事力で発展した文明……136
征服された側の文明を継承したアッカド帝国／アッカドを攻略したバビロニアの正義を説く「ハムラビ法典」／メソポタミア文明を世界に拡げたアッシリア／メソポタミア文明を花開かせた新バビロニアとユダヤ教／シュメールの農耕文明を伝承したメソポタミア文明／メソポタミア文明を支えた国際語のアッカド語

ペルセポリスの遺跡はなにを伝えようとしているのか〈イラン〉

第4章

●主流文明「アケメネス朝ペルシャ」　賢明で寛大な文明……144
基軸文化は奴隷制度を否定するゾロアスター教／ユダヤ教を通じてキリスト教が教えを継承／二人の偉大な王が完成させたペルシャ帝国／「共通言語」と「共通通貨」が三〇〇年の繁栄を導く／ペルシャに学び、ペルシャを否定したアレキサンダー大王／イエスの言葉はアラム語、つまりペルシャ語だった／ペルシャ文明に魔力、汚点はみつかるか

モザイクで構成されたルーマニア正教会のイコン

聖地エルサレムの旧市街はなぜか戦場でもある〈イスラエル〉

主流文明「シュメール」
鬼才たちが創造した文明

まずは、シュメール地方の場所を確認しておこう。

『旧約聖書』の「創世記」二章八節に「エデンの園」が登場する。そこから一本の川が流れ出し、この川は四本に分かれた。そのうちの二本が、「チグリス川とユーフラテス川」であると記されている。シュメール地方とは、このチグリス川とユーフラテス川との間の平野部で、現在のイラクの都市、バスラの北方周辺である。

紀元前八〇〇〇年ころにはすでに、パレスチナ地方のジェリコに大きな都市が誕生していたと先に書いた。やがて、このシュメール地方にも人が住み始めている。では、そのような先住民ともいえる人たちがシュメール人になったのかというと、そうではないというのが定説である。

シュメール人は紀元前四〇〇〇年ころに外部からこの地に移住してきたか、あるいは先住民を征服してシュメール地方に定住するようになったかのどちらかである。「彼らはどこからきたか」も、はっきりしないという。

シュメール語については、言語学的にはどうやら孤立した言語であるという。古代フェニキア語、

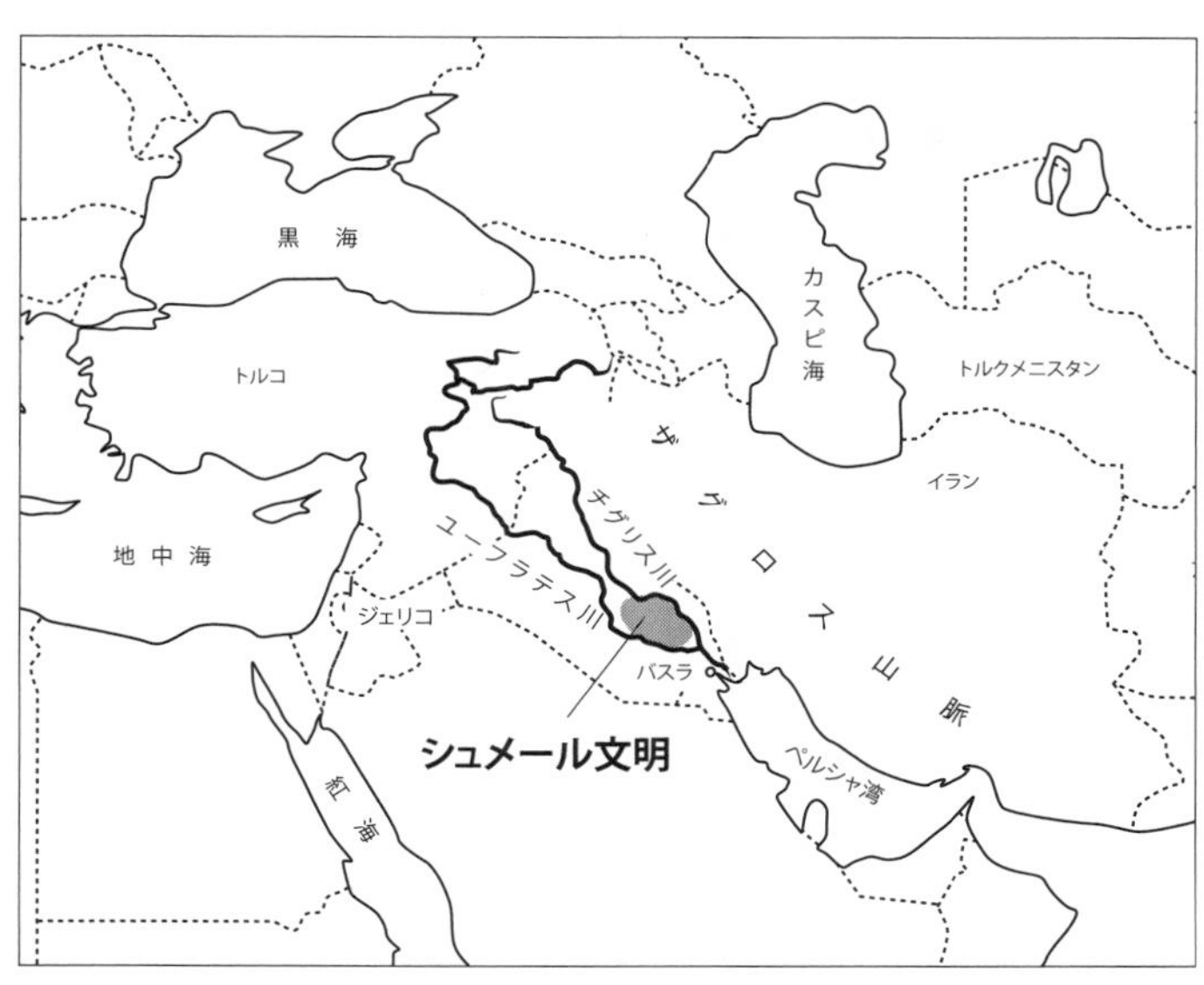

シュメール文明と周辺世界

ヘブライ語（ヘブル語）、アラビア語などが属するセム語族に近い言語であるという。日本語が孤立した言語で、モンゴル語や朝鮮語に近い言語だといわれるのに似ている。

都市国家の集合体シュメール

シュメール文明を築いたシュメール人は、紀元前四〇〇〇年ころにこのシュメール地方に定住すると、当初はザグロス山脈の麓で天水を利用して大麦や小麦を栽培する農業を始めた。やがて平野部に降りて、紀元前三〇〇〇年ころになるとメソポタミア地方全体で利用されるようになっていた青銅器を利用して、さまざまな農機具を開発している。平野部の沖積土を耕作するのに適応した農業を発展させたのである。さらに、チグリス川などから水を引く灌漑用水技術を開発するなどしている。農業の生産性を飛躍的に上昇させたのである。

このような農業経済の発達に並行して、各地の村落を統合して都市が生まれ、都市国家も誕生した。いくつもの都市国家の集合体がシュメール文明ということになる。これらの都市国家は神殿都市であり、神殿（ジッグラト）を中核とする政治組織も完成させていた。そのうえで、互いに競争しながら、かつ協力しながら高度文化を発展させた。

神殿都市とは「神中心」の都市のことである。当初の神はたぶん、どこかの集落の守り神であったであろう。しかし、多くの集落、都市が統合すると、この守り神の存在や役割は大きくなり、やがて神殿、ジッグラトに成長していった。

楔形文字で国際的なシュメール文明圏を形成

シュメール文明の基軸文化は、この神殿であった。都市に暮らす人たちは、この神殿を中核に団結し、神殿文化を展開することで高度な文化、そして文明を創造したのである。その最大の成果が、楔形文字である。

文字が考案されると、教育、法律、文学の文化が盛んになり、文化の保存や移転も可能になる。しかも、他の民族までもがこの文字を学び、シュメールの高度文化を導入するようになった。「シュメール文明圏」が形成されていったのである。国際語になったシュメール語は、のちのラテン語と同じように、シュメール文明が崩壊した後も文化語として生きつづけることになった。

シュメール人の最大の魅力は、あらゆるものを自分たちで創造したことである。他から学ぶことができなかったということでもあるが、これを可能にしたのが神殿信仰であった。

『旧約聖書』の「創世記」に記されている「バベルの塔」もジッグラトのことで、神殿であった。のちに成立した多くの帝国では「人民は搾取される」ことが一般的であったが、シュメールでは「収穫物は神殿に奉納した」のである。そういう記録を残すためにも楔形文字が考案された。その他の高度な文化も、「神に奉納するために生み出した」という言い方をしてもよいであろう。

戦争に脆弱な神殿国家

シュメール文明の基軸文化は神殿信仰と灌漑農業であった。媒体文化としては、善きにつけ悪しきにつけ近隣の文化に大きな影響を与えた楔形文字、エンリッチング文化としてはシュメール美術などをあげることができる。しかし、エジプト文明のミイラ文化や、黄河中国文明の纏足文化のような魔力的な文化は、神殿に奉納されることはなかった。

ただ、一つ記しておくべき事柄がある。それは都市国家、神殿国家の「戦争」にたいする脆弱性である。シュメール地域の都市国家、神殿国家が互いに覇権を競って戦っていたときはそれでもよかった。しかし、外部からの侵略者の強力な攻撃をうけたときの都市国家・神殿国家は、弱い組織体であることを証明してしまうのだ。

強力な侵略者は、「軍事専門家」が指揮を執って攻撃してくる。これにたいして、「神殿国家」は聖職者がリーダーである。戦争には長けていないのである。しかも、「都市国家」の連合はばらばらの戦線を築くことになる。小さな都市から順々に攻撃を受けると、その弱さを露呈してしまうのである。シュメール文明では、これが現実になった。

すなわち、紀元前二三〇〇年ころには、アラビアの砂漠にセム語系民族で遊牧民のアッカド王国が出現して、アッカドとシュメールの統一帝国を建設しているのである。アッカド王国がシュメール文明を征服してしまったのだ。高度文化によって敗退させられたのではない。文字どおりの「蛮族」の軍事力によって、高度文明は崩壊してしまったのである。

主流文明「メソポタミア」

軍事力で発展した文明

まず、「メソポタミア文明」の呼称について説明しよう。われわれは通常、「ヨーロッパ文明」というように、かなり広い地域を包括した呼び方をしている。同様に、メソポタミア文明も「包括的な呼称」である。前述の「シュメール文明」もメソポタミア文明の一部であって、チグリス川とユーフラテス川の間に展開された文明の総称である。最初に誕生したシュメール文明が最南端にあり、文明の中心はしだいに上流に向かって移動していった。

征服された側の文明を継承したアッカド帝国

シュメール文明を征服したアッカド帝国は、民族的にも言語的にも、シュメールとはまったく無縁であった。それでも、アッカドはシュメール語を熱心に学び、シュ

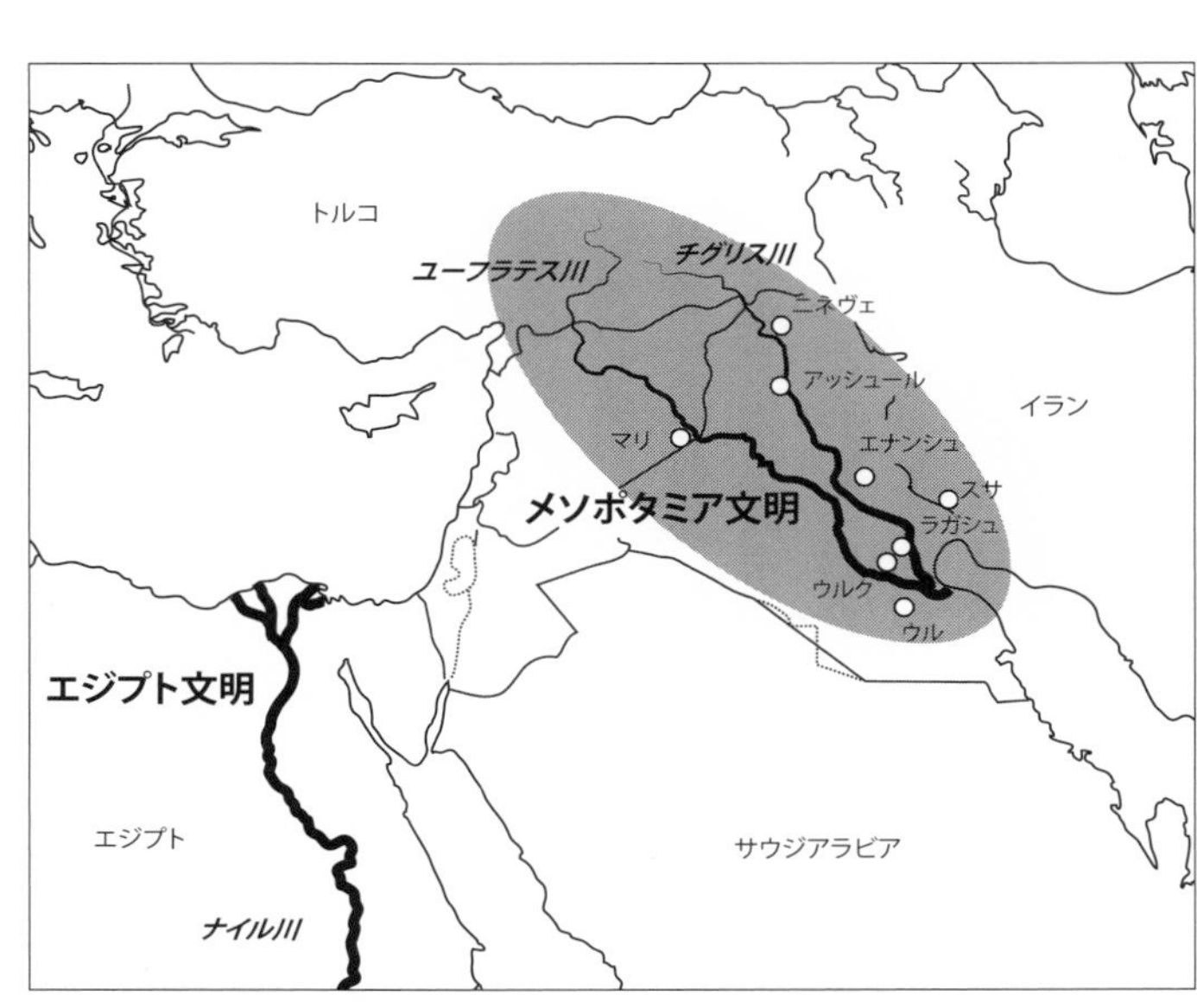

エジプト文明とメソポタミア文明

メール文化のほとんどをアッカド語に置き換えてしまった。征服者が被征服者の文明をそのまま継承したのである。

これを可能にしたのは、シュメール人が考案した楔形文字であった。シュメール文化の全体が、楔形文字で表現されていた。楔形文字を学べば、シュメール文化を学ぶことができたのである。アッカドは文字をもっていなかったので、この楔形文字を用いることで、アッカド語をメソポタミア地方の国際語にすることを可能にした。

アッカドはメソポタミア全域を二〇〇年ほど支配したが、目新しい高度文化はあまり残していない。シュメール人が農耕文化に関するほとんどを考案・発明していて、新しい技術を必要としていなかったのである。シュメール人は鎌(カマ)、鍬(クワ)、鋤(スキ)などの農機具をすでに使っていたし、牛やロバを使っての耕作も始めていた。車輪までも発明していた。たいした発明ではないように思われるかもしれないが、車輪の発明がその後の文明、農耕や輸送、戦争などに与えた影響ははかりしれず、メソポタミアの繁栄は、シュメール文明に支えられていたといえる。

アッカドを攻略したバビロニアの正義を説く「ハムラビ法典」

アッカド帝国を創始したリーダーのサルゴン一世は、伝説の英雄として語られてきた。母親に捨てられた赤子であった彼が、いかにしてアッカドの英雄になったかという物語である。

もう一つの文芸に、世界最古の韻文として先に紹介した『ギルガメシュ叙事詩』がある。紀元前二〇〇〇年ころのアッカド帝国の時代に成立したと考えられている。メソポタミアに語り伝えられていた多くの物語を一つにまとめたものが『ギルガメシュ叙事詩』である。『旧約聖書』に引用されている「ノアの箱舟」の原型も、これに含まれている。

そのアッカドを攻略して、次に登場したのはバビロニア王国である。のちの世界にも大きな影響を与えた『ハムラビ法典』を完成させたのが、バビロニア王国のハムラビ王である。小規模の法典は、それまでにも二、三あったが、二八二条もある『ハムラビ法典』は人の生活全般を律する法典であった。たとえば、銀のお金（インゴット）を借りたさいの利子率は年利二〇パーセント、大麦などの現物を借りたさいの利子率は三三パーセントなどと書かれている。当時の金利は、とんでもなく高かったのである。

「目には目を」といった法律は同態復讐法でもあるので、医者が手術をするなどは忌避されたという。医者が復讐の対象になってしまうからだ。たとえば、医者が患者の足にできた腫物をメスなどで切除すると、報復として医者の足が切りつけられたりしたからである。

この同態復讐法の目的のもう一つは、「争いを拡大させない」ことにあったことも記しておくべきであろう。すなわち、「目」を打たれたとき、被害者はこれに復讐しようと「目と鼻」を打つことを禁じているのである。「目の被害には目の報復に留めておきなさい」という法思想である。同時にこれは、刑罰の上限を定めているものと理解すべきものでもある。

「この地に正義を説き、不善と邪悪を破り、強者が弱者を圧迫することを制止する」と前文に謳うように、日本の「六法」よりも一歩進んだ条文さえ存在する。この法典は、メソポタミア文明の集大成ともいえるものであろう。

メソポタミア文明を世界に拡げたアッシリア

次に登場したのは、パレスチナを含むオリエント世界を統一したアッシリア帝国である。政治的にはメソポタミア文明として最大版図を実現した帝国であるが、アッシリアが残した特筆すべき高度文化は見あたらない。メソポタミア文明を世界に拡げたという功績は残したが、あえて探すと反面教師のようなかたちで偉大な貢献をしていたことを発見する。それはヘブライ王国をつねに脅かし、イスラエル民族に緊張を強いてきたという業績である。しかし、ユダヤの人たちが強烈かつ偉大な思想を生み出すきっかけを生むことになった。

具体的には、この時代にユダ王国では預言者イザヤが活躍し、イスラエル王国では同じく預言者エレミアが論陣を張っていた。とくに、預言者イザヤが説いた預言は『旧約聖書』の「イザヤ書」に掲載され、キリスト教誕生の原点を形成するものとなった。アッシリアが登場しなかったら、ユダヤの人たちにその脅威はなかったであろうから、預言者の活躍もなかったかもしれない。ひいては、キリスト教が誕生することもなかったかもしれない。平和で人種的差別のない普遍的な思想、すべての人を救済する「救い主の誕生」などを預言したのが、この預言者イザヤだったからである。キリスト教は、この預言をもとに成立した宗教である。

メソポタミア文明を花開かせた新バビロニアとユダヤ教

メソポタミア文明の最後に登場したのは、新バビロニアであった。彼らが歴史に残した業績は、ユダ王国を滅亡させ、多くのユダヤ人をバビロンに捕囚したことである。

アッシリアと同様、特筆すべき高度文化は生まなかったが、ユダヤ人をバビロンに捕囚し、彼らにメソポタミア文明の多くの高度文化を伝えたことで、人類の歴史に大きな貢献をしたのである。ユダヤ人は五〇年ほどの捕囚ののち、ペルシャ王のキュロスによって解放され、パレスチナに帰還してユダヤ教を成立させることになった。ユダヤ教はその後、キリスト教への展開をはじめ、世界の宗教観、社会秩序や倫理観、美意識、人生観などを生むことになる。

メソポタミア文明は多くの優れた数学者も生んでいるが、どんな学者がいつのころにいたかははっきりしない。しかし、暦の項で書いたように、一週間を七日にする、六〇分を一時間にするなどは、天文学にもとづいてメソポタミアで誕生した暦法である。

この暦法の文化も、ユダヤ人がバビロンに捕囚され、その後に解放されてエルサレムに帰還してユダヤ教を生み出したさいに、ユダヤ人の聖典『旧約聖書』に採用されることになった。すなわち、『旧約聖書』の最初の部分、「創世記」の初めに、「神さまは六日間で天地の創造を完了され、七日目に休まれた」と書かれている。この記述にもとづいて、キリスト教においても七日目を聖日と定め、奴隷を含むすべての者が労働を止めて、神を賛美する日としたのである。

こうして、ユダヤ教、キリスト教、イスラームのすべてで、人は六日間働き、七日目には休むという生活文化が誕生した。ひいては、キリスト教のヨーロッパ文明が全世界で受け入れられたことで、明治維新後の日本においてもこの一週七日制は定着して、こんにちまでつづく文化となっている。

シュメールの農耕文明を伝承したメソポタミア文明

さて、人類最古の文明、シュメール文明を築いたメソポタミア文明を概観したとき、どのような感想をもたれたであろうか。まずは、その原点となるシュメール人の偉大さがある。その独創性、創造力には、ただただ頭が下がる。農耕文化に関するほとんどの文化を彼らは実現していた。灌漑の技術、家畜を使用した耕作、車輪の発明、これらすべては、ほんの数十年前の日本の農村文化そのものである。いまから三〇〇〇年も前に、彼らはすでにこのような農業を営んでいたのだから驚くばかりである。

次の驚きは、そのメソポタミア文明を継承したアッカド、バビロニア、アッシリア、新バビロニアが、その文明を破壊することなく保存し、忠実に伝えたことである。原点のシュメール文明がいかに魅力的であったのかを証明しているといえよう。魅力的な文明は永遠性を具えていることを示しているのである。

メソポタミア文明を支えた国際語のアッカド語

メソポタミア文明の基軸文化は、基本的にはそれぞれの都市国家の守護神であった神殿信仰であったし、もう一つは小麦、大麦の農業であった。媒体文化は、当初はシュメール語、次はアッカド語であった。バビロニア語もアッシリア語も、アッカド語の方言であった。国際語としてのアッカド語は、メソポタミア文明を形成する媒体であったということができる。

通貨は、当初は現物通貨の大麦と小麦であったが、徐々に銀のインゴットが使用されるようになった。コインを考案するところまではいかなかった。

エンリッチング文化に関しては、ほとんどすべての文化が魅力的である。よくぞここまでと、私などは感心するばかりである。

しかしながら、「魅力に満ちた文明であった」と後世のわれわれは軽い気持ちで評価しているが、当時の人たちは戦争という魔力に怯えながらの人生であったであろう。戦争に負けると、バビロンに捕囚されたユダヤ人のように奴隷にされ、みじめな生活を強いられた。魅力に満ちた時代ではあったが、すぐ後ろには魔力が控えていた時代でもあった。

主流文明「アケメネス朝ペルシャ」
賢明で寛大な文明

紀元前二〇〇〇年ころになると、カスピ海周辺で遊牧生活をしていたアーリア人が南下を始めた。その最初のグループは西北インドに移住して、インダス文明を征服した。アーリア人というのはインド・ヨーロッパ語族に属する人たちだが、定義は明確ではない。それでも、先に書いたように、彼らの宗教バラモン教と土着のドラビダ人の宗教とが混合してヒンドゥー教が生まれ、これがインド文明の礎となった。

それから四〇〇年ほど後の紀元前一六〇〇年ころになると、アーリア人の南下は最盛期を迎え、現在のイラン高原地方にいくつもの王国を建国している。そういう王国の一つに、キュロス大王に率いられたペルシャ王国があった。

この地域では、アッシリアが紀元前六一二年ころに崩壊すると、影響力を拡大させたエジプト、リュディア、新バビロニアとともに、メディア王国が大国に成長していた。

ペルシャ王国はこのメディア王国に従属していたのであるが、キュロス大王はこのメディア王国を紀元前五四九年に滅ぼしている。しかも、その一〇年後には、ペルシャ王国は新バビロニアをも滅ぼし、さらに周辺のいくつもの王国を統合してペルシャ帝国としている。これがアケメネス朝ペルシャ帝国である。

基軸文化は奴隷制度を否定するゾロアスター教

ペルシャ帝国の最大の特徴は、それまでの帝国がメソポタミアという同種の文明内においての覇権争いであったのにたいし、隣国とはいえ異文明が先行文明を征服したことである。先に書いたように、最初に征服したのがメソポタミア文明最後の帝国となった新バビロニアであった。キュロス大王は、この新バビロニアを征服したさい、その地に捕虜として移住させられて奴隷になっていたユダヤ人をすべて解放し、パレスチナに帰国させている。

この歴史的な出来事の全容は、ユダヤ民族の聖典『旧約聖書』の「エズラ記」に詳細に記されている。さらに、「イザヤ書」四五章には、「主が油を注がれた人キュロス……」と記されている。

ペルシャ文明と周辺世界

「油を注がれた人」とは、救い主のことである。他国の王を「救い主」としているのである。奴隷から解放されたユダヤ人にとって、キュロス大王は当然「救い主」である。では、キュロス大王はなぜ、そのようなことをしたのであろうか。じつは、ユダヤ人を特別扱いしたのではなく、征服したすべての諸国において、ペルシャ帝国は奴隷を解放している。ペルシャ帝国の基軸文化であるゾロアスター教が、奴隷制度を禁止していたからである。キュロス大王の後に登場したダレイオス（ダリウス）大王は、巨大な石造建築のペルセポリスを建設したが、そのさいも奴隷は使っていない。

もう一つの基軸文化である帝国の経済はなにに支えられていたのであろうか。基本的にはメソポタミア文明が生み出した農業に依存していたが、それをさらに強力な経済にしたのが「商業」であった。メソポタミア文明の経済は農業が中心であって、商業は補助的なものであった。これにたいして、ペルシャ文明は商業の重要性を発見したのである。あとで説明するように、帝国の公用語にペルシャ語ではなく商業民族のアラム人（シリア人）のアラム語を採用し、インドからエジプトに至るまでの巨大な帝国に高速道路を建設し、さらに金貨・銀貨を発行して、通商を活発にした。この通商から得られる税金によって、帝国はその支配地域からの租税を低減できたのである。

奴隷制度を禁止し、帝国の支配民族から搾取することを低減しようとしたペルシャの思想は、ゾロアスター教から生まれたものであろう。あとに登場してくるローマ帝国は、その支配地域からの反乱に手を焼き、多くの戦費を費やした。しかし、ペルシャ帝国はローマのような高い租税ではなかったので、そのような反乱は少なかった。農業ではなく、「通商に依存する経済」という文化は、フェニキア文明、そしてギリシャ文明へと伝えられていったのである。

ユダヤ教を通じてキリスト教が教えを継承

アケメネス朝ペルシャ文明を概観して、この文明のもっとも魅力的に思える点は、やはり基軸文化であるゾロアスター教である。ゾロアスター教はゾロアスターが開祖とされ、紀元前一二〇〇年ころに現在の東北イランに誕生したとされている。詳細はよくわからないが、最高神はアフラ・マズダーで善思、善語、善行の三徳を説いた。「善いことを考え、善いことを語り、善い行ないをしなさい」ということである。日本にも伝播して、拝火教とよばれる。火を神聖視することからそのようによばれるのである。

ゾロアスター教は、ササン朝では国教になったものの、アケメネス朝では国教にはなっていなかった。それでもアケメネス朝が成立するころには、王族をはじめ国家の指導者層のすべてが信仰していた。帝国を管理・運営するさいにも、この基本的な思想は維持されていた。

指導者たちは、その思想を自分たちの文明に生かすだけでなく、征服・支配した地域にも同じように「善いこと」を実践したのである。しかも、さまざまな現象を二元論で説いている。善の神と悪の神、天国と地獄、天使と悪魔、救いと裁き、救い主などの概念が説かれ、それらの要素はユダヤ教を通じてキリスト教にも伝えられることになった。

二人の偉大な王が完成させたペルシャ帝国

ペルシャ帝国は二人の偉大な王によって完成している。まずキュロス大王は、国境線を東はインダス川、西は地中海までという人類史上最大の帝国を実現した。

そのさいに、もっとも必要としたのが共通言語であった。そこでキュロス大王は、自らのペルシャ語ではなく、現在のシリアのダマスカスを建設したアラム人の言語、アラム語を共通語としたのである。商業民族のアラム人は中近東一帯に商業ネットワークをもって商業活動を行なっていたことから、彼らの言語が帝国運営にもっとも適切な言語であったからだ。

「適切な言語」というのは、ペルシャ語は楔形文字を用いていたが、アラム語はフェニキア人から学んだフェニキア文字を用いていたからである。実用的で、異民族を支配下に置く帝国の運営にとっては最適であった。

アラム語を公用語として採用することで大王が商業民族のアラム人から学んだことは、「新しい価値は貿易を含む商業から得られる」ということであった。農業では、一定の土地から得られる収穫物は毎年ほとんど同じで、生産を増加させるには新たな農地を開拓するか、他国の領土を征服するしかない。ところが商業は、時間と空間の違いを利用して高い利益を生み出すことができる。

「収穫期は作物の値段が安いから買っておき、値段が上がってから売る」ことで利益を上げることが可能になる。空間距離をつなぐ貿易では、「遠隔地の産地で安く買い、消費地に運んで高く売る」ことで利益は上がる。交通網を整備し、共通言語を普及させ、共通通貨を発行すれば、帝国は繁栄するのである。

「共通言語」と「共通通貨」が三〇〇年の繁栄を導く

三代目の王として登場したダレイオス大王は、この巨大な帝国の管理・運営、そして繁栄を築くシステムや必要なものを考案している。彼はまず、この巨大な帝国を分割して、それぞれの地域に信頼のおける親族や部下を配置した。中国文明のように、皇帝が中央集権的に直接支配する体制にはしなかったのである。この点は、日本の徳川幕府に似ている。帝国全体の管理・運営組織に、新しいパターンを生み出したのである。

インダス川からエジプトまでの「王道」も整備している。当時の高速道路である。軍事目的もあったであろうが、路床を整え、宿駅を設け、守備隊を置いて交通と通信を整備した。

さらに、ダレイオス大王が考案したのが、金貨と銀貨である。メソポタミア文明では銀のインゴットを通貨として使用し始めていたが、ペルシャ文明ではもっと使用しやすい銀貨にしたのである。さらに、エジプト文明では神であった「金」を金貨にしている。

巨大な帝国に王道を建設し、適切な通貨制度と管理制度をつくり、商業語であるアラム語を帝国の公用語に指定すると、帝国内の経済活動は前にもまして活発になった。ダレイオス大王が考えたのは、「ペルシャ・ファースト」ではなく、いかにして帝国内の人たちを豊かにするかであった。

楔形文字をメソポタミア文明から学んでいたペルシャは、この文字を通してすでにメソポタミア文明の高度な文化のすべてを習得していた。そのような優れた文化に、ペルシャ文明はさらなる高度文化を追加したのである。媒体文化であるアラム語を公用語にしたこと、そして通貨制度として金貨と銀貨を発行したことである。

文明の発展にとって決定的に重要な二つの媒体、「共通言語」と「共通通貨」が、ペルシャ文明をおよそ三〇〇年の繁栄へと導いたのである。その思想の根底には、ゾロアスター教の「善いことを考え、善いことを語り、善い行ないをする」という文化があったのである。

ペルシャに学び、ペルシャを否定したアレキサンダー大王

そのアケメネス朝ペルシャ帝国も、マケドニアのアレキサンダー大王の侵攻によって紀元前三三〇年に滅亡している。ペルシャを破ったアレキサンダー大王は、そのペルシャのキュロス大王から多くを学んでおり、彼を尊敬していた。したがって、キュロス大王の宮殿があったイラン南部のパサルガダエの跡地に建つキュロス大王の墳墓は破壊しないで完全な形で残した。その立派な墳墓は現在も健

在で、世界遺産に指定されている。（裏表紙の写真⑨）

ところが同じように、あるいははるかに立派で魅力的だったペルシャ帝国の都、ペルセポリスは無残に破壊してしまった。なぜ、これほど破壊しなくてはならなかったのか、アレキサンダーの人格に疑問を覚えざるをえない。

のちの歴史家たちは西欧中心史観から、ギリシャの高位の家系に生まれたアレキサンダーを「大王」とよぶ。しかし、「インダス川からエジプトまでの巨大な帝国を設立し、この地一帯を三〇〇年以上も管理・運営したのはアケメネス朝ペルシャ」であって、決してアレキサンダーではなかった。アレキサンダーは戦争によってペルシャを倒して、その支配地域を継承したにすぎないのである。

イエスの言葉はアラム語、つまりペルシャ語だった

アラム語がペルシャ帝国の公用語として三〇〇年間も通用したことで、驚くべきことが起こった。アラム語からキリスト教が誕生したのである。アケメネス朝ペルシャ帝国は、ギリシャとの戦争に敗れて崩壊した。しかし、パレスチナ地方においては、ペルシャによる支配が終わって三〇〇年たっても、アラム語が「日常語」として生きていたのである。

すなわち、イエス・キリストとその弟子たちは、このアラム語を使って日常生活をしていたのである。イエスとその弟子たちだけではない。イエスの話を熱心に聞いていた一般大衆も、アラム語を話

し、イエスと問答していたのである。

『新約聖書』、「マタイによる福音書二七章四六節」に次のような記事がある。「三時ごろ、イエスは大声で叫ばれた。『エリ、エリ、レマ、サバクタニ』。わが神、わが神、なぜ私をお見捨てになったのですか」と。この記事からもわかるように、イエスはアラム語をご自分の母語にしておられたのである。死にぎわにも当然、アラム語で叫ばれている。

『新約聖書』は、後の時代にギリシャ語で書かれたので、イエスや弟子たちがいかにもギリシャ語を話しているかのように語られてきた。しかし、実際の物語はすべてアラム語で話されたものである。すなわち、『新約聖書』の原典は、全編アラム語で書かれるべきものである。

ここでもう一度、アラム語がペルシャ帝国の公用語であったことを思い出してみよう。そうすれば、ユダヤ人がなぜアラム語を日常語にしてきたかがわかるはずである。そう、アラム語とはペルシャ語のことで、「ユダヤ人の救い主」とはペルシャ人の大王、キュロスのことであった。

ペルシャ文明に魔力、汚点はみつかるか

アケメネス朝ペルシャ文明に、魔力はみつかるだろうか。その可能性はたぶん少ないように思われる。しかし、あえてあげるとすると、ゾロアスター教による鳥葬がある。エジプト文明におけるミイラづくりのような魔力である。紀元後六四二年にササン朝ペルシャが倒れ、イスラームに支配される

と、この鳥葬は禁止され、土葬に変わった。

また、アケメネス朝ペルシャの末期には、フェニキア王国はペルシャの海軍力を担う存在として大きな働きをしていた。ところが、ペルシャによる横暴な支配に反発したフェニキア軍の司令官が「謀反」を起こし、ペルシャと敵対していたエジプト軍に寝返る事件があった。これに怒ったペルシャ軍はフェニキアの都市シドン全域を破壊し、四万人を超えるフェニキア人住民を殺害したとの歴史書が残されている。

ただし、この歴史書はギリシャ人によって書かれたものである。このペルシャによるフェニキアの破壊ののち、シドンの街は数年で復興し、ペルシャ軍を破って凱旋したアレキサンダーを大歓迎したことも記している。

古代後期の主流文明
フェニキアと古代ギリシャ、古代ローマ

●フェニキアと主流文明「古代ギリシャ」
商業・軍事力の文明とギリシャ語文明……156
フェニキア文化は世界史の謎／レバノン杉で船を建造し、銅と銅製品を国際交易する／フェニキア海軍の協力で大帝国を建設したペルシャ／ギリシャと対立したペルシャとともにフェニキアも衰退／抗争の地中海を生きた「海の商人」／紀元前一一世紀のアルファベット／「現物固定相場」の経済では文明は生まれない

●フェニキアに学び、超えたギリシャ……165
中近東の国際通貨になったアテネ銀貨／アテネ銀貨とともに拡がったギリシャ語／経済的な基軸文化が高度な文化を創造する／「合理的な常識」を重視する

修復中のパルテノン神殿〈ギリシャ〉

第5章

基軸文化／アテネの高度文化を世界に拡げたヘレニズム時代／ギリシャの三つの魅力的な文化

●主流文明「ローマ」
政治文化とラテン語文化……173

領土、君臨期間ともに最大・最長／経済は「農業」から「軍事力と軍事産業」に／植民地支配の「政治・行政文化」／精神的な基軸文化は「英雄崇拝」の思想／英雄崇拝思想の衰退とキリスト教公認・国教化／ラテン語は、ギリシャ語からの借用語で豊かに／ラテン語は「神の言葉」／通貨を軽くして通貨不足を補う／ローマ経済を支えた金貨と銀貨／一〇〇〇年永らえたローマ文明の魅力と魔力

古代オリンピック会場の入り口〈ギリシャ〉

フェニキアと主流文明「古代ギリシャ」

商業・軍事力の文明とギリシャ語文明

アケメネス朝ペルシャに勝利したギリシャが次の主流文明になることは、いかにも当然である。ではなぜ、ギリシャがそのような力をつけることができたのか。このことが解明されなくては、この物語は不完全なものになる。そこで、どうしても登場してもらわなくてはいけないのが、フェニキアである。ギリシャが高度文化を獲得し、地中海の覇権をペルシャと争うことができるまでに成長できたのは、フェニキアに負うところが大きいのである。

フェニキア文化は世界史の謎

原初的な文明以後においては、先行する文明から多くを学び、そこから新しい文明を創造するのが常である。日本文明にしても、中国文明から多くを学び、そこから独自の日本文明を確立してきた。それではギリシャ文明はどうであったのか。征服などによって先行したペルシャ文明から、直接に学んだことはない。しかし、フェニキア人からは多くを学んでいたことがわかっている。そこで、「世界史の謎」といわれているフェニキア人の文化を紐解いてみよう。

まずは、フェニキア人の起源を調べてみる。彼らはどこからきたのか。じつは、はっきりした証拠はなく、不明だという。一説によると、ユダヤ人と同じようにメソポタミアの南端、現在のイラク南部のウル近くから移動してきて、現在のレバノン周辺に街をつくり、「海の商人」として活躍するようになったという。フェニキア語はヘブライ語やエドム語などと同じカナン語に属するので、彼らがメソポタミア周辺から移動してきたとの説には説得力がある。紀元前三〇〇〇年ころのことである。

レバノン杉で船を建造し、銅と銅製品を国際交易する

幸運であったことに、彼らが定住を始めた地で産出するレバノン杉が高品質で、この需要がずいぶん多かったことである。当初はメソポタミア方面への陸路での販売が好調であった。

次に彼らが考えたのは、頑丈で強固なレバノン杉で船を建造し、地中海の沿岸貿易に進出することであった。エジプト文明の地には大木がないことからレバノン杉を大量に輸入していたと、先に書いた。フェニキアは、この需要に応えたのである。すなわち、エジプト文明が栄えれば栄えるほど、レバノン杉の需要は増大し、フェニキアの商売も大繁盛したのである。このような経済的繁栄の恩恵で、フェニキアにはテュロス（ティルス）とシドンという二つの都市国家が成立することになった。

レバノン杉の次に彼らが注目したのは、銅の商売であった。キプロス島のキプロスはギリシャ語で「銅」を意味するように、キプロスでは銅が産出した。この島で精錬と製品加工が行なわれていたので、

その流通を担おうとしたのである。フェニキアの商売は、日本の商社に似ていた。彼らは銅の加工品を製造して、それを他の地域に販売したのである。

しかしながら、このような国際貿易においては、その時代の国際政治の状況が決定的な影響を与えることになる。すなわち、エジプトが衰退するとヒッタイトが勃興してきたし、またそういう地域がアッシリアに征服されることで販路を失った。イスラエル人やアラム人が商売敵として勢力を拡大してくるといったことも起こる。

フェニキア海軍の協力で大帝国を建設したペルシャ

海の民として安定した交易を行なうためにフェニキア人が次に考えたのは、地中海沿岸各地に植民地を設立することであった。その必要性がとくに高かったのは、地中海西部地域との金属取引においてであった。金、銀、鉄などを産出し、かつ精錬も行なわれていた地域である。そういう植民地では、現地の材料を加工して装飾品にする産業も成立した。植民地としてもっとも成功したのが北アフリカ、現在のチュニジアに建設されたカルタゴである。

『旧約聖書』には、古代イスラエルとユダの連合王国、すなわちヘブライ王国のソロモン王がフェニキアの都市国家テュロスと通商協定を結び、ソロモンの神殿建設を行なったことが記されている。ヤハウェの神に捧げる古代イスラエルの神殿とエルサレムの宮殿の建設を、ソロモン王はフェニキアに求めたのだ。フェニキアは、材料のレバノン杉と建設のための大工、石積みや青銅工芸などの専門技術を提供した。ソロモンはこれにたいして毎年、大量の小麦、オリーブオイル、さらに銀での支払いを約束している（「列王記」五章）。フェニキアは、請負契約のビジネスもしていたのである。フェニキアにとって古代イスラエルは満足できる市場であったことを物語っている。

第二次世界大戦後の日本が、アメリカという大国に依存して経済発展に成功したように、フェニキアはアケメネス朝ペルシャに海軍力で協力して大成功をおさめた。ペルシャにとって地中海の覇権は重要であったことから、海軍力としてのフェニキアは欠かせない同盟国になった。

ペルシャは、フェニキア海軍の協力によってエジプトを征服し、インダス川から地中海に至るまでの大帝国を建設することができたのである。

ギリシャと対立したペルシャとともにフェニキアも衰退

「主流文明・アケメネス朝ペルシャ」の項で書いたように、ペルシャ帝国は巨大な市場を形成したが、この市場を自由に活用できたのがフェニキアであった。海上貿易だけでなく陸上交易においても、メソポタミアやペルシャの中心地との商売ができるようになったのである。さらにはエジプトもペルシャの支配下に置かれたので、フェニキアはここでも「大儲け」できたのである。フェニキアの歴史において、おそらく最高に恵まれた時代であったであろう。

しかしながら、この状況はフェニキアの関心を地中海の西方に向けさせることになった。というのは、この時代の二〇〇〇年ほど前から、地中海においてギリシャ商人がフェニキア商人と競合するようになってきていたからである。後で述べるように、フェニキアから学んだギリシャは、フェニキアと競争できるほどに成長していたのである。このころから、「ペルシャ＋フェニキア対ギリシャ」の競争関係が深まっていたのである。

フェニキア人は、本拠地のレバノンにテュロスとシドンという都市国家を建設し、商業国家として活躍してきたが、北アフリカに建設した植民地カルタゴも充分に成長して独立国家の様相を呈し、本土と対立するようになっていた。その要因の一つは、本土の二つの都市国家が「海」だけに依存する存在であったのにたいし、カルタゴは北アフリカの広大な大地を後背地とし、それを領地にしていたことにあった。すなわち、カルタゴは海の民ではなくなり、小麦などの農産物を輸出できるまでになっていた。その結果、本土との利害関係から対立する事態も起こっていた。

フェニキア人国家が分裂するなかで、ペルシャ帝国も衰退期に入ることになった。ギリシャに敗退すると、本土のフェニキアもやがて衰退していった。残ったのはカルタゴだけになったのである。

抗争の地中海を生きた「海の商人」

一貫して「海の民」を生きたフェニキア人は、活躍の場が地中海という大国の攻防・抗争の舞台であったことから、大国に翻弄されつづけた歴史を歩むことにもなった。一方、「海の民」を返上したカルタゴは、農産物を自給できるようになったことで力強く生き残った。ギリシャ時代を乗り超え、ローマと覇権を争うまでに成長したのである。

第二回ポエニ戦争、いわゆる「ハンニバル戦争」は、紀元前二一九年から二〇一年にかけての共和制ローマとカルタゴとの戦争である。カルタゴの武将ハンニバルによる大遠征であった。イベリア半島の付け根のピレネー山脈を越え、さらに雪のアルプスを越えてローマに攻め込む壮大な物語を残した。ポエニとはフェニキア人のことである。

ほぼ同じ時代にメソポタミア南部を離れてパレスチナに落ち着いたユダヤ人は、民族統合に成功してヘブライ王国を建設し、ダヴィデやソロモンなどの優れた指導者を輩出し、世界史のなかで大きな働きを遺すことになった。彼らの基軸文化は、強烈な求心力のユダヤ教であった。

一方、フェニキア人は民族を統合して強力な国家を形成する歴史を歩まなかった。いくつかの都市国家をつくり、互いに競合しても、「海の商人」の伝統を放棄することはなかった。それでも、地中海世界においてフェニキア人が大きな足跡を残すことができたのはなぜだろうか。

フェニキア人の歴史を概観して強く感じるのは、彼らが強力な「商人根性」をつねにもちつづけたことである。どのような状況においても、頭の中は「商売」に集中していた。しかも、その「商人魂」をフェニキア人の仲間たちと共有していたのである。

たとえば、フェニキア人たちは優れた美術工芸品の作家でもあった。織物にしても、染色にしても、彼らは美しくて魅力的な紫色の衣類を制作した。しかも、そういう職人あるいは作家たちは、自らの作品を国内に残しておこうとはしなかった。海外に販売する、あるいは商売の許可を得るために海外の権力者に贈呈することを考え、それを実行した。したがって、フェニキア人は高級品のみを制作したし、そのようなフェニキア産の美術品や工芸品は国内には残っていない。外国の宮殿や神殿に残ることになったのである。

このような商人魂は、ときに魔力的に感じさせる宗教的な慣例も残した。春と秋に催される祭りのさいに、商売が繁盛するようにと「幼児の生贄(いけにえ)」を神殿に捧げるなどの習慣である。ギリシャの歴史家がフェニキア人の野蛮さを非難して、そのような記述を残している。

紀元前一一世紀のアルファベット

フェニキア人の基軸文化は「商人魂であった」ということができるが、彼らの媒体文化も商人魂によって貫かれていた。世界史においてフェニキアがもっとも高く評価されている文化は、彼らが発展させた「文字文化」である。では、彼らがなぜ表意文字ではなく表音文字を考案したのか。商売に便利だったからである。

表音文字を最初に考案したのはフェニキア人ではなく、紀元前一四〇〇年ころの北シリアである。

北シリアでは楔形文字を使っていたが、この楔形文字三〇個でフェニキア・アルファベットと同じ使い方をしたものが見つかっている。先に、「日本文学の原点は『万葉集』であって、これは万葉仮名で書かれた」と書いたが、「表意文字の漢字を表音文字のように使う」という発想は、「楔形文字をフェニキア・アルファベットと同じ表音文字のように使う」のと同じであった。

二二個の子音で構成されるフェニキア・アルファベットは紀元前一一世紀ころに完成しているが、このアルファベットを最初に学んだのはギリシャ人で、次がアラム人である。フェニキア人、ギリシャ人、アラム人、これらの人たちはすべて「商業民族」である。

商売に楔形文字や漢字がいかに不便かは想像できよう。フェニキア文字はギリシャ文字に応用され、さらにラテン文字に使われるようになり、こんにちのわれわれが使っているローマ字へと伝わることになったのである。

「現物固定相場」の経済では文明は生まれない

二番目の媒体文化は通貨である。商人魂のフェニキア人だから、通貨も早くから使っていただろうと想像するかもしれないが、実際に通貨を使用し始めたのは遅かった。第二章の「媒体文化」で書いたように、通貨を必要としているのは商人ではなく権力者であるからだ。

商人にとっても、便利な通貨はできれば使えるほうがよい。しかし、自分で通貨を発行しても、その通貨は一定の社会で「信頼」されなければ通用しない。その点、権力者が発行した通貨は、それなりの信頼によって通用する。

では、フェニキア人はどのような決済システムによって商売をしていたのか。原料物資や金属だと、交換レートはきちんと決まっていて、それに従えばよかった。いわば現物による「固定相場制」が確立されていたのである。しかし、通貨を使うとなると、便利であっても価格変動によるリスクが生じる。そこでフェニキア人は、できるだけ通貨を使用しない「現物固定相場」を使って商売をしていたのである。このことがフェニキア人が自らの文明を生み出すことのできなかった要因であると、私は考えている。「共通言語と共通通貨によって文明は誕生し、かつ成長する」と主張してきた私の見解でもある。

フェニキアの都市国家でも、通貨を発行するようにはなっていた。しかし、それは勃興してきたギリシャに対抗するための「面子」であって、通貨そのものの機能を発揮するものではなかった。あとで述べるように、ギリシャやアテネの銀貨がやがて国際通貨になった歴史をみると、「通貨の力」を理解していなかったフェニキアは、この点ですでにギリシャに負けていたのである。

エンリッチング文化では、フェニキアは魅力的な美術工芸品や織物を残した。それらもみな、商人根性に満たされていたのは、みごとである。フェニキア文化の魅力は、この商人魂にあった。

さらに、もう一つの魅力を追加すると、それはカルタゴの将軍ハンニバルによるアルプス越えのローマ攻撃である。商人魂と同じように、「強烈な闘魂」は人びとに感動を与える魅力がある。

フェニキアに学び、超えたギリシャ

原ヨーロッパ人が中近東から移住してきた人たちであることは、遺伝学者たちが証明している。ギリシャ人も同じように中近東からエーゲ海、あるいはボスポラス海峡を越えて、バルカン半島に到着したと考えられている。その初期の段階において、古代ギリシャはメソポタミア文明などの高度文化をエーゲ海の諸島、クレタ島などを経由して学んでいた可能性はある。

しかし、彼らが学んだ決定的に重要な文化、すなわち造船技術と航海術は、フェニキア人からフェニキア語で学んだものであった。ギリシャは山地が多く、耕作可能な農地は国土面積の二〇パーセントほどでしかなかった。したがって彼らは、農業以外の産業、すなわち貿易業、海運業、あるいは造船業によって生きるよりほかに方法がなかったのである。

すでに述べたように、フェニキア人は紀元前一五〇〇年ころから地中海岸に沿って貿易業に従事してきた。紀元前八〇〇年代には、バビロン、アッシリア、古代イスラエル、エジプトなどとの通商をほとんど独占するほどに地中海貿易で成功していた。大きな市場での商売は大繁盛といったところであったが、「人手不足」の問題に直面した。フェニキア人だけでは足りないのである。フェニキアはよくこの問題に直面しているが、そのたびに彼らは外国人を雇っている。軍にしても、海軍はフェニキア人で構成されていたが、陸軍はほとんどが多様な国からの傭兵であった。

逆に、農地が少ないギリシャでは、「人余り現象」が慢性化していた。したがって、フェニキアが人集めを呼びかけると、ギリシャからの応募者がたくさん集まった。ギリシャ人は、造船技術を造船工場で学び、外国との通商方法や航海術などは、現場で働きながらフェニキア人から学ぶことができた。農業だけでは生きられないことを承知していたギリシャ人は、造船技術や航海術を熱心に学び、紀元前七〇〇年ころまでにはフェニキア船よりも高速な船舶を開発することに成功していた。夜空の星の観察から、夜間に航行する技術も考案した。こうして、ギリシャはフェニキアに勝利し、地中海世界に経済的な覇権を確立するまでに至ったのである。

フェニキアは主流文明にはなれなかったが、ペルシャと協力することによってペルシャ文明から学んだ文化の一つ、通商によって優れた文明を生み出した。そして、このフェニキア文明の基軸文化である「商人魂と造船技術・航海術」をギリシャに伝える役割を果たしたのである。

中近東の国際通貨になったアテネ銀貨

多くのものをフェニキア人から学んだギリシャ人であったが、自ら創造した文化もあった。たとえば、銀のインゴットを使用してのアテネの通商である。では、なぜアテネは銀のインゴットを使用することにしたのか。アテネ近郊に銀鉱山を開発したからである。アテネは、銀貨を鋳造して通貨を発行する業務を始めたのである。

一方、アテネの宿敵スパルタは、銀鉱山も金鉱山も保有していなかった。戦争には巨額の出費が必要であるが、アテネは「銀貨を発行する」ことでその出費を調達できた。この面でも、スパルタはアテネに敗れる要因があった。アテネの銀貨は東地中海地域の国際通貨としてギリシャ文明の発展に貢献しただけでなく、ギリシャ文明を近隣諸国に普及させる働きもしたのである。

フェニキア人は、金、銀、銅などの金属加工の商売もしていた。しかし、それを用いて通貨を発行するという発想はもっていなかった。アテネの鉱山で産出する銀の量が不充分であれば、アテネはフェニキア人から銀を購入していたであろう。フェニキア人は、そういう銀の売買で得た利益で満足していたのかもしれない。しかし、アテネはそのような売買利益だけでなく、「通貨発行」による巨額の利益と、通貨を用いて市場を独占するという利益とを獲得していたのである。

ギリシャの銀鉱山にたいして、マケドニアには金鉱山があった。マケドニアのアレキサンダー大王の父親は、この金鉱で産出する金で金貨を鋳造していた。重要なのは、この金鉱山と金貨によってアレキサンダーの巨額の戦費を賄っていたことである。しかも彼は、ペルシャ帝国を征服するとその宮殿から巨額の金塊や金貨などを略奪している。そして、その金塊や銀塊をペルシャ本国の市場に放出した。これはアレキサンダーが征服した帝国全体に巨額の通貨を発行して、浸透させたのと同じ効果を生んだ。すなわち、帝国全体の経済成長が促進され、人びとは繁栄を謳歌したのである。

しかしながら、数量的に少ない金貨は広く通商に使用されることはなかった。ヘレニズム世界で日常的に使用されていたのは、やはりアテネの銀貨であった。アテネの銀貨は地中海世界だけでなく、中近東一帯においても国際通貨として使用されていたのである。

アテネ銀貨とともに拡がったギリシャ語

ギリシャ文明の媒体文化の一つはアテネの銀貨であったが、もう一つは「コイネー」とよばれたギリシャ語であった。しかも、この地域の国際語としてコイネーの使用とアテネの銀貨の拡がりとは連動していた。アテネがギリシャ全土を統一したとき、アテネ近辺のアッチカ地方の方言がギリシャ全土の公用語に採用され、コイネーという共通語のギリシャ語になったからである。明治維新によって日本が統一国家になったさい、東京周辺の方言が「標準語」として採用され、標準日本語になったのと同じである。

ギリシャ語はやがてアレキサンダーが征服したヘレニズム世界において国際共通語になり、紀元前四世紀から四〇〇年間も使用されることになったのである。

ヘレニズム世界は、紀元前三〇年にローマによって征服され、政治的には崩壊した。それでも、ギリシャ語は東地中海世界で使用されつづけた。そしてビザンチン帝国が成立すると、帝国の公用語になり、かつギリシャ正教会の「神の言葉」になった。これによって、ギリシャ語は国際共通語としての地位を保持し、ビザンチン帝国が一四五三年にオスマントルコによって敗退するまでのおよそ一〇〇〇年もの長期間にわたって使用されることになったのである。

経済的な基軸文化が高度な文化を創造する

ヘレニズム世界を含むギリシャ文明は、哲学、数学、自然科学、造船技術、航海術などを開発・発展させた。ほかにも神話や美術工芸品など、魅力的な文化も遺している。このような高度文化を、ギリシャ人はなぜ創造できたのであろうか。彼らが特別に優秀であったということだろうか。そのような面もあったかもしれないが、ほかにも要因があったと思われる。その重要な要因は、彼らの経済的な基軸文化であると、私は考えている。

ギリシャ以前の主流文明は、その経済的な基軸文化を農業経済においていた。黄河、インダス、エジプト、メソポタミア、ペルシャの文明のすべてがそうであった。ところが、すでに述べたように、ギリシャは農地が少なく、農業で豊かになることはできなかった。彼らの基軸文化は、造船業を含む「商業経済」であったのである。

それではなぜ、商業経済なら創造的な文化を生み出すことができるのか。「努力すれば、報われる」との信念が人の行動を支えるからである。商業だと、努力さえすれば毎年五パーセントの売り上げ増を実現することは可能である。したがって、熱心に工夫、努力するであろう。ところが、農業は土地の面積に制約されて、毎年増産をつづけることは不可能である。ときには天候不順で、増産どころか壊滅的な被害にあうこともある。そのため農業に従事している人たちは、「つねに努力する」などという生活はしなくなる。

「合理的な常識」を重視する基軸文化

商業経済では、なんらかの組織に加わるなど、他の仲間と議論して商業活動を営むことになる。この特徴は、ギリシャ人の二番目の基軸文化を形成することになった。それは、「合理的な常識」の重視である。庶民でも、議論の末に最終的には「合理的な常識」の結論に落ち着く。ソクラテスやプラトンは突然にして生まれたのではなく、議論に優れた人たちのもとに、多くの議論好きが集まってきたからであった。

『新約聖書』は、その前半はイエス・キリストの物語であるが、後半のほとんどはパウロが書いた書簡である。このパウロが書いた書簡の多くは、「ギリシャ人と議論しても、彼らを説得できるように書いた」という。パウロは、ソクラテスやプラトンのような哲学者と議論しようとしたのではなく、一般のギリシャ人を説得してキリスト教の布教を試みたのである。パウロが活躍した時代になっても、ギリシャ人の多くは「合理的な常識」をもって生きていたのである。

ギリシャ人は、民族をまとめるような統一的な宗教はもっていなかった。そのために、人は自由に議論し、個人はそれぞれの哲学をもつことができた。その結果、自分の哲学は主張するが、他人の哲学も認めるという民主主義の原則を生むことになった。さらに、この合理的な思考は、数学や自然科学を生み出す要因にもなったのである。

アテネの高度文化を世界に拡げたヘレニズム時代

ギリシャ文明の最大の特徴は、つねに「戦争」という魔力に翻弄された文明であったことである。こんにちでは「平和の祭典」と喧伝されているオリンピックも、古代ギリシャにおいては「戦争準備の体育祭」であったことは先に書いた。

また、ホメロスの叙事詩『イリアス』は戦争物語であるし、その続編である『オデュッセイア』も戦争の英雄伝説である。ギリシャ神話もまた、その多くは神がみによる争いや戦争の物語である。ギリシャ人は戦争が好きであったのかもしれないが、地理的条件などによっても都市国家間において戦争をくり返すことになった。

他の文明では、戦争をくり返すことで「統合」が促進され、統一国家が形成された。しかしギリシャは、アテネによってある程度の統一が進んだ段階でマケドニアに征服され、アレキサンダー大王による統合が完成した。しかし、哲学、数学、科学などギリシャ文明の多くの高度文化は、ほとんどがアテネにおいて誕生している。マケドニアのアレキサンダー大王の時代に生まれたものは少ない。

それでは、ヘレニズム時代とはなんであったのか。アテネを中心に誕生した高度文化を世界に伝え、拡げた時代であったといえる。その結果、ギリシャ彫刻の技法がインドにまで伝わり、仏像となって日本にまで届いた。ローマ文明も、その基盤のほとんどをギリシャから学んでいる。

ギリシャの三つの魅力的な文化

「英雄」が大好きなギリシャ人は、戦争という魔力にとりつかれた文明を生んだ。しかし、後世に残した高度な文化には、魅力的なものが多い。

第一の魅力は、ギリシャ語である。フェニキア人から学んだ文字から、表音文字のアルファベット表記のギリシャ語を考案した。この文字を用いてたくさんのギリシャ文化を記録できるようにもした。「文字」を用いた結果、口承伝承であった『イリアス』のような叙事詩も、後世に伝えることができることを示した。ラテン語など他の民族の言語にも、このギリシャ文字を参考にさせて、それぞれの文字を獲得させた。

こうしてギリシャ語が東地中海地域の国際語になったことで、この世界に布教しようとしたキリスト教の『新約聖書』もギリシャ語で書かれることになった。キリスト教が世界史の重要な要素になる役割を担うことになったのである。

二番目の魅力は、「合理的な常識」である。人間が思考するさいに、理性的な思考と感性的な思考とがあることを教えたのである。なかでも理性的な思考、すなわち合理的な常識を一般庶民のあいだにも拡げた功績は偉大であった。これこそがのちの世界において歴史を左右する「科学・技術」の基盤であった。

三番目の魅力は、農業以外でも、すなわち商業でも「主流文明」を生み出し、成長できることを実証したことである。とかく、「お金」や「商売」を蔑視する傾向のある世界で、お金や商売が重要であることを教えた功績はみごとであった。

主流文明「ローマ」
政治文化とラテン語文化

インド・ヨーロッパ語族に属するラテン語を話すラテン人の一部が、紀元前五〇〇年ころに北からイタリア半島中部に移動してきて、小さな集落をつくった。これがローマ人の始祖であり、ローマ帝国の始まりともなった。彼らの「ローマ帝国物語」は、教科書的な帝国形成の一般過程をそのまま実現したものである。

すなわち、まずは近隣の集落を吸収して、ギリシャにならった都市国家を形成した。しかし、先住民のエトルリア人との戦争に敗れ、一時は征服・支配された。なんとかエトルリア人による支配を排除すると、次に半島南部を植民地にしていたギリシャ人をも追放して、イタリア半島全土を支配した。その後は連戦連勝で近隣の都市国家などを征服し、紀元前二世紀には地中海東部まで征服する実力を示した。そのような国家を、イタリア半島に移住してわずか三〇〇年でつくってしまったのである。

領土、君臨期間ともに最大・最長

ローマはそのような「戦争国家」であって、ギリシャ以上に戦争をくり返していた。しかも、ほとんど連戦連勝であった。この結果、紀元後一一七年には人類史上、後にも先にも例をみない巨大な、最大版図の帝国を実現したのである。北はライン川とドナウ川とを結ぶ線を黒海周辺まで、東はメソポタミアを超えてペルシャの一部、そしてシリア、ヨルダンまでも支配した。西は大西洋に至るまでで、イングランド、ウェールズをも含む帝国となった。南は北アフリカ沿岸部をも支配下に置いた。

しかしながら、絶頂期の一一七年以後は「戦争をしても負けることがある」という状況に変わり、帝国の宿命である「辺境の地での反乱」の鎮圧に苦労することになった。すなわち、毎年どこかで、あるいは数か所で反乱を鎮圧する必要があった。しかも、鎮圧につねに成功するわけではなく、敗退すると領地を失うことになった。

次は、ローマ帝国の寿命の驚異的な長さである。ローマ帝国は、前半が共和制で後半は帝政であったが、前半がおよそ五六〇年、後半が三〇〇年で、合計八六〇年もつづいた。世界史のなかで多くの帝国が興亡をくり返したが、そういう帝国の寿命は長くて三〇〇年から五〇〇年までであった。アケメネス朝ペルシャは約三〇〇年であったし、アレキサンダーのマケドニア王国もおよそ四〇〇年であった。ところが、ローマ帝国は領土の広さで歴史上最大であったばかりか、君臨した期間の長さにおいても最長であった。

経済は「農業」から「軍事力と軍事産業」に

さて、人類史上最大で最長であったこの古代ローマ文明は、いったいどのような文明であったのか。まずは、この文明を支えていた基軸文化である経済力をみてみよう。

ギリシャ文明は、造船業、海運業を含む商業が主要な経済力であった。しかし、ローマ文明にそのように特徴的な経済力はない。あえていうなら、他の文明と同じく「農業」であった。

イタリア半島は、ギリシャと比較すると平地が多く、農地には恵まれていた。したがって、ローマ人の多くは通常、農業に従事していたのである。しかし、機会がやってくれば、彼らは兵士になった。すなわち、ローマ文明を構成していたのは農民と兵士であった。

イタリア半島を統一するころまでは、この「農民と兵士」はローマ経済を支えることができたであろう。しかし、統一以後の帝国を支えることになったのは、ローマに征服された「被征服国」の農民たちであった。ということは、ローマ文明の経済力は、「軍事力と軍事産業」であったのである。軍事力によって植民地をどんどん増やすことは、ローマ経済を豊かにする重要な要因であり産業となった。ただし、征服して植民地にした後の管理をどうするかの問題はあった。

植民地支配の「政治・行政文化」

その点、ローマは賢明で狡猾な方法で植民地から高い税金を取りたて、かつ反乱を抑制していた。キリスト教は、このローマ帝国の植民地で生まれた宗教であるので、『新約聖書』にもローマ帝国の巧妙な管理制度についての多くの記述がある。

たとえば、税金の取りたてをローマ人自らはしないで、現地人に任せていた。ローマ人は恨まれずにすむし、税金をたくさん取りたてるうえでも有効であった。ローマ的な狡猾な方法として、現地人を取税人として採用し、彼らがあたかもローマ人であるかのように権力をふりかざして税金をかってに多くとり、取りたての手数料も多くとることができるようにしていた。この結果、彼らは熱心に税金を取りたてたし、現地の取税人は地元では蔑視されたが、お金持ちにはなれた。こうしてローマは多くの税金を集めることができたのである。

ローマ文明の経済的な基軸文化は、「政治・行政文化と同じ」であったといえる。軍事力という政治と、植民地経営という行政文化によって収入を得る、こういう経済であった。こうして、多くのローマ市民は労働する必要がなくなった。余暇時間が日常的に多く生まれたのである。

豊かな政府も、市民サービスをさまざまに始めることになった。公衆浴場で時間をすごしたり、円形劇場で演劇を楽しんだり、ときには囚人と動物との格闘技を見物することなどで、ローマの文化はますます成熟したのである。

精神的な基軸文化は「英雄崇拝」の思想

そのようなローマ人の精神的な基軸文化は、「英雄崇拝」の思想であった。日常生活において最大の関心事は戦争で、戦争を勝利に導く英雄こそ、彼らがつねに求めていたものであった。この英雄崇拝思想は「勝利こそ正義」という価値観であり、争いは決闘によって解決するものであった。この思想は、のちの西欧世界にも根強く伝えられることになった。

しかし、真に正義であるものは法律で定められるべきだという主張も現れた。こうして、「ローマ法」が成立したのである。

メソポタミア文明から生まれた「ハムラビ法典」は立派な法律ではあったが、これが実際に施行されたかどうかは不明という。同様に、ローマ法も立派な法律ではあったが、そのまま実行されたかどうかは、やはりよくわかっていない。軍事力や英雄といった「実力」が幅を利かせる社会では、法律はかなり弱い存在となるようである。

英雄崇拝思想の衰退とキリスト教公認・国教化

ローマ帝国の初代皇帝オクタビアヌスから一〇〇年ほどは、帝国の領土をどんどん拡げることができた。したがって、「英雄崇拝思想」でローマ市民を統合へと導くことができていた。

しかし、紀元後一一〇年ころに領土が最大になると、その後はしだいに領土が縮小する局面に入った。それでもなお、過去の栄光によって英雄崇拝思想を鼓舞できたことで、帝国を維持することは可能であった。

ところが、現実には領土の拡張は止まっていたし、植民地からの収益も上がらなくなっていた。そのうえ、辺境の地の防衛などに多額の費用を要した。兵士の数も減って、多くの傭兵に依存することにもなっていた。このような状況になると、英雄崇拝思想だけで帝国をまとめることはむずかしくなったのである。

そういうときに、これまでさんざん弾圧してきたキリスト教を国教にし、「宗教によって帝国を統合しよう」という発想が生まれたのである。

キリスト教が公認されたのは紀元後三一三年であるが、それから八〇年ほどでローマ帝国は東西に分裂する。したがって、キリスト教がローマ帝国の基軸文化であったとすることには無理がありそうである。しかし、その後の世界史の流れを考えると、ローマ帝国がキリスト教を公認し、国教にしたことは重要な決定であったと認めるべきであろう。

ラテン語は、ギリシャ語からの借用語で豊かに

ローマ文明の媒体文化である言語は、ラテン語であった。しかも、ラテン語がローマ文明に果たした役割は大きく、かつ重要であった。先に述べたように、ローマ文明は農民と兵士とで構成される貧しい文明であり、その媒体文化であるラテン語も当初は貧しい言語であった。

その貧しいラテン語を強力な言語にしたのは、ほかならぬギリシャ語であった。メソポタミア文明がシュメール語をアッカド語にそっくり移し替えてアッカド語を国際語に成長させたように、ラテン語もギリシャ語をそっくり借用することで、ギリシャ文化のほとんどをラテン語として取り込んで継承したのである。

ローマ人は、ラテン語にギリシャ語を借用したり翻訳したりするには、ギリシャ語を学んでラテン文字を作成しなくてはならなかった。こんにちのわれわれが使用しているローマ字、アルファベットは、この段階で誕生したのである。ギリシャ文字を学び、これにヒントを得て表音文字のローマ文字を考案し、次にギリシャ文化を学んでこれをローマ文字に翻訳、あるいは借用する作業をつづけた結果である。

ローマ文明が誕生するには、ずいぶんな労力と努力を必要としたであろう。当時の知識人層は、それだけ優秀であったということでもある。とにかく、そのような努力の積み重ねによって、ローマは高度なギリシャ文化の水準に到達することに成功したのである。

ラテン語は「神の言葉」

明治維新のさいの日本人は、古代ローマに似た努力をしている。日本語の文字はすでに確立していたので、そのぶん荷は軽かったであろう。しかし、異なる文化をすなおに受け入れることはたいへんな苦労であったと思われる。「現物」を見ずして、文字だけで推測・理解・表現することなど、なかなかできるものではないからである。

じつは、借用や翻訳は実物をある程度は知っていないとできないものである。たとえば、日本語になかった学校の学習科目の物理、化学、哲学、音楽、工作、そういうどの訳語をとってみても、それらしい的確な日本語になっている。その他にも漢字を使って、日本人は驚くべき感性の日本語を誕生させている。

セネカのようにラテン語を用いた哲学者もローマに誕生したが、多くの哲学者や科学者がすでにギリシャ語を用いて活躍していたので、ローマ人からはそのような文化人は多くは出てこなかった。しかし、キリスト教が公認されたのちは、哲学者に代わって司教、大司教などの神学者が活躍するようになった。さらに、ギリシャ語で書かれた『聖書』のラテン語訳が完成したことによって、ラテン語は「神の言葉」になった。ラテン語はローマ帝国の公用語であったことから、国教になったローマ・カトリック教会の公用語もラテン語になり、結果として神の言葉に祭りあげられたのである。

しかも、そのような位置づけを得たラテン語は、世界史においてたいへん重要な働きをすることになった。すなわち、ローマ帝国が消滅した後も、ローマ・カトリック教会はあたかも帝国がまだ存在しているかのように活躍できた結果、ラテン語は西ヨーロッパのローマ・カトリック教会の共通語になったのである。

しかも、あらゆる学問は修道院で行なわれていたので、神学に始まって法学、医学などの先端科学にはすべてラテン語が使用された。このことが西ヨーロッパにおいて科学革命を生み出し、科学を推進させる大きな要因となった。

通貨を軽くして通貨不足を補う

媒体文化の二番目は通貨である。ローマ文明は軍人による戦争によってなりたっていたことを書いてきたが、戦う兵士たちには賃金を払わなくてはならない。そこで、紀元前四世紀には軍人に賃金を支払うために青銅貨が鋳造された。先に、「通貨を必要とするのは政治権力者である」と書いたが、ローマ文明でも通貨を必要としたのは皇帝であった。

ギリシャは衰退し、アテネが発行していた銀貨が地中海世界から姿を消していたこともあり、二世紀になるとローマは「デナリウス」とよばれる銀貨を発行するようになっていた。しかし、このころのローマ市の人口は一二五万にも達していて、厖大な通貨を必要としていた。したがって、通貨用の銀などの金属材料が著しく不足する事態を迎えていたのである。そこで、通貨一個当たりの重さを軽くする対策が実施された。

最初二七三グラムであった青銅貨は一〇九グラムになり、次に二七グラムになり、さらに九グラムになり、ついには青銅の使用をやめて真鍮貨にしてしまったのである。銀貨も消えて、代わりに銅貨を登場させている。八・一八グラムあった金貨も、コンスタンチヌス大帝（三〇六年〜三三七年）の時代になると、四・一グラムに減量されている。

通貨不足の原因は、他にもあった。インドや中国からの輸入品の増大である。すなわち、ローマ帝国の通貨は国際通貨となっていたことから、ローマ市民は日常生活で大量の外国製品を自らのお金で購入することができていた。こんにちのアメリカ市民と同じである。このことは、金貨や銀貨がローマ帝国から大量に流出することを意味する。

こんにちでも、インド各地の遺跡から「大量のローマ金貨が発見された」などのニュースが報道されることがある。ローマ金貨が国際通貨として信頼され、インドにまで流通していた証拠である。ローマ帝国から通貨が流出した結果であり、同時にこのことは帝国経済の衰退を促進するものでもあった。

ローマ経済を支えた金貨と銀貨

通貨不足はローマの経済を停滞させ、五世紀半ばころにはインフレが襲い、ついに四七六年に西ローマ帝国は崩壊した。「通貨が不足する」とは、「お金がない」ことだからである。浪費生活にすっかり慣れ親しんだローマ市民は、「お金がなければ借金すればよい」とばかりに、借金をして豊かな生活をつづけていたのである。これも、現在のアメリカ市民と似ている。

国力のない国の人には、借金までして浪費はできない。しかし、主流文明のローマ人には、それができる特権があった。自分たちの通貨が国際通貨であったからである。第二次世界大戦後のアメリカ人は、この特権を利用して豊かな生活をつづけている。しかし、そんな借金をいつまでもくり返すことはできない。

ローマ帝国という史上最大の帝国は、史上最大の経済力を具えた帝国でもあった。これを可能にしていたのが、国際通貨のローマ金貨と銀貨であった。しかし、原料の不足を補うために個別通貨の重量を軽くせざるをえない事情もあった。辺境を守るローマ兵には、銀貨や銅貨を大量に届けなくてはならなかった。そのためにも、多くの植民地から多額の税金を取りたてなくてはならなかった。

なかには、税金を物納する者もいたようである。そのような場合は、物納品を売却して通貨にしてローマに届けている。広大な国際市場で通用したローマ通貨は、それだけ便利であったのであろう。こんにちのEUが、「ユーロ」を発行して古代ローマの再現をはかろうとしている努力はわかるが、やはり困難をともなっている。

古代ローマで実現したことがこんにちではむずかしいのは、「皇帝」がいないからである。いずれにしても、古代ローマの経済を支えていたのは、国際通貨としてのローマ貨幣であった。

一〇〇〇年永らえたローマ文明の魅力と魔力

それでは、ローマ文明の魅力とはなんであったのだろうか。日本のようにほとんど単一民族の国家であるならば、一〇〇〇年つづく歴史もそれほど困難ではないであろう。しかし、多くの征服民と植民地を一〇〇〇年近くも維持したローマ文明は、まったくの驚きである。「飴と鞭」の政治・行政文化に優れたものがあったのであろう。ローマ文明最大の魅力は、この「政治・行政文化」であったといわざるをえない。

二番目の魅力は、ラテン語である。ラテン語はローマ文明の言語であったと同時に、ローマ文明にギリシャ文明を橋渡しするものでもあった。すなわち、ラテン語はギリシャ語を正確に受け取っていたので、後世の人たちはラテン語を通じてギリシャ文化をも受け取ることができたのである。もちろんローマ文化、とくにローマ・カトリック教会のキリスト教文化をヨーロッパ各地に広め、伝える役割を果たした功績は大きい。こうして、ローマ文明消滅後のヨーロッパの復興と発展において、ラテン語は真の国際語として貢献したのである。

次は、ローマ文明の魔力である。ローマの基軸文化は「英雄崇拝思想」であると書いたが、この基軸文化こそが、じつは魔力であったといいたい。英雄崇拝思想は、「勝者が正義」という思想が根底に流れているからである。このことが「争いを勝負で決める」という慣習を生んでしまった。ローマ市民は、法の思想を知ってはいたが、現実には「腕力」が支配する社会に生きていたのである。

腕力のある者には好都合であったかもしれないが、弱い者、とくに女性にとっては魔力の住む社会であったのではないだろうか。

中世の主流文明
ビザンチン、フランス

●主流文明「ビザンチン」
通商を基軸にしたギリシャ正教の文明……188

主流文明が「輝いた古代」、「輝きにくかった中世」／東ローマ帝国からビザンチン帝国へ／基軸文化と媒体文化を一体化したビザンチン／ロシア文明とイスラーム文明の形成を支援／ビザンチンに学んだイスラームが数学・科学を飛躍させる／人の心をつくったギリシャ正教と芸術家たち／不安の大きかった中世という時代の宗教

●主流文明「フランス」
キリスト教を育み、フランス語を生んだ文明……197

シュメールの後継者アッカドに似るフランク王国／西ローマ帝国の後継者として十字軍を

ロシア正教会の華麗なミサ〈ロシア〉

第6章

派遣／金・銀の探求が「大航海時代」と「植民地戦争」に導く／困難を克服する力を蓄えていたフランス主流文明／敗退することは主流文明の座を降りること

●文明の根底に生きるキリスト教……205

サロン全盛の高度な文化が花開く／残忍な革命を生んだ近代国家の枠組みと法体制

●近代社会を実現した基軸文化としての「農業」……209

媒体文化はフランス語／美術館はエンリッチング文化のショーウィンドー／封建的で安定した社会への不満が革命を／外国人を取り込んだ「花の都・パリ」の魅力

芸術家を集めて華やいだパリ〈ルーブル美術館〉

サマルカンドにあるチムール帝国の王廟〈ウズベキスタン〉

主流文明「ビザンチン」
通商を基軸にしたギリシャ正教の文明

紀元後四七六年に、「西ローマ帝国は崩壊した」と書いた。じつは、その一四六年前にローマ帝国の首都は、かつてのギリシャの「植民市」で現在のイスタンブール近郊にあたる東方のビザンチオン(コンスタンチノープル)に遷都していた。したがって、西ローマ帝国が消滅しても、東ローマ帝国としてなおつづいたのである。この東ローマ帝国は、やがてビザンチン帝国とよばれるようになり、さらに一〇〇〇年以上もつづく帝国になった。

この帝国が一〇〇〇年を超える長寿であったことには、驚きを覚える。ビザンチン帝国は、なにゆえこれほど長く生きつづけることができたのか。理由は、ローマ帝国とギリシャ文明の両者の遺伝子を継承していたからだと考えるのが妥当である。

ローマ帝国の遺伝子とは、「政治・行政文化」のシステムである。ビザンチン帝国は周辺に多くの異民族をかかえ、つねに反乱と争乱の渦中にありながら、その喧騒の時代をみごとに乗り切っていたのである。巧みな「政治・行政手腕」の発揮であった。

その代表的な制度に、「テマ制度」とよばれた軍管区制度がある。この制度のもとに、主として軍による行政と管理を行なったのである。帝国の後半になると、「プロノイア制度」とよばれる行政文化も導入している。西欧に学んだビザンチンの封建制度である。

封建制度は、西欧と日本に存在したとされる制度で、日本では徳川時代の幕藩体制がそれである。皇帝による直接統治ではなく、各地の有力者に権限を委譲して間接統治する方法である。このプロノイア制度は長期にわたってつづいたが、当然のことながら、各地の有力者は勢力を蓄積してくると反乱を起こし、やがて帝国を崩壊へと導くことになった。

主流文明が「輝いた古代」、「輝きにくかった中世」

古代ギリシャ文明、古代ローマ文明の時代に輝いていたのは、それぞれギリシャとローマであった。したがって、周辺文明はギリシャとローマに学び、自分たちの文明を育成していたのである。ところが、古代的な文明が存続の限界に達し、次の時代を担ってほしい文明が期待されたときに、たまたま登場することになったのがビザンチン文明であった。こうして、ビザンチン文明は「中世ローマ文明」とよばれることになったのである。

「古代の次は中世」であるから、「中世ローマ文明」との表現はなるほどと納得しやすいが、それは歴史家がかってに区分したもので、そもそも古代と中世とを分けるものはなにかは、はっきりしない。同じローマ帝国の古代ローマと中世ローマとは、どこで区別するのか。連続する「ローマ文明」を、古代と中世とに分ける要素はなにか。

私は、古代文明に学んで文明度を高めてきた周辺諸民族・周辺諸文明がしだいに古代文明に挑戦するようになり、古代文明が崩壊して以降を「中世」とよぶのが適当であろうと考えている。古代とは「主流文明が輝くことのできた時代」のことであり、中世は逆に「主流文明が輝きにくい時代」ということになる。

では、なぜ輝きにくいのか。周辺の諸文明が文明度を上げて力を高めたからである。その結果、中世文明は特別に優れた文化を生み出すことは少なく、しかも、つねに周辺からの挑戦にさらされることになるのである。

東ローマ帝国からビザンチン帝国へ

古代ローマ帝国が全盛の時代にあっても、東地中海地域には古代ギリシャ文明の諸文化が根強く残っていた。ギリシャの諸文化が優れていたからである。言語もギリシャ語が一般に通用していた。したがって、ローマ帝国の支配下にありながら、『新約聖書』はラテン語ではなく、ギリシャ語で書かれたのである。

そのようにギリシャ語が日常的に使われていた東地中海地域に、ラテン語を公用語とするローマ帝国の首都が引っ越してきた。ローマにあった首都を、はるかに遠い現在のイスタンブールに遷都したのである。なぜそのようなことをしたのであろうか。ローマ帝国の伝統的な生き方、すなわち周辺地域を侵略して植民地とし、そこからの租税によって生きるという方法に限界があることを悟ったからである。実際のところ、帝国の西半分にはフランク族などが侵入してきて、ローマ帝国はこれを排除できなくなっていたのである。

それではなぜ、イスタンブールを選んだのか。地図を拡げるとわかるように、イスタンブールが東西南北に開かれた交通の要所であったからである。すなわち、ローマ帝国は「戦争と植民地」によって生きるという方向を転換して、かつてのギリシャのように通商によって生きることを考えたのだ。

東ローマ帝国からビザンチン帝国へと変わる過程で、公用語はラテン語からギリシャ語に変わっていった。国教であったキリスト教はそのまま維持したが、その神学はカトリック教会とは異なる東方正教会の独自性を強調することになった。

基軸文化と媒体文化を一体化したビザンチン

ビザンチン文明の第一の基軸文化は、「ギリシャ正教・東方正教会」であった。古代ローマのローマ・カトリック教会は、帝国内においてその力をまだ充分に示すことができないでいた。しかし、ビザンチン帝国ではキリスト教は充分にその実力を発揮できた。その理由は、古代オリエント文化とギリシャの文化とが融合した「ギリシャ風の文化」である「ヘレニズム文化」の再興がビザンチン文明であり、とくにその後半の担い手は主としてギリシャ人であったからである。
ローマ人の正義とは「勝者」であったが、ギリシャ人は「討論」して正義を決めた。したがって、ビザンチンでは討論したうえで、キリスト教が正義を決めるようになったのである。

次は経済力である。ビザンチン文明をつくった、あるいはこれを支えた経済力はどこからきたのか。古代ローマでは戦争と植民地とが経済力の源泉であったが、ビザンチンでは主として「海外貿易」であった。帝国であるから植民地からの税収は当然多かったが、それ以上に海外との商業活動が帝国に巨大な利益をもたらしていたのである。

そのような経済構造も、古代ギリシャ文明とよく似ていることに気づくであろう。黒海と地中海の両方に出ることのできるビザンチオンは、古代ギリシャのアテネよりもはるかに有利な地理的条件に恵まれていた。現在のイスタンブールである。しかも、アテネの銀貨よりもはるかに優れた「ソリダス金貨」を発行することで、帝国の繁栄をはかったのである。一二世紀を絶頂期として、東地中海世界の国際通貨は数世紀の間、このソリダス金貨が主役として活躍していた。

ローマの金貨は、主としてローマが海外から物資を輸入するさいの決済通貨であった。すなわち、浪費のための通貨であった。これにたいしてビザンチンのソリダス金貨は、ビザンチンが輸出入貿易を行なうための通貨であり、かつ税金を取りたてるための通貨であった。すなわち、ビザンチンは媒体文化を有効に利用することで繁栄したのである。

ロシア文明とイスラーム文明の形成を支援

媒体文化の一つであるギリシャ語は、ラテン語と同じように国際語として通商用語の役割を担うとともに、ビザンチン文化を周辺文明に伝える働きをしていた。その代表的な例が、ロシア文明の支援であった。具体的には、ギリシャ正教会の伝道者キュリロスとメトディオスの二人によって、九世紀の中ころにロシアに「文字」が伝えられた。その文字が、ギリシャ文字を工夫して考案されたキリル文字である。

次に伝えられたのが「宗教」、ギリシャ正教である。文字と宗教を獲得したロシア文明は、急速な文明発展に成功した。ビザンチンの高度文化が、ロシア文字とギリシャ正教会によって農奴の国ロシアに流入したのである。文字どおりの「文明開化」であったであろう。

ビザンチン文明の支援なしには、ロシア文明の形成は困難であったと思われる。日本文明が隣の国、中国から「文字」を借用し、仏教や儒教などの宗教を学んだことで日本の文明発展に成功したのとよく似ている。

ビザンチンの建築と美術は魅力的である。五三一年に完成し、現在のイスタンブールに遺されているアヤ・ソフィア大聖堂を見れば、そのすばらしさがわかるであろう。ビザンチンはドーム工法が得意で、アヤ・ソフィア大聖堂の大きなドームがこれを体現している。七世紀に生まれたイスラームは、このドーム型聖堂に魅力を覚えてか、各地の大モスクはこのドーム型聖堂を参考に建設している。ロシア正教会の玉ねぎ型聖堂も、ビザンチン様式を採用したものである。

ビザンチンを代表する美術はモザイク画で、アヤ・ソフィア大聖堂の天井と壁面はあたかもモザイク美術の美術館のようである。イコン（聖画）の崇敬を禁止すべきかどうかを巡る「イコン論争」をくり返した正教会では、ビザンチン様式のイコン、ロシア様式のイコン、ビザンチン様式のフレスコ画、ロシア様式のフレスコ画等々、キリスト教関連美術にビザンチンの特徴をみることができる。

ビザンチンに学んだイスラームが数学・科学を飛躍させる

ヨーロッパを構成している主要な民族はラテン、ゲルマン、スラブの三つである。ロシア、ベラルーシ、ウクライナ、ポーランド、チェコ、ブルガリアなどの人たちが、スラブ民族とよばれている。「スラブ」とは英語表現だと、「スレイブ（奴隷）」のことである。スラブ民族というのは、ビザンチンに奴隷を供給していた民族という意味である。先にロシアの例を書いたが、これらのスラブ民族はビザンチンに奴隷を供給しただけでなく、ビザンチンから高度文化を学ぶことで、自分たちの文明を発展させることができた。

七世紀に誕生したアラブ・イスラーム文明も、ビザンチン文明を学ぶことで急速な文明発展に成功している。イスラーム文明がビザンチンから学んだとくに大切なものは、ヘレニズム文化の科学と数学であった。先に、「古代ローマは、ギリシャ文化のすべてをラテン語に置き換えて、ギリシャ文明を継承した」と指摘した。しかし、じつはギリシャ文化の数学や科学は飛ばしてしまい、学んでいなかったのである。ローマ人は文科系が好きで、理科系は苦手だったのであろう。

ところが、ビザンチン文明はローマ文明とヘレニズム文明の両者の上に成立しており、文科も理科も得意であった。イスラーム文明は、ビザンチンから学んだ数学と科学をさらに発展させて、輝くことがむずかしかった「中世文明」に明るい光をもたらしたのである。

とくに重要だったのは、数学の文字、数字である。中国語にも数字はあるし、ラテン語にも数字はある。しかし、「アラビア数字」がなかったら、それ以後の人類の文明発展はむずかしかったであろう。ビザンチン文明は、ギリシャ文化を後発のイスラーム文明に伝えることができたので、アラブ人はそこから学んで数字を考案したり、医学や化学を高度化させたりしたのである。それをさらに、のちの西欧に伝えることもできたのである。

人の心をつくったギリシャ正教と芸術家たち

ビザンチン文明の第一の魅力は、やはりギリシャ正教会である。先に、「日本人の心をつくったのは、聖徳太子が広めた仏教である」と書いたが、ポーランド人とチェコ人を除く多くのスラブ人の心をつくったのは、ギリシャ正教であった。

ロシアの文学者トルストイやドストエフスキーの作品を読むと、ギリシャ正教を土着化させたロシア正教がいかにロシア人の心を豊かにしたかがわかるというものである。トルストイの『復活』やドストエフスキーの『カラマーゾフの兄弟』は、それを実証する作品である。「ビザンチン様式」の建築や美術も、すべてギリシャ正教から生まれたものである。

じつは、「イタリア・ルネサンス」は、トルコ軍に敗北しそうになったビザンチンからイタリアに逃れてきた芸術家たちによって生み出されたものである。ミケランジェロやボッティチェルリらは、バチカン市国のシスティナ礼拝堂の天井から壁面までの全面にみごとな絵画を描いている。『旧約聖書』と『新訳聖書』から題材をとった聖書物語のすべては、ビザンチン様式のフレスコ画から学んだ作品である。ローマ・カトリック教会の礼拝堂を魅力的なフレスコ画で飾っているのも、ビザンチン美術であった。

不安の大きかった中世という時代の宗教

ビザンチン文明は、さまざまな魅力に満ちた文明であった。では、魔力はなかったのだろうか。いまのところ、私は魔力らしきものに気づいていない。しかし、あえていうならば、ギリシャ正教会とその修道院における厳格な修行を指摘することができる。修道士たちの生活は、日本の禅寺での修行と比較しても、ストイックの度合いが厳しすぎるように思われる。

次は幸福問題である。ビザンチン文明のなかで生きた人たちは、はたして幸福であったのだろうか。

ローマ時代と同様、戦争の脅威がつねにあったので、軍人だけでなく女性を含む一般の市民も「恐怖」の思いをもって日常生活を送っていたのではないか。しかし、そのような国民の不安をも、ギリシャ正教会は払拭していたのではなかろうか。

中世は、西欧だけでなく日本でも戦争、疫病、凶作などがつづく不安の大きかった時代であった。そんな時代だったからこそ、人の不安を鎮静化する宗教が活躍したのであろう。ビザンチンでもギリシャ正教会が活発に働いて、人びとをそれなりに幸福にしていたように思われる。

主流文明「フランス」
キリスト教を育み、フランス語を生んだ文明

東ローマ帝国のビザンチン文明は、先に述べたようにヨーロッパの古代文明と中世文明とをつなぐ働きをした。一方、ローマ文明の多くの文化を着服し、成長したのが西ローマ帝国に侵入したゲルマン系のフランク人であった。

四世紀に始まるゲルマン人の大移動で大陸中央部のガリア地域に侵入したフランク人は、やがて西ローマ帝国からこの土地を奪うことになった。現在の北イタリアからフランスにおよぶ地域である。

西ローマ帝国が崩壊したのは四七六年であったが、その一〇年後の四八六年にはフランク王国を立ち上げている。西ローマ帝国崩壊の直接の原因は、国の防衛を傭兵に依存していたことにあった。皇帝は、傭兵隊長のゲルマン人に追放されたのである。

こうしてローマ文明の文化を取り入れることで成長したフランク王国は、八世紀末のカール（シャルルマーニュ）大帝の時代には、現在のフランス、ドイツ、イタリアとその周辺にまたがる大帝国となる。古代ローマ文明の直接の後継者はビザンチン文明であったが、西欧で成立した最初の王国であるフランク王国は、崩壊した西ローマ帝国の「直系の継承文明」となったのである。

シュメールの後継者アッカドに似るフランク王国

文明が成立するには、その核としての政治権力が必要である。したがって、王国の建設は文明成立の証でもある。西ローマ帝国の崩壊後、ヨーロッパで最初に成立した「フランク文明」は、やがて「フランス文明」という主流文明に成長・発展することになる。

フランク王国が誕生する前のこの地には、ローマ軍に征服されたケルト人（ガリア人）が住んでいた。したがって、フランク人が王国を建設したときの国民は、フランク人を中心に、ケルト人とローマ人との混血が進んだ人たちが占めていた。

やがて、カール大帝の孫たちの代になると、孫たちはフランク王国の分割相続を主張するようになった。そこで、八四三年にはヴェルダン条約を結んで、西フランク王国、中フランク王国、東フランク王国に分割されることになったのである。のちのフランス、イタリア、ドイツの基礎が誕生したのである。したがって、フランス文明の誕生はこれ以降のことになる。

このようなフランク王国は、シュメール文明を征服してその文化を着服してシュメール文明の後継者となったアッカド帝国に似ているといえよう。フランク人は、自らのゲルマンの言語と宗教を脱ぎ捨ててラテン語を習得するとともに、ローマ帝国の国教、ローマ・カトリックに改宗してしまったからである。カール大帝以降、ローマ教皇に即位を認められた国家として神聖ローマ帝国とよばれるのは、そういう経緯があってのことである。

フランク王国の公用語はラテン語となったが、ラテン語はその後二つの道を歩むことになった。一つは大衆ラテン語で、六世紀から八世紀にかけてロマンス語として地方ごとに分化・土着化している。のちのスペイン語、ポルトガル語、イタリア語、ルーマニア語、そしてフランス語である。もう一つは、中世を通じて教会と学問の世界の国際語として機能したラテン語である。

一方で、東フランク王国の人たちは初期のフランク語（ゲルマン語）を維持していた。王国の支配階級の共通語として、文章語としてのラテン語とともにゲルマン語は機能していたのである。これがのちのドイツ語である。ただし、どの時点で「フランク」が「フランス」に、「ゲルマン」が「ジャーマン」になったとみなすかは、必ずしも明瞭ではない。

西ローマ帝国の後継者として十字軍を派遣

日本江戸文明の封建制は、徳川幕府と各藩によって政治・行政が営まれたが、フランク王国も国王による直接統治ではなかった。分割された荘園の領主と国王との封建制によって、政治・行政が行なわれていた。この領主たちが、のちの貴族である。

フランク王国の大地は肥沃で、農耕に適した農地であった。しかも、封建制にもとづく荘園制度は、農業生産の向上を促進した。農業生産に重要なのは、それぞれの土地と気候に適した農業が営まれることである。各地の領主はその土地に適した農業を選択し、増産に励むことになる。フランク王国の主要な農作物は小麦とブドウで、葡萄酒の生産も重要であった。農産物は外国に輸出もし、商業も重要な産業となった。

カール大帝は、農業生産を効率化して経済の活性化を図ろうと、「三圃制輪作方式」の農地利用を奨励した。農地を耕作地、牧草地、休耕畑に三分割して順に耕作し、土地を肥沃にする手法である。フランク王国は、多くの農産物を収穫できるようになっていた。

カール大帝は、国内で通貨を発行する権限を国王が独占する制度を七八〇年に確立している。農業生産は各領主に委任しており、国王は通貨の発行において絶対的な権力を発揮したのである。通貨はすべて銀貨で、リブラ、ソリダス、デナリウスの三種類があった。一二デナリウスが一ソリダスになり、二〇ソリダスが一リブラになる幣制であった。

カール大帝は、通貨の発行権限を最高に発揮すべく、通貨用の銀の調達に努力した。この結果、西欧では銀本位制をつづけることができた。しかし、この時代の先進国のビザンチン帝国（東ローマ帝国）やイスラーム諸国との取引では金貨が使用されていたので、フランク王国はその金貨を獲得するうえで輸出が必要であった。外貨獲得のために輸出に努力していたのである。

中世フランスは、そのような農業生産の改革や通貨制度の確立と成功によって経済成長を実現し、一一世紀から一三世紀にかけて繁栄の時代を迎えた。人口も増加し、大きな経済力を具えたフランスは、政治的にも西欧の新しいリーダーとして先進国のビザンチン帝国やイスラーム諸国に対峙するようになった。すなわち、フランスを中心にした十字軍の派遣である。西ヨーロッパのキリスト教、主にカトリック教会の諸国が、当初は聖地エルサレムをイスラーム諸国から奪還することを目的に派遣した遠征軍で、一〇九六年に始まっている。

十字軍の派遣そのものからは、なにも得ることはなかった。それでも、ビザンチン帝国やイスラーム諸国の衰退がみえてきた時代に、「次の先進文明国は、西ローマ帝国の正当な後継者であるフランスである」というメッセージを、世界に表明する効果はあったであろう。

金・銀の探求が「大航海時代」と「植民地戦争」に導く

中世の西欧では依然として銀本位制がつづいていたが、先に述べたように強力な経済力を具えたビザンチン帝国やイスラーム国家は金貨を発行していた。したがって、西欧のリーダーになったフランスにすれば、やはり金貨を発行してその威光を世界に示す必要があった。そこで、ルイ九世は「エキュ金貨」の鋳造を一二六六年に始めている。

ところが、こうして世界各国が金貨の発行を始めると、原料の金の不足は深刻になる。イベリア半島では、「金飢饉」の状況が出現した。需要も供給もあるのに、通貨がないから経済活動がなりたたないという事態である。とくに深刻なのは、香辛料や砂糖を外国から買えないことであった。そこで、スペインとポルトガルによる中南米大陸での「金・銀探し」が始まった。いわゆる「大航海時代」の始まりである。コロンブスやマゼランが冒険航海に出発したのは、「金・銀探し」が主な目的であった。

エキュ金貨を発行していたフランスだが、このような「金飢饉」に直面すると、金貨の発行をあっさりと諦めてしまった。銀本位制に戻したのである。農業経済の国であるフランスゆえに、商業の必要性を強く感じていなかったことが、その要因の一つであった。

しかし、主流文明が商業を必要としないはずはない。そのフランスを商業面で支えたのが、「ハンザ同盟」であった。商業の中心地は、売買決済をする金融の中心地にもなる。ハンザ諸都市で金融センターになったのは、リューベック（北ドイツ）、ブルージュ（ベルギー）、アントワープ（ベルギー）、そしてアムステルダム（オランダ）であった。フランス周辺のこれらの諸都市は港町で、主流文明フランスが必要とする商業、運送業、金融業の機能を代行したのである。

困難を克服する力を蓄えていたフランス主流文明

フランスは中世を通じて西欧各地に修道院を設置し、パリのノートルダム大聖堂を含むゴチック様式の大聖堂をいくつも建立している。一三世紀のフランスは、とくに宗教と学問を発展させることに力を入れ、一二五七年にはソルボンヌ大学を設立している。西欧の指導者としての役割を担った時代でもあった。先述の十字軍にしても、フランスが中心になってその後何度も派遣したほか、一二〇四年にはビザンチン帝国の首都コンスタンチノープルを占領するほどの軍事力も発揮している。

しかし、一四世紀に入るとイギリスとの百年戦争が始まった。しかも、ヨーロッパ全域にペスト（黒死病）が拡がり、人口が大減少する不幸も訪れた。主流文明とは、そのような困難をも克服できる力のある文明のことである。フランスはみごとにそのような困難を乗り越え、一七世紀になるとふたたび黄金時代を迎えることになった。

「太陽王」とよばれたルイ一四世がヴェルサイユ宮殿に移り住んだのは一六八二年であったが、彼の治世にフランスはふたたび輝きを取り戻したのである。そして、モリエール、ラシーヌ、ラ・フォンテーヌ、デカルト、パスカルなどが活躍し、フランス文化の魅力をヨーロッパ全域に広めた。

その原動力になったのが、フランス語であった。フランスの宮廷で使われて「貴公子の言語」とされたフランス語は、一七世紀のヨーロッパ諸国の王や小君子の羨望の的となった。一八世紀になると、ドイツやロシアの宮廷でも公用語のような存在になった。フランス語は、ヨーロッパの共通語、外交語になったのである。

敗退することは主流文明の座を降りること

そういうなかで、フランスの工業の遅れが明白になった。一七八六年に英仏通商条約が結ばれて関税障壁が緩和されると、イギリスの安価な工業製品が流入して深刻な危機を露呈した。これをうけるように一七八九年に始まったフランス革命は、資産家階層が議会での聖職者と貴族による特権体制を打破して、ブルジョア的原則の樹立をめざすものであった。しかし、社会不安を感じた都市民衆や農民は暴動と焼打ち、陳情の民衆運動を展開して対抗した。

その一方で、「自由、平等、友愛」という魅力的な社会思想を遺すことにもなった。これは、近代化革命の一つの雛形を世界に発信するものでもあった。公用語を定め、学校制度を全国に広めて教育を普及させ、国王の軍隊でなく国家の軍隊を育成した。明治維新後の日本も、これにならった施策を展開している。近代的国家をつくろうとするフランスの影響は、大きかったのである。

革命の混乱が収まると、イギリスから数十年遅れたとはいえ、フランスでも産業革命が始まり、近代資本主義経済社会を実現させている。植民地獲得競争も、イギリスの後追いのかたちで展開している。一八五八年のインドシナ半島のアンナン（安南・ベトナム北部から中部地域）征服に始まり、コーチシナ（交趾支那・ベトナム南部）、カンボジア、アフリカ大陸のアルジェリア、セネガル、チュニジアの征服と植民地化を進めている。

そのような海外進出を促進するために、フランスは一八七〇年にはスエズ運河を完成させている。このように偉大で重要な運河を建設したフランスだが、結果的にはその利便性を充分に活用することはなかった。一八七〇年のフランス帝国とプロイセン（ドイツ）の普仏戦争の戦費の支払いが増大し、財政難からこの運河をイギリスに売却せざるをえなかったのである。さらに決定的だったのが、普仏戦争で敗北したことである。主要な戦争に敗退することは、主流文明の座を降りなくてはならないということである。

文明の根底に生きるキリスト教

フランス文明の第一の基軸文化は、やはりキリスト教であった。正確にいうと、ローマ・カトリック教会のキリスト教であった。先に述べたように、フランク人は自分たちの民族宗教を捨ててローマ・カトリックに改宗していた。西ローマ帝国に強制されたのではなく、自ら選んでそのようにしている。自分たちの民族宗教よりも、カトリック・キリスト教のほうが魅力的であったからである。教義などにおいて、キリスト教のほうがはるかに優れていたのである。

キリスト教という宗教は、高度な文化でもあった。およそ一〇〇〇年前、日本が朝鮮半島を支配して天皇制と日本神道を支配地に強制した事実と比較すると、その違いがよくわかる。日本神道は拒否されたのである。しかし、高度な文化のキリスト教は、西ローマ帝国の時代においても一〇〇〇年間ほどはカトリック・キリスト教が国教であった。政治的な西ローマ帝国は消滅しても、カトリック・キリスト教は「信仰」として生きつづけていたのである。

この結果、西フランク王国として独立した八四三年の時点においても、特別の政策や強制をしなくてもカトリック信仰は持続し、民族を支える宗教でありつづけた。十字軍を派遣する運動を起こしたのもそのような宗教心であったし、各地に大聖堂を建てることができたのも、カトリック教会の偉大な力があったからである。

しかしながら、教会による「行きすぎた慣習」も生み出していた。たとえば、聖職者による「初夜権・処女権」の慣習である。教会が人民を支配する絶対的な行為の一つのように思える。花嫁には、「神さまに祝福されたセックス」で、よい家庭をつくり、子どもをたくさん生んで、教会と地域に貢献しようとする心を確認できたかもしれない。では、カトリック教会の聖職者は現在でも結婚できないことになっているのはなぜか。人間の性欲を否定し、拒否する思想なら、一貫性を欠いているのではないか。「聖書に書かれていることだけを信仰する」ことを説いた宗教改革者のマルチン・ルターは、この制度にも疑問を提示し、自らは積極的に結婚している。

サロン全盛の高度な文化が花開く

カトリック教会はさまざまな矛盾や問題を生んだが、フランス文明の高度な文化の多くはカトリック・キリスト教との関連で生まれたものであった。一二世紀のスコラ哲学は『神学大全』で知られる神学者トマス・アクィナスを生んだし、一五世紀初めに始まった「フランス・ルネサンス」期には、フランソワ一世がレオナルド・ダ・ヴィンチをフランスに招待して、フランス文化を豊かにしている。

一方、カトリック・キリスト教を批判するカルヴァンの宗教改革は一五四一年に始まり、近代思想の父デカルトの『方法叙説』が発表されたのは一六三七年であった。会話をコミュニケーションの重要な手段として文学、哲学、芸術、音楽、政治を議論する「サロン」の文化が全盛期を迎え、さらにフランス啓蒙思想が盛んになったのは一八世紀の初めである。モンテスキュー、ヴォルテール、ルソーなどの思想家が活躍することになる。

このサロン全盛時代が終わると、ケネーの「重農主義」が主張された。ルイ一五世の治世での戦争と王権の贅沢によって経済、社会が疲弊したことで発生した考え方である。富の源泉は農業であるとの立場から、農業生産を重視して重商主義を批判する理論で、『国富論』のアダム・スミスの思想にも大きな影響を与えている。

こういう重農主義の流れのもとで、「フランス東インド会社」は解散することになった。オランダやイギリスの東インド会社は成功していたが、重農主義のフランスはかつての「古き良き時代」が足枷となり、新しい時代に対応できなくなっていたのである。

残忍な革命を生んだ近代国家の枠組みと法体制

こうしてフランス革命が一七八九年に始まった。「自由、平等、友愛」などのスローガンは魅力的であったが、革命には魔力が潜んでいることをわれわれは知った。「ギロチン」などという処刑方法は、当時の日本人は知らなかったが、国王などの権力者が人民を支配するために使っていたのであろう。革命では、これが逆転して国王一家がギロチンで処刑されている。華やかなフランス文明の裏には、そのような魔力が控えていたのである。

革命が始まって一〇年後の一七九九年にはナポレオンが統領政府を樹立して実質的な独裁権を握り、一八〇四年には皇帝ナポレオン一世が誕生してフランスはそれなりに安定した。表面的な政治制度だけをみると、ブルボン王朝がナポレオン王朝に交代しただけのようにみえる。しかし、実質的には近代的なフランスに変わっていた。しかし、イギリスなど周辺各国は、フランスの革命を成功させないよう干渉していた。自分の国に革命が波及しないように願ってのことである。

フランス革命は、王侯貴族による政治を否定し、「ブルジョワ」とよばれる経済界をリードする人たちによる政治の実現であった。そのような新しい勢力に支持された皇帝が、ナポレオンであった。こうして、いわゆる「ナポレオン神話」が形成されることになった。フランスの農民たちが革命後の象徴であったナポレオンの善行を強調することで、かつての貴族制度が復活しないよう牽制することが目的であった。

そのような願いを実生活に反映させる目的もあって、『ナポレオン法典』は完成した。フランス民法典であるが、所有権の絶対性や契約の自由などを定めた近代市民法の原理をなす法典であった。古い体制のもとでは、国王はかってに領土を取りあげることもできた。しかし、この民法典によって議会が定めた法律にもとづく政治が実現することになったのである。じつは、キリスト教を国教に定めたあとの「ローマ法」にも、権力者による横暴を規制する法理があった。ローマ法、ナポレオン法典はともに、「人権」を擁護する近代的な思想が西欧の社会に根づいていたことを示すものであった。フランス文明においても、その根底にキリスト教が生きていたのである。

近代社会を実現した基軸文化としての「農業」

フランス文明を経済的に支えた第二の基軸文化は農業であった。そもそも何故、フランス文明は中世ヨーロッパを近代文明へと導くことができたのか。ヨーロッパ大陸中央部に肥沃で広大な農地を所有していたからである。イギリスをはじめ他の国ぐには、フランスほどの豊かな農地に恵まれていなかった。豊かな農地、豊かな農産物に恵まれ、他の諸国よりも経済的に恵まれたフランスは、ヨーロッパ全域がペスト（黒死病）に襲われたときですら、最初に再起できたのである。

経済力の強さは、軍事力の強さをも保証する。当時のフランス陸軍は、ヨーロッパでもっとも大きな六〇万もの兵の軍隊を保持していたのである。

経済力の強さのほかにも、他の諸国にはないもう一つ誇示できる点があった。「われこそ、ローマ帝国の嫡子である」という自負である。ローマ帝国の嫡子はヨーロッパを先導する文明でなくてはならない、と頑張れたのだ。古代文明を中世文明へと導いたのはビザンチン帝国であったが、その経済力は「商業」であった。フランスは、中世文明を近代文明へと導かなくてはならない宿命があったが、フランスはそれを伝統の「農業」で実現したのである。

媒体文化はフランス語

フランス文明の媒体文化であるフランス語は、すでに述べたようにヨーロッパの国際語になっていた。フランス語は聴いていてもたしかに、「ここちよい美しい言語」である。第二次世界大戦に敗北したあとの日本の文化再興に、国語を「フランス語にしたほうがいい」と書いたのは志賀直哉であった。美しいフランス語に魅せられたのであろう。

しかし、フランス語がヨーロッパの国際語になったのは、その美しさだけではない。フランスが生み出した高度な文化に支えられた言語であったからである。ただし、ここで注目しなくてはならないのは、そのような「高度な文化はすべて王宮で生み出され、育まれた文化であった」ことである。高度な文化というのは、フランス語も含めて貴族文化のことであった。

ここで、フランス革命は単純な政治革命ではなく、文化革命でもあった点を強調しておかなくてはならない。フランス革命のもとで「王宮の言語」を公用語と定め、それを新しく整備した学校制度を通して全国民に教育していったのである。国王の軍隊を国民の軍隊にし、王宮の言語を国民の言語に変える文化革命でもあった。「近代国家」の一つのモデルを、フランスは世界に示すことになったのである。

媒体文化の二番目は通貨であるが、農業国フランスのフランス・フランはフランス語ほど活躍することはなかった。「通貨の本質は信頼である」と先に書いたが、この信頼は通貨の「素材」に依拠していた。フランスは、伝統的に銀の信頼によって通貨を流通させていたからである。しかし、中世を通じてビザンチンやイスラームの通貨は「金」であり、国際市場においては金貨と銀貨が共存してはいたものの、やはり銀貨は不利であった。フランス・フランはついに国際通貨になることはなかった。

美術館はエンリッチング文化のショーウィンドー

フランス文明が現在もその魅力を輝かせているのは芸術文化、とくに絵画の部門である。「ヨーロッパの優れた絵画はパリに集めよう」という執念のようなものを感じる力の入れ方で、パリには優れた美術館がいくつもある。その中心は、ルーブル宮殿を利用したルーブル美術館であり、よく知られた絵画にはイタリア人の天才、レオナルド・ダ・ヴィンチが描いた『モナ・リザ』がある。

フランスで生まれてフランスの景色を「光」をテーマに熱心に描きつづけた画家に、印象派のモネがいる。その最後の作品として、八枚の壁画をあわせると幅九〇メートルもある大作を八六歳で遺している。友人であった当時のクレマンソー首相に、「国家のために一枚の絵を寄贈してくれ」と頼まれて描いた『睡蓮』である。パリのオランジュリー美術館の一階の二つの楕円形の部屋は、この巨大な絵画が占めている。ルノアールなど印象派の絵画は日本人に好評であるが、モネが生涯をかけて描きつづけた光の芸術は、はからずも近代から現代絵画への橋渡しの役割を果たしたと評価されている。

私が選んだもっとも魅力的だと思えるフランス人画家の作品は、アングル作の裸婦像『グランド・オダリスク』である。フランスには、ヴェルサイユ宮殿を含めて、多くの立派な建築物や庭園などがある。貴族文化の伝統を守った女性向けのファッションでも、フランスはリードしつづけている。まさにエンリッチング文化のショーウィンドーである。

封建的で安定した社会への不満が革命を

ところで、主流文明としてのフランスで生涯を終えた人たちは、はたして幸せであったのだろうか。

この問題は、一七八九年の革命前と後とに分けて考えたほうがよいだろう。フランク王国が分割されてその一つとして西フランク王国が生まれたのは八四三年で、やがてそこからフランスが誕生している。フランス革命までには、ほとんど一〇〇〇年もある。農業国フランスにとって、この一〇〇〇年は幸いな年月であったように思われる。封建制という、それなりに安定した社会のもとで、いわば身分相応の生涯を生きたであろうからである。中世の騎士たちは騎士らしく、農民は農民らしく、国民はそれなりに幸せであったと思われる。

これにたいして、革命後のフランスは近代社会を生み出し、発展させることに成功した。なぜ革命を起こしたのか。それでも、「封建的で、安定した社会」に大不満だったからである。「自由、平等、友愛」が革命のスローガンであったから、革命後は自由と平等を獲得できたはずである。

実際はどうであったのか。革命前に自由であったのは、少数の王侯貴族だけであった。革命後に、「解放された」と喜んだのは王侯貴族の数の数百倍か、せいぜい数千倍までの「男たち」であった。ほとんどの女たちはこれまでと同じであったし、男たちも自由になったのは「能力のある者」だけで、貧しい農民などの暮らしは変わることはなかった。フランスの男性はフランス革命によって参政権を得たが、女性が獲得したのは第二次世界大戦後のことで日本とほとんど同じであった。

「自由と平等、友愛」は魅力的なスローガンである。しかし、自由と平等とはあい容れない矛盾する概念である。自由とは「競争してもよい」ということである。信教の自由、恋愛の自由、教育の自由、自由主義経済、これらすべては「競争してもよい」ということである。「なにかを自由にできる」といったことではない。すなわち、競争して「勝った人・強い人」が自由を獲得するのである。弱い人・負けた人は当然、不自由になる。これが近代社会である。自由にすると不平等が生まれ、平等にするには自由を束縛しなくてはならないのである。

外国人を取り込んだ「花の都・パリ」の魅力

結局、自由と平等とは互いに妥協して、そこそこの自由とそこそこの平等を実現できたら、「それでよし」とするほかない。フランスは主流文明になって近代社会を実現できたが、遅れた文明では「権力者にのみ自由がある」という社会のままであったであろう。したがって、フランス文明のもとで生涯を送った人は、それなりに幸せであったのではなかろうか。そこそこの自由と、そこそこの平等を実現できたからである。

しかも、「花の都・パリ」はその魅力を外国人に発揮した。フランス人ではない人を、フランス文明は幸せにしたのである。最大のグループは、外国人の画家たちであった。多くの外国人画家がパリに憧れてフランスにやってきた。スペイン人のピカソ、オランダ人のゴッホ、日本人の藤田嗣治もその一人であった。藤田は日本画の技法で「白い肌」を表現し、フランスの絵画に貢献したとしてフランス政府から文化勲章を贈られた。

パリに憧れてフランスにやってきたのは画家だけではない。ポーランドからきた科学者のキュリー夫人はパリでラジウムを発見し、ノーベル賞を受賞したし、同じくポーランド人のショパンは多くのピアノ曲を作曲し、女流作家のジョルジュ・サンドとのラブストーリーも遺した。ツルゲーネフなどのロシアの文学者も、パリの魅力に惹かれて集まった。フランス文明は、彼らに「大いなる幸せ」を与えたのである。

近代産業革命後の主流文明
魔力と「金」が生んだイギリス

● 魔力と「金」が生んだ文明……218

主流文明の条件と役割／西ローマ帝国崩壊が「ブリテン島の中世」を開く／連合王国誕生への歩み／民族移動がもたらした異言語・異文化の統合と混乱／フランス文化のもとで三〇〇年をすごしたイングランド／王家内の相続争いと権力乱用を防ぐ「コモン・ロー」／フランス王位継承権をかけた百年戦争／国家主義の気運と立憲君主制の近代社会／ローマ・カトリック教会とプロテスタントとの悲惨な対立

● 近代経済が生み出した戦争とイギリス文明……232

ハンザ同盟の中心は、西へ西へと移動してロンドンへ／東インド会社と植民地を背景に貿易業の中心はイギリスに／世界の金融センターは工業投資の時代に／大航海時代

繁栄をきわめたエジンバラ城〈スコットランド〉

第7章

と植民地が開いた「産業文明」／基軸文化はアングリカン教会と産業革命の精神

●英語を国際語にした イギリスの海外進出……242

イギリス東インド会社の誕生／英語の国際化を推進した産業革命／英米間を帆船は二か月、汽船は一週間で結ぶ／英語を話す国内人口を海外に送り出す／通貨不足で「銀行券」と中央銀行が誕生／ブラジルから代金を「金」で受け取って窮地を脱出

●「世界の工場」から「世界の銀行」に……253

主流文明からの陥落と功績／魅力的な文化はスポーツと観光旅行／産業革命を先導したイギリスの魅力／「元気で長生きし、人生を楽しむ」ことを教えた文明／イギリス文明に生きた人たちは幸せだったのか

かつて世界の銀行とまで称されたイングランド銀行〈ロンドン〉

魔力と「金」が生んだ文明

このあたりで、これまで述べてきた主流文明の概略を整理し、これをふまえてイギリス文明の特性について考察する。

シュメール文明とメソポタミア文明は、古代メソポタミア地域に誕生した人類最古の主流文明であり、それは農業経済の文化から生まれたものであった。ほかには古代エジプト文明が存在したが、「主流」とはみなされなかった。アケメネス朝ペルシャ文明は、古代中近東地域における主流文明になった。メソポタミアに存在していた諸文明から学び、それらの文明を征服し、さらに古代エジプト文明をも統合して支配できたからである。

シュメール文明が生み出した楔形文字を学び、これを用いてそれぞれの先行文明から高度文化を学んで主流文明になったのが、メソポタミア文明とペルシャ文明であった。すなわち、シュメール、メソポタミア、ペルシャの三文明は、楔形文字によって結ばれた楔形文字一族の文明であった。したがって、これら三文明は「古代前期文明」としてまとめて理解できるであろう。

ただし、ペルシャ文明は成長して帝国を形成すると、楔形文字を廃止してフェニキア文字から学んだアラム語を帝国共通の国際語にした。このことによって、ペルシャ文明は文明形成のための基軸文化を農業経済だけでなく、「商業経済」あるいは「通商経済」によっても形成することができることを示したのである。

アラム語は商業を生業としていたアラム人の言語で、ペルシャがアラム語を公用語に採用したことで、アラム語が具えていた多くの商業文化も同時に帝国内に拡がった。しかも、その商業文化は次の主流文明になるギリシャへと伝えられた。

シュメール、メソポタミア、ペルシャの「古代前期文明」は、農業経済のうえになりたっていた文明であるが、つづくギリシャ文明は造船技術や海洋貿易という商業経済を基軸文化とする主流文明になった。このようなギリシャ文明は、「古代後期文明」とよぶのが適当であろう。

主流文明の条件と役割

古代ギリシャ文明は、フェニキア人を介してメソポタミア文明とペルシャ文明に学んでいる。しかも、それらの文明が支配していた諸文明をも征服して経済力と文化力を増強することで、主流文明になることができた。

古代ローマ文明は、古代ギリシャ文明のほとんどを継承するかたちで古代世界を支配して主流文明になった。すなわち、長かった「古代」という時代に終わりを告げ、かつ古代を総括する主流文明となったのである。

古代ギリシャ文明の流れをくむビザンチン文明は、中近東地域における古代と中世とをつなぐ役割を果たして主流文明になった。これを可能にしたのは、ギリシャ正教と「地の利」を生かした通商であった。この時代はイスラーム文明も活躍していたが、これはビザンチン文明から学んだビザンチンの派生文明であり、主流文明にはなれなかった。

フランス文明が古代ローマ文明を継承する文明であったことは確かだが、西ローマ帝国が崩壊したあと、ただちに立ち上がることができなかったのはなぜか。フランス文明が未熟であったからであるが、古代ギリシャ、ヘレニズム、古代ローマ、ペルシャの文化の後継者にすんなりと納まったビザンチン文明が、この時代を支配していたからでもあった。

では、なぜそのようなことが可能であったのであろうか。それはビザンチン文明の基軸文化が商業・通商文化であったからである。その原理は次のとおりである。すなわち、古代ギリシャ文明を除き、古代ローマ文明を含むその他の文明は、その基軸文化を農業経済に負っていた。これにたいして、ビザンチンは商業・通商経済のうえに文明をなりたたせていたのである。

東ローマ帝国の後継者であるビザンチン文明は、いかにもローマ文明の直系のようにみえる。しかし、すでに書いたように古代ローマ文明は農業経済に依存する帝国運営に見切りをつけて、ビザンチンに遷都していた。すなわち、この時点でビザンチン文明はローマ文明から古代ギリシャ文明の後継者へと変わっていたのである。

古代ギリシャ文明は商業・通商を基軸文化にする文明で、その労働生産性は農業経済と比較するとはるかに高いのである。土地に依存する農業という産業は、どのような技術革新や努力をつづけたとしても、たとえば毎年二パーセントずつ生産量を増加させることは不可能である。ところが、商業・通商だと二パーセントどころか、努力しだいで五パーセントの利益を確保することも可能になる。周辺文明が農業経済による中世的な停滞にとどまっていた時代に、ビザンチン文明は商業・通商という産業によって主流文明になったのだ。

すでに述べたように、ビザンチン文明は「古代文明から中世文明へ」という橋渡しをした。しかし、フランス文明は「農業」によって中世文明を一からつくらなくてはならなかった。フランス文明が担った役割は、「中世文明から近代文明への橋渡し」であったこともすでに述べた。そのような役割を果たせたからこそ、フランス文明は主流文明になれたのである。

では、イギリス文明はなぜ主流文明になることができたのであろうか。イギリス文明は、どのような役割を果たすことを期待されていたのであろうか。

西ローマ帝国崩壊が「ブリテン島の中世」を開く

フランス文明を考えるとわかることだが、イギリス文明は「近代文明から現代文明への橋渡し」をすることで主流文明になることができたのである。では、イギリス文明はなぜそのようなことが可能であったのだろうか。

紀元前六〇〇〇年ころまでのブリテン諸島は氷の下にあったが、氷河期が終わると狩猟民が住み着くようになった。島々は動物や植物にも、豊かな土地にも恵まれていた。やがて人口は二万ほどに増えたという。そこに農耕・牧畜民が渡来し、異種の人たちが共存していたと推定できる遺跡が残されている。ロンドンの西二〇〇キロメートルほどのところにあるストーンヘンジ（環状列石）は、紀元前二三〇〇年ころに建設されたと考えられている。しかし、どのような人が遠くから石を運び、これを建設したのかはわかっていない。

さらに、紀元前一〇〇〇年ころになるとケルト人が大勢やってくるようになり、一〇〇万人ものケルト系の人たちが住むようになった。ケルト系の人たちはもともと現在のフランス近辺のガリア地域に住んでいたが、ローマ帝国に押しやられてブリテン島に逃れ、住み着いたのである。

ところが、ローマ帝国軍はケルト人が住み着いた地域までも征服すると、「価値ある領土になる」として、すくなくとも南部の「イングランドの範囲」くらいまでを領土とした。イングランドでは金、鉄などを産出したし、穀物や奴隷も収奪できたので、ローマ帝国はこの地を属州とした。ケルト人は文字をもたず、民族統合も未熟だったので、ローマにくらべて力が弱かったのである。それでも、ローマの属州になったことで、ケルト人を含む異種混淆のブリタニアの文明化が進むことになった。

文明化を可能にしたのは、ローマの公用語のラテン語であった。共通語のラテン語によってローマ文明を受容し、他の属州と同じように公共浴場や野外劇場も設けられた。ローマの支配は四〇〇年ほどつづくことになった。そして、西ローマ帝国が五世紀後期に崩壊したことで、ローマ軍は引き上げた。このとき、「ブリテン島の古代が終わり、中世が始まった」のである。

連合王国誕生への歩み

どの世界においても、中世は混乱の時代であった。安定した古代文明から多くを学び、力をつけた中小文明が勃興してきたからである。紀元後四世紀のブリテン島においても、ゲルマン系民族の大移動の一つとして、アングル人、サクソン人、ジュート人などが渡来あるいは侵入してきた。五世紀から八世紀までのおよそ四〇〇年間は、混乱期を迎えた。

そもそも、西ローマ帝国が崩壊したのも、この「ゲルマンの大移動」が主要な原因であったが、先に書いたようにフランク人がローマ帝国領に侵入してきたのは四二〇年ころであった。同じように、アングル人、サクソン人などがブリテン島に移動してきたのも、四五〇年ころであった。同じころに、移動・侵入していたのである。

民族移動がもたらした異言語・異文化の統合と混乱

フランク人は陸続きの移動であったので、侵入は容易であった。しかも、フランク人の集団は統合され、一定の秩序をもって行動していたので、民族として「ローマ文明を受け入れる」ことで文明化に成功していった。しかし、アングル人、サクソン人などは、ゲルマン系ではあったが出自が異なっていたばかりか、戦闘と略奪を主とする親族集団であった。したがって、ブリテン島に侵入すると、先住民のケルト人などと戦うだけでなく、仲間同士でも争わなくてはならなかった。

そんな混乱がつづいたのち、七世紀にはかつてのローマ帝国の属州であったイングランドに七つの部族国家が成立した。彼らの祖地はデンマーク、北ドイツ、ネーデルラントで、これらの言語が混合して共通語としての「古英語」が形成された。この言葉を話す人たちが、やがてイギリス人（イングランド人）になるのである。

このブリテン島にキリスト教が伝来したのは、五世紀から六世紀にかけてであった。キリスト教はローマ・カトリック教会の言語であるラテン語で伝わり、このラテン語によってブリテン島はかつてのローマ文明を受容した。しかし、八世紀末になるとラテン語文化はしだいに終息を始め、代わって古英語が民族語としての役割を担うことになった。

その原因は、ヴァイキングの襲来にあった。頻繁に襲来するヴァイキングに、イングランドの諸族が個別に戦っていたのでは勝ち目がないことがわかったのである。集団として統一して戦う必要を痛感して、「イングランド」を結成したのである。古英語を共通語に互いに協力することで、ヴァイキングにも勝利できたのである。

フランス文化のもとで三〇〇年をすごしたイングランド

先に文明化に成功して、かなりの力を獲得していたフランスも、強力なヴァイキングの襲撃には手を焼いていた。そこでフランスがとった対策は、ヴァイキングの首領ノルマンに現在のノルマンディー地方を与えて定住させ、彼らをフランス化することであった。

この政策はみごとに成功して、フランスのノルマンディー地方に「ノルマン公国」が建設された。ヴァイキングからの襲撃に一時的に対応できたイングランドであったが、ノルマン公国のノルマン人（ヴァイキング）の攻撃には敗れて、一〇六六年に征服されてしまった。ノルマン公国を通して、フランスの一部になってしまったのである。

この結果、イングランドの上層階級はすべてノルマン人に置き換えられ、領主、貴族、カトリック教会の司祭までもがノルマン人になり、公用語までフランス語になった。それから三〇〇年もの長期にわたり、イングランドはフランスの文化のもとで生きることになったのである。

この結果、英語の一部にフランス語が残ることになった。例をあげると、古英語では雄牛（ox）、雌牛（cow）、羊（sheep）、豚（swine）であったものが、領主や貴族の食卓にのぼると、それぞれ古フランス語の牛肉（beef）、羊肉（mutton）、豚肉（pork）、豚肉の燻製（bacon）になった。農民の食べ物は古英語の食事（meal）であったが、領主や貴族のご馳走は古フランス語の晩餐（dinner）となった。

のちに七つの海を支配することになるイギリスは、一一世紀においてもまだこのような状態であった。日本の一一世紀は平安時代であり、先に書いたように紫式部が『源氏物語』を書いていた時代である。イギリスは、当時の日本よりも文明的に、はるかに遅れていたのである。

王家内の相続争いと権力乱用を防ぐ「コモン・ロー」

イングランドを征服してノルマン公国とイングランドの両方を統治し、現在のイギリス王室の開祖となったのは、ウィリアム一世（ギヨーム二世）である。しかし、その彼が一〇八七年に亡くなると王家内の相続争いは激化し、ノルマン公国と分離して相続されたことでイングランド王国になった。形式的にはイングランドが独立したかのようにみえるが、当時はまだ国家としては存在せず、「王国」は「王の所有領土」を意味するにとどまり、いずれかの王侯貴族の領土であった。したがって、イングランド王国ではノルマン公国と同じように、地方分権的な封建制統治が行なわれていた。

それでも、国王が病気や戦争で亡くなったりするとつねに相続争いが起こり、どこからか新たな国王が着任したり、どこかの国王が兼任するなどしている。そのような王族の骨肉の争いはあったが、とにかくヘンリ二世、リチャード一世、ジョン王、ヘンリ三世、エドワード一世、エドワード二世、エドワード三世とつづいた。

そのような国王のなかでも、ジョン王は重税を課したり、フランス王との戦争に連敗したり、教会の予算をかってに流用するなどしたことで、諸侯に不評であった。結局、諸侯とロンドン市から交渉を求められ、不承不承これに応じて憲法を制定している。イギリス憲法の起源となる『マグナカルタ』（大憲章）で、一二一五年に成立している。この大憲章は、権力の乱用を戒め、「君主の統治は法と慣行によるもので、諸侯の進言と合意を尊重すべし」という原則を定めている。

ジョン王は、必ずしもこの憲章を尊重しなかったが、この憲章はその後もイギリス憲政の最重要文書としての地位を保ち、その機能を発揮するようになっている。国王がかってに法律を変えたりしないよう尊重されるようにもなっている。こうして文書資料は増加し、慣例法であるイギリス法、「コモン・ロー」を生むことになった。

本土のフランスには「ローマ法以来の伝統的な成文法」があるが、イギリスはフランスとは異なるイギリスらしい文化を育み始めた。大量の文書を作成したことで、これを解釈する専門家も必要とした。この時代に、オックスフォード大学やケンブリッジ大学も建設されている。

フランス王位継承権をかけた百年戦争

ヨーロッパ諸国における一五〇〇年当時のイギリスの存在感を、人口で示すと次のようであった。フランス一六〇〇万、イタリア半島一〇〇〇万、イベリア半島九〇〇万。しかし、ブリテン諸島は四四〇万で、イングランドとウェールズだけだと二六〇万しかなかった。イギリスの人口はフランスの四分の一ほどで、イギリスがいかに弱小国であったかがわかる。

ところが、この小国が大国フランスに百年戦争をしかけたのである。主要な要因は、フランス王位継承権の主張であった。イギリス王エドワード三世は、父はエドワード二世、母はフランスのカペー朝のフィリップ四世の娘であったことから、カペー朝断絶にさいしてエドワード三世にフランス王位継承権があると主張したのである。一三三九年にはフランスに侵入し、フィリップ六世軍と戦闘を開始して、百年戦争が勃発した。

戦争はイギリス国王とフランス国王との戦いで、一般庶民にはほとんど関係がなかった。しかし、イギリスは違った。国王が行なう戦争であっても、議会の同意が必要であったからである。『マグナカルタ』の威力である。フランスとの戦争も、多くの国民の支持のもとで行なわれていた。

すると、フランスを敵にして戦っているのに、「なぜ敵国の言葉を話さなくてはならないのか」という国家主義の気運が高まったのである。公用語として使われていたフランス語は排除され、庶民の言語である英語が採用されることになったのである。英語によるイギリス文化が生まれたのは、一四世紀以後なのである。ただし、英語は「話し言葉」だけで、書き言葉は依然としてラテン語であった。

国家主義の気運と立憲君主制の近代社会

戦争を始めたエドワード三世は賢明な国王で、当時のイングランドの貿易構造を変革したいと考えた。原毛の輸出国から毛織物の輸出国に転換したのである。当時は中世のギルド制度が堅固に維持されていたので、都市部ではギルド制度を無視することはできなかった。しかし、農村なら不可能ではないと、イングランドの農村部で毛織物の家内工業を起こしたのである。毛織物の先進地のフランドル（フランダース）から織物や染色の職人を招聘し、農村の土地を与えて毛織物の振興を図ったのである。こうして毛織物の生産が軌道にのると、次は原毛の輸出は禁止して、毛織物の輸出を奨励した。

国王の経済政策はみごとに成功して、イギリスは新しい「富の獲得方法」を入手したのである。フランス文明までの主流文明は、その経済力を農業、商業あるいは植民地に依存していた。しかし、イギリス文明は次の産業である「工業」の開発を始めたのである。

フランスは依然として中世の主流文明のままであったが、イギリスは「小さな革命」をいくつも積み重ねることによって、フランスを凌駕する社会を実現していった。すなわち、マグナカルタ、清教徒革命、名誉革命などによって、立憲君主制を確かなものにしていたのである。フランスでは「王による統治」がいまだに行なわれていたが、イギリスでは「議会と王による統治」が実現していたのである。議会は、王、貴族、平民のあいだでの交渉であったが、議会に参加できない下層の平民にたいしても、「請願の権利」が保証されていた。

ローマ・カトリック教会とプロテスタントとの悲惨な対立

近代的な社会がすでに実現していたイギリスではヘンリ八世が、「カトリックのローマ教皇からの独立」をも実現させた。中世の西欧では、すべての王国はローマ・カトリック教会に所属しており、ローマ教皇の承認がなければ国王にもなれなかったのである。ところが、王妃離婚問題でローマ教皇と対立したヘンリ八世は、一五三四年に「首長法（国王至上法）」を制定して、イギリス国王を教会の首長とする独自の「イギリス国教会制度」を創設した。「ヘンリ八世は、自分が離婚したいがためにローマ教皇から解放されたかった」といった単純な話ではなかった。

ドイツでのマルチン・ルターの宗教改革運動は一五一七年に始まっているが、ヘンリ八世は当初は宗教改革に反対していた。しかし、宗教改革の成功は、やがてローマ教皇に離反することになるヘンリ八世の行動を支えることになったことは確かである。

一五三四年にトマス・クロムウェルが起草した首長法が成立し、イングランド国教会、アングリカン・チャーチが実現している。政治も宗教も、国王と議会との同意にもとづく「法律」によって、外部からの干渉なしに行なわれることになったのである。「イギリス史をこれほど大きく転じた君主は、後にも先にもいない」と言わしめたのが、このヘンリ八世である。

このヘンリ八世の時代に始まったものに、「全国的統治制度」がある。この特徴は、州における王権の名代として貴族を州長官に任命し、その下に州奉行、治安判事、庶民院議員などを置いたことである。しかも、この役職は富裕な平民が無給で担うというものであった。

「富裕な平民」というのは、土地持ちの名望家のことである。「ジェントルマン」とよばれ、彼らの公共精神が社会の中心部で秩序の形成に重要な役割を果たしていた。イングランドは、中世とは異なる「主権国家」、「信教国家」、そして「ジェントルマン社会」を実現することになったのである。中世の主流文明、フランスとの相違が明白になってきたことがわかるであろう。

ところが、ヘンリ八世が亡くなり、後継者の唯一の男子エドワード六世も一六歳で逝去し、メアリ一世がイギリス最初の女王となった。ところが、母がローマ・カトリックの熱心な信者のスペイン王女キャサリンであったことから、メアリ一世はイングランドの女王に就任すると、カトリック復権策の一環として、法律にもとづく首長制や英語での礼拝を禁止し、ラテン語によるミサを復活させたのである。さらに、プロテスタント聖職者や学者三〇〇人を「異端審問」のうえ、焚刑にしている。正統信仰に反する教え、異端の疑いのある者を裁判するために設けたのが異端審問である。トマトジュースを使ったカクテルが「ブラッディ・メアリ」と名づけられている所以である。プロテスタントの多いイングランドにおいて、このようなカトリック復活を歓迎した国民が少なかったのは当然である。

しかも、三八歳となったメアリは、スペインとの関係を修復するために二七歳のスペイン皇太子フェリペと結婚し、ローマ教皇との関係も回復しようとした。さらに、一五五七年にはフェリペの要請でスペインが対立していたフランスに出兵し、敗れたイギリス軍はカレー地方を失っている。百年戦争以来、フランスに残っていたイギリスの領土はこれですべて失われた。一五五八年にメアリが病死すると異母妹のエリザベス一世が女王となり、国教会に復帰して騒動は終わった。

近代経済が生み出した戦争とイギリス文明

一五七〇年当時は、全ヨーロッパが宗教戦争の状態にあった。そういうなかでローマ教皇はヘンリ八世の娘エリザベス一世を破門し、エリザベス一世はカトリック信者によって生命を狙われることになった。彼女は自分の暗殺計画にスコットランド女王のメアリ＝ステュアートが関与している証拠を見せられ、メアリの処刑を決断せざるをえなかったと伝えられている。メアリ＝ステュアートは、父の母がヘンリ七世の娘で、エリザベスにとっては、いとこの娘であった。メアリ一世とは別人である。

両女王の悲劇の物語にも、一つだけ救いになるエピソードがある。女王のエリザベス一世が一六〇三年に亡くなったのち、その王位を継承したのはメアリ＝ステュアートの息子で、ヘンリ七世につながるジェイムズ一世であった。しかも、スコットランドのメアリ女王が廃位になってその王位を継承していたジェイムズは、子どもがいなかったエリザベス一世が亡くなると同時に、イングランドの王位をも継承することになったのである。

メアリ＝ステュアートの処刑は一種の宗教戦争と理解され、カトリックのスペインがプロテスタントのイングランドを無敵艦隊で攻撃する戦争に発展することにもなった。戦争をしかけるには、それなりの正当性が必要である。スペインはカトリック教会の正当性を主張したが、経済戦争であることは明らかであった。毛織物先進国スペインの市場を後進国のイングランドが侵食していたからである。たしかに、エリザベス女王の時代のイギリス経済の主要な分野を占めていたのは毛織物産業であった。しかも、毛織物産業はたくさんの産業連関の頂点に立っていた。土地・牧場の所有者、羊毛業者、染色業者、毛織業者、輸出業者、金融・為替業者、海運業者、保険業者などが生まれ、毛織物産業はその頂点に立っていたのである。貿易業を営むイギリス人は中世を通じておらず、フランドルなど外国に依存していたことを考えると、驚くべき経済発展を実現していたのである。

中世までの人類は、農業経済によって生きてきた。農業は「土地の広さ」に限定される経済で、人口が増加すると、ただちに経済のバランスが行き詰まる。したがって、「間引き」などによって人口調節をせざるをえない社会であった。

「フランス文明は近代を生み出す思想を発展させた」と先に書いたが、いくら「人権」や「平等」を主張することが正しくとも、親の死後、兄弟三人が土地を平等に相続すると共倒れになるのが農業経済の宿命である。近代思想だけでは近代社会は実現できない。近代思想には、それを実現させる「近代経済」という裏づけが必要であった。この近代経済を生み出したのが、イギリス文明である。

ハンザ同盟の中心は、西へ西へと移動してロンドンへ

ハンザ同盟を結成したのは北ドイツのハンブルクやリューベックの貿易業者で、権力から自分たち

を守る仕組みであった。ただし、フランスはヨーロッパにおける最大の権力者であったが、商業や金融を軽視・蔑視していたために、このハンザ同盟に直接的な干渉はしなかった。

しかし、中世を通じてヨーロッパ最大の市場はフランスであり、文明には「商業機能」が必要であることはフランスもわかっていた。そこで、ときにはフランスの領土となり、ときにはフランスを離れることもあったフランドル地方に商業機能を任せた。フランドル地方ではフランス向けの毛織物業などが発達しており、これを商う商人もフランドル地方に結集して都市を成立させていたからである。

この結果、ハンザ同盟の中心都市は徐々に西に移動し、ベルギーのブルージュ、アントワープが繁栄を謳歌した。これに学んだのが、フランスとの百年戦争をしかけたイギリス国王のエドワード三世である。イギリスはフランスから多くを学んだが、経済に関してはフランス本体から外れたフランドルから学んでいた。イギリス近代経済の源流は、このフランドルであったということになる。

ところが、このフランドルを追いかけ、追い越したのが、さらに西に位置するオランダのアムステルダムであった。商業を盛んにするには決済のための金融機能が必要であるが、フランス本土には金融センターは生まれなかった。ヨーロッパの金融センターも、商業の中心地と同じくブルージュ、アントワープ、オランダのアムステルダムへと移動していったのである。

ところが、アムステルダムの次に移動した先はロンドンであった。商業、とりわけ貿易取引と金融取引がもっとも多く行なわれる中心地がロンドンとなったのである。毛織物技術や染色技術をフランドルから学んだイングランドであったが、貿易業や海運業はオランダから学んだのである。帆船の製造技術もオランダが進んでいた。

周知のように、江戸時代の日本はヨーロッパとの通商をオランダのみに認めていた。オランダが進んだ技術をもっていたからである。しかし、イギリスは徐々にオランダに追いつくと、海外市場の獲得競争をめぐってオランダと戦争をくり返すようになった。しかも、多くの場合、イギリスが勝利を重ね、オランダが開拓した海外市場を横取りしていったのである。日本市場もいわばオランダ市場であったが、オランダの衰退にともなって日本もイギリス市場になった。

イギリスはなぜ、それほど強くなったのか。イギリスが「世界の工場」となり、工業生産において世界を先導していたからである。毛織物が売れるのはヨーロッパで、しかし季節は限定している。ところが、「綿織物」は広い世界で、しかも一年を通じて想像できないほどの需要がある。イギリスの毛織物業者が、「綿織物を製造して世界に販売したい」と考えるのは当然である。

東インド会社と植民地を背景に貿易業の中心はイギリスに

問題は、原材料の原綿をいかに大量かつ定期的に輸入できるかである。原綿の生産地は暖かい南の国である。イギリスが輸入したいと願っても、生産地は他国に輸出する余裕はない。イギリスは、原綿の生産・輸出市場と綿織物の輸入市場の両方を同時に開拓する必要に迫られた。この仕事をほとんど一手に引き受けたのが、一六〇〇年設立の「イギリス東インド会社」であった。

ヨーロッパの「大航海時代」をつくったスペインやポルトガルは、中南米から金や銀を持ち帰るという重商主義を実施していた。そこで、後発国のオランダ、フランス、イギリスは、「香辛料貿易」によって利益をあげようと、それぞれに東インド会社を設立して競争することになった。

エリザベス女王はこの会社に、戦争を始めることもできる独立国のような権限を与え、その業績に期待した。当初のイギリスの東インド会社は、オランダにならってインドネシアとの香辛料の貿易をしていたが、オランダに敗退して撤退せざるをえなくなってしまった。

次に目をつけたのがムガール帝国が衰え始めていたインドであった。まずベンガル地方を植民地にした。しかし、当時のイギリスとフランスは、海外進出をめぐってつねに戦争をくり返していて、イギリスは北アメリカでフランスと戦ったが、インドでも戦うことになったのである。しかも、一八世紀以降のイギリスは、このような植民地獲得戦争でフランスにもオランダにもほとんど勝利した。

ベンガル地方で始まったイギリスによる植民地化は、全インドの植民地化に進展した。イギリスの大勝利であったが、これを実現する大きな力になったのがイギリス東インド会社であった。インドにとっては大災難であったが、イギリスは目的どおり綿花の栽培をインドの農民に強制し、原綿を大量に輸入できるようになった。イギリスの繊維産業は大発展することになったのである。

繊維産業が発展するには、その関連産業も発展しなくてはならない。紡績機械、紡織機械などをつくる鉄の生産、石炭の生産、それを運送する運送業、造船業、海運業、鉄道業、貿易業、銀行業、海上保険産業等々、たくさんの産業が誕生することになった。

世界の金融センターは工業投資の時代に

これらの産業が誕生すると同時に、各地に産業都市も誕生した。繊維産業の町、鉄の町、石炭の町、造船の町、海運の町などである。これら諸都市に君臨したのもロンドンであった。

あらゆる産業は、通貨を用いることでなりたっている。日々の経営のための通貨、投資のための通貨、海外進出のための通貨、さらには多くの国から集まる外国為替と外貨の通貨、こうした巨額の通貨は一か所で決済するのが合理的である。こうしてロンドンは、世界の金融センターとなった。

イギリスによるインド侵略のお手本を示してくれたのが、一七世紀のオランダであった。オランダはインドネシアを植民地にすると、現地の農民に強制して胡椒などの香辛料を生産し、ヨーロッパに持ち込んで販売した。海外投資と貿易という商業投資に打って出ていた。

イギリスも同じように投資をし、同じような商売を始めた。ところが、オランダで産業革命が起こることはなく、一八世紀半ばのイギリスで起こることになった。この違いはなんであったのか。

ヨーロッパにおける農業というと、小麦栽培、ブドウ栽培、あるいは酪農である。ところが、商業国家オランダでは花卉栽培という農業を発展させ、豊かなヨーロッパ市場を狙った生花販売という商業を開発した。そんなビジネスが盛んになるなかで、トルコ原産のチューリップが人気を博し、多様な新品種が開発されて市場で高値をよんだ。

ブームになると、高値は高値をよぶ。オランダ人はこの「チューリップ・バブル」に酔ってしまい、王侯貴族から大金持ち、庶民までもがチューリップ市場に熱狂した。みんなが所持金をチューリップに投資してしまったのである。やがてバブルがはじけると、オランダは国家も国民も貧しくなっていた。イギリスと競争して、新しい産業に投資する資金をなくしていたのである。

ヨーロッパの金融センターは、すでにオランダのアムステルダムからイギリスのロンドンに移っていた。商業投資の時代は終わり、工業投資の時代に代わっていた。しかも、工業投資には巨額の資金を必要とした。ロンドンは、そういう資金が調達できる世界の金融センターになっていた。

大航海時代と植民地が開いた「産業文明」

人類が一九万年もつづけてきた狩猟採集の生活が行き詰まったとき、中近東地域で農業が開発された。農業革命である。人の暮らしを大きく変える革命であった。これ以降、農業はほぼ全世界に拡がり、人類は農業経済を基盤に文明を構築し、暮らしと活動をつづけることができるようになった。

ヨーロッパの中世とは、農業経済による文明が成熟期を迎えた時代であった。しかも、その成熟期を脱出する方法として始めたのは、「大航海」による弱小文明の植民地化と、そこからの収奪であった。

この大航海時代を生み出し、中南米諸国全体を植民地にしたのは、南ヨーロッパのラテン系の国ぐにであった。彼らは重商主義を主張して、植民地から大量の金と銀をヨーロッパに持ち帰った。すると、それは通貨の大量供給となり、インフレを助長して自らを衰退へと導くものになった。農業文明からの脱却はできなかったのである。

そういうなかで、北ヨーロッパのゲルマン系の人たちは、主流文明のフランスが蔑視していた商業によって徐々に経済力をつけていった。まずはフランドル地方が繁栄し、つづいてオランダ、イギリスが成長した。毛織物産業を中心とするイギリスは、やがて綿織物を含む繊維産業の成功によって産業革命を実現させたのである。農業でしか生きていけなかった人類が、農業以外の産業でも生きていけるようになったのである。「産業文明」の誕生である。イギリスが主流文明に指定される理由は、この産業文明を生み出したからである。

農業革命と同様に、産業革命によって人の活動と暮らしは劇的に変化した。人は農村から都市に移り住んで、快適な生活を楽しむようにもなった。もはや、「間引き」などの必要はなくなり、寿命も延びて長生きできるようになり、人口は爆発的に増加した。一五〇〇年当時はフランスの四分の一の人口しかなかったイギリスは、フランスを追い越すほどに増加していた。

従来は農業だけしか「就職先」がなかったのに、産業革命以後はさまざまな就職先が出現している。自己実現も可能になったということである。まことにありがたい、恵みに満ちた時代が到来したのである。これこそが主流文明イギリスの最大の魅力である。

基軸文化はアングリカン教会と産業革命の精神

では、イギリスの基軸文化はなにであろうか。宗教は多くの戦争、魔力的な恐ろしい処刑の要因をつくるなどしてきたが、それでも人の心を支配し、支えてきたのは、やはりキリスト教であろう。

当初のイギリスはローマ・カトリックであったが、カトリック・キリスト教をそのままつづけていたら、おそらく他のカトリック国家と同様に、産業革命などを起こす国にはなれなかったであろう。プロテスタント国家になったこと、すなわちアングリカン教会のキリスト教が、イギリスの基軸文化となっていたということが大きく影響していた。

カトリック教会は、信者がかってに神さまにお祈りすることを、原則として禁止している。神さまには、「教会をとおして」お願いしなくてはならない。しかし、プロテスタント・キリスト教では、自ら自由に神さまにお祈りしてもよい。「自ら自由に考え、そして自由にお祈りする」、これこそが自由主義思想の原点であり、産業革命を生み出す力であった。産業資本主義誕生の原動力ともなったのである。

もう一つの基軸文化は、織物産業につづいた諸産業である。この諸産業なしでは、主流文明にはなれなかった。イギリス文明が人類の歴史に貢献した最大の功績は、この産業革命である。この新しい文明は、まず周辺諸国に拡がり、つづいて日本など遠隔地の文明にまで拡がっていった。ただし、この産業文明は同時に、巨大な「軍需産業」の育成をも促進したことを記しておかなくてはならない。主流文明はつねに戦争に直面しなくてはならず、ほとんど宿命的に軍事力の増強をつづけることになる。

政治・行政文化として注目すべきものは、諸産業の勃興によってもたらされた「必要」と「弊害」の諸事である。まずは、工場労働における女性や子どもの保護である。「工場法」が制定されたが、それは充分なものではなかった。そこで、労働者保護の立法化が徐々に進み、労働組合の誕生やこれを支える思想なども誕生していった。

社会の安定には、労働者階級の暮らしを改善しなくてはならない。労働者の利益を守る政治組織が必要であった。一九〇〇年には、労働組合などと一緒になって社会民主主義思想の「労働党」が結成されている。資本家を代表する「保守党」とともに、イギリス政治を担うことになる二大政党である。

都市部の労働者用の劣悪な住宅、悪臭を発するロンドンのテムズ川の下水問題も深刻になった。一九世紀半ばのコレラの大流行は、下水排出口に近いテムズ川から取水していた水道が感染源であった。

そのようにさまざまな環境汚染問題がもちあがり、政治・行政文化はそれぞれの問題に取り組まなくてはならなかった。農業文明の時代にはなかった問題が生まれてきたのである。

労働党政権がつづくことで、「ゆりかごから墓場まで」といわれた社会福祉制度が確立されたが、それは「イギリス病」とよばれる負の遺産ともなった。イギリス社会の停滞がかなり長期にわたってつづく要因にもなった。

英語を国際語にしたイギリスの海外進出

イギリス文明の媒体文化である英語については、その誕生物語、ノルマン・コンクエスト（ノルマンディー公ギヨーム二世＝ウィリアム一世によるイングランド征服）にともなう三〇〇年間のフランス語による支配、フランスとの百年戦争をきっかけにした英語の公用語化などを書いてきた。しかし、三〇〇年間も下賤の言語であった英語は、そう簡単にイギリス全土の民族語にはなれなかった。

英語が民族語になった最大のきっかけは、宗教改革であった。宗教改革によって、ラテン語でしか読むことのできなかった聖書が英語で読めるようになったからである。一六一一年に出現した英語による『欽定訳聖書』、そのころに活躍したシェークスピアの作品を通じての英語が、近代英語として定着したのである。しかし、これはイギリス国内においての英語の位置づけであって、英語がなぜ国際語になったかを説明するものではない。国際語になった要因は、やはりイギリスの海外貿易と海外進出にあったとするべきであろう。

イギリスは、一四世紀末には毛織物の輸出国になっていた。しかし、そのことで毛織物の先進国との貿易摩擦を生んだ。この結果の一つとして、一五八八年にはスペインの無敵艦隊がイギリスに進攻している。もっとも、このときのスペインの無敵艦隊はイギリス艦隊に撃退されたことで、イギリスは逆にスペインを抑えて制海権を握ることになった。

イギリス東インド会社の誕生

ところで、先にも書いたように中世を通じてイギリスにおける貿易の輸出・輸入業務は、ともに外国人商人によって行なわれていた。しかし、毛織物の輸出が増加すると、ロンドンの「冒険商人」が貿易業務のすべてを担うようになった。当時の海外貿易は危険をともなったことから、海外貿易を行なう業者は「冒険商人」とよばれたのである。

なにゆえ危険なのか。海賊に襲われることもあれば、嵐で難破する危険もあったからである。女王エリザベス一世はかつて、スペインの商船に海賊行為を行なうことを奨励したことがあったが、逆にイギリス商船は海賊に狙われるようになったのである。貿易商の単独での商売は、成功すれば利益は大きいが、失敗すると大損が生じた。商売をつづけることもできなくなることさえあったのである。

そこで、ロンドンの冒険商人たちは共同で貿易取引を行なうことを考え出した。それはやがて「合本会社」の結成になり、ついには「株式会社」の誕生につながった。貿易業務には直接関わらずに、資本のみを出資する商人が出現したのである。この株式会社の誕生により、事業に進出する冒険商人がたくさん誕生した。その最大のものが、「ロンドン東インド会社」であった。

集まった人たちはもともと「冒険家」であったことから、国王から独占権を与えられ、軍用船まで所持するようになると海賊なんぞ怖くなくなった。イギリス王室も東インド会社に投資するようになったので、会社名も一六〇〇年には「イギリス東インド会社」となり、ついには一七五七年にフランス東インド会社を駆逐して単独でインドのベンガル地方の植民地化に成功している。

このようにイギリスが海外進出を促進した結果、日本においてもやがて「国際語革命」が起こることになった。その革命を先導したのが、福沢諭吉である。

英語を日本の国際語にした福沢諭吉

現在の大分県中津市、中津藩に生まれた福沢は、江戸時代末期に大阪の「適塾」でオランダ語を学んだ。優秀な彼はかなり高度なオランダ語の知識を得て、開港したばかりの横浜港を訪ねている。しかし、そんな彼が経験したのは驚きと落胆であった。大阪で彼が熱心に学び、身につけたオランダ語が、まったく役にたたなかったのである。港に到着していた商品のラベルさえ読めなかったのである。

彼がそこで見たのは、英語であった。「がっかりなどしておれない、これからは英語なのだ」と、福沢はさっそく中古の辞書を探して独学で英語を学んでいる。しかも、英語で書かれた実用書を日本語に翻訳しているのである。

ドイツ語、オランダ語、英語は同じゲルマン語なので、オランダ語を学んでいた福沢には、英語はそれほどむずかしい言語ではなかったであろう。かといって、学校教育で英語を充分に学んだわれわれだからといって、英語で書かれた実用書をかんたんに日本語訳できるであろうか。とにかく、福沢は英語で書かれた実用書を日本語に翻訳した。

その証拠が、現在の会計書類にきちんと残っている。企業の決算書類に「貸借対照表」というものがある。この書類の「借方」、「貸方」というのは、福沢が一五〇年も前に英語から翻訳した日本語である。英語の「デビット」、「クレジット」を文字どおりに日本語にしたものである。複式簿記の用語としてのデビットにもクレジットにも、「借りる」とか「貸せる」という意味はないが、福沢がそのような日本語をつくったので、こんにちもそのまま使われている。

いずれにしても、江戸時代を通じて日本にとっての国際語はオランダ語であったが、福沢諭吉のこの「横浜事件」以後、英語が日本にとっての国際語になることになったのである。

英語の国際化を推進した産業革命

イギリスが海外進出に成功した最大の要因は、フランス、オランダ、ドイツなどよりも一〇〇年近くも早くに産業革命に成功したことである。この産業革命の成功がイギリスの海外進出に貢献した点は、次の三つに要約できる。

第一は、イギリスを「世界の工場」にし、世界貿易を支配することで絶大な経済力を得ることができたことである。

第二は、その経済力によって軍事力、とくに海軍力を強化し、世界の海を支配して各地に植民地を建設し、海運業を発展させたことである。

第三は、人口を増加させ、獲得した植民地に大量の自国民を移民として送り出せたことである。

第一の要因である、イギリスを「世界の工場」にすべく工業化をスタートさせる起動力となったのは綿工業であり、それを持続的に工業化の軌道にのせたのは製鉄業であった。

一八二〇年から一八五〇年の間のイギリスの原綿消費量は、世界全体のほぼ五〇パーセントを占めていた。製鉄業の銑鉄生産量は、世界生産の約四〇パーセントを占めていた。さらに、世界的な鉄道ブームのもとで、とくにレール用の鉄は圧倒的な競争力で輸出していた。ひいては、一八五〇年代のイギリスの工業製品輸出額は、じつに世界の工業製品貿易総額の四三パーセントを占めたのである。消費財の綿織物と生産財の鉄に代表されるイギリス製品の圧倒的な国際競争力の強さは、イギリスの世界進出を促進し、英語の利便性と必要性を世界に広めることになったのである。

英米間を帆船は二か月、汽船は一週間で結ぶ

第二の要因、「海運の経済力」と「海軍力」にも目を見張るものがあった。従来の海運を担っていたのは、一六世紀にオランダが開発した帆船、フライト（フリュート）船であった。しかし、一八五〇年以降になるとイギリスの汽船が登場し、海運革命が始まっている。イギリス・アメリカ間の航海

に、帆船は二か月を要したが、イギリスの汽船ではわずか一週間の距離になったのである。
イギリスがこのように効率の良い船舶を世界の七つの海で運用した一八五〇年代以後は、世界の船舶の総トン数に占めるイギリス船舶の割合は、半世紀以上にわたって四〇パーセント近い数字を維持していた。当時のイギリスの海運収入は、一年に五〇〇〇万ポンドという莫大な金額に達したのである。

この海運は巨大な収益を生み出すだけでなく、植民地をつくり、これを維持し、世界市場を支配するうえで、文字どおりの「足」でもあった。この海運をさらに効率的にしたのが、フランスが建設したスエズ運河の買収であった。フランスは、スエズ運河建設という偉大な事業を完成させたものの、財政難からイギリスにこれを売却せざるをえなかったのである。

イギリス海運業が発展した要因の一つは、ユニオンジャックに象徴されるイギリス海軍によって守られていたことであった。一八〇五年のトラファルガー海戦でナポレオンのフランス海軍を破ったイギリス海軍は、世界の制海権を完全に握ることになった。しかし、七つの海を支配するには多くの軍艦が必要である。したがって、イギリス所有の当時の戦艦数は、フランス、ドイツ、ロシア三国の戦艦数の合計よりも多かったのである。

もう一つは、商船と軍艦の基地である。船舶には水や食料をいつでも補給してくれる基地を必要とする。イギリスが確立したアジアへの海路の支配組織は、次のようなものであった。ジブラルタル、マルタ、ポートサイド、スエズ、アデン、カラチ、ボンベイ、カルカッタ、シンガポール、そして香港という要所であり、これによって航路帯を支配できたのである。

強大な経済力と軍事力によって、イギリスはアジア、アフリカ、中東に多くの植民地と保護領とを所有した。しかも、領有植民地の総人口すなわち支配人口は、一九〇〇年において三億六七〇〇万にもなった。フランスの五〇〇〇万、オランダの三八〇〇万と比較すると、その支配力の桁違いの大きさがわかる。この厖大な植民地において、「英語」は国際語になっていったのである。

英語を話す国内人口を海外に送り出す

三番目の要因は、イギリスの人口増加である。近代化の過程でみられる現象であるが、医学の進歩、栄養状態の改善、衛生観念の普及などによって、どの国においても急激な人口増加が起こっている。イギリスはとくに急激で、一八〇〇年から一九〇〇年までの一〇〇年間に、じつに三〇〇パーセントも増加している。フランスは五〇パーセント増、ドイツは二〇〇パーセント増であった。この人口増加は、発展するイギリス製造業に安価な労働力を供給するだけでなく、大量の移民を海外の植民地などに送り出す圧力にもなった。

その結果、一八〇〇年からの一〇〇年間に、イギリスからは一六〇〇万人が海外に移住している。移住した人の数はヨーロッパではイギリスが最多で、二番目はイタリアの八〇〇万人であった。いかに多くのイギリス人が移住したかがわかるが、その移住先はアメリカ、カナダ、オーストラリア、ニュージーランド、南アフリカなどであった。そのような移住者が、「英語」と「英語文化」を世界に広めたことはいうまでもない。

福沢諭吉が独学で学んだ「英学」

イギリス文明の言語媒体である英語について書いてきたが、言語媒体とはコミュニケーション手段の言語のことである。コミュニケーションが成立するには、その言語の「送信者」と「受信者」とが必要である。

本書では、英語に関してこれまでたくさん書いてきたが、じつはすべて「送信者」について書いたもので、受信者のことはほとんど書いていない。しかし、英語がなぜ国際語になったかを知るには、「受信者」のことも知らなくてはならない。受信者とは、英語を母語にしていない国の人のことである。

幸いなことに、意図せずに海を漂流した人たちを除いて、われわれが知っている日本の受信者の第一号は、福沢諭吉であった。彼は誰に強制されたわけでもなく、独学で熱心に英語を学んでいる。しかも、福沢は単純に英語を学んだのではないのである。『福翁自伝』のなかで、彼は「横浜体験」のことを「英学発心」になったと書いている。彼が熱心に独学で学ぼうとしたのは、「英語ではなく英学」であったというのである。英学とは、イギリス文明全体のことである。

イギリスの産業革命は繊維産業から始まったからといって、織物工場を日本に建てても、当時の日本は工場を動かすことさえできなかったであろう。イギリス文明の全体をまず研究する必要があったはずである。それには、英語を国際語として学ばなくてはならなかった。

世界の国ぐには、それぞれに工業生産能力を向上させたいと考えたであろう。それには英語を学び、それを活用できる環境を用意する必要に迫られた。貿易取引にしても、イギリスが英語で確立した世界システムに参入するしかなかった。価格の決め方、船積みのし方、海上保険のかけ方、為替銀行との取引、そういうすべてをイギリスの方式に従わせないといけなかった。

したがって、イギリス以外の国にあっても、必ず英語を使って業務にあたる必要があった。このような受信者の行動こそが、英語を国際語にしたのである。日本では福沢諭吉が先導したが、やがて世界各地に多くの「福沢」が生まれ、英語を国際語にしていったのである。

通貨不足で「銀行券」と中央銀行が誕生

二番目の媒体文化は通貨、イギリス・ポンドである。日本円の表示が「Y」であるのは、「イエン」と読まれるので納得はゆく。ところが、イギリス・ポンドの表示は「£」である。なぜなのか。ポンドの由来は、じつはローマ時代の重量単位、リブラである。それゆえに、「£」で表示されるのである。

イギリスの貨幣は、当初はペニーとよばれる銀貨で、一ポンドの銀から二四〇枚のペニーがつくられていた。したがって、イギリス・ポンドは「スターリング・ポンド」とよばれた。スターリングは

「純銀」のことで、一ポンドは「純銀一ポンド（の重さ）」の意味で使われていたのである。そして、十二進法のイギリスでは、一ポンドは二〇シリング、一シリングは一二ペンスであったので、一ポンドは二四〇ペンスになる。すなわち、一ペニーの銀貨は、「銀二四〇分の一ポンドの重さ」ということになる。しかし、一九七一年から十進法に変わったので、現在は他の通貨と同じように一ポンド、一〇ポンドのようによばれるようになった。

ちなみに、二〇一九年八月の銀一グラムの小売価格は、約六四円である。一ポンドは約四五六グラムであるから、銀一ポンドは二万九一八四円となる。しかし、同じ年の紙幣の為替交換レートでは、一ポンドはわずか一二八・六四円にしかならない。イギリスの衰退とポンド価値の桁違いな下落を示すものになっている。

じつは、一七世紀のイングランドの産業界は、経済活動をしたくても「通貨が不足して取引ができない」という状況がつづいていた。通貨不足というのは、金、銀の不足のことである。そこで多くの銀行が誕生し、それぞれに自行の信用を利用して「銀行券」の発行を始めたのである。しかし、金貨・銀貨の裏づけのない、価値基準のない銀行券であったので、無秩序と混乱に陥り、経済活動に大きな支障をきたすようになった。

そこで、多くの銀行のなかでもっとも信頼できそうな銀行としてイングランド銀行が選ばれ、政府から銀行券の独占的な発行権限が与えられた。一六九四年にはイングランド銀行は中央銀行に任じられ、金に裏づけられた紙幣・金兌換券の発行を始めている。このイングランド銀行は世界最初の中央銀行で、通貨の発行と管理を行なう政治的権限も与えられていた。

ブラジルから代金を「金」で受け取って窮地を脱出

金兌換券紙幣制度は金そのものの使用量を節約する制度であるが、イギリスの国民経済が発展して経済規模が拡大するにつれ、その拡大に応じて金準備を増加させなくてはならない。そこで一七〇三年に、イギリスはポルトガルとのあいだで自由貿易協定を結び、ポルトガルの植民地であったブラジルから厖大な「金」を受け取るシステムを確立している。イギリスは毎年ブラジルに巨額の毛織物を輸出し、その代金を金で受け取る契約である。ポルトガルを通じて莫大な金がブラジルからイギリスにもたらされることになったのである。しかし、かつてのスペインやポルトガルのような重商主義思想をもっていなかった。イギリスは、この金を綿織物産業などたくさんの産業に積極的に投資することになった。

この結果、イギリスにインフレは起こらず、さらなる経済発展、すなわち産業革命を促進することになった。しかも、ブラジルとの取引による金のロンドン集中は、ロンドンを世界の金融センターにすることにも貢献した。さらに、商業投資のアムステルダムと比較すると、産業投資のロンドンの取扱額は桁違いの巨額に達していた。

ブラジルとの取引は、「金」を確実に調達できたことが最大のメリットであった。アムステルダムに代表される農業文明の時代には、国際通貨の金は「商業取引を媒介する機能」を主として担っていた。しかし、ロンドンの時代になると、「産業育成に投資される」金になったということである。

「世界の工場」から「世界の銀行」に

二〇〇〇年以上にわたって、ヨーロッパはアジアから多くの商品を買いつづけていた。すなわち金、銀は、一貫してヨーロッパからアジアに流出していたのである。ところが、イギリスが産業革命に成功して工業製品をアジアに輸出し始めると、これが逆流を始めたのである。しかも、インドをはじめ、中近東やアジア諸国をイギリスが植民地にする経営を始めると、この逆流は加速した。すなわち、イギリス製の商品が大量にアジアに輸出され、その支払いとしての金、銀がロンドンに集積することになったのである。

この結果、ロンドンは世界第一位の金融センターになり、世界の銀行、保険会社、船会社がロンドンに支店を開設して、手形や船積み書類（外国為替手形）の決済を行なうようになった。こういう取引に用いられたのが、スターリング・ポンドであった。

なぜポンドであったのか。ポンドがイギリスの通貨であったからではなく、イギリスは巨額の金を所有しており、それを担保にイングランド銀行が発行する通貨がポンドであったからである。すなわち、「金」に裏づけられた通貨であったからである。

イングランド銀行は、一八四四年に公式に中央銀行として立法化され、同時にあたかも世界の中央銀行のごとき働きをするようになった。たとえば、ポンドの利率を引き下げると「金の流出」が始まるが、そのことはイングランド銀行が世界経済に「金という通貨を供給する」ことであった。しかも、イギリスは金本位制を採用していたので、中央銀行は一定の金を準備・確保しておかなくてはならず、それが信用となったのである。

この制度のもとで世界経済が成長して拡張すると、これにともなってイングランド銀行は同じように金の準備量を増加させなくてはならない。幸いなことに、一八四八年にはカリフォルニアで金鉱山が発見され、つづいてオーストラリアやシベリアでも金鉱山が発見された。さらに、一八九〇年には南アフリカで大量の金の産出が始まり、イングランド銀行は金準備の必要量を満たすことはできていた。

ロンドンの銀行には、世界の主要な銀行、各国政府、商社などが口座を開設して、必要な金融取引を行なうようになった。日本政府は、日露戦争を戦うための軍資金をイギリスから借用したが、その金融取引もロンドンの日本政府の口座で行なっている。イギリスは「世界の工場」から「世界の銀行」になったのである。

主流文明からの陥落と功績

しかしながら、一九世紀後半になるとイギリスの貿易は輸出が減少して、輸入が増大するようになった。商品貿易での国際収支の悪化が始まったのである。それでも海外投資からの収益、海運業収益、保険・金融業からの収益などによって、イギリスの総合国際収支の黒字はつづいた。したがって、金に裏づけられたポンドの強さと金本位制は変わらず維持されていた。

世界各国はイギリス・ポンドをその後も信頼しつづけ、一九世紀半ばころからの約一〇〇年間は、ポンドは国際基軸通貨として使用されていた。約一世紀もの期間、イングランド銀行は金に裏づけられたイギリス・ポンドを国際通貨として世界経済に供給していたのである。

一八七〇年以降の世界の主要国は、銀本位制であった中国を除いてイギリスの金本位制にならって同じような制度を採用した。この状況を単純化して表現すると、国際通貨の金によるポンド通貨圏がほぼ全世界にわたって形成されていたということである。この意味では、農業文明時代の国際通貨としての金貨と類似しているようにみえるかもしれない。

このように、イギリス・ポンドが果たした業績は偉大であった。ヨーロッパとかアジアという地域ではなく、文字どおりグローバルな世界をイギリス・ポンドが結びつけ、各国経済を世界経済に結合させていたからである。明治維新以後の日本経済の発展も、やはりイギリス・ポンドを用いた貿易取引に依存していたのである。

とはいえ、ほんの二〇年ほどの間に第一次、第二次という二つの世界大戦を戦ったイギリスは、その経済力を一気に消耗し、イギリス・ポンドもその強さを失っていった。イギリス文明は多くの植民地のうえになりたっていた文明であったがために、植民地を失ったイギリスはもはや主流文明ではなく、ヨーロッパの一つの文明にすぎなくなってしまった。

魅力的な文化はスポーツと観光旅行

イギリス文明が実現したとくに魅力的なエンリッチング文化が、二つある。一つは、スポーツである。農業文明の時代には、時間もお金もある人は貴族くらいであった。スポーツができるのは貴族だけであったといってもよい。ところが、産業文明時代になると、庶民にも時間とお金の余裕が生まれるようになった。労働者階級も、スポーツ観戦したり、自らがスポーツを楽しんだりすることができるようになったのである。

日本の伝統的なスポーツは、剣道、柔道、空手、相撲などの個人の格闘技が中心であるが、イギリスはラグビー、サッカー、テニス、クリケット、ゴルフといった球技である。クリケットから発展した野球もある。しかも、これらの球技の多くはチームで競うものであり、イギリス以外でも愛好されて世界各地に拡がった。チームによるスポーツ文化を発展させ、世界の人たちに喜びと楽しさを提供することになったイギリス文明は、やはり魅力的である。

二つ目は、「観光旅行」である。さまざまな必要から「旅行する」ことは、シュメール文明の時代からあったであろう。しかし、「観光旅行」を始めたのはイギリス文明からである。

産業文明によって旅の必要条件が整ったからであるが、旅行とは「移動」であるから、まずは移動手段が容易にならなくてはならない。徒歩もあるが、川や海を渡る船、家畜を使っての馬車、蒸気機関を使っての鉄道の発達が大きく貢献した。さらに、盛んになった各種の産業は、たくさんの都市を生み出し、そこに宿泊施設としてのホテルを誕生させていった。

しかしながら、以上は一般的な旅行をするための条件であって、とくに観光を意識したものではなかった。じつは、そこにも産業革命に通じる発想の転換が、やはりあった。

世界初の旅行代理店業を始めたトーマス・クック

海洋探検家として知られている「キャプテン・クック」は、ジェームズ・クックのことであるが、ここで登場してもらうのは世界で初めて「観光旅行」を実現させたトーマス・クックである。彼はバプテスト教会の伝道師であったが、農村から都会に出てきて一定の収入を得るようになった工場労働者たちが「酒におぼれるのをどうして防ぐか」という運動を展開していた。

その運動の一環としてバーミンガム近郊で開催された「禁酒運動大会」に、大勢の工場労働者を鉄道で輸送することをトーマス・クックは計画した。大勢の人を集めて列車を貸し切りにする方式を採用することで費用は安価になり、参加者を公募すると人気を博して大成功をおさめた。この経験がもとになって、彼は「旅行代理業」という新しい職業を生み出したのである。団体旅行の計画を次つぎと発表して、庶民が観光旅行を楽しむ旅行文化を生み出したのである。

フランスやスイスにも、イギリス人を観光客として送り込んでいる。各地の業者も、そのような「リッチなイギリス人」を受け入れようと登山列車などの観光施設を建設し、ホテルを開業するようにもなっていった。

ただし、世界最初の旅行代理店トーマス・クックも、航空会社トーマスクック・エアラインズも、二〇一九年に経営破綻してしまった。旧態依然とした経営には、イギリス政府は救済の手を差し伸べようとはしていない。

次の時代のリッチな人たちに受け継がれる文化

トーマス・クックが築き上げたこのような観光旅行ネットワークは、イギリスが衰退してイギリス人観光客がほとんどいなくなっても、「リッチになった次の時代の外国人」によって有効に、かつ楽しく利用されている。冒険家や金持ち、特権階級による野蛮な野生動物狩りであったアフリカのサファリ旅行にしても、こんにちでは野生の動物と出会い、動物たちの営みを観察できる旅行としてふつうの日本人でも参加が可能になった。こんにちのサファリでは、サバンナの広大な草原に「ほとんど自然」な環境下でたくましく生きている動物たちを観察できる時代となった。

ここで私たちが発見することのもう一つに、世界各地に建設されている「動物園」がいかに動物を虐待しているかという事実がある。象は「のそのそ歩く動物」だと思っていたら、野生の象たちは、アフリカの大地に砂煙を上げて猛スピードで走り抜ける生き物であったりする。

もう一つ発見することは、このようなサファリを楽しんでいるのはイギリス人ではなく、多くはアメリカ人、ドイツ人、そして少々の日本人である。しかも、これらの観光客を乗せて草原を走り回っている車のほとんどが、日本車の中古を改造したものである。なぜ日本車がよいのかと聞いてみると、「安くて故障しないから」ということである。

産業革命を先導したイギリスの魅力

さて、たくさんあると思われるイギリスの魅力はなんであろうか。

第一は、産業革命を先導したことである。産業革命によって人類は農業以外でも生きることができる方法を手に入れただけでなく、真の「ゆたかさ」を体現できるようになった。そのようなエンリッチング文化をますますエンリッチにしたのが、産業革命であった。

しかしながら、この産業革命が生み出した大きな産業群が自然環境を破壊し、空気や水の汚染を促進したことも事実である。人類がこれから真剣に取り組むべき、深刻な問題をかかえたのである。そして、この産業革命はイギリスによって植民地にされ、搾取されてきたインドの人たちなどの犠牲のうえになりたっていることも認めなくてはならない。

産業革命を先導してきたのはたしかにイギリスであったが、イギリス単独ではこの革命を実現することは不可能であったことも確認しておきたい。すなわち、先に述べた植民地の人たちだけでなく、世界のほとんどの国の協力によって、この産業革命は推進されてきたのである。

たとえば日本だと、明治維新が始まった直後の明治五年（一八七二）に東京と横浜の間に鉄道が敷かれたが、日本にはそんな資材はいっさいなかったし、技術もなかった。鉄道のレール、機関車、客車、そのすべてをイギリスから買っている。先に書いたように、日露戦争を戦う巨額の軍資金はイギリスから借用したが、日本は利子をつけて全額をきちんと返済している。世界の国ぐにはみな、イギリスの「お客さん」になっているのである。その恩恵があってこそ、イギリスは主流文明をつづけることができたのである。この点は重要である。

フランスまでの農業文明は、植民地を含めた自らの文明内で自給自足ができていた。しかし、イギリス文明に始まる産業文明においては自給自足は不可能で、他国に依存せざるをえない一面が必ずある。すなわち、多少の原材料は自給できたとしても、なんらかの原材料は輸入に頼らなくてはならない。それを輸入する資金を得るには、輸出に励まなくてはならない。

人類の歴史で初めてこの問題に直面したイギリスは、「鎖国」していた多くの国に開国を迫った。植民地や保護領にもした。世界の各国が開国するというのは、すなわち「グローバリゼーション」を促進するということなのである。

本書の冒頭に書いたように、農耕生活を始めるようになった人類の歴史は「統合」に向かって進展せざるをえなかったが、産業文明によって生きようとすると、さらに急速な統合、そしてグローバリゼーションを進めざるをえない。イギリスの産業革命は、こういう人類の歴史の原理を促進したものともいえるのである。

「元気で長生きし、人生を楽しむ」ことを教えた文明

イギリス文明の第一の魅力は、産業革命を先導したことであるが、二番目の魅力は「元気で長生きできる」ようにしたことであろう。人間が幸せになる、あるいは幸せを感じる条件は、まず「元気・健康」であろう。そして次は、できたら「長生き」することではなかろうか。

産業革命に成功して近代社会を実現したイギリスでは、充実した食料、衛生観念の普及、医療制度の発展により、国民が健康になり、長生きできるようになった。「長生きとは何歳までか」などという問題はあるものの、すくなくとも多くの人がかつてよりも長生きできるようにはなった。したがって、すくなくとも前よりは幸せ度は上がったであろう。その結果、人口は増加し、移民の必要性が増したという面はあったが。

三番目の魅力は、「そうして長生きして、なにをなすか」という問いに答えるものである。スポーツなどを通じて「人生を楽しむ」ことはできるようになった。仏教の基本テーマは「人生は苦である」

というが、楽しいこと、楽しめるものがあることも、イギリス文明は教えてくれたのである。スポーツや観光旅行を楽しむことができるようにした文明であった。

イギリス文明に生きた人たちは幸せだったのか

イギリス文明に魔力はなかったのだろうか。もちろん、たくさんあった。エリザベス一世やそれ以前の時代のイギリス史を読むと、処刑、斬首、八つ裂きなど、まったくひどい表現が山ほど出てくる。イギリス人は野蛮で、暴力的で、かつ猜疑心の強い人たちであった。もちろん、ジェントルマンもいたけれども、たぶんその延長線上に植民地人へのイギリス人の野卑な行動もあったであろうと思われる。残念ながら、魔力的な支配が行なわれていたのである。

さて、このイギリス文明のもとで生きた人たちは、はたして幸せであったのだろうか。もちろん、生きた時代にもよるが、産業革命以前の人たちは他のヨーロッパ大陸の民衆と大差のない、それなりの幸せな生涯を送っていたのではなかろうか。おそらく、一般庶民に処刑や八つ裂きの刑はなかったであろうと考えられるからである。

しかし、産業革命以後になると、社会はそれなりに激動することになった。農村から解放されて自由になると、実力のある野心家は成功すると幸せな生涯を送ったであろう。また一六〇〇万人もの人が海外に移民したといわれているが、その人たちは苦労したとしても、それなりに幸せであったであろう。自分の自由意思で活動できたからである。

工場労働者として生きた人たちは、農村での生活よりもましな生涯であったかもしれないが、不幸な思いをしていたかもしれない。みんなが同じように貧しいのであれば、自分だけが不幸とは思わないのに、新しい社会はかなりの格差と差別に満ちていたからである。しかも、多くの戦争でたくさんの若者が戦死したり負傷したりしている。ほんとうに気の毒な人たちであった。

ともかく、産業革命によって社会全体としては豊かになった。多くの人たちは幸せを感じて生きることができたのではなかろうか、そう思いたい。

現代世界の主流文明
魅力と魔力が交錯するアメリカ

●勝ち取るために戦う文明……266

金銀を持ち帰り、教会とスペイン語を遺したスペイン／たんなる植民地とは考えなかったイギリス人たち／植民地は植民地でしかない／独立宣言を起草した三人の立役者／古代ローマ法起源の法思想を受け継ぐ合衆国憲法／先住民を排除し、メキシコから広大な土地を奪取／農業国を工業国に変身させた南北戦争

●魅力と魔力が交錯する文明……279

アメリカン・ドリームの実現と資本主義の成立／アメリカ主流文明の誕生／「黄金の二〇年代」を代表するT型フォード／電話、天然色映画、ジャズ、ビック・バンド、プロ野球……／世界恐慌の原因と金本位制／閉塞の国際経済を打開する第二次世界大戦／アメリカが国際舞台に登場／民主主義を守る戦いが「近代化革命」との戦争に？／華麗な豊かさを享受するアメリカン・ライフ／自由・平等・博愛と裏腹の人種差別と暗殺／機械文明とグローバリゼーションを支える／科学・技術戦争に対抗する自爆テロ

多民族国家アメリカではあるが〈東ケンタッキー大学〉

第8章

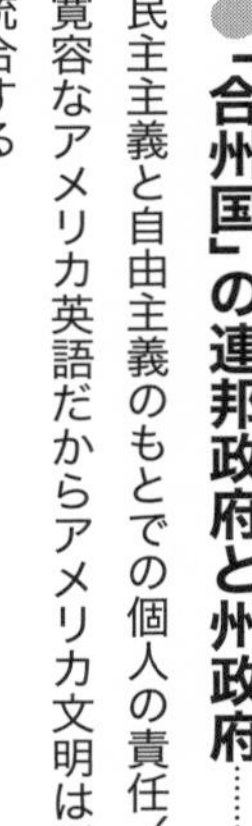

戦うことで勝ち取ったアメリカの正義とその犠牲〈アーリントン墓地〉

●三つの基軸文化と科学・技術を背景に……299

第一の基軸文化は「自由・民主主義思想」／第二の基軸文化は「プロテスタント・キリスト教」／第三の基軸文化は「先端科学技術産業」／魅力と魔力をともに具備する「石油」／人の暮らしを一変させた電気エネルギーとエジソン／世界を変革したコンピュータと情報スーパーハイウェイ／二一世紀を創造する「情報通信」と「生命科学」

●「合州国」の連邦政府と州政府……309

民主主義と自由主義のもとでの個人の責任／国家運営の最重要部門が「軍事力文化」／寛容なアメリカ英語だからアメリカ文明は形成できた／英語は地球上の文明を一つに統合する

●国際経済とアメリカ・ドルの不思議……318

銀本位制だったら世界恐慌はなかったか／為替市場は、固定為替相場制から変動相場制に／借金することで国際通貨を供給する／国際通貨が適切に供給されていなかったことが真の原因／金融をダブつかせて金融危機を先延ばしにする策略／国際基軸通貨としてのドルの誕生／国際基軸通貨ドルの矛盾との闘い／アメリカ・ドルに代わる国際基軸通貨の創設は可能か／アメリカ文明を超える文明の創造／野心と野望の冒険人生を生きるアメリカ人の幸せ

勝ち取るために戦う文明

「現生人類」がおよそ二〇万年前の南アフリカに誕生したころ、南北アメリカ大陸の原型はすでに形成されていた。そこにアジア系のモンゴロイドが移住してきたのは、およそ三万年前の氷河期であった。ユーラシア大陸とアメリカ大陸とを隔てる現在のベーリング海は存在せず、陸続きでつながっていた時代である。

氷河期は、高緯度地域の水を「氷河」として陸地に留めて海に戻さないうえ、地球が寒冷化すると海水の分子の体積も小さくなることから、海水面が低下する現象である。したがって、北アメリカ大陸に歩いて渡ったものの、そこから暖かい南に向かってさらに進んだ人たちは、南アメリカ大陸にまで到着することになる。

つづいて二万年前ころにも、かなり多くの人たちが移住して、すくなくとも一万数千年前ころまでは狩猟採集生活をつづけている。人口はある程度の自然増加もあったであろうが、アメリカ大陸の人口増は必ずしも自然増加が主要な要因ではなかった。現地に自生していたトウモロコシやジャガイモの栽培を試みて、その栽培が可能であることを発見したことが、人口の増加や暮らしの安定に貢献している。

金銀を持ち帰り、教会とスペイン語を遺したスペイン

そのような土地に定着して農耕生活を始める者もいた。しかし、先に述べたように、農耕を始めると「統合」の原理が働くようになる。中南米においても統合が進み、やがてマヤ、アステカ、インカなどの文明が生まれた。しかし、ヨーロッパの「大航海時代」に、金銀を探しにやってきたスペイン人とポルトガル人によって征服された中南米の文明は、すべて滅亡してしまった。

インカ文明では、金製の装飾品やシンボルがつくられていたが、スペイン人はそういうものを略奪してインゴットにして本国に持ち帰った。銀製品も同じように持ち去られた。アンデス山脈の標高四〇〇〇メートル地点にあったポトシ銀山では、現地人を酷使して金銀が枯渇するまで採掘し、大量の金銀を本国に持ち帰っている。

スペイン人が南米に遺したものもあった。ローマ・カトリック教会とスペイン語である。ともに征服者が現地住民に強制した結果ではあるが、文明を構成する重要な文化の土着化にスペインはなぜ成功したのか。やはり、ヨーロッパ文明と現地文明の「文明度の差」が生んだ結果であるといえよう。文明の移転は、文明度の高い側から低い側には、原則として可能なのである。

インカは一六〇〇万もの人口を擁していたとされるが、彼らに文字はなく、鉄器や車輪をつくる技術もなかった。ヨーロッパ文明と比較すると、二〇〇〇年も三〇〇〇年も遅れていた。

では、中米、南米の文明と財宝を入手して巨大な国家を築いたスペインは、なぜ主流文明として認

められないのか。それはスペイン文明に魅力がなかったからである。中南米から金銀を略奪してヨーロッパに持ち帰り、ヨーロッパにインフレ経済をもたらしただけの文明に、「主流」の冠はふさわしくない。それに、インディオとよばれた先住民には、スペイン人は魔力・魔人であった。

たんなる植民地と考えなかったイギリス人たち

北米大陸にも、大きな魔力・魔人たちはやってきた。こちらは良いところも少々はある魔力・魔人であった。一万年ほど前に北半球の寒冷期が終わって温暖化が始まると、氷も解けてベーリング海の水位は上がり、陸伝いでは北米大陸に移住できなくなった。しばらくは新たな侵入者もなく、それまでに移住してきた人たちが、最後の移住者となっていた。

彼らは母系社会を構成して狩猟採集生活をつづけていたが、部族社会を形成した程度で統一国家を生み出すまでには至らなかった。そうしたところに、ヨーロッパ勢が大航海時代の延長線上として大挙して押し寄せてきたのである。

スペインとポルトガルによる南米大陸の植民地化成功に刺激されたイギリス、オランダ、フランス、スウェーデン、そしてロシアまでもが北米大陸に進出してきた。まずイギリスがバージニア、カロライナなどを植民地にした。フランスはルイジアナを、オランダはニューヨークとニュージャージーを、スウェーデンはデラウェアを、ロシアはアラスカを、スペインはフロリダをそれぞれ植民地にした。

しかし、利益を上げられない植民地もあれば、経営に失敗する植民地もあった。植民地をイギリスに割譲して北アメリカから引き揚げた国もあったが、イギリスとフランスは積極的に植民地の獲得競争と獲得戦争をつづけた。そして、最終的にはイギリスがほとんどの植民地を支配することになった。

イギリスは植民地獲得競争でなぜ勝利をおさめることができたのであろうか。イギリス人植民者たちの多くが、「自分の主張」をもっていたからである。他のヨーロッパ諸国からの植民者たちは、ヨーロッパの故郷との関係のもとに植民地を維持しようという思いでいた。すなわち、植民地に定住して、そこに理想の国を建設しようなどという意欲はなかった。したがって、なにかの困難が起こると、たとえば戦争になったりしても、それほど真剣には戦わなかった。

これにたいして、イギリス人植民者の多くは、「国教会を改革したい」、「共和制を確立したい」といったピューリタン革命運動を故郷でつづけてきた人たちであった。自分たちが考える理想の国を植民地に建設しようと活動する人たちが多くいたのである。

ピルグリム・ファーザーズ（巡礼始祖）はエリザベス一世のイギリス国教会を批判して弾圧され、自分たちが主張する国家をアメリカに建設しようと、プリマス植民地を現在のマサチューセッツ州プリマスに築いた。一六二〇年のことである。しかも、彼らは近代的な社会契約説を主張していて「メイフラワー誓約」に署名した清教徒であった。ところが、このグループからも異議を唱える者が出てきて、その主張者たちは一六四〇年までに二万人もの移住者が到着したボストン港が中心のマサチューセッツ湾植民地に移動するなどした。信教の自由を主張する行為であった。

ところが、イギリス本国からすると、そのような植民地もあくまで「イギリスの植民地」であって、植民者たちの領土ではない。しかも、アメリカ植民地は本国において罪を犯した囚人の流刑地でもあった。事実、ピルグリム・ファーザーズが到着するまでに、すでに五万人もの受刑者が送り込まれていた。つまり、本国でイギリス国教会のあり方を非難したり、王国の改革を主張したりする厄介者は、アメリカ植民地に押し込めておくほうが好都合であった。しかも、イギリスにとっては、人口増加に対処する移民政策ともなっていたのである。

清教徒たちの主張は、ピューリタン革命運動の部分だけを取り出すと立派で、大いに賛同できるものである。しかし、それは自分たちイギリス人にとっての主張であり、アメリカ到着当時の食糧難のさいに大いに助けてくれた先住民には逆の主張を始めたのである。清教徒は現地の人たちを騙し、欺き、土地を奪い、虐殺を始めたのである。南米大陸におけるカトリック教会と同じように、プロテスタント教会のピューリタンたちも先住民を欺き、広大な土地を略奪し、戦争をしかけては殺戮をくり返したのである。

植民地は植民地でしかない

イギリスのアメリカ植民地は、こうして二〇〇年近い植民地時代を通して、彼らの表現によると「発展」させてきた。しかし、イギリス領アメリカ植民地は必ずしも「イギリス人だけ」による植民地ではなかった。ニューヨークはイギリスがオランダに勝利したことでイギリス領になったが、希望するオランダ人はそのまま住みつづけてイギリス人になっている。ペンシルベニアには多くのドイツ人が入植したし、デラウェアにはアイルランド人やドイツ人が入植している。

こうして人口も徐々に増加したが、植民した人たちにとっては順調な発展ではなかった。「植民地はその宗主国の利益のために存在する」という原理があったからである。アメリカ植民地は、イギリスの利益のために活用されるべきものであった。

たとえば、この時代の国家経済は重商主義で、金、銀などの貴金属の国外持ち出しは禁止されていた。金貨、銀貨の通貨も、植民地に持ち出すことは禁止されていた。したがって、植民地ではイギリスの通貨・ポンドすら流通していなかった。植民地経済をどのようにすればよいのか、本国は顧慮してくれていなかったのである。

この「通貨がない」状況は、植民地独立を促進する要因の一つとなった。独立すれば、植民地は自らの通貨を発行できるからである。そのような背景のもとで、新聞、公文書、証書、手形など、植民地のあらゆる印刷物に所定額の収入印紙を貼ることを命じた一七六五年の「印紙税法」の制定には、各地の植民地で大規模な反対運動が起こっている。

さらに一七七三年には、売れ残った茶の在庫で破産寸前となったイギリス東インド会社を救うために、アメリカ植民地に輸出するお茶の税金を免除すると同時に、植民地でのお茶の独占販売権を本国議会の一存で認めた。この茶税法が、植民地の商人を脅かすものとして植民地の人たちの反感を拡げたのである。これが「ボストン茶会事件」を引き起こし、独立の機運はますます高まった。

しかしながら、「独立」がいかに困難をともなうかは、植民地の人たちはよくわかっていた。第一に、植民地経済は本国のイギリスにほとんど依存していたからである。とくに南部の植民地ではタバコ、砂糖、綿花などを栽培して本国に輸出していたし、中部の諸州では小麦などの穀類を大量に輸出していた。一方で、工業製品はすべてを本国から輸入していたのである。これでは、独立戦争になったときに武器をどこから調達するのか、厖大な戦費を誰が払うのか。常識的に考えると、独立などはまったく無理な話であった。

独立宣言を起草した三人の立役者

ところが、明治維新のさいの日本の事情を振り返ってみるとわかることがある。薩長同盟はイギリスに支援を頼み、幕府はフランスに援助を求めている。同様のことを、イギリス領の一三の植民地は「大陸会議」を開いて検討している。そのうえで、使節をフランスに派遣して援助を求めたのである。手元資金のほとんどない植民地であったが、フランスは英断した。アンチ・イギリスの立場からではなく、アメリカの将来を見込んだ「出世払い」で大金と武器を大陸会議に貸しつけたのである。

この困難な外交交渉を担った三人の主要な人物がいた。初代大統領ワシントンに次いで大統領になったジョン・アダムズ、三代目の大統領になったトーマス・ジェファーソン、雷が電気であることを立証したベンジャミン・フランクリンである。フランスの援助がなかったらアメリカ独立は実現しなかったであろうが、この三人の独立の立役者は、フランスと外交交渉をしただけでなく、「アメリカ独立宣言」を起草したほか、その思想を内外に広める努力をつづけていた。

独立宣言の内容は、一七世紀後半のイギリスの名誉革命を思想的に正当化したジョン・ロックの自然法理論の流れを引くものであった。名誉革命は国王の強権を抑え、議会との協力を進めるものであったが、独立宣言もまた本国の強権を否定して、植民地人の平等、生命、自由、幸福追求の権利などを主張するものとなった。

一般には、各植民地代表による大陸会議が独立宣言を発表した一七七六年がアメリカ独立の年とされているが、現実にはそこから独立戦争を戦い、やっとのことで勝利してパリ条約にこぎつけ、独立をイギリスが承認した一七八三年にアメリカ独立を勝ちとっている。したがって、アメリカ文明が誕生したのはこの年になる。すなわち、古代とか中世とかの歴史のない文明が、アメリカ文明である。

しかし、これも無理な解釈になる。そこで次のような説明をすることにしよう。「アメリカ文明」とは、イギリス文明から枝分かれした文明であって、古代や中世はイギリス時代に経験ずみ、というものである。文明が誕生したのは近代に入ってからであるが、一部の人たちは産業革命の一端を経験していたということになる。

モンテスキュー、ヴォルテール、ルソーなどのフランス啓蒙思想は一七三〇年代に主張されて五〇年代に全盛期を迎えている。独立を勝ちとったアメリカの指導者たちは、すでにこの啓蒙思想についての知識をもっていたし、そのような先端的な社会を実現したいとも考えていた。そのうえで、実際に「アメリカ合衆国憲法」を制定することで、啓蒙思想の大枠をほぼ実現したのである。フランスはフランス革命を国内で実現したが、イギリスでは革命をイギリスから枝分かれしたアメリカで、「アメリカ独立革命」として実現したのである。

古代ローマ法起源の法思想を受け継ぐ合衆国憲法

「アメリカ合衆国憲法」が成立して発効したのは一七八八年であった。内容は、三権分立や人権が尊重される民主的なものであった。三権分立は、立法・行政・司法の権力が、国王、大統領などの権力者に集中しないように三つに分けられているということである。この思想はモンテスキューから学んだものであるが、これは古代ローマの「ローマ法」が起源の思想であることも記しておく。そのような思想をローマの人たちが当初からもっていたわけではなかったが、ローマ時代の後半になると社会の安定には革新的な法体制が必要であることをローマ法は明記するようになっていた。これが主流文明から主流文明へと伝えられ、アメリカ文明にまで到達したのである。

この法思想は、なんと日本国憲法にも採用されているのである。古代ローマ文明から延々とつづくこの人類の法思想は、グローバリゼーションの必然によって、近い将来には近隣のアジア諸国においても実現することになるであろう。

合衆国憲法における中心的なその思想は、その前文に以下のように記されている。

「われら合衆国人民は、……（中略）……われらとわれらの子孫のために、自由の恵沢を確保する目的をもって、アメリカ合衆国のために、この憲法を制定する」。

日本における明治憲法は「天皇（国王）」が憲法を制定して人民にそれを強制したが、アメリカでは「人民」が憲法を制定して、国家（政府）はその人民に「自由の恵沢（利益）」を確保するように求めている。自由の恵沢を具体的に列挙すると、信教の自由、恋愛・結婚の自由、学問・研究の自由、利益追求の自由などである。つまりは、国家権力が個人の自由を奪ってはならないということである。

合衆国憲法は自由主義を主張する思想にもとづいているが、単純に自由主義だけを主張すると強者や乱暴者ばかりが跋扈する社会になる。そこで、民主主義を導入して、国家は三権の分立や人権の尊重を守るよう規定したのである。アメリカ文明は、「自由で民主的な文明であろうとしている」のである。

単純化して表現すると、アメリカ人は独立によってイギリス人よりもはるかに大きな「自由」を手にした。そして、この自由を最大限に活用して新しい国家の建設に励むようになったが、彼らがとくに重視したのは、「国土の拡張」であった。

先住民を排除し、メキシコから広大な土地を奪取

アメリカは、フランスのナポレオン一世から北は五大湖から南はメキシコ湾まで、東はアパラチア山脈から西はロッキー山脈までの広大な大地を一八〇三年に買収している。ヨーロッパ大陸の各地を荒らしまわり、多方面に戦争を展開して戦費が足りなくなったフランスは、所有していた財産を売り飛ばしたのである。この買収によって、アメリカは国土をほぼ二倍にした。

一八一二年にはエリー運河が開通して東部の物流が活性化したが、「邪魔者は排除せよ」との主張が勢力を得てインデアン強制移住法が成立し、東部から多くの先住民のインデアンが西部に強制移住させられた。ジャクソン大統領の時代には、「ジャクソニアン・デモクラシー」とよばれる民主主義により、労働組合が認められるようにはなった。しかし、黒人やインデアンとよばれた先住民への迫害と排除は、ますます促進されることになった。

このような「パイオニア・スピリッツ」は、「アメリカ史上、最悪の戦争」と評価されることになる対メキシコ戦争を一八四六年に始めている。この戦争の勝利で、アメリカはテキサス、カリフォルニア、ニューメキシコをメキシコから奪い取ることができた。戦争は巨額の財政支出を必要とするが、支出されたお金は誰かが受け取ることになる。では、誰が受け取ったのか。それは北部の産業資本家

たちであった。

アメリカは、植民地時代からイギリス本国やヨーロッパ諸国と経済的なつながりをもっていたが、独立後もその関係は同じであった。いや、ますます強化したというほうが正確であろう。南部諸州は原綿をイギリスに輸出し、中西部と北部諸州から穀物や工業製品を購入していた。中西部諸州は、イギリスから機械器具など高度な工業製品を輸入していた。すなわち、南部諸州、イギリス、中西部と北部諸州は、三角貿易の関係を形成していたのである。

農業国を工業国に変身させた南北戦争

この状況はしばらくつづいたが、この三角貿易には大いなる矛盾があった。すなわち、北部は工業発展を望んでいたので、イギリスやヨーロッパの高度な工業製品との競争を避けたいとの思いから「保護主義」を主張していた。これにたいして南部は、農産物の自由な輸出を希望して「自由貿易」を主張するという対立があった。さらに南部では、まだ農業の機械化が始まっていなかったので、黒人奴隷が必要であった。しかし、北部ではヨーロッパ諸国との関係を良くするためにも、奴隷制度の廃止を主張していたのである。

南北アメリカのこの深刻な対立は、六〇万人以上の戦死者を生む南北戦争へと発展した。戦争は北部の勝利に終わり、アメリカは農業国から工業国への発展の道を邁進することになった。先に書いたように、戦争は北部の産業資本家に莫大な利益をもたらし、保護主義による高関税に守られた産業資本家は、六〇万人の犠牲者のもとに獲得した利益を次なる工業生産に投資した。一八六五年に完成した大陸横断鉄道は、アメリカ大陸の東海岸と西海岸とを結び、産業資本家の活躍をますます増大させるインフラとなった。

このような経済発展を実現することで、産業革命後のイギリス同様、アメリカは各地に都市を誕生させ、生活文化を激変させることになった。農村生活から都市生活に変わり、農民は工場労働者に変わっていった。アメリカ産業資本主義の勝利であったが、同時に資本家対労働者の対立という社会構造を生み出すものでもあった。

アメリカはこうして、一九世紀末にはイギリスを追い越す工業国になったが、アメリカの発展はヨーロッパ全域にその魅力を発信することになった。初期の移民は主としてゲルマン系の人たちであったが、このころからイタリアやポーランドなどからの移民も増加している。

メキシコに難癖をつけてテキサスやカリフォルニアを獲得したのちは、ほぼ満足したのか領土的野心を見せることのなかったアメリカであるが、ロシアがアラスカを売りたいといってきたのである。帝国主義競争が盛んであったヨーロッパにあって、イギリスによって戦争をしかけられ、アラスカを獲られるのではないかと心配していたロシアは、「いっそのことアメリカに売ってしまえ」と考えたのだという。アメリカは大儲けすることになったのである。

国内事情が安定してきたこともあって、アメリカは次に国外への進出を図るようになる。まずはスペインとの戦争をしかけ、これに勝利してキューバなどの西インド諸島やフィリピンを獲得している。さらに、アジア方面に向けての太平洋基地を築く目的をもって、ハワイやグアムなども領有した。

魅力と魔力が交錯する文明

こうした時代の背景をうけて、経済的成功をおさめた人物は数々いる。そういう代表的な人物の一人、ニューヨークの「カーネギー・ホール」で知られるアンドリュー・カーネギーを紹介しよう。彼の歩みと足跡をたどると、アメリカ資本主義の急速な発展がいかなるものであったかが、よくわかる。

アメリカン・ドリームの実現と資本主義の成立

イギリスのスコットランド出身の彼は一八四八年、一三歳のときに家族とともにペンシルベニアに移住してきて、紡績工場、電報局などで働いた。そして南北戦争の終わった一八六五年に、ピッツバーグで製鉄業を始めた。南部ではなく北部が勝利したことから、アメリカの工業発展の可能性を読みとったのである。しかも、鉄道敷設最盛期であった当時に次の時代を予見して、「鉄の時代は去った、次は鋼鉄だ」と確信し、それまでに得た資金を新しい事業につぎ込んで、「カーネギー製鋼所」を設立している。悪評も多々ある大競争時代のカーネギーの始まりである。

すなわち、彼は競争相手を蹴落とし、買収し、自分の事業を次つぎに拡大していった。一八九〇年代には五大湖周辺の鉱床、炭鉱、船舶、鉄道を買収し、原料から完成品に至る一貫生産体制を確立した。しかしながら、同じような事業を展開していた他社との競争に直面し、彼は事業のすべてを売却する決心をする。その相手とは、金融資本家モルガン商会である。この企業統合によって世界最大の鉄鋼会社、「USスチール」を誕生させたのである。

全事業を売却して得た巨額の資金でカーネギーは、「富は神より委託されたもの」との信念にもとづいて各地に図書館を寄贈したり、カーネギー・ホールを建設したり、カーネギー工科大学を設立するなどを始めている。マックス・ウェーバーの著書『プロテスタンティズムの倫理と資本主義の精神』を一人で実証してしまったような、カーネギーの八四年の生涯である。

USスチールが誕生した一九〇二年ころ、すなわち二〇世紀初頭には巨大企業が次つぎに誕生している。それまでアメリカ全土に数百、数千とあった企業は淘汰されたり統合されたりして、二〇世紀初頭には五〇社ほどの巨大企業が誕生している。

「百貨店」という小売業の形態が生まれたのも一九世紀半ばで、「メイシーズ百貨店」にしても、やはり買収と新店舗出店で成長している。二〇世紀初頭にニューヨーク市ブロードウェイに移転してきたニューヨーク店は、店舗面積で長年にわたり世界最大を誇った。

アメリカ主流文明の誕生

このように、アメリカ資本主義が目に見えるかたちで完成したのがこの時代である。「主流文明としてのアメリカ文明」が誕生したのもこの時代であるといえる。このころからアメリカ文明は徐々にヨーロッパ、とくにイギリス文明に追いつき追い越すことになった。しかも、イギリス文明は植民地に依存した大文明であったが、アメリカ文明はイギリスとは異なる方法によって文明の発展を可能にしていった。

アメリカの急速な経済発展には目を見張るものがあるが、ヨーロッパにおいても同様の経済発展に成功した国家が出現している。ドイツである。後発のドイツは、イギリスの先進技術を徹底的に模倣し、それを改良してイギリスに追いつき追い越す発展を遂げたのである。しかし、帝国主義全盛時代の当時である。ドイツは、イギリスとヨーロッパ市場で、つづいて世界市場でアメリカと激突することになる。その結果が、第一次世界大戦である。世界全体が植民地や同盟関係で結ばれていたことで世界大戦とよばれたが、実際はヨーロッパの戦争であった。

アメリカはイギリスとの関係に配慮して参戦してドイツと戦ったが、戦争による直接的な損害はほとんどなく、逆に戦争からの利益は莫大であった。ヨーロッパ全体が破壊され、弾丸や大砲などの軍需物資から日常生活用品まで、あらゆる物品が大きく不足したからである。そういう「あらゆる物品」を大量に供給できたのは、アメリカだけであった。すなわち、アメリカは戦争景気に沸いたのである。

「黄金の二〇年代」を代表するT型フォード

第一次世界大戦は、一九一四年から一九一八年までの四年間つづいた。アメリカにとっては、直接的な戦争需要が四年間もつづいたのである。ヨーロッパ諸国は、四年間にわたってアメリカからあらゆる物品を買いつづけた。ヨーロッパのお金がアメリカにごっそり移動し、アメリカはお金があふれることになったのである。お金があふれるそのような好景気が、アメリカにおける「黄金の二〇年代」、あるいは「狂乱の二〇年代」を生んだのである。

この「黄金の二〇年代」を代表する最初の人物が、「T型フォード」を開発して成功したヘンリー・フォードである。彼は一五歳で蒸気エンジンをつくる天分を具えていた。

最初に彼が自動車の製作と試走に成功したのは、三三歳のときである。四六歳の一九〇一年には自らの名を冠したヘンリー・フォード・カンパニー（現在のゼネラル・モーターズ）の技術主任に就任したが、経営陣と意見があわずに退社。一九〇三年には、フォード・モーター・カンパニーを設立している。彼がつくりたいと思っていた大衆車、「T型フォード」を発売したのは一九〇八年であった。

一部の特権階級の人にしか買えなかった自動車を、ヘンリー・フォードは一般の工場労働者でも買えるような安価な大衆車として製造販売したいと考えたのである。安く製造するには大量生産の技術が必要であり、そのために彼が考案したのが「ベルトコンベア方式」である。

八五〇ドルで売り出したこのT型フォードは、一九二五年には二六〇ドルまで値を下げて、およそ二〇年間に一五〇〇万台を売り上げている。経営者としてのヘンリー・フォードが他の一般的な経営者と異なっていたのは、他の経営者が重商主義的な思考で経営したのにたいして、フォードは資本主義的な経営をした点である。彼は労働者に他社の約二倍もの賃金を支払った。優秀な労働者を雇用したいというだけでなく、工場労働者をT型フォードを買う「客」にするには、高い賃金を支払う必要があると主張したのである。他の経営者たちは安い賃金でできるだけ利益を多く残そうとしたが、その逆を主張したのがフォードの哲学であった。

一国の産業構造を考えると、自動車産業は裾野が広く、中核的な産業となる。自動車を製造する素材産業、部品産業、燃料となる石油産業、ガソリンスタンド業、そして道路網をつくる土木産業などが一体となっている。事実、これらの諸産業は、一九二〇年代を通じて自動車を中心に大いに繁栄した。

電話、天然色映画、ジャズ、ビック・バンド、プロ野球……

この他にも、化学産業は文字どおり化けるほど発展したし、エネルギー産業は石炭から電気に代わり、発電量は一〇年間に四倍に増加した。産業化が進むことで、人は都市に居住するようになり、中西部や五大湖周辺で都市化は進展した。これにともない、電話、上下水道システムも完成していった。

文明が発展すると、人は魅力的なエンリッチング文化を求める。一九二〇年代にラジオは全盛時代を迎えるが、このラジオで活躍したのが数々の大衆音楽である。ジャズが流行し、ルイ・アームストロングが大歓迎をうけ、デューク・エリントンのビック・バンドがあの懐かしい時代を生んだ。ニューヨークのブロードウェイではチャールストンが大盛況であったし、映画も無声で白黒ではあったが上映されるようになった。二〇年代の終わりころには、総天然色の映画も登場した。ニューヨークの摩天楼街でもひときわ目だつ建築物となったクライスラー・ビルやエンパイア・ステート・ビルが建設されたのも、この時代である。

二〇年代でもっとも人気のあったスポーツはプロ野球であり、そこで喝采を浴びたのがホームラン王ベーブ・ルースとニューヨーク・ヤンキースであった。のちに登場して人気を博することになるバスケット・ボールやアメリカン・フットボールは、まだ顔をのぞかせていなかった。

「翼よ、あれがパリの灯だ」という名セリフで知られる大西洋横断単独飛行に成功したチャールズ・リンドバーグがパリで歓迎されたのは一九二七年である。

第一次世界大戦やスペイン内戦に失望して消沈していた「失われた世代」の代表は、アーネスト・ヘミングウェイである。のちに映画化され、多くの人に感動を与えた『誰がために鐘は鳴る』、『武器よさらば』、『日はまた昇る』などの印象的な作品を残した。

世界恐慌の原因と金本位制

「T型フォード」から始まってヘミングウェイにいたるまでの記述は、アメリカ主流文明の大きな魅力を代表するものであった。しかし、この二〇年代が終わる最後の年に、「ウォール街大暴落」という魔力がやってきたのである。オランダにおけるチューリップ・バブルのときのように、ウォール街における株価バブルは破裂した。株価は六分の一にまで暴落したし、多くの銀行が次つぎと倒産した。一九三三年のアメリカの失業率は二五パーセントに達し、ニューヨークなどの大都市では失業者が街にあふれた。

アメリカにおけるこの大不況は先進各国に波及し、世界恐慌に発展した。先にも書いたように、この大恐慌の根本原因は金本位制の崩壊にあった。イギリスが採用していたこの制度がたまたま順調であったことから、このまま長くつづくと世界の人たちは信じてしまっていた。しかし、「金」という天然資源には量的な限界があり、人類はついにその魔力に躓いてしまったのである。

金に裏づけられたイギリス・ポンドを、世界は国際基軸通貨として信頼していた。しかし、第一次世界大戦によってイギリス経済は衰退し、ポンドの価値を裏づける金の確保ができなくなっていたのである。これも先に書いたように、イギリスをはじめとするヨーロッパの金の多くが、武器や生活用品などを買うためにアメリカに行ってしまっていたのである。

アメリカは大繁栄の「二〇年代」を享受できたが、金本位制を採用していたヨーロッパ各国では「金」

がない、すなわち日常的な経済活動をするための「通貨がない」状況に直面したのである。

通貨なしに経済はなりたたないと、まずイギリスが金本位制を放棄した。「管理通貨制」を採用して、紙幣を発行することで経済活動をつづけたのである。日本をはじめ、世界各国もこれに従った。この管理通貨制のもとでは、国ごとにその国内において通用する紙幣が発行できるので、国内の経済活動は可能になったのである。

問題は国際基軸通貨である。管理通貨制のもとで発行されたイギリス・ポンドは金の裏づけがないので、「信頼できない国際通貨」になってしまった。外国為替市場では、イギリス・ポンドの値段はどんどん下落した。しかも、価値が下落する通貨を所有していると、ますます損をすることになる。すると、世界各国はいよいよイギリス・ポンドを使わなくなる。ならば、どの通貨を使ったらよいのか。国際基軸通貨のない世界が現実になったのである。

本来ならば、世界の主要国が協議して対策をたて、協力しなくてはならない。ところが、当時は帝国主義の時代で、協議はしても同意することなどはできなかった。その例が国際連盟である。アメリカのウィルソン大統領が提唱してなんとか組織はできたが、肝心のアメリカ議会が反対してアメリカ抜きの国際連盟になってしまった。すると、日本、ドイツ、イタリアは脱退して、混乱あるのみの世界へと進むことになった。

各国は、関税を引き上げて植民地を含む自国経済を守る「ブロック経済化」という保護主義を主張し、その反面で自国通貨の価値を引き下げて輸出を促進したいという自由主義を主張する矛盾を実行した。「ブロック経済」と「為替ダンピング」というバランスを欠いた主張であった。

このような大混乱を解決するのが「魔力」である。人類の歴史は、魔力の力を借りてこんにちまで営まれてきたのである。アメリカでは、フランクリン・ルーズベルト大統領が「ニューディール政策」を掲げて、この大不況に対応しようとした。ジョン・メイナード・ケインズが主張した「大不況のときには、政府が財政出動して需要を創出すべき」を実施したのである。しかし、その効果は部分的で、不況からの脱出はできなかった。それでも、「政府が有効需要をつくる」というケインズ理論は、こんにちでも経済成長理論として応用されている。

閉塞の国際経済を打開する第二次世界大戦

しかし、二〇世紀の文明は一国の経済政策だけで順調に進展するはずはなく、どの国の経済であっても必ず国際経済に連なっている。適切な国際基軸通貨がなくては、どの国の経済も順調に営めないのである。そのように国際基軸通貨を欠いた世界のもとで、ドイツが一九三九年にポーランドに侵攻したことで、第二次世界大戦は始まった。

ドイツによってヨーロッパがほぼ制圧され、イギリスが攻撃の対象にされたとき、イギリスはアメリカに参戦を要請した。アメリカ政府はイギリスを支援したい意向であったが、アメリカ世論の多数派は戦争を避けたい気分であった。そんなとき、「渡りに船」の役割を果たしたのが、大日本帝国海軍による真珠湾攻撃であった。

一九四一年一二月、ハワイ時間七日、日独伊を中心とする枢軸国にアメリカは宣戦布告をしたのである。アメリカのような強大な国に日本はなぜ先制攻撃を仕掛けたのか。それは「大日本帝国陸海軍首脳」の単純な計算の故であった。大日本帝国海軍は「六隻の航空母艦」を保有していたが、アメリカ太平洋艦隊の基地である真珠湾には一隻の航空母艦しかなかったのである。

アメリカにとって、「パール・ハーバー」は軍事力拡大の重要な契機になった。国民も熱心に戦争を支持するようになったし、戦時中はともかく平和になっても「ソ連の脅威」、「中国の脅威」への対抗として軍事予算はどんどん増えることになった。

第二次世界大戦は、一九四五年五月にドイツが降伏し、日本が同年八月に無条件降伏したことによって終了した。「天皇のために一億の国民が玉砕するまで戦う」と主張していた帝国陸海軍はなぜ、「無条件降伏」などという不名誉な降伏を受託したのか。アメリカ、イギリス、中華民国の三首脳が日本に対して発した降伏勧告、「ポツダム宣言」に説得されたからである。ポツダム宣言は、「このまま日本は壊滅への道を歩みつづけるのか、それとも理性の道を歩むのかを決定すべき」と勧告したのだ。

日本政府は当初、この勧告に従わないと返答していた。しかし、ヤルタ会談でのアメリカとソ連の同意によりソ連軍が日本に宣戦布告して旧満州に侵攻してきたこと、そしてなによりも二発の原子爆弾が広島と長崎の二つの都市を壊滅させたことで翻意した。ポツダム宣言が説得していたとおり、日本が壊滅することが明白になったからである。

犠牲になった方がたには気の毒であったが、原爆投下がなかったら日本は戦争をつづけていた。日本の天皇制・軍国主義を排除して新しい歴史をつくるように導いたのは、「原子爆弾という魔力」であった。残念ながら、魔力の力を借りずに人間の「強情」を変えることはできなかった。

アメリカ主流文明が国際舞台に登場

ドイツと日本が降伏する直前の一九四五年二月に、ウクライナのクリミア半島の保養地ヤルタで、アメリカ、イギリス、ソ連の三首脳が第二次世界大戦終了後の戦後処理に関する基本方針を決めた。このヤルタ会談で、ソ連の対日宣戦布告がアメリカの要請で決まった。さらに、国際連盟が一九二〇年に設立されて以来ずっと不参加であったアメリカは、これを改めてアメリカが中心になる新しい国際連合の設立を提案して同意を得ている。すなわち、全世界の覇権が西ヨーロッパからアメリカとソ連に移転され、とくにアメリカは世界を仕切る覚悟を表明したのである。善くも悪くも、とにかく「アメリカ主流文明」が本格的に国際舞台に登場したのである。

しかし、国際連合の本部がニューヨークに置かれ、戦後世界の諸問題が具体的に議論されるようになると、アメリカとソ連の意見の対立は明白になった。アメリカは「自由・民主主義」の立場から発言し、ソ連はマルクス主義にもとづく「共産主義」の立場を主張したからである。ここからアメリカが中心の「西側」同盟国と、ソ連が中心の「東側」諸国との対立が始まった。いわゆる東西間の「冷戦」である。

ドイツが降伏すると、ソ連はただちにドイツの半分と東ヨーロッパ諸国とを占領して共産主義圏を形成した。中国は内戦の末、毛沢東の中国共産党が蒋介石の中華民国を破り、共産党支配の中華人民共和国が成立した。蒋介石は国民党政府の中華民国を台湾で樹立した。

従来の戦後処理では、戦勝国は敗戦国のドイツや日本から賠償を請求できた。しかし、日本を含む西側諸国は戦争により疲弊しており、賠償を請求すると貧しいドイツも日本も共産化するおそれがあった。アメリカは賠償の免除を主張し、「マーシャル・プラン」により西欧諸国への経済援助を積極的に進めることにした。これによって、ドイツ、イタリア、日本は、経済復興に専念することができたのである。

民主主義を守る戦いが「近代化革命」との戦争に?

米ソの対立は「冷戦」とよばれたが、アジアにおいては代理戦争の様相の「実戦」もあった。北朝鮮と南朝鮮が戦った朝鮮戦争、北ベトナムと南ベトナムが戦ったベトナム戦争である。アメリカは、この二つの戦争に積極的に参加して戦ったが、朝鮮戦争は「引き分け」に終わり、ベトナム戦争では敗北している。

日本による真珠湾攻撃があるまで、アメリカ国民は戦争に消極的であったのに、アメリカはなぜ積極的に戦争に参加するようになったのか。それは、「アメリカ民主主義を守らなくてはならない」という自覚が強くなったからのように思われる。第二次世界大戦は、ドイツや日本のファシズムからアメリカを守る戦いであったから真剣に戦うことができたのである。朝鮮戦争やベトナム戦争は、「共産主義からアメリカを守らなくてはならない」と考えたからであった。しかし、実際に戦争で戦ってみると、朝鮮半島やベトナム、その後も世界各地の発展途上国でつづく争いは、一種の「近代化革命戦争」であった。

マルクスは、「プロレタリア（労働者階級）革命」を想定していたが、ロシア革命も中国革命もともに、「ブルジョアジー（有産・中産階級）革命」とほとんど同じ近代化革命であったのではないかということである。フランス革命、イギリスの名誉革命、アメリカの独立革命、日本の明治維新、これらはすべて近代化革命であったが、ロシア革命、中国革命もかたちを変えた同じような近代化革命であったのである。人類の歴史は、「近代文明」の実現を共通に志向してきた結果のように思われる。

ベトナム戦争以後もアメリカは世界各地の紛争に介入しているが、その主たる要因は「石油」確保などの利益を目的にしたものが多い。したがって、アメリカの軍隊が徴兵制から志願制に変わってから入隊した兵士たちには戦争目的があまりにも曖昧となり、自分の命を懸ける価値があるのかどうかを疑問に思う軍人が多くなったのではなかろうか。

華麗な豊かさを享受するアメリカン・ライフ

さて、第二次世界大戦に勝利したアメリカでは、冷戦はつづいていたものの、第一次世界大戦終了後と同じような好景気と大繁栄がつづいた。戦争によってアメリカは巨大な利益を獲得したからである。第一次世界大戦にはおつきあい程度の兵力の参加であったが、第二次世界大戦ではヨーロッパだけでなくアジアにも多数の兵士を派遣していたので、彼らの復員が新しいアメリカ社会をつくることにもなった。

彼らは「ベビー・ブーマー」とよばれ、多くの子どもを一挙に生んだ。郊外に一戸建ての家を建て、両親とは別れて生活する「核家族化」を促進した。そういう暮らしを可能にする安くて高品質の自動車が売り出され、高速道路網が整備され、いかにも「アメリカン・ライフ」といわんばかりの生活が実現した。

それをさらに促進したのは、アメリカン・ドリームを実現した発明家たちの実力である。ヨーロッパには召使がいたが、アメリカにはいない。そこで、アメリカの家庭の主婦に「召使機器」をさしあげようという発想である。ミシン、掃除機、洗濯機、冷蔵庫などは第二次世界大戦以前から売り出されてはいたが、これらが改良されて実用化し核家族のもとで普及した。

ハリウッド映画の黄金時代は一九三〇年代に始まったが、その後も多くの長編・大作映画が娯楽として制作・上映された。じつは、長編・大作映画『風と共に去りぬ』もこの時代に制作された作品かと思っていたら、戦前の一九三九年に公開された名作であることを知り、まったく驚いた。日本が真珠湾を攻撃したのは一九四二年であるから、それよりも三年も前にこれほどのカラー映画を公開していた国に、日本は無謀にも先制攻撃を仕掛けたのである。

自由・平等・博愛と裏腹の人種差別と暗殺

魅力的なアメリカン・ライフが実現していた裏で、マッカーシズム（赤狩り）という恐ろしい魔力が吹き荒れていたのも、冷戦下の時代であった。いわゆる左翼的な発言をしたり、反体制的な意見を表明したりした人は片端から検挙され、国外追放などになった。近代機械文明に批判的であった映画俳優のチャールズ・チャップリンも検挙されて、スイスに移住を余儀なくされた。

さらに恐ろしい魔力は、暗殺である。リンカーン大統領の奴隷解放によって、黒人たちは解放された。しかし、その実態は「失業」でしかなかった。学校は出ていないし、ろくな技術も身につけていない黒人たちは、途方に暮れることになった。多くの黒人は職を求めて南部から北部の工業地帯へと移住し、ごみ集めのような仕事に就いた。南部に残った者は農業労働者として働いたが、多くの地域で彼らには選挙権などの公民権は与えられていなかった。

日常生活でも人種差別はひどく、一九六〇年代にはアメリカ各地で黒人による公民権運動が活発化した。そういうリーダーの一人が、南部出身の黒人牧師マーチン・ルーサー・キングであった。彼は、南部での黒人差別に反対する運動を一九五五年に始め、一九六三年のワシントンへの大行進の集会で、「私には夢がある」という名演説を遺した。しかし、その運動の途上、テネシー州メンフィスで彼は暗殺された。

同じ一九六三年にはジョン・F・ケネディ大統領が暗殺され、弟のロバート・ケネディもその後に暗殺された。遡れば、リンカーン大統領も一八六五年に暗殺されている。アメリカ文明には心を躍らせたくなる大きな魅力がある一方で、悲劇的でたいへんな魔力も潜んでいるのである。

機械文明とグローバリゼーションを支える

テレビ文化は座って享受する文化であるが、移動しつつ働き、ときには遊びに出かける文化が自動車文化である。自動車はフランス人とドイツ人の発明によるが、自動車文化を庶民の生活に結びつけ、自動車なしでは暮らしがなりたたないような生活文化を生み出したのはアメリカ文明である。テレビ文化と同様、この自動車文化も日本をはじめ多くの先進各国で普及している。この文化も、石油消費や大気汚染をもたらすなどの多くの問題をかかえているが、やはりテレビ文化と同様、なかなかやめられない魔力が潜んでいる。

ところで、飛行機を発明したのはアメリカ人のライト兄弟である。この兄弟は、オハイオ州のデイトンという町で自転車屋を経営していた。彼らは自転車を使い、多くの工夫をして、ほんの三〇メートルほどであったが、とにかく「自転車飛行機」を飛ばすことに成功している。そして、「さすがアメリカ！」と感心させるベンチャー・ビジネスをここから発展させたのである。

この自転車飛行機に目をつけたのがアメリカ陸軍であった。軍用飛行機を開発できれば、戦場において圧倒的に有利になる。陸軍は巨額の軍事予算をつぎ込み、なんとか本物の軍用飛行機を飛ばすことができる段階にまで到達している。

現在、オハイオ州デイトンの町には、そのような「軍用飛行機」の歴史を後世に伝える目的で、巨大な博物館「アメリカン・エアフォース・ミュージアム」が設置されている。甲子園球場の一〇倍、あるいは二〇倍もありそうな広大な敷地には、自転車飛行機から始まって、日本を焼き尽くしたB29、ベトナム戦争でナパーム弾を落としたB52、真っ黒でレーダーでも捕えがたいステルス戦闘機、広島と長崎を全滅させたのと同型の原子爆弾、月に着陸して帰還した宇宙船など、アメリカ空軍の自慢の飛行機やロケットを展示している。

ここで感心したのは、かつての敵の飛行機、日本製の「零戦」（ゼロ・ファイター）を展示していたことである。優秀な飛行機は国籍を問わず展示するという精神が貫かれていた。同時に、「飛行機の歴史は、軍用機の開発史」であることがよくわかる博物館である。しかも、プロペラ機からジェット機に代わる過程など、こんにちにつながる民間航空機の発展の流れを示す展示にもなっている。民間旅客機は、戦闘機や輸送機の軍事産業技術を民間の産業技術に転用した結果として製造されるようになったのである。

しかも、民間航空機の運航は軍事用と異なり、安全第一で運航されなくてはならない。こうして、安全な民間旅客機の運用システムも、アメリカが全世界に提供することになった。われわれがこんにち使用している空港の管制システムも、航行中の飛行管理も、すべてアメリカのシステムに準じることになったのである。世界各国は旅客機を「英語」で飛ばしているのである。

じつは、東西対立が激しかった時代にあっても、ソ連の民間航空機ですら英語によって世界各国の空を飛んでいた。人や物資を迅速かつ安全に世界各地に運送できてはじめて、文明のグローバリゼーションは実現する。アメリカによる「航空機のグローバル・ネットワーク・システム」は、その第一歩なのである。

科学・技術戦争に対抗する自爆テロ

アメリカが支配するこの民間航空機システムを逆手にとって、重大な魔力がアメリカ文明の中心部を破壊する事件が二〇〇一年九月一一日に発生した。アメリカ同時多発テロである。アラブ系イスラム教徒一九人のグループは、アメリカを代表する航空会社二社の旅客機四機を乗っ取り、それぞれがほぼ同時刻にニューヨーク市マンハッタンのワールド・トレードセンター・ビルの北棟と南棟、ワシントンDCの国防総省（ペンタゴン）、そして合衆国議会に突入を試みたのである。自爆テロである。合衆国議会突入を図った一機は途中で墜落し、ペンタゴン攻撃は少々の破壊にとどまった。しかし、マンハッタンのワールド・トレードセンター・ビルへの突入は、まるでハリウッド映画を観ているかのような突撃と衝撃のビル破壊であった。

ワールド・トレードセンター・ビルは日系アメリカ人のミノル・ヤマサキ氏が設計したもので、同じ形で同じ高さの一一〇階建二棟が並んで建っていた。そのビル中央部分に、まずアメリカン航空機が南棟に、そしてユナイテッド航空機が北棟に突入し、航空機が積んでいた燃料用のジェット燃料が大爆発を起こして二つの巨大ビルを崩落させた。この二つの巨大ビルが崩落すると、その衝撃で周辺の五つのビルが次つぎと倒壊し、およそ三〇〇〇人もの死者と六〇〇〇人の負傷者を生んだ。このビルには日本の銀行も入っていたので、日本人も二四人が犠牲になった。

私がこの事件を知ったのは、事件発生から二日後の九月一三日であった。こんなに重大なニュースも、東アフリカのタンザニアの大地溝帯にあるオルドワイ遺跡には伝わってこなかった。この遺跡は、一八〇万年前とも三三〇万年前ともいわれる旧石器時代の初期のヒト属の骨の化石などが発見された渓谷として知られる。その見学が終わって帰国のために戻ったケニアのナイロビのレストランで、このニュースを聞いた。

テレビは二日前のニューヨークの惨事を延々と放映していたが、英字新聞の大きな見出しは、「カミカゼ・アタック、ニューヨーク・ツイン・ビルディングズ」であった。「飛行機に爆弾を積んでの自爆攻撃」という行為は、人類の歴史において日本帝国陸軍が初めて実行したことを知った。「カミカゼ」という日本語が、軍国主義日本の遺産として英語の辞典に残ったのである。

ところで、二〇〇〇年のアメリカ大統領選挙における得票総数は、民主党のアル・ゴア前副大統領のほうが共和党のジョージ・ブッシュよりもはるかに多かった。しかも、アメリカの選挙システムによってかろうじて大統領になったブッシュの就任時の支持率は、五〇パーセントを割るほどであった。ところが、同時多発テロに「報復攻撃をする」と宣言してイスラーム原理主義勢力タリバンが支配するアフガニスタンに戦争をしかけたブッシュ大統領の支持率は、九〇パーセントに上昇した。「ゴッド・ブレス・アメリカ」の叫びが全アメリカに響き渡ったのである。この動きに多少でも異論を唱える者は、「非国民」として排除される危険性までもあった。

国民のこの熱狂を利用して、ブッシュ大統領はさらなる戦争、イラク戦争にも踏みきった。この戦争を実況放送するCNN放送局は、大きく注目されることになった。では、このイラク戦争はなんのために仕組まれたのか。「イラクは化学兵器などの大量破壊兵器を開発して隠している」と喧伝されたが、そんなものは見つからなかった。結局、テキサス州出身のブッシュ大統領一族が関連するアメリカの石油関連企業を利するための戦争に終わった。

アフガニスタンとイラクの多数の国民を犠牲にし、アメリカ自身も巨額の戦費を費やし、かつ多くの兵士を戦死させたアメリカ主流文明とは、まさに魔力そのものでもあった。

三つの基軸文化と科学技術を背景に

アメリカ主流文明を魅力的にしているのは、便利で行き届いた豊かな「生活文化としての物質文化」である。くわえて、そういう文化のうえにテレビなどの情報機器とそのソフトウエアを提供していることである。テレビが放映するニュースやスポーツの実況放送、音楽・演劇・教養番組、娯楽番組は日常生活だけでなく、人生までも支配してしまいそうな魅力に満ちている。

それが善いことなのか悪いことなのか、一人ひとりが判断しつつ生きなくてはならないが、いずれにしてもそのような文化を生み出したのがアメリカ文明である。しかも、日本を含む世界の国ぐにが、類似の文化をそれなりに継承しているのである。

第一の基軸文化は「自由・民主主義思想」

アメリカ文明の第一の基軸文化は、「自由・民主主義思想」である。「自由」こそがアメリカ人民を幸福にする原理だと、合衆国憲法の前文は明白に表明している。実際に、「規制」や「制限」をできるだけ避けようと努力している様相を、われわれは見ることができる。しかしその反面、たとえば「銃規制」や「マリファナの規制」などはむずかしくなるなどのマイナス面もある。

この自由は、とくに経済活動において強く強調されることが多い。しかし、自由な経済活動が行なわれると、必ず勝者と敗者とが生まれる。このとき、敗者になんらかの「手当て」のようなものを与えようとしても、敗者はなかなかそれを受け取ろうとしない文化がアメリカにはある。「次回は、私が勝者になりたいから」というのが理由であるという。すると、日本のような「国民皆保険」の制度についても反対が多くなる。健康保険は各人が自分の責任で加入すべきで、他人の医療費をなぜ税金で負担しなくてはならないのか、という主張である。

自由主義とは個人主義でもあり、利己主義的になる面も多々ある。しかし、敗者はつねに敗者となり、弱者となる現実が多いと政治的には不安定になる。したがって、共和党も徐々に福祉国家政策を受け入れざるをえなくなっている。

この自由主義を守るには、自由競争によって勝利した強者をチェックするシステムが必要である。それが民主主義である。自由を主張する強者が独裁者になったり独占企業になったりすると、自由そのものが失われてしまう。そこで、弱者を含む民主主義の制度によって全体のバランスを保つことになる。すなわち、第一の基軸文化は、「自由・民主主義思想」である。

第二の基軸文化は「プロテスタント・キリスト教」

二番目の基軸文化は、プロテスタント・キリスト教である。一般論としてこんにち、宗教は発展途上国では盛んであるが、先進国では日本を含めてヨーロッパでも不振である。すくなくとも、それほど盛んではない。ところが、アメリカではキリスト教会の活動はかなり活発で、地方ではとくに盛んである。日常生活における厳しい競争と疲労から、多くの人は救いを求めているのである。大都市においてはそうは見えないが、自由とは競争であり、アメリカ人は幸福を求めて激しい競争をつづけているのである。

経済活動だけでなく、異性との関係においても幸福を求めて競争をつづけている。結婚していても、もっと望ましい異性がいるはずだと考えて生活しているからか、驚くほど簡単に離婚し、すぐにまた結婚する。自由な人生のように見えるが、被害者は子どもたちである。両親がかってに結婚と離婚をくり返せば、子どもたちはどうすればよいのか。精神が不安定な子どもたちが成長すると、親と同じように結婚と離婚とをくり返し始める。キリスト教会が、このような人たちの心を癒し、救ってくれることを期待したい。

アメリカのキリスト教会は、社会的な活動にも積極的である。その影響力は衰退しているが、いまも進化論を否定する教派が自分たちの主張を拡げようとしていたりする。戦争に賛成する教派、反対する教派、妊娠中絶に反対の教派など、それぞれに活発である。しかし、ヨーロッパの教会と同様に世俗化が進み、教会離れも多く見受けられるようになった。

第三の基軸文化は「先端科学技術産業」

三番目の基軸文化は、先端科学技術産業である。宇宙は「物質とエネルギー」でなりたっているが、人間もその宇宙の一部である。人間の存在そのものも、産業活動のすべても、この二つの物質とエネルギーに依存している。

現生人類がアフリカで誕生してからというもの、主流文明としてのフランス文明までは、狩猟採集生活の時代から農耕生活に変わっても、ほぼ自分たちの身のまわりの物質とエネルギーを利用して生きてきた。人体は、食料を食べることによって肉体を構成する物質を得ているし、運動エネルギーも食事から得てきた。炊事や冬の寒さを避ける熱源は木材や草などの植物、すなわち物質を「火」を通してエネルギーに変え、酸化させて利用してきた。

ところが、イギリス文明に始まった産業文明は、「身のまわりの物質とエネルギー」ではないもの、別のものを利用するようになった。綿織物産業にしても、原綿をインドなどの海外から輸入し、石炭から得たエネルギーで機械を動かして綿織物を製造したのである。

イギリス文明の特徴の一つは、その主要なエネルギー源を石炭に依存していたことにある。製鉄業、造船業、鉄道や船舶による運輸業など、イギリスが誇ったほとんどの産業は、エネルギーを石炭から得ていた。そういう石炭エネルギーに依存するイギリス文明にたいして、次の主流文明として登場してきたアメリカ文明の主要なエネルギー源は、「石油」である。当時のイギリスでは産出しなかったが、アメリカではテキサスなどの各地で石油の採掘が進み、二〇世紀前半の五〇年間は世界最大の産油国であった。

この石油産業において独占的な勝利を得たのはジョン・ロックフェラーで、彼は「石油王」とよばれた。原油の採掘からその精製、販売までを一手に支配する「メジャー」とよばれるエクソン・モービルやシェブロンなどの企業も誕生した。

自動車産業も裾野は広く、その構造は「富士山型」で頂上に自動車の組み立て工場がある。これにたいして石油産業は「山脈型」で、原油の探鉱、採掘、パイプラインなどによる輸送、それに精製がある。しかも、この精製の後ろにさまざまな産業が横並びで繁栄している。

魅力と魔力をともに具備する「石油」

原油は、製油所で蒸留・分解する沸点の差によって、ＬＰＧ、ガソリン、ナフサ、ジェット燃料、灯油、潤滑油、重油、アスファルトなどになる。ガソリン、軽油、重油は自動車や船舶用、ジェット燃料は航空機用、重油は工場や火力発電用、灯油やＬＰＧは家庭用燃料になる。

以上の多くは、石油をエネルギー源としている。しかも、単純な燃焼によってエネルギー源となるだけでなく、化学産業の重要な原材料にもなる。ナフサは合成樹脂として人間の暮らしに深く関わるプラスチックの原料になるし、合成繊維の素材として衣類の多くに利用されている。さらに、合成ゴム、肥料、医薬品、化粧品にもなる。

こういう石油化学製品の多くは、アメリカの先端科学技術によって開発されたが、「安価で手ごろ」な魅力によって世界から歓迎されて普及した。われわれの身のまわりをみても、合成繊維の衣類を着、合成ゴムの靴を履き、合成樹脂の建材の家に住み、合成樹脂製の道具や器具を使って生活していることに気づくであろう。アメリカ文明が人類に提供した魅力ある製品である。

しかしながら、ここにも深刻な魔力が潜んでいることを記しておかなくてはならない。環境汚染である。農薬の使用による食品の危険性、化学肥料の多用による土壌変質、プラスチックごみによる海洋汚染などで、将来はもっと広範囲に影響することになるであろう。男性の生殖能力を破壊している可能性もあるとの報告もある。人類の生存に関わる問題である。

魅力と魔力の両方を具える「石油」は、国際政治、国際経済の主要な争いと戦争の原因をつくってきた。石油の埋蔵が地球上の一部の地域に限られていることから、日本を含む多くの国にとって石油の獲得は最重要の国家課題にもなった。石油の輸出が主要な財源になる産油国にとっても、石油価格の変動や需要の動向は国家運営を決定的に左右する。

石油に関連する先端科学技術は、その科学研究に携わった研究者の何人かに「ノーベル化学賞」をもたらすような魅力を具えていた。しかし、「化学文化」は同時に深刻な魔力として人類の未来に警鐘を鳴らし、歴史に傷あとを遺すことになったのだ。原子力産業と同じ悲劇的な魔力である。

人の暮らしを一変させた電気エネルギーとエジソン

先端科学技術の先駆者として称賛されるにふさわしい人物は、学校教育を受けることなく独学で一〇〇〇ほどの製品を発明したトーマス・エジソンである。彼が実用化した白熱電球の心臓部のフィラメントに現在はタングステンが使用されているが、当初は京都産の竹を炭化して使用していた。「電気」が一般に普及したのは、暗い夜を明るい夜にしたこの電灯が契機となった。

この「電気エネルギー」は、エネルギー源としてあらゆる分野に進出していった。石炭エネルギーを利用する蒸気エンジンによって動かしていた機械を電気エンジン、すなわちモーターで動かすようにした。電気エネルギーは、冬の暖房にも夏の冷房にも使われるようになった。しかし、電気の利用価値は、大きな機器ではなく、はるかに小さな電気器具に利用されるようになって、その真価を発揮するようになった。

電話、ラジオ、テレビにかぎらず、いわゆる家庭電化製品のすべてが電気を必要とする。したがって、電灯のために電線を引いていたすべての家庭に、家電製品は容易に普及した。しかも、これらの家電製品は世界のほとんどすべての人に歓迎された。

石油化学製品にしろ、家電製品にしろ、初期の多くはアメリカの先端科学技術によって開発され、世界に普及した。かつてのフランス文明やイギリス文明が創造した文化で、これほど大量に世界の家庭で受け入れられたものはあるだろうか。アメリカ文明は、このように偉大な業績を残しつつある。

世界を変革したコンピュータと情報スーパーハイウェイ

先端科学技術が次に展開したのは、コンピュータ革命である。軍事技術が民間に公開されることはよくあるが、ミサイルの弾道計算や暗号を解読するコンピュータ技術が一般に公開された。この技術に、手動による金銭登録機や計算機を製造していた企業がいっせいに飛びつき、激しい競争が展開されることになった。最初は真空管を用いた計算機であったが、一九六〇年代になるとトランジスタ技術を用いた企業が他社を押しのけて断トツの勢いで成長した。それがＩＢＭ社であった。

日本語で「電子計算機」とよばれるコンピュータは、単純計算だけでなく大量のデータ処理もするようになった。ＩＢＭ社はそのような特許を独占して、しかもその特許を他社に利用させなかった。日本政府はアメリカ政府に働きかけ、ＩＢＭ社の日本進出を許可するかわりに、日本企業に特許権の使用許可を熱心に求めた。こうして、日本の企業もようやく研究機関や企業向けの大型コンピュータが製造できるようになった。

ところがアメリカでは、ＩＢＭ式の大型ではなく、小型のコンピュータが開発され、それを並列につないで大型と同じ能力を発揮するシステムが登場した。この小型コンピュータは、パーソナル・コンピュータ＝パソコンとして爆発的に普及した。このパソコン革命の裏には、じつはアメリカ政府による産業政策があったことを述べておかなくてはならない。

アイゼンハワー大統領の時代の一九五〇年代に、アメリカでは国防上の理由から全土に高速道路を建設している。「インター・ステート道路」、州と州とをつなぐ道とよばれた。南北を結ぶ道路には奇数の道路番号、東西に走る道路には偶数の番号をつけている。こうしてアメリカ全土が高速道路によって結ばれ、戦後経済の大発展につながったのである。この道路網の提案をしたのは、上院議員であったアルバート・ゴア・シニアであった。

じつは、このゴア上院議員の息子が類似の提案をして実現したのが「情報スーパーハイウェイ構想」である。一九九三年に発足したクリントン政権の副大統領に就任したアル・ゴアは、一九八〇年代に軍事目的で整備していた光ファイバーを使った電話回線を民間に開放することを提案した。この回線の利用によって、パソコン通信やインターネットの大量情報通信が可能になり、パソコン革命が実現するとともに、アメリカ経済の成長と繁栄が実現したのである。

二一世紀を創造する「情報通信」と「生命科学」

このパソコン革命を強力に進めたのは、パソコン本体を製造する企業ではなく、パソコンの使い方をプログラムする企業であった。すなわち、パソコンのハードウエアよりも、それを利用するソフトウエアのほうが重要であると考えたのだ。このソフトウエア開発の激しい競争に打ち勝ち、その基本ソフト（ＯＳ）である「ウインドウズ」を世界に普及させた企業がマイクロソフト社であり、その創業者がビル・ゲイツであった。

この先端科学技術によって実現したパソコン革命は、数年で世界に普及した。こんにちの世界では、パソコンなしで生きることはできないほどである。教育さえも、パソコンの支援をうけて学んでいる時代である。優秀な人が医者になると考えられているが、その医者すら不要になる可能性があるという。ＡＩ（Artificial Intelligence）とよばれる人工知能のほうが優秀だということである。

先端科学技術、ハイテク技術は、世界で激しい競争を日々つづけている。二、三年でどのように世界が変わるかもわからない。そういうなかでパソコンの次に普及したのが携帯電話で、しかも単純な電話機能から、Ｅメールもでき、写真も撮れ、撮った写真を送信することも、テレビ電話もできるものになった。この携帯電話はさらに、パソコンと同じようにインターネットの検索もできるし、通信販売にも参入できるスマートフォンに発展した。携帯パソコンである。

先端科学技術によって著しい発展をつづける産業に、生命科学関連産業がある。この分野は、必ずしもアメリカの一人勝ちではない。ヨーロッパや日本など、先進国の科学者たちが精進している。ノーベル賞の受賞者をみても、ノーベル生理学・医学賞にはヨーロッパの人や日本人がかなり並んでいる。

それでも、やはりアメリカ人が圧倒的に多いといわざるをえない。

医療機器の分野ではドイツが進んでいるし、医薬品ではスイスの企業も先進的である。私個人の難病を治療する薬も、スイスの製薬会社が開発したものである。とはいえ、私が現在、実際に服用している薬は、薬価が半分のアメリカの製薬会社製である。

「合州国」の連邦政府と州政府

アメリカの政治・行政文化は、合衆国憲法にもとづく「アメリカ民主主義」の原則に従っている。立法・行政・司法の三権分立の制度などは日本と同じである。敗戦国日本に軍国主義が復興しないように、占領軍が自国と同じ民主主義を日本に導入したからである。

ただし、日本は天皇制を象徴天皇というかたちで残し、議院内閣制もイギリスに似たものであるが、アメリカは大統領制である。「イギリスには王政が残ったが、アメリカには王様が残った」といわれるように、アメリカの政治においては大統領の権限が大きい。

しかし、予算の決定や宣戦布告などの重要な権限は、議会が握っている。外交、国防、貨幣の流通などは連邦政府が担当しているが、国民の暮らしに関連するような政治と行政は、州政府が担当している。州政府の首長は知事であり、州議会が具体的な事項を決定している。日本でいう消費税にしても各州ごとに決めていて、ある州の税率は隣の州よりも高いといったことは数多くある。税率の高い州の住民は、税率の安い州に買い物に行くといった行動も日常的である。

先に述べた高速道路なども、その維持・管理は各州が担当しており、そのために州境を越えると急に道路が悪くなったりする。警察も各州の管轄下にあるので、スピード違反のような軽い犯罪だと車が州境を越えるとパトカーは引き返してしまい、結果として見逃してもらえることになる。

日本の法律はドイツやフランスの大陸法から学んだ成文法であるが、アメリカの法律はイギリス法を継承した慣習法で、しかも連邦法のほかに五〇の州とワシントン特別区にはそれぞれに州法があって複雑である。アメリカには弁護士が大勢いても繁盛している事情がよくわかる。

州立大学などの公立学校は、「税金を使うのだから州民に奉仕しなくてはならない」という精神が強調される。大学の図書館も州民に解放されていて、誰もが図書館を利用できる。探している本も親切に探してもらえる。黒人の多い南部の州には、黒人専用の州立大学もある。これも、「州民に奉仕する大学」という精神が支えている。

民主主義と自由主義のもとでの個人の責任

自由主義は、学校教育にも反映されている。しかし、成績の良いものは教育環境の良い私立学校に進み、その他の者は公立学校で学ぶといった傾向を結果としてつくった。アメリカでは、いまも毎年多くの移民を受け入れているので、その移民の教育も公立学校が担っている。

行政文化として重要なものに、福祉制度がある。アメリカ文明の基本原理である自由主義のもとでは、あらゆるリスクは原則として個人が自由にカバーすることになっている。病気、ケガ、自動車事故、災害など、人生にはさまざまな危険や損失が待ちうけている。そういう事故にも、保険会社と個人が契約するなどして、自由に対応すべしということである。

どの国においても従来は、これらのリスクは家族や親族などの血縁者間の相互扶助によって救済していた。しかし、核家族化が進むことで、現実的には家族や親族などだけでは対応できなくなっていた。北欧諸国では、このような諸問題を社会全体で解決しようと、「高福祉、高負担」を原則に福祉国家建設を実行してきた。

そのような他国の制度も影響して、アメリカでも一九三五年に世界に先駆けて社会保障法が成立し、連邦政府が管轄する六五歳以上の高齢者と障碍者を対象に公的医療制度が始まった。メディケイドとメディケアである。しかしながら、全国一律の健康保険を制度化することはできず、実効的なものにはならずに終わった。日本には「国民皆保険」があり、すべての国民が公的な健康保険制度によって守られているが、アメリカはいまも原則として保険会社と個人との契約で保障される制度しかない状態にある。

自らが所属する勤務先が保険会社と契約している場合もあるが、それでも退職すると保険はなくなる。民主党政権は熱心に公的健康保険制度の充実に努力して、「オバマ・ケア」とよばれる制度を実現した。ところが、次の共和党政権は、これをやめてしまおうとしている。アメリカ文明の自由主義・個人主義は、「低負担、低福祉」を選好する。この表現を借用して日本の社会保障制度を表現すると、「中負担、中福祉」ということになるだろう。

国家運営の最重要部門が「軍事力文化」

政治・行政文化として、軍事力は重要な位置づけにある。第二章の「政治・行政文化」において説明したように、国家においてもっとも重要な課題は「国防」という軍事力文化なのである。国際連合の組織においても、「安全保障理事会」は国連総会よりも重要な組織として位置づけられている。世界における経済問題などよりも、まずは安全保障問題が重要とされているのである。表現は「安全保障」や「国防」であるが、実際は「軍事力」の強弱が問題なのである。

世界最大の経済力を誇るアメリカ文明が、先進国のなかで最低の社会福祉制度をつづけている重要な理由の一つは、軍事力に財源の多くを費消しているからである。民主党のオバマ政権は、そのためにアメリカ軍の規模の縮小をめざし、そうすることで浮いた予算で社会保障制度を充実させようとしていた。しかし、共和党のトランプ政権に代わると、アメリカはふたたび、「力による平和」を希求する軍備増強路線を歩み始めた。

二〇一九年度の国防予算をみると、前年度よりも一三パーセント、日本円に換算して七兆円も増額して、総額七八兆円にも達している。この金額は国家予算の総額の一五パーセントにもなり、アメリカ経済のＧＤＰ（国内総生産）の約四パーセントに相当する。世界最大のアメリカ経済の四パーセントが、軍事予算となって消えているのである。

ちなみに、同じ二〇一九年度の日本の防衛予算はアメリカ軍の基地負担金を含めて約五・二兆円で、国内総生産の一パーセントである。隣国中国の国防費は毎年そうとうなスピードで急増しており、アメリカ軍の軍事費増加は、これに対抗するものでもある。

しかしながら、「アメリカ主流文明」という視点でこの軍事力増強をみると、やむをえない事情がみえてくる。主流文明たるものは、どの時代にあってもつねに軍備増強に努力しなくてはならない宿命を担っているのである。

シュメール文明の途絶は、文明が劣化したからではなく、充分な軍事力を用意していなかったために蛮族アッカドに滅ぼされたのである。ローマ帝国は、帝国の辺境でつねに反乱軍と戦わなくてはならなかったし、イギリスは近隣のフランスやドイツとたびたび戦わねばならなかった。残念ながら、人類の文明はつねにこのように魔力に追われるようなかたちで形成されてきた。したがって、アメリカがその魔力を払拭できるのは、アメリカ文明が主流文明の座を降りるときであろう。

寛容なアメリカ英語だからアメリカ文明は形成できた

アメリカ文明のエンリッチング文化については、その魅力をそれぞれの箇所で書いてきた。イギリスやフランスの芸術文化は貴族文化が主流で、大衆とは縁遠かった。しかし、対象がつねに大衆であったアメリカ文明のエンリッチング文化は、日本にもすぐに紹介されて歓迎、受け入れられてきた。

ニューヨークのブロードウェイのミュージカルなど、その魅力をいまなお残している文化もある。しかし、インターネットの影響下にきっちりと組み置かれている若い大衆層は、これからどこにどう向かうのであろうか。

そういうアメリカ文明の媒体文化は、アメリカ英語とUSドルである。アメリカはイギリスの植民地であったし、移住者のほとんどがイギリス人であったから、当初の共通語はイギリス英語であった。では、いつのころからアメリカ英語とよばれるような変化を起こしたのであろうか。

イギリスから独立すると、通貨はただちにポンドから「ドル」になったが、言語はそう簡単に変えられるものではない。それでも調べてみると、かなりはっきりと変わったものとして手紙の書き出しがあった。とくにビジネスで書かれる書簡は、イギリス英語ではディア・サーズ(Dear Sirs)で始めるのがふつうであったが、アメリカではジェントルメンで始める。理由は、「アメリカには貴族はいないが、紳士がいる」というものであった。

この変化がいつのころに始まったのかというと、鉄鋼王カーネギーが所有するすべての会社を売却して、USスチール会社を成立させたころであった。すなわち、アメリカ資本主義が成立して巨大資本、独占資本が激しい競争を始めた一九一〇年ころであった。この激しい競争が、イギリスにはなかった巨大な「広告産業」を生み出している。この広告英語は、新しく生まれた新聞、雑誌、ラジオ、そして通信販売の広告文に変革をもたらした。現在のテレビ広告、インターネット広告につながる広告英語が、イギリス英語とは異なるアメリカ英語を生み出したのである。

しかし、「ならばイギリス英語とアメリカ英語とはどのように違うのか」と問われると、それほど明白な答えがあるわけではない。フランス語だと、「アカデミー・フランセーズ」が設立されて、かなり明白に標準フランス語を確立している。イギリスには、「キングズ・イングリッシュ」といわれる標準的な英語がある。しかし、アメリカには「標準アメリカ英語」といったものはない。それどころか、州や地方によってさまざまな英語が話されている。したがって、「そのように攪拌された結果がアメリカ英語である」というのが適切な答えではないだろうか。

とはいえ、日本人など外国人がアメリカ英語を学ぶときは、やはり基準になるアメリカ英語があったほうがよい。友人のアメリカ人の学者に尋ねると、書き言葉は週刊誌でいうと『タイム誌』はやや硬すぎるので『ニューズウィーク誌』が適当で、新聞は「ニューヨーク・タイムズ」は硬めで、「USA・トゥデイ」が大衆向きとのこと。話し言葉は、テレビのニュース番組で使われている英語が適当だろうという回答であった。

いずれにしても、標準のアメリカ英語がないということは、アメリカ英語は許容力のある言語だということになる。外国人が「へたな英語」で話しかけても、アメリカ人がきちんと応じてくれるのは、そういうことがあるからでもある。もともと母語の異なる国から集まった移民たちが話していた英語だから、堅苦しい言語ではない。そのような言語だからこそ、アメリカ英語は主流アメリカ文明を形成できたのである。

上手な英語を話せるわけでもないのに、多くの日本企業がアメリカに進出してアメリカ文明の一翼を担えるのも、アメリカ英語が寛容な言語であるからこそだといえよう。

英語は地球上の文明を一つに統合する

数々の魅力的なアメリカ文化が世界に拡がっていると書いたが、そのようなアメリカ文化はアメリカ英語によって伝えられた。政治、経済、科学、医療、あるいは映画や音楽なども含めて、アメリカ文化を学びたいと思えばまず英語を学ぶことになる。世界の人たちがその必要性を感じた結果、アメリカ英語は世界各地で学ばれることになった。海外旅行で外国に行っても、たいていの国で英語が通用するようになった。「英語帝国主義はけしからん」といった非難が起こることすらあるほどである。では、英語以外のどの言語を使って海外旅行をすればよいのか。

国際会議を開くと、予算が充分にある会議では、何十人もの通訳者によって議事が進行したりする。

しかし、予算がなければ会議は英語だけになる。第二章の媒体文化の項目で書いたように、エスペラント語のような言語が世界に広まることが理想的である。しかし、これからエスペラント語を世界に広めようとしても、受け入れられる状況にはない。世界各国ともに、すでに英語教育に力を入れているからである。

インターネットの普及は、英語を国際共通語にする必要性を決定的にしたといえる。英語ができれば、インターネットで世界の人たちとの交流が可能になるからである。とくに経済の世界では、英語とインターネットを手放すことはできない。この二つのツールによって、金融を中心とする世界経済のグローバリゼーション化はほとんど構築されているのである。

学問の世界でも同様である。さまざまな連絡事項は英語によるメールで伝えられ、英語で書かれた論文もインターネットで送受信される。そして、充分な審査をへたのちに学会の機関誌やホームページに掲載されて、認知される。英語とインターネットなしには学問も、研究活動もなりたたない時代が到来している。

英語に対抗する言語として、フランス語がかなり積極的に国際共通語でありたいと主張してきた。しかし「パソコン革命」によって、その望みは完全に絶望的になったと思われる。好むと、好まざるとにかかわらず、国際共通語は将来にわたって英語になるであろう。

アメリカ文明そのものは、おそらく近い将来において衰退するであろう。しかし、現在のアメリカ英語とは多少異なるものに変身するとしても、国際共通語としての「英語」は人類の文明を一つの方向に統合しつつグローバルな方向に進めるであろう。古代ローマ文明は消滅してもラテン語は生き残り、ヨーロッパ文明の推進役を果たしてきたのと同様の働きをするであろうということである。

国際経済とアメリカ・ドルの不思議

次は、アメリカ・ドルの話である。「ドル」の起源は、ヨーロッパ中部のチェコのプラハ周辺のボヘミア地方で一六世紀に鋳造された銀貨「ターレル」（ターラー）に由来している。この大型銀貨は一六世紀以来、数百年にわたってヨーロッパ中で使われており、イギリスでは「ダラー」とよばれた。一方、一四九七年以降のスペインはメキシコで銀山を開発し、そこで鋳造した「メキシコ銀貨」をスペイン・ペソとして流通させた。しかも、このメキシコ銀貨はたまたまドイツの「ターレル」と同価値であったため、イギリス人はこのメキシコ銀貨を「メキシコ・ドル」とよんでいた。

先に書いたように、アメリカがまだイギリスの植民地であった時代は、重商主義が一般的な経済政策であった。このために、イギリス通貨のスターリング・ポンド（銀貨）は植民地のアメリカでは流通していなかった。そこで、アメリカは隣国メキシコからメキシコ・ドル（八レアル銀貨）を積極的に導入したのである。この結果、アメリカが独立を達成したころには、「ドル」はすっかり身近な通貨になっていた。

すなわち、銀貨の「アメリカ・ドル」は、アメリカ経済の発展を担うことになったのである。ドルの表示に「$」が使われるのも、スペインのペソ、すなわちメキシコ・ドルの$表示をそのまま使っていたことに由来する。ドイツのターレルとメキシコ銀貨とが同価値であったことが混同の背景にあったのである。

じつは、独立戦争を戦うための巨額の資金を調達する必要から、アメリカ新政府はフランスから借用した資金を元手に新銀行を設立し、政府紙幣を発行していた。メキシコ・ドル銀貨では足りなかったのである。こうして独立を獲得したあとの一七九二年には貨幣法を制定して、アメリカ・ドルは金銀複本位制にしている。このときの金と銀との交換比率は、一対一五であった。

南北戦争が始まった翌年の一八六二年にも、戦費をまかなうために政府は「グリーンバック」とよばれる紙幣を発行した。当初のグリーンバック紙幣は金兌換券であったが、通貨量が多くなるにつれて金の在庫は底をつくようになり、不換紙幣になってしまった。それでも政府を信頼した人たちは、金の裏づけのない紙幣を流通させることで、戦争経済を支えたのである。

そのアメリカも、一八七三年にはそれまでの金銀複本位制を廃止し、金本位制を採用している。さらに、一九一三年には連邦準備銀行を設立して、中央銀行を誕生させた。

銀本位制だったら世界恐慌はなかったか

歴史を「もしも」として語るのは無駄かもしれないが、「通貨の意味」を理解するために、「もしも、アメリカがフランスや中国と同じように銀本位制を採用していたらどうなっていただろうか」を考えてみよう。

答えはこうである。「一九二九年に始まった世界恐慌は起こらなかったであろう」である。

第一次世界大戦中からアメリカが輸出額を一方的に増大させたために、世界の通貨（金）はアメリカに集中して蓄積された。しかし、アメリカが銀本位制を採用していたならば、すくなくともアメリカ本国では金は不必要であったはずである。したがって、輸出業者は受け取った金を銀行に売って、銀を買ったはずである。

つまりは、アメリカの銀行は巨額の金を買い取ったとしても、金を必要とする外国の銀行や政府、一般企業に金を貸し付けたであろう。すなわち、金はアメリカに残留しないで、世界経済の循環に役だっていたはずである。多少の不景気にはなったかもしれないが、すくなくとも「大恐慌」にはならなかったはずである。

しかも、そのように銀本位制の社会になっていたとしても、アメリカが損害を被ることはまったくなかったはずである。先に書いたアメリカ史上最大の好景気と繁栄の一九二〇年代を、アメリカの人たちだけでなく世界の多くの人たちがエンジョイできたであろう。

ところで、無駄といいつつ、この「もしも」物語をなぜ書いたのかを説明しておこう。理由は、文明が誕生し、発展し、持続するにはしっかりとした経済が必要であり、一方的な「売るだけ」あるいは「買うだけ」の経済であってはならないことを示すことが目的であった。すなわち、なんらかの理由があったとしても、「売るだけ」あるいは「買うだけ」の経済は歪んだもので、必ずどこかで破綻する。経済活動は円滑な「売り買いの循環」のもとに成立するもので、それを具体的に実行するのが通貨である。

たとえば、アメリカからヨーロッパへの輸出が一方的に増大すると、通常は外国為替市場でドル価格が上昇して、アメリカからの輸出価格が上昇する。すると、ヨーロッパの人たちはアメリカ製品を買わなくなる。そうなれば、一方的な輸出・輸入という歪んだ経済は生まれない。別言すると、「適切な通貨制度」を工夫したならば、「世界大恐慌」をも避けることができるのである。重要なのは、「適切な通貨制度」なのである。

為替市場は、固定為替相場制から変動相場制に

第二次世界大戦後、世界の通貨用の「金」のおよそ七五パーセントがアメリカに集積されていることが明らかになった。そこで、アメリカの金をファンドとするＩＭＦ（International Monetary Fund）（国際通貨基金）制度の創設が一九四四年七月に戦勝国によって決まり、金の裏づけのあるアメリカ・ドルが国際基軸通貨の役割を

担うことになった。具体的には、「金一オンス」を「三五アメリカ・ドル」と定め、この基準にしたがって各国通貨とアメリカ・ドルとの交換割合（為替相場）を決める「固定為替相場制」であった。これは「金・ドル本位制」とよばれたように、この制度もその信頼を「金」においていた。

ちなみに、一オンスは一ポンドの一六分の一の約二八・三五グラム。金一オンスが三五アメリカ・ドルなら、一ドルは金〇・八一グラムの価値があることになる。二〇一九年八月の時点で一グラムは五六〇〇円前後だから、〇・八一グラムの金＝一ドルは四五三六円に相当する。ドルは強力であったが、それだけ大量の金の裏づけを用意する必要がアメリカにはあったのである。しかし、それは無理な話でもあった。ただし、アメリカがドルとの交換を停止した一九七一年の一オンスの金の交換比率は七七五円であった。

金本位制を採用していたイギリス・ポンドも、いわば「金・ポンド本位制」であった。したがって、国際金融の覇権がイギリスからアメリカに移行するにあたっても、「金」が裏づけになった通貨だからこそ、戦勝諸国も移行を承認したのである。ちなみに、敗戦国の日本がＩＭＦへの加盟を認められたのは一九五二年で、日本円は「一ドル＝三六〇円」と定められた。日本は固定相場のこの「円安」を利用して輸出に精をだし、戦後の経済成長に成功したのである。

そのような流れのなかで、一九七一年のニクソン大統領によるドルの金交換停止宣言は「ニクソン・ショック」とよばれ、人類の文明史に歴史的な決断を迫るものであった。数千年にわたる通貨への信頼、あるいはその信認の多くを「金」に依存してきた人類は、これを放棄することになったからである。

国民通貨については、一九三〇年代の大恐慌以来、すでに金から離脱していた。国民が各国政府を信頼する「管理通貨制度」による紙幣が一般化していた。しかし、国際基軸通貨に関しては、「金」を信頼するほかに方法がなかったのである。それにもかかわらず、金を放棄したのである。これ以後の国際通貨はなにを裏づけに信頼を維持するのか、という大きな問題が残った。

この課題に、とりあえず応えようとしたのが、「自由市場」である。政治権力が介入することがあるので、必ずしも完全な自由市場とはいえないが、「市場」をいちおう信頼して従来の「国際基軸通貨のアメリカ・ドル」で対応することになった。これが「変動相場制」による外国為替市場である。一定の市場ルールはあるが、市場の競争原則によって通貨の交換割合を為替相場として決めることになった。固定相場制ではなく変動相場制であるから、通貨の交換割合は頻繁に変動することになる。

借金することで国際通貨を供給する

変動相場制の採用によって、アメリカ・ドルの相場はどのように変化したのか。日本円との相場変動をみると、一ドルあたりの年間の相場はおよそ次のようになった。

三六〇円（一九四九〜一九七一年四月）、三〇八円（一九七一年一二月）、二一〇円（一九八一年一二月）、一三六円（一九九〇年）、八二円（一九九五年四月）、一一〇円（二〇〇〇年一二月）、九〇円

（二〇〇八年一二月）、七五円（二〇一一年一〇月）、一一二円（二〇一八年）、これが相場変化である。

ドルは、他の主要な通貨にたいしてもほぼ同様に変化した。アメリカ経済は一九七一年以来、こんにちまで毎年連続して巨額の国際収支の赤字を積み重ねてきたからである。巨額の赤字とは、市場において巨額の「ドル売り」があるということである。売りが多く買いが少なければ、ドルの価格は下落するのが基本である。

国際収支の赤字とは、外国にたいして負債を負うということでもある。アメリカの対外債務（借金）は、国際収支の赤字額と同額ではないが、毎年ほぼ同じように連続して積み上がっている。

一三億ドル（一九七一年）、一九四億ドル（一九八〇年）、八〇八億ドル（一九九〇年）、三七九八億ドル（二〇〇〇年）、七〇〇〇億ドル（二〇〇七年）、八〇〇〇億ドル（二〇一〇年）。これは累積債務ではなくて、これだけの債務を毎年連続して積み重ねているのである。すなわち、毎年連続して多額の、とくに近年は八一〇〇億ドル、八三〇〇億ドル、八五〇〇億ドルといった調子で借金を積み上げているのである。

このように、過去半世紀近くにわたってアメリカは巨額の債務を累積してきた。その累積債務は途方もなく莫大である。この結果、アメリカは世界最大の債務国になった。では、どの国が最大の債権国であるのか。第一位は中国。貧しいはずの中国がもっとも豊かなアメリカに巨額のお金を貸しているのである。ちなみに、日本が第二位の債権国で、次がＥＵ。世界一豊かにみえるアメリカ人の生活は、じつは借金のうえに築かれた虚像なのである。しかも、アフガン戦争も、イラク戦争も、その莫大な戦費は借金によって賄われている。

しかしながら、われわれが充分に自覚しておかなくてはならないのは、このように恐ろしいほどのアメリカの「借金地獄」こそが、じつは現代世界の「国際基軸通貨・ドル」の供給システムであるという現実である。「巨額の国際収支赤字」とか、「莫大な対外債務」と書いてきたが、その総額がアメリカが世界経済に供給してきた国際通貨の額なのである。

国際通貨が適切に供給されていなかったことが真の原因

産業革命後の主流文明国、すなわちイギリスとアメリカは、その勃興期に「通貨不足」に直面していたことはすでに述べた。文明が勃興するには経済の成長と発展が必要であり、それには通貨の増発が必要となる。このことは一つひとつの国民経済についてだけでなく、国際経済あるいは世界経済についてもいえる。

発展途上国が経済発展に成功して国際経済にどしどし参入してくると、国際通貨の需要は増大する。しかし、充分な国際通貨が供給されなければ、せっかく成長を始めた発展途上国の経済も成長を止められてしまうことになる。中国、インド、アジア諸国などが経済発展に成功したのは、アメリカが充分な国際通貨を発行してくれたからである。別言するならば、アメリカは巨額の赤字と借金を生むことで、世界経済の発展に寄与してきたのである。

世界の人たちの目は、このようなアメリカ・ドルが果たしてきた「貢献」の側面に注がれてきた。しかし、ほとんど無制限につづくアメリカの巨額の赤字と借金は、貢献だけを生み出すものではないことにも注目しなくてはならない。アメリカ・ドルが世界各地で「通貨の洪水」を起こしてきた事実である。すなわち、通貨の過剰流動性の問題を引き起こしていたのである。

その端的な例が、日本におけるバブルの発生と「失われた一〇年」、あるいは「二〇年」である。過去数十年、そしていまも日本は国際収支の黒字をつづけている。これはアメリカ・ドルを蓄積しつづけてきたという事実であり、現在は中国に次ぐ外貨準備高を誇っている。この巨額のドル資産は、国際収支の黒字から生まれたものである。

一般の輸出企業は受け取ったドルを為替銀行に売却するが、中央銀行（日本銀行）に集積されたドルは外貨準備というかたちで集計される。現在の成熟した日本経済のもとでは、貿易収支が赤字でも、海外投資の収益などによって国際収支は依然として黒字がつづくことになる。

企業は海外取引で受け取ったドルを銀行に売って日本円を受け取ると、日本国内にはその金額ぶんの日本円が増加する。毎年、巨額の国際収支黒字が生まれ、その黒字が日本円として国内に流通すれば、おのずと日本円はだぶついてくる。すると、日本円の金利はどんどん下がる。いまの金利がほとんどゼロになっているのは、そのためである。

日本の銀行、証券会社、保険会社などの金融機関は、持ち込まれてだぶついている日本円を運用しなくてはならない。無理をして一般企業に貸し出し、その貸し付けが不良債権になって日本の金融機関が苦労したのが、バブルが弾けた結果の金融崩壊であった。その象徴的な出来事が、山一証券の倒産である。その根本的な原因も、巨額の国際収支の黒字にあった。

ではなぜ、黒字がそんなにつづくのか。一つには、日本経済が強いことがある。しかし、「もっと重要な原因は、国際通貨が適切に供給されていないところにある」、というのが私の見解である。国際通貨が供給されすぎていることで、日本の輸出が過剰になってしまうことが真の原因なのである。国際通貨が大量に流通していない状況では、たとえ日本製品を買いたいと思っても買えないはずである。根本原因は、国際通貨が世界にだぶついていることにある。

金融をダブつかせて金融危機を先延ばしにする策略

さて、海外に流出した国際通貨のドルは、そのまま海外で流通するものもある。しかし、ほぼ半世紀近くにわたって流出しつづけて世界各地で「洪水」を起こしているドルは、当然のことながらアメリカ本国にも一部が還流してくる。通貨があふれるほどに流通することは、好景気と繁栄を意味する。しかしそれは、かつてのような製造業やサービス産業が主役の繁栄ではなく、ウォール街を中心とする金融産業であった。アメリカもバブル景気を謳歌したのである。

バブル時代の日本と同様、アメリカの金融機関もあふれるドル資金をどこかに、できるだけ有利な条件で投資しなくてはならない。じつは、アメリカの経済発展は住宅投資が基礎になってきたという伝統がある。そこで、政府や議会に働きかけて住宅投資を促進する政策を実現させたことがある。かねてからの住宅金融専門の連邦住宅抵当金庫（ファニー・メイ）に加えて、連邦住宅抵当公社（フレディー・マック）を設立して、借金による住宅建設促進策が進められたのである。

しかも、つづいて悪名高いサブプライム・ローンが出現した。「不動産は値上がりするはず」という疑わしい信念にもとづき、返済能力のない低所得者層に高い金利の住宅ローンを実施したのである。返済能力のない人たちにお金を貸すのであるから、このローンのリスクは高い。

そこで、金融工学という怪しげな工学専門家たちは、優良なローンの中にこのサブプライム・ローンを少しずつ混ぜて、金利の高い「優良印」の金融派生商品（デリバティブ）をつくりあげたのである。だぶつく資金をかかえて投資先を探していた世界中の金融機関は、この「毒饅頭」のような金融派生商品を買い込んだのである。

ところが二〇〇七年に入ると、サブプライム・ローンで住宅を購入した人たちのなかから、返済不能者が続出し始めた。サブプライム・ローンが混入している金融派生商品の信頼は一挙に崩れ始め、二〇〇八年の世界金融危機が始まったのである。

金融危機とは通貨危機のことであり、通貨が順調に流通しないと経済危機につながる。最悪の場合、これが経済恐慌に発展する。二〇〇八年のこの世界金融危機では、アメリカの投資会社、リーマン・ブラザーズが倒産したので「リーマン・ショック」とよばれるが、本来なら世界恐慌に発展する可能性があった。それを「さらなる金融のだぶつき」によって、世界金融危機を先延ばししているのが現状である。

火山の噴火でいうならば、マグマ溜まりにさらにマグマを蓄積している状況にある。実際の大噴火は、借金の大爆発となって世界経済を吹き飛ばす大魔力となる可能性が充分にある。残念ながらこれが媒体文化、アメリカ・ドルの現状である。

国際基軸通貨としてのドルの誕生

アメリカ史を概観すると、歴史の転換点になった時代をいくつか指摘することができる。

第一の転換点は、イギリスから「棄民」状態で移住することで実現した植民地の時代。

第二の転換点は、フランス革命とほぼ同時代に、同じような理念にもとづくイギリス革命をアメリカ独立革命として実現した時代。イギリス文明から枝分かれして、「アメリカ文明」が誕生した。

第三の転換点は、南北戦争の時代。北軍が勝利したことで農業国であったアメリカが産業革命を実現して、工業国へと発展する契機となった。

第四の転換点は、アメリカ資本主義が成立した二〇世紀初頭。アメリカ全土に何千とあった企業が整理統合され、五〇ほどの独占・寡占企業が成立した。これによってアメリカ経済は飛躍的な発展と成長を遂げた。経済成長と経済発展は文明の発展を促進し、アメリカ文明はヨーロッパ文明に追いつき、追い越すことが可能になった。

第五の転換点は、大いなる魅力と大魔力が交錯した一九二〇年~三〇年代。第一次世界大戦によって衰退したヨーロッパ文明のあとを引き受けるのはアメリカ文明である、という魅力的な実績を示した。しかしその直後、世界恐慌を生み出す魔力の存在を知ることになったのである。

そして、第六の転換点こそが、第二次世界大戦に勝利して名実ともに「主流文明・アメリカ」が誕生したときである。アメリカは、一九世紀初頭からモンロー主義の名のもとにヨーロッパとの相互不干渉を外交の基本方針としてきた。しかし、第二次世界大戦後のアメリカは積極的に国際問題に関与し、問題解決にそれなりの努力をするようになった。その最大の理由は、イギリスをはじめとするヨーロッパ諸国が衰退し、世界をリードできる国がほかになくなったことにあった。

国際問題に積極的に関与することは主流文明の宿命でもある「世界の警察官」を引き受けることであり、かつ「戦争」を戦うことでもあった。しかし、なんの代償もなく警察官役を演じ、戦争までも引き受ける国はない。

では、アメリカは世界からなにを代償として受け取ったのか。それはアメリカ・ドルを「国際基軸通貨」として世界各国から認めてもらうことであった。ドルが国際基軸通貨になることは、いわば世界全体がドル経済圏になることである。つまり、アメリカは他国の影響を受けることなく、自国の利益を優先して経済運営を図ることができるのである。

こうなると、さまざまな利益がアメリカにもたらされることになる。アメリカの企業は為替変動のリスクを受けなくてすむし、外交交渉で相手国に、「アメリカの銀行との取引を禁止する」といったカードを使うこともできる。ドルが使えなくなれば、相手国は苦しい立場に追いやられることになる。

国際基軸通貨ドルの矛盾との闘い

国際基軸通貨としてのアメリカ・ドルが誕生したのは、すでに書いたようにＩＭＦ協定が成立した一九四四年のことであった。一九世紀から二〇世紀前半まで国際基軸通貨であったイギリス・ポンドが衰退して「国際基軸通貨がない世界」となったことで世界経済は混乱をきたし、第二次世界大戦に突入していった。したがって、国際基軸通貨がいかに重要な媒体であるかは、各国ともわかっていた。そこに、実力を備えたアメリカ・ドルが登場し、世界各国はこれを喜んで歓迎したのである。

しかし、このＩＭＦ協定は、初めから矛盾を含むものであることが指摘されていた。イェール大学の経済学者ロバート・トリフィン教授は、一九六〇年に刊行した著書でそのことを書いている。

もしアメリカが健全な経済政策を実施して強い経済をつくれば、アメリカの国際収支は黒字になって、世界に国際通貨を供給できなくなる。逆にアメリカが輸入を増加させてドルを世界に供給すると、すなわちアメリカが国際収支を赤字にしてドルを世界に供給すると、流出したドルによってアメリカが所有する金が買い取られることになり、ＩＭＦ協定の基盤である「金に裏づけられたドル」は崩壊してしまう。

「流出したドル」をもとに、アメリカが所有する金を積極的に買い取ったのはフランスであったが、その後もドルの流出はつづき、トリフィン教授が指摘したとおりブレトン・ウッズ協定をつづけることが困難になった。

一九四四年七月に四五か国が参加して開かれた連合国通貨金融会議で締結されたのがブレトン・ウッズ協定で、「国際通貨基金協定」と「国際復興開発銀行協定」の総称である。アメリカ・ドルを基軸とした固定為替相場制のもとに、一オンス三五アメリカ・ドルの金兌換で各国の通貨との交換比率を一定に保つことで自由貿易を発展させ、世界経済を安定させる仕組みであった。

しかし、一九七一年の夏、ニクソン大統領はドルによる金交換の停止を宣言した。いわゆる、「ニクソン・ショック」である。

アメリカ経済は、一九六〇年代中ころまでは強い経済を持続していた。この結果、国際収支の黒字がつづき、世界経済に国際基軸通貨が供給されない状況になったのである。「ドル不足」とよばれて対策が求められた。この求めに応じたのがＩＭＦによる「第三の通貨」創設で、一九六九年のことである。金・ドルにつぐ第三の通貨として登場したのが、ＳＤＲ（Special Drawing Rights）（ＩＭＦ特別引き出し権）である。Ｉ

ＭＦ協定によると、加盟国は自国が出資している金額の範囲まで、必要に応じてＩＭＦからドルを引き出すことができた。しかし、それとは別に、出資金以上のお金を引き出すことができる「特別引き出し権」の制度が創設されたのである。この「権利」は、出資金に応じて加盟国に配分された。

しかしながら、一九六〇年代末になるとアメリカ経済は国際収支の赤字がつづくようになり、ＳＤＲの必要はなくなった。ＳＤＲはＩＭＦ内部の統計などだけに使われる存在になった。しかし、ＳＤＲが不要になったわけではない。ハーバード大学のリチャード・クーパー教授は、一九八七年出版の著書に、「二〇一〇年ころになると、国際通貨としてＳＤＲが取りあげられるようになるだろう」と書いている。

アメリカ・ドルに代わる国際基軸通貨の創設は可能か

また二〇〇八年の世界金融危機、「リーマン・ショック」にさいして、二〇〇九年三月に中国中央銀行の周小川前総裁が論文を発表し、国際準備通貨としてＩＭＦのＳＤＲの採用を提案した。周総裁はこの論文で、先に述べたトリフィン教授が主張した「矛盾」にも言及し、現在の国際通貨体制の欠陥をも指摘している。

しかしながら、このような議論は一九四四年のブレトン・ウッズ会議でも展開されていた。イギリス代表の団長で経済学者のジョン・メイナード・ケインズが、ポンドやドルではない新しい国際通貨、

「バンコール（Bancor）」を提案していたのである。

彼の案は、のちに実現するＩＭＦのＳＤＲとはかなり異なったものではあったが、ポンドやドルなどの国民通貨を国際通貨として流用する考え方と異なり、新しく創造された国際通貨ＳＤＲに近い考え方ではあった。

しかし、一九四四年当時は受け入れられなかったこのケインズ的な提案も、近い将来には実現する可能性がある。その提案は、「現在に至る国際通貨基金ＩＭＦを改組して、世界中央銀行の役割を担う組織にする必要がある」というものである。この銀行は新しい国際通貨を発行し、適切に管理・運営する役割を担うことになる。新しい国際通貨は、ケインズ案に敬意を払って「バンコール」と命名するのが適切であると、私は考えている。バンコールはいかにも「銀行の金」といった含意を感じるからである。

ところで、通貨の本質は信頼であるが、この新しい通貨・バンコールはどんな裏づけによってその信頼を獲得するのか。それは現在のＳＤＲと同様とするのが適当である。それは世界経済において貿易、金融などで大きなシェアを占めているアメリカ、ＥＵ、中国、日本、そしてイギリスの五か国の通貨の加重平均バスケットで構成されるものである。すなわち、バンコールの価値は、主要五か国の経済に裏づけられた通貨であるということである。

イギリス・ポンドは、金本位制による金の裏づけによって信頼を獲得し、国際基軸通貨の役割を果たした。アメリカ・ドルは当初、ポンドと類似の金の裏づけによって信頼を得ていたが、ニクソン・ショック以後は「アメリカ経済」のみの裏づけによってドルの価値を維持し、かろうじて国際基軸通貨の役割を担っている。

しかし、中国をはじめとするかつての発展途上国が産業革命に成功して、現在は次から次へと世界経済・国際経済システムに参画してきている。すなわち、世界経済・国際経済は成長して、その規模をますます拡大している。したがって、これに対応した国際通貨供給量の増大は必然である。

では、その国際通貨の莫大な増強を、現在のアメリカ・ドルの供給システムで応じることができるのか。いうまでもなく、そのようなことは不可能である。しかし、これを可能にしてくれるのが、先に示した「国際通貨バンコール」の制度である。

バンコールは世界の主要な経済に支えられている通貨であるから、たとえば為替市場でアメリカ・ドルが下落したとしても、日本円やユーロが上昇すればプラスマイナス・ゼロで変化がないことになる。すなわち、バンコールの価値は五か国の通貨の加重平均バスケットで構成されているので、その内部でドルの価値が下がっても、ユーロや円の価値が上がれば全体としてのバンコールの価値は変わらず、まったく安定した通貨になるのだ。

しかし、このバンコール制度が制定されるならば、それは国際基軸通貨の交代とアメリカ・ドルの役割の終焉を意味することになる。同時にそれは、アメリカ主流文明の幕が下りることを意味することになるだろう。

アメリカ文明を超える文明の創造

主流文明アメリカについて長々と書いてきたのは、現在の人類が直面している主要な問題と課題が、アメリカ文明に集中して存在しているからである。そこで、アメリカ文明の考察を総括してみることにしよう。

まず、「アメリカ人とは何者か」という疑問に答えることにしよう。答えはこうである。「彼らはさまざまな種類の野心家の集団である」。すなわち、さまざまな野心をもったイギリス人が最初にアメリカに到着し、次にイギリスを含むヨーロッパの国ぐにからも同じようにさまざまな野心をもった人たちが集まった。アメリカ人とは、「自分たちの野心を実現させるべく、たいへんな努力をした人たちであった」ということになる。

その後、奴隷であった黒人、さらにアジアなど世界各地からも、亡命などさまざまな事情をかかえながらもそれなりの野心をもった人たちが加わり、アメリカはますます豊かな人材に恵まれ、魅力的な文明国として発展した。文明は「人」がつくるものであるから、まずは豊かな才能を具えた人たちが必要であるし、またそういう人たちは野心家であるほうがよい。

次は自然環境である。

北アメリカ大陸の広大な中央部を独り占めするようなアメリカの立地条件は、その文明の発展にとって絶好の自然環境を提供するものであった。北隣のカナダと比較しても、冬季のカナダは厳しい寒冷地になるが、アメリカは温暖で農地としての肥沃な大地がある。石油、石炭、鉄鉱石、ボーキサイトなどの天然資源にも恵まれている。このような自然条件が具わったアメリカは、他の文明と比較してもいっそう飛躍できる条件が整っていた。

歴史的条件にも恵まれていた。

あらゆる意味で「農業経済」でしか生きる方法がなかった時代に、すなわち古代や中世の時代にアメリカが誕生していたとしたら、いくら野心的で才能豊かな人たちが集まってきていたとしても、こんにちのアメリカのように魅力的な文明を生み出すことはできなかったであろう。なぜならアメリカは、ヨーロッパにおいて中世的な農業社会が行き詰まることで、いわゆる「近代精神」とよばれる思想が誕生し、合理主義にもとづく近代科学の発展と社会革命の実現を眺めてきたからである。

アメリカはそのうえで、産業革命を継承するかたちでアメリカ文明というものを誕生させている。このような歴史的な遺産のうえに、アメリカの主流文明は築かれてきたのである。

問題は、このようにして発展してきた文明がたいへん魅力的であったことである。それがゆえに世界に拡がることになり、結果としてこのようなタイプの文明は、これ以上つづけることが不可能になったということである。

たしかに、人類は狩猟採集の時代から自然環境を破壊してきたが、近代精神の確立と産業革命が実現したのちの自然破壊は、桁違いに巨大であった。人類が生き残るには、この文明から離脱して、まったく新しい文明を生み出さねばならないのではなかろうか。

人類が獲得してきた近代精神とか合理的な思考などの精神文化にも大きな影響を及ぼす、そういう新しい文明の創造が求められているのである。

野心と野望の冒険人生を生きるアメリカ人の幸せ

アメリカ主流文明のなかで生きてきた人たちは、幸せであったのだろうか。彼らは幸せであっただろうと、私は考えている。

その理由は第一に、「自分は世界一強い国の国民であって、戦争に負けたことがない」という誇りをもって生きることができたこと。それに、「世界一の生活水準で生きることができた」という満足感を味わった人たちだからである。これを証明するのが、いまでも世界各地から移住したい人たちがアメリカに押し寄せている事実である。「アメリカに行けば幸せになれる」と、世界の多くの人たちが信じているのである。

二番目は、多くのアメリカ人が野心家であり、かつ、かなりの人たちは野望さえもって生きてきた。したがって、たとえ人生の競争において敗れたとしても、「挑戦することができた」という満足感をそれなりに味わえたであろうからである。野心や野望を実現できた人たちはもちろん「アメリカン・ドリームを実現できた」という大満足を得たであろうが、野心を実現できなかった人たちも、人生における「冒険」ができたことに満足と幸せを感じているはずである。

先にも書いたように、先進国のなかでアメリカだけは宗教が盛んである。それは、彼ら一人ひとりが野心をもって「冒険の人生」を生きているからであろう。

冒険には危険がともなう。しかし、危険のなかを生きるとき、人は神を求め、神を見出すのである。そして神とともにある幸せをも味わうことができる。

「主流」からはずれた諸文明

エジプト、イスラーム、インド、中国、ロシア、中小ヨーロッパ諸国、アジア諸国

● **「エジプト文明」と「イスラーム文明」の悲哀**……343

近代化革命も産業革命も未経験の大国／実践を重視するイスラームと合理性

● **「インド文明」の悲哀と魅力**……347

多言語社会という宿命と国家統合

● **「中国文明」の悲哀と魔力**……349

西欧の列強と日本に蹂躙された一九世紀／基軸文化は儒教から共産主義思想に

● **「ロシア文明」の魅力と魔力、そして悲哀**……353

「汎スラブ主義」のもとにスラブ系国家を統合／拡張主義が招いたロマノフ王朝の崩壊と共産党一党支配／社会主義革命という近代化革命と基軸文化

● **「ヨーロッパ諸文明」の魅力と魔力**……360

ラテン語、ロマンス諸語、ゲルマン語の源流は印欧語族／印欧語族から派生したスラブ語派の東欧とバルト海諸国／ウラル語族とその他の印欧語族の諸言語／言語と宗教でも中南米を制覇したスペイン、ポルトガル／残されたオセアニア、アジアはオランダの植民地に

人の暮らしと心を律するヒンドゥー教寺院〈インド〉

第9章

アレキサンダー大王によって破壊されたペルセポリスの門〈イラン〉

●ヨーロッパの歴史は「戦争史」……369

EC、EU誕生の必然と戦争／課題含みのEUの未来可能性／対立の根幹にある南北格差と近代化／神に話しかけるプロテスタントとそれができないカトリック

石造りの古い教会〈アイルランド〉

●アジア諸文明の悲哀と希望……379

中心にいることで近代化革命が遅れたトルコ／イスラームを広めたアラビア半島のアラブ人／スンニ派の本家、サウジアラビアと石油／メソポタミア文明の原点に誕生したイラクの混迷／魅惑のペルシャは悲哀のシーア派イランへ／迫害から移住したゾロアスター教徒、タタ一族／侵略の十字路、アフガニスタンの混迷／栄光のインダス文明と征服されつづけたパキスタン／仏教、ヒンドゥー、イスラームと転変したバングラデシュ／ムスリムに苦悶する仏教国、ミャンマー／王朝の権威が文化と経済力を育んだタイ／多民族国家にされたマレーシア／分断されたマレー系民族の国、インドネシア／インド・中国の文化や文明と無縁だったフィリピン／外国支配と闘いつづけたベトナムの未来／三方の大国に脅かされた歴史の韓国と北朝鮮

虐げられてきた悲哀の文明

人類の世界史は、当然のことながら、主流文明によってのみ構成されたものではない。主流文明は「世界史を主導してきた」立役者ではあったが、「先導された中小の文明」のほうが数のうえでも人口のうえでも、はるかに多かった。しかも、そういう多くの中小文明は、主流文明に征服されたり、支配されたりしてきた。いわば、「虐げられてきた悲哀の文明」である。そこで、そのような諸文明について若干の考察をすることにする。

最初に、「主流文明史観にもとづく世界」のイメージを説明しておく。

主流文明は、その文明が活躍した時代を先導し、その世界の先頭を歩んでいた。したがって、他の文明はそのあとの二番目、三番目、あるいは四番目あたりで世界史を形成してきた。この場合、二番目は二番目グループというように複数の文明によって形成されているのが通常である。

現代文明に当てはめてみると、アメリカ文明が先頭を進み、これと同時かそのすぐ後に先進国とよばれる国の諸文明がつづき、次に先進国入りしたと評価される諸国、そして最後に近代化革命に苦心しつつ格闘している諸国などをイメージすることができる。

「エジプト文明」と「イスラーム文明」の悲哀

まず、かつては大文明とよばれていたものの、主流文明になれなかった文明について考察してみよう。第三章において、「原始四大文明——主流文明になりえた文明はどれか」と題して、古代エジプト文明、インダス文明、黄河文明の三つの文明について、かなり詳細に説明した。

エジプト文明は魅力的な「巨石文化」を遺して、他の文明にこれを伝えたが、この他に評価できるものはなかった。しかも、ペルシャやギリシャに征服されて弱体化したばかりか、七世紀に勃興してきたアラビア文明によって征服され、言語もアラビア語に変わってしまった。宗教もイスラームに変わった。近代になるとフランスやイギリスの強い影響下に置かれ、原綿の供給地といった植民地的役割を担うことにもなった。

近代化革命も産業革命も未経験の大国

西ヨーロッパ諸国や日本のように先進国になった国ぐにには、「近代化革命」と「産業革命」を経験した国ぐにである。エジプトは、北アフリカ諸国やその他のアラブ諸国を代表する大国ではあるが、「近代化革命」と「産業革命」の二つの革命を終了させていないように思われる。したがって、エジプトやその他イスラーム諸国の多くは、マレーシアなど一部の国を除いて、社会の近代化に苦心しているのではなかろうか。

この原因は、イスラームという宗教あるいは思想と、近代思想との間にそうとう硬い、氷のような障害があることではないか。そこで、エジプトとの関連において、イスラーム諸国の問題を考えてみることにする。

イスラームと儒教とはよく似た課題をかかえているというのが、私の見解である。両者ともに「農業文明」の時代に成立した思想であって、産業文明の時代には改革が必要だということである。日本における江戸文明は農業文明の最終段階にあり、そういう日本江戸文明を実現させていたのが儒教であったことは先に書いた。

封建制、家父長制などは、近代思想を経験した者からたいへんな不評を買った。しかし、農業文明の時代にあっては、封建制も家父長制も優れて高度な文化であって、「土地の広さ」という制限があるなかで一定の社会を存続させるには優れた文化であった。

そう広くもない農地を兄弟姉妹で平等に分割して相続することを考えればすぐにわかることだが、平等に分割されたことで農地は狭くなり、相続した誰もが農業では生きられなくなる。すなわち、儒教は農業文明の時代においては有効な思想であったものの、近代社会ではこの思想は受け入れられがたいのである。

実践を重視するイスラームと合理性

類似のことは、イスラームについてもいえるように思われる。日本人でも知っているイスラームに関する知識に、「アザーン」がある。イスラーム国に行くと一日五回、モスクやミナレット（塔）から、礼拝を呼びかける「お知らせ」、アザーンが流れてくる。イスラームの信徒、ムスリムたちは仕事中であっても原則として近くのモスクに集まり、礼拝に参加することになっている。イスラームでは「実践」が重視されるので、一日五回の礼拝は守らなくてはならない。

しかし近代社会では、工場の機械を何度も止めて礼拝を守ることは合理的ではないと考える。朝夕の二回程度にまとめたらどうか、といった提案もあるだろう。実際にそのように運営されている企業もあるかもしれない。とにかく、農業文明なら有効であったものが近代合理主義の社会では、さまざまな場面で不都合なものとして衝突が起こったりすることになる。

女性に自由を与えないという慣行は、儒教社会でもイスラーム社会でも多い。農業文明の時代には、それなりの理由があったであろうが、合理的な近代社会ではやはり、衝突の原因になる。われわれも知っている「ラマダーン」という断食の義務化も、近代的な健康管理の視点からは無理があるだろう。しかし、飽食の時代を生きている日本人などは、このラマダーンから学ぶものがあることは確かである。

いずれにしても、エジプトを含むイスラーム諸国は近代化に後れをとり、そうした多くの諸国は主流文明によって征服され、搾取され、虐げられもしてきた。パレスチナやシリア内戦では、主流文明や準主流文明による代理戦争、内戦への干渉、武器の売却など、気の毒の限りである。悲哀と落胆のみで、言葉もない。しかしながら、これもまた人類が築いてきた文明の一面であることを、われわれは充分に自覚しなくてはならない。

イスラームの悲哀のみを書いてきたが、魅力的なイスラーム建築や美術についても書いておきたいと思う。少々蛇足になるかもしれない。

現代の世界においてもっとも人気があり、かつ素人目にも美しいと思えるイスラーム建築は、スペインのグラナダにあるアルハンブラ宮殿であろう。小高い丘の上に建つ中世イスラーム建築の傑作であり、城壁で囲まれた城塞都市である。内部には王宮、モスク、庭園などがあり、イスラーム特有のアラベスク模様の壁や天井などの美術も鑑賞できる。

二番目に選ばれる建築は、北インドのアグラ郊外にあるタージ・マハルである。チュルク系（モンゴル系）イスラーム王朝のムガール帝国の第五代皇帝シャー・ジャハーンが、愛する妃が三四歳で一六三一年に亡くなったことを悲しみ、イスラーム建築のすべてを表現する墓廟として建てたものである。中央に大ドームが建ち、基壇の四隅にミナレットを配する、いかにもイスラーム的な白亜の建造物である。白色の石はすべて大理石で、その表面には美しい貴石を象嵌した装飾が施されていて、インドの石工の技術に感動する。しかしながら、この二つの魅力的な建築が遺されているのはイスラーム国ではなく、キリスト教国とヒンドゥー教国であるという現実に、やはり大きな悲劇を覚える。

「インド文明」の悲哀と魅力

次は、インダス文明とその後継のインド文明である。インド文明については、第三章においてかなり私見を述べたが、その魅力は「宗教文化」であるとも書いた。しかし、この宗教がインド独立の立役者、ガンジーがもっとも憂いたパキスタンとの分離・抗争を生む原因となった。ヒンドゥー教とイスラームとの対立である。

それでも、インドが生んだ仏教は、やはり偉大であったといわざるをえない。北東アジアに伝えられた大乗仏教と南東アジアに拡がった上座部仏教は、それぞれの地域において基軸文化となり、文明を発展させることに貢献した。ところがインド自身は、一六世紀初頭から一九世紀後半まで存続したムガール帝国に征服され、これにつづくイギリスによる植民地化などによって、インド的な文明をそれ以上発展させることはできなかった。

多言語社会という宿命と国家統合

第二次世界大戦後のインド独立はインド文明に発展の機会を与えるものとなったが、やはり多くの障害があり、順調な発展はできなかった。理由の一つとしてパキスタンとの抗争や戦争もあったが、根源的な問題として「共通語」があった。

インドの通貨はルピーであり、ほとんどの紙幣の表面にはマハトマ・ガンジーの像が印刷されている。しかし紙幣の額面は、表面はヒンドゥー語と英語で、裏面は一五か国語で書かれている。裏面に書かれている一五か国語のいくつかを示すと、アッサム語、ベンガル語、カシミール語、ネパリ（ネパール）語、パンジャブ語、サンスクリット語、タミル語、ウルドゥー語（パキスタン語）などである。公用語にしても、州の公用語を含めると二〇ほどもあるという。

インドと中国は広い国土と人口をかかえているが、中国は漢族を中心に周辺諸国との戦争をくり返して統合を促進し、現在のような中国語（北京語）に統一された国が成立した。しかし、インドはムガール帝国やイギリス帝国による分割支配により、統合が進められなかった。この結果、もっとも共通する言語は、かつての支配者のイギリスの言語、つまり英語ということになった。やや皮肉な結果であるが、幸いなことにイギリス文明を継承した主流文明がアメリカであったことで、インド英語はアメリカ英語の一部として活用されることになった。

二〇世紀後半の東西対立の冷戦時代、インドは中立の立場をとったとされるが、どちらかというとイギリスとアメリカを嫌い、当時のソ連寄りの外交政策をとってきた。しかし、ソ連が崩壊した後は西側に軸足を置くようになり、なおかつ日本をはじめとするアジア諸国が経済発展に成功した現実を認めて、外資の導入も受け入れるようになった。

グローバル経済が進展するこんにちの世界において、インド英語とゼロの概念を発見したインド数学の実力によって、インド文明の未来が開けてきたように思われる。インド文明は、悲哀の後に魅力がやってくることになるだろう。しかしながら、中国と競うほどの大きな人口をかかえ、水不足は大丈夫か、環境破壊はどうするのか等々、多くの問題が前途に控えている。

「中国文明」の悲哀と魔力

紀元前三世紀には、秦の始皇帝は中国を国家として統一している。黄河文明とこれを継いだ中国文明であるが、インドと同じようにモンゴル（蒙古）族、満州族など異文化勢力による征服と支配の歴史を経験している。ところが、そういう異民族国家による支配があっても、基軸文化となる儒教の思想、言語、文字など、中国文明の骨格的な文化は守られてきた。

一三世紀から一四世紀にかけてはモンゴル帝国による約一〇〇年の支配（元王朝）を受けながらも中国的な文化の発展はつづき、中国的な色彩の強い禅宗などの仏教、それに水墨画、中国数学、医学なども発展した。しかしながら、一七世紀の満州族の清王朝による支配では、中国文明そのものの弱体化が明白になった。

西欧の列強と日本に蹂躙された一九世紀

のちに満州族とよばれることになる人たちは一六一六年に「後金」を建国し、その二〇年後に国号を「清」と改め、一六四四年には首都を北京において中国征服と支配を始めた。日本では徳川幕府の三代将軍家光の時代である。この時代の中国においては朱子学が盛んで、日本の江戸幕府もこの朱子学を学んだが、思想そのものはもはや時代遅れであった。この結果、一九世紀になると西欧の列強が次つぎに清に押しかけ、イギリスとはアヘン戦争で敗退するなどして国内の多くの土地が「租借」という表現で外国勢力に支配された。おまけに日本との戦争にも敗れ、清朝中国はさんざんな状況に陥ってしまった。

このような状況を打破し、中国が独立国として立ちあがるには清朝を倒さなくてはならなかった。清朝は、孫文などによる辛亥革命によって一九一一年に崩壊し、中華民国が成立した。

この混乱に乗じて中国侵略を企てたのが、日本であった。形式的には清朝を支援するかたちをとって満州国を建国し、傀儡政権を樹立して植民地化したのである。巨大な中国市場には欧米諸国も進出を狙っており、そういう欧米諸国から日本による中国独り占めは非難されるところとなり、日中戦争から太平洋戦争へと破滅の歯車を回すことになった。

日中戦争は一九三七年の「盧溝橋事件」に始まったが、国民党政府と共産党勢力との内戦はすでに始まっており、日本はこの二つの勢力と戦った末に敗戦を迎えることになった。抗日戦争に勝利した二つの勢力は内戦をつづけ、最終的には国民党が敗退して台湾に退却した。中国本土は毛沢東の共産党によって支配されることになり、一九四九年には中華人民共和国が成立している。

基軸文化は儒教から共産主義思想に

新中国は当初、共産主義では先輩格の当時のソ連と友好関係を結び、経済援助と技術支援をうけていた。しかし、ソ連による支配体制の強化に反発した中国は中ソ論争を始め、友好関係は破棄された。この結果、中国の外国語教育はロシア語から英語に変更された。日本と同じように、アメリカ文明から主要な文化を学ぶことになったのである。中国は核開発も進めたが、これはアメリカ技術の盗用であったし、産業技術に関しても、産業スパイによって中国はアメリカの技術を多く導入してきた。

一九六〇年代の中国は、日本企業による韓国や台湾への進出を「日本による経済侵略である」と盛んに日本を非難していた。ところが、経済侵略されたはずの韓国や台湾が急速に経済発展する結果をみて、「中国にも投資してもらいたい」と言い始めた。こうして、「改革開放政策」が実施され、こんにちの中国の経済発展が実現したのである。

国内総生産で世界第二位に上りつめた中国であるが、その経済成長はアメリカを主要な市場とする世界経済に依存するものであった。共産主義という保護主義を主張していた中国であったが、自由主義によってなりたっている国際経済によって莫大な利益を得たのである。

一方、自由主義経済を主張してきたアメリカは弱体化し、保護主義を主張するようになった。中国とアメリカとが逆の主張をするようになったのが、二〇一七年である。とはいえ、一三億人の中国人が豊かな生活を始めたら地球環境はどうなるのか。そんな世界が可能なのか。人類が直面する深刻な問題となっている。

中国文明の基軸文化は一貫して「儒教」であったが、二〇世紀後半以降は「共産主義」になっている。しかも、社会主義革命に成功したということは、身分制の儒教社会を否定しているということでもある。近代化革命に成功したということでもある。近代思想は合理的な思考であり、中国革命はこの点でも成功したといえる。ところが、共産党による一党支配の制度は合理的ではなく、「道徳的な君主による支配」という儒教的な思想と一致している。すると、現在の中国文明の基軸文化は、儒教でも共産主義でもないことになる。

では、どのような主義なのか。中国の首脳がときどき発言するところによると、「中華思想」であるようにみえる。ナショナリズムである。合理主義思想という理性的な思想ではなく、感情に重点を置くナショナリズムによって、一三億の人たちを統合しようとしているようである。

感情による民族主義政治は、ヒットラーの政治であった。すると、中国文明は大きな魔力をかかえた存在になるかもしれない。悲哀の後に魅力ある中国が実現したようにみえるが、南沙諸島などに軍事基地を強引に建設するなどで、世界から嫌われる存在にならないことを願うものである。

「ロシア文明」の魅力と魔力、そして悲哀

ロシア人はどこからきたのか。古代ローマ文明を築いたのはインド・ヨーロッパ語族系のラテン人であったとこれまで書いてきた。ロシア正教会はローマ・カトリック、ビザンチン文化の流れをくむとも書いてきた。しかし、ロシア人については、同じような文脈で書くことはできない。

ロシア文明の起源は、じつはロシア人によるのではない。現代のウクライナ、ベラルーシ、ロシアや近隣の少数民族など東スラブ語を話す東スラブ人集団が、八八二年にキエフ公国を建国したことに始まるからである。

このキエフ公国が、ビザンチン帝国からギリシャ正教のキリスト教を九八八年に導入したことにより、キエフ文明の発展は加速された。しかし、一二四〇年に東方からモンゴル軍が来襲してキエフは陥落し、キエフ公国は消滅してモンゴル帝国のキプチャク・ハン国の支配下に置かれた。

「汎スラブ主義」のもとにスラブ系国家を統合

キプチャク・ハン国は、モンゴル軍と一緒に戦ってきたタタール人国家である。この国の支配下で人民から税金を徴収する役割を一手に引き受けていたのが、のちに「モスクワ公国」を建国し、ロシ

ア帝国にまで発展させたロシア人であった。

モスクワ公国はギリシャ正教を含むキエフ公国の文化を継承し、一五世紀にはイワン大帝がキプチャク・ハン国を滅ぼしてモスクワ大公国とした。さらに、勢いをそのまま維持して、近隣のプスコフ、スモレンスク、リヤザンなどのスラブ民族を併合して大ロシアとしたのはイワン四世で、一五四七年であった。このイワン四世の妃の家系から誕生したロマノフ王朝は、ピョートル一世の時代にロシアの急速な近代化に成功した。

その要因となったのが、先進国オランダへのピョートル一世の「おしのび留学」であった。彼は皇太子の身分を隠してオランダに赴き、当時の世界最先端文化の多くを学んだ。帰国すると、彼は学んだことを次つぎに実践した。オランダの運河にならって大都市サンクト・ペテルブルクを建設し、一七〇三年には首都をモスクワからこの新都市に移転している。バルト海に面したペテルブルクを、西ヨーロッパからあらゆる文化や物資を輸入し、ロシアの近代化を進める玄関口としたのである。

国名を正式に「ロシア帝国」としたのは一七二一年であったが、ポーランドなどの周辺国を平定して南下政策を進めた結果、オスマン・トルコとの戦争になった。このロシア・トルコ戦争には勝利したものの、「汎スラブ主義」の主張のもとにスラブ系の国ぐにを統合して南下するロシアは、イギリス文明と衝突することになる。一八五三年から三年間も戦われたクリミア戦争である。もとはトルコとロシアの争いであったが、トルコがイギリスに支援を要請し、トルコ・イギリス・フランスの連合軍と戦うことになったロシアは敗退した。

このクリミア戦争で特記すべきは、イギリス軍の従軍看護婦であったナイチンゲールである。敵味方の区別なく負傷者を公平に看護する高尚な精神は、人類への最高の教訓となった。しかし、汎スラブ主義を主張するロシアに、このナイチンゲールの声が届いたかどうかはわからない。

拡張主義が招いたロマノフ王朝の崩壊と共産党一党支配

一九世紀も末になると、ロシアはフランスと同盟を結ぶようになり、フランスから資金を借りてシベリア鉄道を完成させた。南進して地中海への出口を探っていたロシアは、シベリア鉄道によって東進し、日本海そして太平洋へと到達したのである。

しかしながら、このような拡張主義は国民の犠牲のもとで行なわれることになる。第一次世界大戦が始まると、その直後に国内で革命が起こってほぼ二〇〇年つづいたロマノフ王朝は崩壊した。ウラジミール・レーニンによるソビエト連邦社会主義共和国の成立である。マルクス・レーニン主義にもとづく、共産党一党支配の文明である。

そのようなロシアは農業文明の段階にあり、経済基盤は農奴による農業経済であった。革命政府は、貴族や大地主を排除して農地を国有化し、コルホーズとかソホーズとよばれた集団農業経営の方式を採用した。地主は抵抗したが、共産党はそのような抵抗者を片端から投獄した。政治指導者も意見の異なる者を次つぎに排除し、多くを殺害した。

これはフランス革命も同様であった。革命という急激な変革には、このような暴力と悲劇をともなう。こうして一人の独裁者が誕生することで、それなりの安定状態には到達する。社会主義革命とよばれたロシア革命、毛沢東による中国革命、あるいはカストロによるキューバ革命にしても、結局のところ、近代化革命を社会主義革命という名のもとに実現させている。

しかしながら、近代社会を実現するには近代化革命だけでは不充分で、産業革命も行なわれなくてはならない。農業経済から脱却して産業経済を実現しないことには、「解放された」とか「自由になった」といくらいっても、「就職先がない」という深刻な問題をかかえてしまうのである。

二一世紀に入っても、発展途上国では人口の増加に見合う産業の発展がみられないために社会は不安定化し、内戦の勃発、難民・移民の発生などの深刻な問題につながっている。しかも、そのような難民・移民は、主流文明、準主流文明の欧米へと向かうことになり、人類全体の問題に発展する。日本もその影響をうけることになるが、こういう攪乱によって人類全体の文明、グローバル文明への市民の理解が促進するのかもしれない。

ところで、ロシア革命という近代化革命に成功したロシアは、上記の問題をどのように解決したのか。まず、革命によって解放した農奴や農民は、集団農場に就業させている。次に、巨大な軍隊を組織して周辺諸国のウクライナ、白ロシア、バルト三国、すなわちエストニア、ラトビア、リトアニアなどを支配し、連邦制の名のもとにロシア人を送り込み、それぞれに職場を与えた。インテリは共産党の幹部に登用し、公務員として採用した。掃除婦であろうとなんであろうと、国民全員が公務員になったのである。しかし、無理して採用したことで、多くの人の不満は爆発しそうになった。そのような人たちは亡命するか、シベリア送りになった。

そうこうしているうちに、幸か不幸か第二次世界大戦が始まったのである。戦争になると軍隊が大量の人を兵士として吸収したし、軍需産業が多くの労働者を雇用した。幸いなことにドイツに勝利したソ連は、東ベルリン以東の諸国のすべてをソ連経済圏として囲いこむ同意を西側諸国から獲得し、一大社会主義文明圏の形成に成功した。明らかにロシア帝国の拡大であったが、ソ連共産党の指導部から誕生した独裁者はスターリンのようなグルジア（ジョージア）出身者であったことなどから、連邦共和国とよばれた。

第二次世界大戦での勝利はマルクス・レーニン主義の正しさを証明したものとして喧伝され、日本においてもかなりの学者やその追従者が「マルクス主義」を主張して活躍した。

社会主義革命という近代化革命と基軸文化

しかし、先に述べたように、社会主義革命は基本的には近代化革命であった。革命を成功させることはできても、そのあとに社会主義文明を築くことはできなかった。文明を誕生させるには、やはり共通言語と共通通貨が必要である。

ソ連文明圏では、所属するすべての国にロシア語教育を強制したし、その経済圏内においてはロシアの通貨、ルーブルの使用を強制した。「ロシア語とルーブル」の強制そのものは、けっして誤りではない。ロシア国内ではそれでよい。しかしそれだけでは、他国あるいは他文明には不充分なのである。第二章の「媒体文化」で説明したように、言語はたんなる記号ではなく、その言語の「裏づけ」としての文化が具わっていなくてはならない。一九世紀のロシア文明は、トルストイ、ドストエフスキーなどのすばらしい文学を生んだ。チャイコフスキーという魅力的な作曲家も生んだ。しかし経済学、経営学、法学、医学、物理学、化学、工学など、近代的で高度な文化を表現するロシア語ではなかった。そのような言語を押しつけられても、他の文明の人たちは喜ばない。

通貨についても同様である。ロシアのルーブルを受け取った人は、そのルーブルで自由に買い物ができたのか。ロシア国内においてすら、ルーブルで買い物をするのに何時間も並ばなくてはならなかった。すなわち、ルーブルを裏づける商品、経済力がなかった。物やサービスを自由に買うことのできないような通貨は、国際通貨にはなれない。

主流文明のアメリカに対抗して、核兵器という強力な魔力を数多く保有すれば世界征服は可能と主張したソビエト連邦は崩壊し、一五の独立国が誕生した。カザフスタン、ベラルーシ、ウクライナ、ウズベキスタン、バルト三国などである。

ロシア革命以前のロシア文明の基軸文化は、ロシア正教会のキリスト教であった。トルストイやドストエフスキーの小説を読むと、ロシア正教がその文化の中心にがっしりと座っていることがわかる。モスクワには、ほとんどがロシア人画家による絵画を収集した美術館、トレチャコフ美術館がある。プロレタリア絵画から始まって、ドストエフスキーの肖像画などが展示してある。そして最後に展示されているのがロシア正教会の聖画、イコンである。すなわち、ロシア美術の源流までもがロシア正教である。私はこのことを、ソ連時代にこの美術館を訪ねて知った。

ロシア革命以後のロシアの基軸文化は、ロシア正教会のキリスト教に代わってマルクス・レーニン主義であった。それでは、ソ連崩壊後のロシア文明の基軸文化はなにであろうか。大日本帝国は無条件降伏したので、基軸文化であった天皇制国家神道を廃棄して、「自由・民主主義」という近代的な文化を受容した。しかし、ソ連崩壊は無条件降伏ではなかったので、「自由・民主主義」を受け入れることはできなかった。結果的には、他に方法がないという事情からか、ロシア帝国時代のロシア正教をとりあえずの「国民統合の印」にしたようにみえる。

しかし、マルクス・レーニン主義のもとで、「宗教はアヘンである」として学んできたロシアの人たちは、これからどのような文化を基軸に生きるのだろうか。形式的な自由経済や民主主義では、真の意味での近代社会を実現することはむずかしいように思われ、今後が心配になる。多様な魅力をかかえているロシアではあるが、悲哀はまだつづくのかもしれない。

「ヨーロッパ諸文明」の魅力と魔力

次にとりあげるのは、ヨーロッパとEUである。それぞれの文明を築いてきたのはやはり人間集団であり、ヨーロッパの諸文明を築いてきたのもヨーロッパ諸民族である。では、このヨーロッパ諸民族はどこからきたのであろうか。

本書の冒頭で、「日本語はどこからきたのか」がわかると、「日本人がどこからきたのかもわかる」と書いた。民族と民族語はほとんど一体をなしているからである。ヨーロッパ諸民族の源流を知るには、各民族の民族語の源流を探せばよいのである。

ラテン語、ロマンス諸語、ゲルマン語の源流は印欧語族

言語学者の功績で、「インド・ヨーロッパ語族」が明快に説明できるようになった。すなわち、インド・ヨーロッパ語族に属する民族語は一つの祖語から分派していった言語であった。「現生人類の祖先は、ミトコンドリア・イヴである」という事実と同じである。同様に、インド・ヨーロッパ語族の祖語がいつ、どこで誕生したかもわかるというのである。

言語学者の説明では、この祖語は五〇〇〇年から八〇〇〇年前ころに、カスピ海と黒海の北周辺、

現在のウクライナ周辺かトルコのアナトリア高原周辺で誕生し、各地に移動・定着したという。およそ七〇〇〇年前にウクライナからトルコ周辺にかけて住んでいた人たちが、三〇〇〇年くらいの間に徐々に移動・定住したことになる。すなわち、東アフリカから移動してきて、カスピ海、黒海、アナトリア周辺に暮らしていた人たちが徐々に各地に移動したのである。

そういうなかで、比較的早い時期に西に向かって移住したギリシャ語を話す人たちが、古代ギリシャ文明を築いたことはすでに書いた。そこで書いたように、フェニキア語を話すフェニキア人がギリシャ人よりも早く、すでに地中海で活躍していた。フェニキア語は、アラビア語、アラム語、ヘブライ語などのセム語族に属する言語であり、ギリシャ語よりも古い言語である。しかし、インド・ヨーロッパ語族に属する言語ではない。すなわち、フェニキア人は言語学的にいうとヨーロッパ人ではないということになる。

次にヨーロッパにやってきたのは、ラテン語を話すローマ人であった。彼らもまた、主流文明である古代ローマ文明を築いた人たちで、その物語はすでに書いた。

古代ローマ文明は東西に分裂し、西ローマ帝国は四七六年に崩壊したが、その帝国内に生きていた人たちは民族ごとに独立と統合をくり返して、ラテン語から派生した「ロマンス諸語」を話す国ぐにを成立させた。それがフランス語、イタリア語、ルーマニア語、ポルトガル語、スペイン語（カスティリア語）、カタルーニア語などであり、それぞれが国家を建設した。

こんにち、バルセロナを中心とするカタルーニア地域は、スペインからの独立を要求している。カタルーニア語を話す人たちは、カスティリア語を話す人たちとは異なる文化を具えているからである。ピカソやガウディを生んだ土地柄でもあり、さらに一九三六年から三年間ものスペイン内戦での怨念なども残っているからであろう。

いずれにしても、これらロマンス語を話す人たちの国を「ラテン系」の国とよぶ。これらは地中海に面する南ヨーロッパの国ぐにで、ローマ・カトリックの国であり、陽気なところに特徴がある。しかし、北ヨーロッパの「ゲルマン系」諸国と比較すると経済力は弱く、こんにちでは多くの国が経済問題に苦しんでいる。

印欧語族から派生したスラブ語派の東欧とバルト海諸国

東ローマ帝国のビザンチン文明は、ギリシャ語を話す人たちによって築かれた。しかし、このビザンチン文明を継承するかたちで新たな文明を築いたのが、スラブ語派に属する多くの言語を話す人たちであった。すべてインド・ヨーロッパ語族に属する言語である。その筆頭はロシア語で、ロシア文明についてはすでに書いた。

その他のスラブ系言語は、ウクライナ語、ベラルーシ語、リトアニア語、ラトビア語、ポーランド語、チェコ語、スロバキア語、ブルガリア語、マケドニア語などである。これらの言語名は、同時に民族名でもある。ソ連時代には汎スラブ主義によってロシアに支配される悲哀を経験した。いわゆる東側諸国である。

したがって、二〇一四年にロシアがウクライナに軍事侵略してクリミア半島をロシアに編入したことに、これらの東側諸国は大きな危機感を抱くことになった。とくにバルト三国の小国は国民皆兵制を制定して、ロシアへの警戒感を高めた。

西ローマ帝国の文明を継承したのは、ゲルマン民族の一派であったフランク族である。バルト海周辺に暮らしていたゲルマン民族が四世紀末から大移動を開始したのだが、その先頭を切ってローマ帝国に押し寄せ、のちにフランスを建国したのがフランク族である。

バルト海沿岸を西に移動して、小国をいくつも建国したのはのちのドイツ人であり、その先頭はオランダ人や一部のベルギー人、ルクセンブルク人であった。ゲルマン人がバルト海沿岸や北海沿岸を西に進んだのは、ヨーロッパ大陸の中央部分をローマ帝国が押さえていたからである。さらに西に進んだアングル人、サクソン人などがイギリス文明を築くことになった。

このゲルマン大移動に参加しないで、バルト海周辺に残ったのがノルウェー人、スウェーデン人、デンマーク人であった。しかし、残っていた北方ゲルマンのいくつかの民族も九世紀ころから二〇〇年にわたって移動を開始し、「バイキング」となってヨーロッパ各地を襲撃した。移住もして、東ヨーロッパ、フランスのノルマンディー、イギリス、シチリア島などに定住した。

ウラル語族とその他の印欧語族の諸言語

ヨーロッパにあって、インド・ヨーロッパ語族に属さない言語の国がある。ハンガリー語、フィンランド語、エストニア語の三か国である。これら三か国語はウラル語族に属する言語で、遠い過去においては日本語と親戚であったかもしれない言語である。

ケルト語（アイルランド語）は、インド・ヨーロッパ語族の言語である。ケルト人は、ラテン人と同じころに現在のフランスに定住している。しかし、ローマ帝国に敗退してどんどん西に追いやられ、現在のアイルランドとスコットランドを安住の地とした。しかし、そこでもイングランドに敗退して支配される悲哀をくり返している。スコットランドとアイルランドがイングランドと対立したり、独立を主張したりする背景には、このような悲哀があるからかもしれない。

ところで、ヨーロッパの国ではないが、インド・ヨーロッパ語族に属する不思議な言語について説明しておこう。「インド・イラン語派」に属するサンスクリット語、ヒンディー語、ウルドゥー語（パキスタン語）、ベンガル語、ネパール語、ペルシャ語（イラン語）、クルド語などである。

古代インドの聖典『リグ・ヴェーダ（神がみへの賛歌）』は、紀元前一八〇〇年から紀元前一二〇〇年の間に最初は古サンスクリット語で書かれたという。ということは、ラテン人が黒海周辺からヨーロッパに移動したよりも早く、インド人の祖先はインド亜大陸に進出していたということになる。また、クルド語はクルド人の言語である。二〇〇〇万もの人口を擁しながら、いまも民族の統一も、領土の確保もできずにいる。現在もトルコ、イラン、イラクにまたがる地域で独立を願って戦っている。人類の歴史には、このような悲哀があちこちに埋まっている。

日本の歴史においても、身近なところではアイヌの人たちの運命がある。主流文明のもとではたくさんの悲哀が埋もれているが、日本のような準主流文明でも悲哀は埋もれているのである。そのような悲しみのうえに、われわれの文明は存立していることを銘記しておきたい。

言語と宗教でも中南米を制覇したスペイン、ポルトガル

世界史の教科書を開くと、「大航海時代」とか「地理上の発見」といったカテゴリーのページがあり、一四九二年にコロンブスがアメリカ大陸を発見したと書かれている。この事件に始まって、ヨーロッパ諸国はヨーロッパ大陸以外の諸大陸に進出することになった。これを現代の用語で表現すると、「ヨーロッパ諸国は侵略戦争を始めて、他民族を攻撃し、土地を奪い、そこに移住した」となる。これはヨーロッパにかぎったことではなく、人類が農業を始めて以来、地球上のどこにおいても類似のことは行なわれてきた。ただし、ここで注目すべきは、進出がヨーロッパ大陸内にとどまらず、他の大陸にまで進出したことである。

この作戦に最初に成功したのは、ポルトガルである。八世紀のイベリア半島は、スペイン、ポルトガルともにイスラーム国の後ウマイヤ朝に支配されていた。しかし、ポルトガルはスペインよりも早

くイスラーム勢力を追い出し、勢力を拡大したいと奮戦していたものの、他の諸国に敗退して行き場を失っていた。そこで、エンリケ航海王子は起死回生の作戦として、海外進出を始めたのである。

この作戦はみごとに成功し、ブラジルを獲得して植民地にした。先に書いたようにブラジルは黄金の大陸で、この黄金をイギリスに輸出してポルトガルの黄金時代を謳歌した。隣のスペインがこれを見過ごすはずはなく、ただちに南米に軍隊を派遣して、短期間のうちにメキシコ以南の中南米を支配した。この地域にカトリック・キリスト教とスペイン語、スペイン文化を移植したのである。

このような文明の移転は、文明度の高いほうから低いほうに移転することはすでに指摘したとおりである。中南米における先住民の文明は、スペインやポルトガルの文明よりも、文明度が低かったのである。この結果、「インド・ヨーロッパ語族」のスペイン語とポルトガル語が、遠く離れた南米大陸で、本国よりもはるかに多い人たちによって話されることになったのである。

このことは、先住民にとって残酷で悲哀に満ちたものとなった。征服者が略奪と搾取によって大きな利益を得たのにたいして、先住民たちは未知の病原菌に感染するなどで絶滅したり、人口が激減して伝統文化を破壊されるなどの悲劇が遺された。この中南米大陸の征服・略奪に関わったのはスペインとポルトガルで、その後この大陸に移住してきたのも多くはスペイン、ポルトガル、イタリアなどのラテン系の人たちであった。ブラジルは日本人などのいわゆる有色人種の移住を少数は認めたが、公用語はやはりポルトガル語である。

残されたオセアニア、アジアはオランダの植民地に

ヨーロッパではスペインに支配されていたオランダだが、一五八一年に独立を獲得すると、その勢いで海外進出を開始した。中南米などの南半球はラテン系に押さえられていたので、オランダは主として「商取引」を目的に北半球に進出した。一六〇二年にはオランダ東インド会社を設立し、インドネシアのジャワ島にオランダ商館を建設した。一六〇六年にはオーストラリアを発見し、ニューオーストラリアと命名もしている。ニュージーランドも発見している。もちろん、発見したといっても、土地にはマオリなどの先住民がいた。

しかし、オランダはイギリスと戦って敗退したことで、オーストラリアもニュージーランドも、イギリスに奪われている。そのほかにも、イギリスに奪われた重要な都市はいくつもある。ニューアムステルダムは、ニューヨークにされてしまったし、アフリカ大陸の最南端、喜望峰のケープタウンもイギリスに奪われてしまった。

日本との関係では、徳川家康の時代の一六〇九年に、長崎の平戸にオランダ商館を開設している。江戸時代を通じて日本が世界を知る窓口になったのが、このオランダ商館であった。日本が世界を学ぶ窓であったと同時に、世界に日本を知らせる情報発信地でもあった。平戸に商館つきの医師として赴任していたシーボルトは、日本地図を海外に持ち出した罪により国外追放の処分をうけ、彼に協力した日本人の多くも幕府によって処分された。「シーボルト事件」である。しかし、彼が日本を世界

に紹介することで、江戸時代の日本がいかに進んだ文明を具えていたかを、世界の人たちは知ることになったのである。

オランダのライデンには、現在も「シーボルト館」があり、彼が日本から持ち帰った江戸時代後期の日本の文物の現物を展示している。この小型の民族学博物館の職員は、館内を日本語で案内してくれる。近くのライデン大学には日本学科があり、日本学を学ぶ学生がかなりたくさんいて、日本語で話しかけてくる。農学部付属の植物園には日本庭園もあって、シーボルトが持ち帰った日本原産の紫陽花（あじさい）などが植えられている。

支配の期間が短かったのであまり知られていないが、オランダは台湾を一六二四年から三〇年ほど支配している。そのオランダがもっとも力を入れて支配した植民地がインドネシアで、三〇〇年ほどは香辛料などの栽培を強制し、インドネシアの人たちに大きな苦痛を与えていた。

海外市場でのオランダの競争相手は、あとからやってきたイギリスであった。しかし、オランダはイギリスと対峙するとたいていは敗退していた。

一七世紀を通じて準主流文明であったオランダであったが、それでも一七世紀前半にはルーベンスやヴァン・ダイクなどの画家が活躍している。後半には、レンブラントやフェルメールが魅力的な絵画を遺している。魅力的な文明は、エンリッチング文化を豊かにするもので、一九世紀には、「ひまわり」で知られるゴッホもオランダで生まれている。

ヨーロッパの歴史は「戦争史」

インド・ヨーロッパ語族を手掛かりにして、現在のヨーロッパ形成史を概観してきた。彼らの歴史は何千年にも及ぶが、その歴史は「戦争の連続史」であったことを強調しておく。フランス史、ドイツ史、イギリス史など厚くて重い各国史を読んでも、そのすべてが戦争の歴史であることがわかる。互いに戦い、勝ったり負けたり、ときには地図上から消えたりした歴史である。

たとえば、ドイツ史を読むと「神聖ローマ帝国」が登場するが、なにが「神聖」で、どこが「ローマ」で、なぜ「帝国」なのか、その整理はむずかしい。

では、何故にそのような歴史になるのか。くり返し書いてきたように、人類の歴史は農業を始めたときから「統合」に向かって進まざるをえない宿命を負っているからである。とくに産業革命以後の世界は、全人類が統合しないことには生存できない状況に置かれている。地球上に偏在している天然資源にしても、産業文明のもとでは「貿易」によって交換しないことには、経済がなりたたないのである。天然資源にしても、労力という資源にしても、偏在しているからである。

ついては、外交交渉が行なわれることになる。不満があっても話しあいで統合が進めば、戦争は回避できる。主張が対立して妥協できないとなると、戦いをせざるをえない。戦争となると、敗者は悲哀を我慢して勝者のもとに統合される。こうして、「フランス・フラン経済圏」、「イギリス・ポンド経済圏」などの文明圏が構成され、民族が統一され、帝国が誕生することになった。

「歴史は戦争の連続」であったことの理由の一つに、そのような戦争を賛美し、英雄を称える文化が古代ギリシャ・ローマの時代からつづいてきたという事実がある。もちろん、他方ではなんとか戦争の悲劇をくり返すことのないようにと、平和を唱える思想家や哲学者が活発な活動を展開してきた。ルネサンスの先駆的な存在であり『神曲』を書いたダンテは、宗教色をなくすことで対立を避けようと『帝政論』のなかで世界帝国の理想をかかげ、全人類の手になる連邦国家の構想を述べている。カントは『永久平和論』を、トルストイは『戦争と平和』を書いて平和の実現を渇望した。そのような理論ではなく、実践によってヨーロッパを統合し、戦争をなくそうとする戦争をしかけた英雄たちもいた。ナポレオンであり、ヒットラーであり、スターリンである。

EC、EU誕生の必然と戦争

ドイツではフランス革命のような近代化革命は起こらなかった。それでも、プロイセンとフランスが戦った普仏戦争を勝利に導いたビスマルクは、「ドイツを統一する過程」において中世的なドイツ、すなわち封建制を打破し、近代的なドイツを実現した。さらに、産業革命に成功したイギリスの最先端技術を、一種の産業スパイの手法によってドイツに導入することで産業立国に成功した。後発文明のドイツが、主流文明のイギリスに追いつく手段としたのである。

そのようにして現代ヨーロッパの中心に位置する存在になったのがドイツである。しかし、ドイツは日本と同様、産業文明によって生きようとすれば、天然資源を海外から輸入しなくてはならなかった。その輸入資金を獲得するには、輸出市場を確保しなくてはならない。しかし、そのような輸入市場も輸出市場も、すでに先端文明のイギリスとフランスに支配されていた。

同じような状況は、スペインが支配していた毛織物市場に後発のイギリスが進出しようとした一六世紀末にも起こっている。このとき、イギリスはスペインの無敵艦隊を破ることで問題を解決したが、ドイツも同様の問題に直面した。結果として第一次世界大戦、第二次世界大戦という大きな犠牲を、ヨーロッパ全体が払うことになったのである。

戦争の惨劇をくり返さないようにするには、どうすればよいか。ヨーロッパ全体が仲良しになればよい。仲良しになるには、どうすればよいか。互いに交流することである。それには、互いに国境の壁を低くするのがよい。第一に、関税率を双方が引き下げ、商品の流通をできるだけ自由にするという貿易の自由化である。次は、お金の自由化である。金融が自由化されると、相互の投資が可能になり、相手国に工場を建設することも可能になる。さらに、人の交流を自由にし、互いの国で労働者として働けるようになれば、労働力不足の国と失業者が多い国は、ともに好都合な環境が実現する。

第二次世界大戦後、経済復興のための「マーシャル・プラン」をアメリカは提示した。これを契機に、ドイツをはじめとするヨーロッパ諸国の再建が始まった。ヨーロッパを共産主義のソ連から守るためにも、アメリカはヨーロッパの経済復興がぜひとも必要であった。

いっぽう、ヨーロッパ諸国からすると、戦争に勝った国も負けた国も、「アメリカとソ連」という強力な勢力に対抗するには、単独ではどうしても力不足であった。対抗するには、ヨーロッパ全体が統合するか、すくなくとも協力する必要があった。それには、ヨーロッパ経済を活性化させ、経済発展と経済成長を促進しなくてはならない。

このように戦争をしない平和なヨーロッパの実現、そのための協力計画・統合計画、アメリカの要望、強いヨーロッパ再興への望みなどによって、ＥＵは実現した。ＥＵ設立推進勢力は、かなり急速に「理想的なヨーロッパ統合」を進めた。具体策は、各国の経済・財政の健全化と共通政策、安全保障を含む共通外交政策、食品や環境などの共通規制基準、ＥＵ内の人の自由交流、共通移民政策、そして通貨統合などであった。

共存関係にあるものが健全に成長するには、良きライバルが存在したほうがよい。負けないように努力するからである。ＥＵにとって、かつてのソ連圏の東ヨーロッパは良きライバルであった。したがって、かつてのソ連圏が存在した時代は、西ヨーロッパ諸国の協力はかなり順調に進んでいた。しかし、そのライバルがいなくなると、単純な共通市場の形成がＥＵの目的のようになってしまった。かつての東側諸国までも誘って、「とにかく広大な市場をつくろう」といった様相を呈するようになった。

たしかに、「広大な共通市場」は魅力的である。生産者・企業にとっては、需要が拡大することを意味するからである。東ヨーロッパ諸国もEUに加入することを望んだ。日本の例でいうと、「地方交付金」のようなかたちで、EU内の弱い国ぐにに経済支援が行なわれていたからである。もちろん、EU諸国のように豊かにもなりたかった。

ところが、市場には厳格な掟がある。いくら大きな需要があっても、その需要を獲得できるのは「強者」だけであるという掟である。貿易の自由化、資本の自由化、人の交流の自由化、これらの自由化によって利益を得たのも、やはり強者であった。もちろん、弱者にも少々の利益はあった。南ヨーロッパと東ヨーロッパの人たちは、収入の多いドイツに移住することも、労働者として働くこともできるようになった。アイルランドには、ドイツ企業の投資によって工場ができ、経済成長に成功した。

西ヨーロッパ諸国の経済利益を考えると、各国ごとに通貨があるよりも「共通通貨」があったほうがよい。利便性が高いし、通貨交換の費用と時間も節約できる。こうして実現したのが「ユーロ」である。南ヨーロッパの経済弱小国は、国際収支の赤字と自国通貨の価値の下落につねに悩んできた。そういう国がドイツと同じ通貨をもてるとなると、その悩みは解消する。

ドイツにとっても、ユーロはずいぶんありがたい通貨であった。マルクをそのまま維持していたら、経済の強いドイツは国際収支の黒字がつづくことになる。マルクの為替相場はどんどん上がり、世界市場でのドイツ製品の価格は上昇し、ドイツは輸出不振に陥ってしまうことにもつながる。ところが、ユーロだとユーロ圏には弱い経済の国も入っているから、ユーロの相場は上昇しない。こうして、ドイツは世界に高品質の製品を比較的安価に輸出しつづけることができた。イギリス、アメリカ、日本などは、価格競争でドイツに負けるという構図になった。

課題含みのEUの未来可能性

しかし、通貨はその国の経済政策にも利用される。中央銀行は通貨の供給量を適切に管理し、金利を調整して、その国の経済を安定した状態に保つ働きをする。ところが、ユーロ圏のスペインは金利を下げてもらいたいと思っても、ドイツが金利を上げたいと思っていれば、一律に揃えることはできない。ドイツやフランスはユーロによる利益を享受できただろうが、他の国ぐにはさまざまな不満を蓄積することにもなる。通貨を共通にするだけでは、ユーロ圏の経済全体を安定させることはむずかしいのである。

日本のように、国民国家で共通通貨（日本円）を使用して経済が営まれている共同体においてすら、大都市圏と地方との経済格差の増大は問題になる。ましてEUだと、ドイツなどの強い経済の国と南や東の弱い国とでは、格差はますます増大する。

ギリシャ、イタリア、スペインなど、南ヨーロッパの国ぐには、年金などの社会保障制度を維持しようとすれば、財政赤字はどうしても増大する。しかし、EUの規定では、一定水準以上に財政赤字を増やすことはできない。違反には罰則がある。この結果、ＥＵの規定をきちんと守っているドイツの老人は豊かな老後をすごすことができている。しかし、南ヨーロッパの老人たちは、いまさら移住などはできず、大きな困難に直面することになる。

さらに大きな課題は、移民の受け入れ政策である。ドイツのような経済大国は、労働力不足を解決するために、「人権」の大切さを唱えながら国外の移民や難民を受け入れることができる。ところが、失業者を多くかかえた国では、移民や難民を受け入れると失業者はますます増加する。にもかかわらず、ＥＵでは国の人口に準じて一定数の難民・移民の受け入れを割り振る政策をとっている。しかも、ヨーロッパは外交政策や政治的な関係で、テロが盛んになっている。スウェーデンやノルウェーなどの社会が安定している北欧の国ぐにでも、「外国人が増えて治安が悪くなった」という話を聞く状況になった。人権問題としての難民・移民の問題は重要である。しかし、一〇〇万人もの人たちが大挙して流入してくるとなると、受け入れ判断はむずかしくなる。

人権などを強調するＥＵは、理念としては魅力的であるし、ユーロも理想的な共通通貨である。ＥＵの歴史は、文明としての壮大な実験の歴史である。これからの世界のあるべき姿を考えるうえで、大きな教育的効果を遺したといえよう。

とはいえ、イギリスはＥＵ脱退を決めているし、ほかにも脱退希望国は出てくるであろう。しかし、ドイツ、フランス、オランダ、ベルギー、ルクセンブルクなどいくつかの国は、ＥＵのメリットを生かして、今後もいまの歩みをつづけると思われる。共通通貨ユーロも、ドイツ、フランス、オランダなどの国によって将来も運営されるであろう。

対立の根幹にある南北格差と近代化

では、ＥＵはなぜうまく機能しなくなったのか。この原因を考えてみる価値はある。第一にいえることは、ＥＵのめざすものが途中で変わってしまったように見えることである。「西ヨーロッパ内で戦争が起こらないようにしよう」が最初の目的であった。それには経済協力が必要である。では関税同盟を拡げよう、金融の自由化も必要だ、域内における人の自由な移動も認めよう……。このような全般的な「自由化政策」は、たしかに魅力的である。

では、どのような西ヨーロッパをつくろうとしていたのだろうか。アメリカのような合衆国なのか、あるいは伝統的な国民国家と類似の国家なのか。ソ連邦が崩壊したのちは、ＥＵの経済圏を拡げたいという帝国主義のような拡大主義にもなっていた。トルコをＥＵに入れる、入れないなどの問題も生まれてきた。他の近隣諸国をどうするのかという混乱も生み出した。

もう一つの大きな問題があった。それは西ヨーロッパにおける「南北問題」である。南の経済的弱小国と北の強国との格差である。とくにユーロに関していうと、経済学者の間で「最適通貨圏」の議論が展開されていたことがあった。経済格差が存在する国家間で、共通通貨が可能なのかという議論である。そもそも、西ヨーロッパにおいてなぜ南北格差があるのか。国民性か、民族性か、あるいは自然条件の結果なのか。

私は、基軸文化の違いが主要な原因の一つであると考えている。北の諸国は真の意味で近代化革命を終了しているが、南の諸国はまだ近代化革命の途上にあるとの見方である。

ここでもう一度、「近代化とはなにか」を考えてみよう。

ドイツ史を読むと、「ドイツ革命」という言葉が必ず出てくる。一九一八年の第一次世界大戦の敗戦を契機とするドイツ革命によってドイツ帝国は崩壊し、新しくワイマール憲法が制定された。当時は、世界でもっとも民主的な憲法とされた。しかし、これはあくまでも「王政の廃止」という形式的な革命であった。先に述べたように、ほんとうの近代化革命はビスマルクによるドイツ統一の過程で行なわれた。中世からの封建制を廃止して、社会を近代化させたからである。

「社会を近代化する」とはどういうことか。身分や生まれによる差別をなくし、一人ひとりの人権と人格を認め、なによりも一人ひとりが「合理的な価値観」を身につけることである。近代化した社会では、ものごとは合理的な価値観にもとづいて判断される。一人ひとりが合理的に考え、判断できる社会こそが、近代化された社会である。封建的な価値観を捨て、近代的な価値観が「常識」になった社会こそが、近代化された社会なのである。

南ヨーロッパ諸国の人たちには、この合理的な思考にもとづく活動や行為にやや問題があることを、私は述べたいのである。政府の権力者や教会の聖職者に指示されるのではなく、一人ひとりが自分で考え、判断する社会こそが近代社会である。さらに、権力者や聖職者に依存しないで自分の力で生きようとする、そういう独立心のある人たちでなりたっている社会こそが近代化された社会であり、近代人のはずである。

神に話しかけるプロテスタントとそれができないカトリック

西ヨーロッパにおける南北格差は、マックス・ウェーバーが主張した「プロテスタント教会とカトリック教会との違いからくる文化の影響」ではないかというのが、私の結論である。当然のことながら、北ヨーロッパにもカトリック教会はたくさんある。しかし、北のカトリック信者は近くにプロテスタント信徒がたくさんいるので、プロテスタントから学ぶこともあるし、同じ行動をとることも可能であろう。

すでに書いたが、具体的な例をもう一度書いておこう。

カトリック教会の信者は、個人個人がかってに神さまに話しかけてはいけない。すなわち、神さまへの「祈り」は、聖職者と教会をとおして行なわれなくてはならない。これにたいしてプロテスタントの信者は、自ら神さまに直接にお願いして祈ることができる。自分の頭で考え、行動する近代的な個人が強調されているのである。

類似の「南北格差」は、南北アメリカ大陸においても見出すことができる。中南米支配に成功して移民を送り込んだのは、主として南ヨーロッパのスペインとポルトガルであった。これにたいして、北アメリカに移民を送り込んだのは、イギリスを筆頭に主として北ヨーロッパ諸国であった。先に書いたように、オランダが所有していたオーストラリアやニュージーランドに移民を送り込んだのもイギリスであった。北ヨーロッパ系の移民によって成立した国ぐには、こんにちでは先進国として準主流文明としての営みをつづけている。

ところが、中南米諸国は政治も安定しないし経済も不安定で、「豊かな北米に移住したいという何千人もの人たちがキャラバンをつづけている」とのニュースが二〇一八年以降、しばしば報道されている。中南米諸国には、自分たちの力で近代化革命と産業革命を実施して、真の近代文明を実現してもらいたいと願う。

アジア諸文明の悲哀と希望

黒海から地中海に抜ける海峡がボスポラス海峡で、この海峡を挟んで西側がヨーロッパ、東側がアジアとなっている。この海峡を挟んで東西に存在しているトルコは、サッカーのワールドカップではヨーロッパに属しているし、地理の授業ではアジアに属していることになっている。現実には、トルコの国土の九〇パーセント以上はアジアに属している。そこでアジア諸文明の最初は、トルコから始めることにする。

中心にいることで近代化革命が遅れたトルコ

インドやパキスタンがヨーロッパ諸国と同じ「インド・ヨーロッパ語族」に属しているのであるから、パキスタンよりもはるかにヨーロッパに近いトルコもインド・ヨーロッパ語族であると思われるであろう。ところが、トルコ語はアルタイ諸語族のチュルク語派に属しており、このチュルク語派の兄弟にはモンゴル語派、満州語、朝鮮語、日本語があるという。したがって、トルコは日本にとっては遠い親戚にあたる。

トルコ自身も、自分たちの祖先は突厥（とっけつ）であり、モンゴル高原の西辺で遊牧民として生活していたが、徐々に西に移住して現在の領土に定住することになったとしている。チュルク語族は突厥語族ともよばれ、ヨーロッパにおけるゲルマンの大移動と同じように、中央アジアにおいてはチュルク系の人たちの大移動があり、現在のトルコ、カザフスタン、ウズベキスタン、キルギスタン、トルクメニスタン、タジキスタン、アゼルバイジャンへと徐々に移動し、それぞれが現在の領土を獲得している。これらの国はすべてイスラームを受け入れ、イスラーム文明を形成する国ぐにとなっている。

しかし、トルコを除くこれらチュルク系の人たちの国の多くはその後、ロシアや現在の中国に征服され、かつてのソビエト連邦の構成国や現在の中国に組み入れられた。やがてソ連が崩壊すると、それぞれの言語ごとに独立して、新しい国家・文明の形成に努力している。天然資源を豊富に産出するカザフスタンはロシア以上の経済成長を享受しているし、アゼルバイジャンはバクー油田を活用して近代化に励んでいる。

しかし、他の諸国の多くは他のイスラーム国と同じように政治的に不安定で、社会の近代化も遅れている。希望をもって進んでいる国と、悲哀を思い出して苦心している国ぐにである。

現在、トルコが領土にしているアナトリア（小アジア）は、アジア大陸の最西部で西アジアの一部をなしている。ヨーロッパとはボスポラス海峡で隔てられている。東西文明の交錯する大地であり、チュルク系の人たちが移動してくる前から、ここには人類のさまざまな遺産が遺されていた。紀元前六〇〇〇年ころの農耕遺跡もあるし、前三〇〇〇年ころの銅器が出土するトロイ（トロヤ）遺跡、前二〇〇〇年ころの青銅器遺跡、前一六五〇年ころの鉄器文化を具えたヒッタイト遺跡、前一一世紀ころのギリシャ人（アイオリス人）、イオニア人、ドーリア人の遺跡もある。

紀元前五四六年からのアケメネス朝ペルシャ帝国の支配は三〇〇年ほどつづいたが、そのあとはアレキサンダー大王の支配下に入っている。紀元前二世紀からの三〇〇年間はローマ帝国の領土になり、つづいてビザンチン帝国の支配地になった。

一一世紀になるとビザンチン帝国は、衰退の兆候をみせた。そこに侵入してきたのが中央アジアからやってきたイスラーム王朝のセルジューク・トルコであった。セルジューク・トルコは二〇〇年ほどつづいたが、同じように中央アジアからやってきたモンゴルに滅ぼされる。

次に覇者となったのは、アナトリア西部から台頭して一二九九年に建国したオスマン・トルコである。軍事力に秀でたオスマン・トルコは周辺一帯を平定し、ギリシャのあるバルカン半島も支配した。一四五三年にはビザンチン帝国の首都コンスタンチノープルを攻略してイスタンブールとし、ビザンチン帝国は滅亡した。三九五年に東西に分割統治されて以降、東側の国として断続的に存在したローマ帝国の最後であった。

オスマン・トルコ帝国の全盛期は、一六世紀のスレイマン大帝の時代であった。このオスマン・トルコ帝国が終焉を告げたのは、第一次世界大戦に敗退した一九一四年であった。六〇〇年もつづいた帝国であった。

文明としてのオスマン・トルコを観察すると、貧しい文明であったといえる。では、オスマン・トルコが遺した文化に偉大なものはあるだろうか。軍事力の文化は強力であったかもしれない。トルコ軍の軍楽隊はいかにも勇壮な、人間の戦う感情を高揚させる。しかし、『トルコ行進曲』を作曲したのはオーストリア人のモーツァルトである。トルコの作曲家はなにを残したのであろうか。

トルコ料理はよく知られている。フランス料理、中国料理と並んで「世界三大料理」とされる。羊の焼肉、シシケバブーは人気がある。

トルコ独自の建築様式はない。もともとテントでの遊牧生活であったからかもしれない。それにしても、六〇〇年も帝国がつづいたのだから、なにかを生み出してもよかったのではないかと思う。イスタンブールにあるアヤ・ソフィアはギリシャ正教会の聖堂であったし、ブルーモスクも向かいに建つアヤ・ソフィアの建築技術にならっている。ただし、トプカプ宮殿はトルコ独自の様式かもしれない。ほかでは、ハレムの建物も立派であるし、収蔵の宝物も魅力的である。

アナトリアというビザンチン帝国に由来する貴重な地域を領土にしたトルコは、貴重な世界遺産をも受けとることになった。古代ギリシャの『イリアス』に書かれていた「トロイの木馬」遺跡もあるし、ローマ帝国の遺産エフェソスもある。ギリシャ神話に登場する狩猟・貞潔の女神、アルテミス崇拝で知られるギリシャ人都市エフェソスの遺跡をみると、ローマ帝国がいかに偉大であったかを実感する。しかも、ビザンチン帝国のギリシャ正教遺跡は石窟教会であったり、地下教会であったりする。カッパドキアのような珍しい地理的条件も加わって、トルコは豊かな観光資源に恵まれた魅力的な国になった。

観光資源になるイスラームのものは多くはないが、コンヤではイスラーム神秘主義、スーフィズムが生み出した回旋舞踏の博物館を見学できる。トルコ原産のチューリップの花を活用した陶器のデザインも豊富で、ペルシャ絨毯に劣らない高級な絨毯を産出している。

トルコで特筆すべきは、第一次世界大戦に敗北後のケマル・アタチュルクによる大改革である。第一次世界大戦に敗れたあと、オスマン・トルコの王がイタリアに亡命したため、トルコ再建にあたったのが将軍のアタチュルクであった。アタチュルクは、明治維新を断行した日本を参考にしたという。首都アンカラの国立博物館には日本コーナーがあり、明治天皇と昭和天皇の大きな写真が飾られている。

アタチュルクは、一九二三年に首都をアンカラに移転すると同時に、トルコ語の文字をアラビア文字からラテン文字に変えた。トルコを近代化するには、ヨーロッパと同じ文字にしたほうが有利と考えたのである。イスラームを国教から外して、「政教分離」も確立した。イスラーム暦も、ヨーロッパと同じ太陽暦に変更した。改革を断行したのはトルコ陸軍であった。現在でも、「EUに加入したい」とか、「NATOのメンバーになる」などの主張をするのは軍関係者である。

イスラーム関係者や田舎の保守的な主張をする人たちは、いまも軍関係者や改革派の人たちと対立している。この構造は、比較的高所得層とイスラームを素朴に信仰する低所得の庶民との対立でもある。その結果、民主的な選挙をすると、イスラーム系の政党が多数を制することになる。

一方で、トルコ東部に多く住んでいるクルド人は、独立を主張してときどきテロ事件を起こしている。トルコの悩みは多々あるが、いまのところトルコ文明の基軸文化を「政教分離」の世俗法だけで「自由・民主主義」に変えることは不可能のように思われる。さらなる「近代化革命」が必要であり、それがトルコにとっての希望になるのではなかろうか。

イスラームを広めたアラビア半島のアラブ人

次はアラビア半島である。『旧約聖書』の「創世記六章」に始まる「洪水」の話は、「ノアの箱舟」として知られている。堕落した人間を洪水によって一掃した神は、善良なノア一家だけを箱舟に乗せて生かしておき、その子孫をこの地方に広めたという話である。

言語系統図によると、アフロ・アジア語族のなかにセム語派、ベルベル語派（ハム語派）、古代エジプト語派があり、セム語派のなかにヘブライ語とアラビア語がある。すなわち、ヘブライ語を話すユダヤ人とアラビア語を話すアラブ人は兄弟のような関係にある。『旧約聖書』によると、ユダヤ人はエジプトで奴隷にされていたが、そこを脱出してパレスチナに住むようになり、アラブ人はアラビア半島に住むようになったという。

ユダヤ人は『旧約聖書』を聖典とするユダヤ教を確立し、そこからキリスト教を生み出した。一方、アラビア半島に住むことになったアラブ人のムハンマドが、メッカとメジナにおいて七世紀に『旧約聖書』にならってイスラームを生んでいる。

アラビア半島を統一したアラブ人は、同じ語族に属している北アフリカのエジプト人、ベルベル人を征服してイスラームとアラビア語を伝え、イスラーム文明圏を形成した。このイスラームはさらに東に勢力を拡げて、パレスチナ、トルコ、メソポタミアのイラク、ペルシャのイラン、アフガニスタン、パキスタン、ムガール帝国のインド、バングラデシュ、マレーシア、インドネシアにまで到達した。すでに書いたように、トルコ系の多くの国や中国の新疆ウイグル自治区などもイスラームである。

イスラームを世界に広めたのはアラビア半島のアラブ人であるが、キリスト教国とイスラーム勢力とのスペインでの戦い「レコンキスタ（再征服運動）」などでは、敗退を重ねた。結局はアラビア半島に戻って自らの領土を確保したが、内部ではつねに紛争や戦争がつづき、一〇世紀から一五世紀まではエジプトの支配下に、一六世紀以降はオスマン・トルコ帝国の一部となった。

スンニ派の本家、サウジアラビアと石油

サウド家の王、イブン・サウドが一九三二年にようやくこの地域の統一を完成し、イギリスもこれを認めて「サウジアラビア（サウド家のアラビア）」として独立を達成した。一九三八年には油田も発見して、サウド家は安泰になった。第二次世界大戦後は、アメリカの国際石油資本アラムコと提携して本格的な開発を進め、世界屈指の産油国になっている。

一方で、王家内部では暗殺がふつうに行なわれるような国になってしまった。王座をめぐる争いのほか、スンニ派のイスラームの本家であることで、シーア派のイランとの対立はこんにちもつづき、世界を不安に陥れている。その他の宗教的な問題でも対立を生み、国家自身が安定せず、結果として近代社会の実現は困難になっている。

石油資源による巨大な収入によって、国民の教育費、医療費、燃料代などはすべて無料という社会

福祉的な政策は実行されているが、近代的な人権思想による法制度はない状態にある。聖職者のかってな解釈によるイスラーム法により、女性は多くの面で差別されている。土曜日の午後は毎週、市庁舎の広場で死刑囚の公開処刑が行なわれているという。

人口の三割は外国人労働者といわれ、いわゆる「汚い仕事」は外国人にやらせ、中流以上の家庭における家事も外国人に頼っている。国家自身は、近い将来に石油が枯渇すること、あるいは化石燃料が使われなくなることを恐れて、技術を修得するよう若者をアメリカに無料で留学させてもいる。しかし、お金をたくさんもらっている男性の若者たちは競馬に興じるなど、青春をアメリカで謳歌している。いまのところ、サウジアラビア国民は、表面的には幸せかもしれない。しかし、なにかしら悲哀を覚えるイスラーム国である。

ところで、このアラビア半島で生まれたイスラームについて、もう少し解説的な情報を記して概観することにする。

まずはその呼称、「イスラーム」なのか「イスラム教」なのか。ここではイスラームとしておくが、おそらくは「イスラム教」がよいのではないかと思われる。イスラム教の創始者ムハンマドは、メッカ郊外のヒラー山で瞑想していた六一〇年に、「突如、神の啓示を聞いた」と記されている。

「神の啓示を聞く」のはユダヤ教の預言者も同じである。ムハンマドも神の啓示を聞き、預言者として唯一絶対神の「アッラー信仰」を説くコーランを確立したのである。コーランは、アダム、ノア、アブラハム、モーセ、イエスなどの預言者たちが説いた教えを最後の預言者のムハンマドが完全な形にし、その内容がムハンマドおよび後継者の代によって編集されて書物となったものである。したがって、ユダヤ教やキリスト教とは兄弟のような関係にあるともいえる。エルサレムがそれぞれの共通の聖地であるというのも、うなづける。

しかし、イスラームはユダヤ教と同じような宗教でありながら、あまりにも人間の生活の隅々まで規定する道徳律のようなものである。したがって、一般の研究者はイスラム教でなく、一種の思想である「イスラーム」とよぶようになった。そのうえで、イスラームの信徒は「ムスリム」とよぶのである。

イスラームの最大の特徴は、「ウンマ（イスラーム共同体）」を最上の価値あるものとしているところにある。すなわち、一人ひとりの利益に価値はなく、ウンマに貢献することこそアッラーが認める価値であり、イスラームの大義のために殉じた者は天国に招かれると説いている。いわば一種の全体主義で、個人主義は否定されている。ここからイスラーム共同体を守るための「自爆テロ」が正当化されるのではないかと思われる。

ただし、ここで注意したいのは、共同体は「男の共同体」を意味するもので、女性は排除されていることである。「男の共同体」に争いが起こらないように、女には黒いベール（ヒジャーブ）を強制してできるだけ外に出ないようにしているし、経済的にも女は男に依存するよう規制している。妻は四人まで娶ってよいことになっていて、イスラームを国教にしているインドネシアのかつての大統領スカルノは、若くて美人の日本人女性を第三夫人として受け入れていた。

この共同体思想には、積極的な平等主義が認められる。持てる者は持たざる者に与えなくてはならないとする規定である。断食月ラマダーンは、貧しくて食べられない人たちの暮らしを実体験させる年中行事であり、貧しい人に富を分け与える実践が強調されている。

この共同体思想は、そのような平等主義だけでなく、「仲間意識」を強調するものでもある。イスラームの信徒（ムスリム）の商人が各地で商売を進めるなかで、仲間意識が推進されることでイスラームがいっそう拡がることになったといわれる。イスラームに征服されたわけでもないのにイスラームが拡がったマレーシアやインドネシアなどでは、商人がイスラームを宣教したと理解されている。

ところで、近代思想を象徴するフランス革命の「自由、平等、友愛」の実現がむずかしいことは、すでに書いたとおりである。身分的な価値が支配していた中世の時代を否定するこの近代思想は、西欧において受け入れられることで西欧近代社会が実現したといえる。

この「西欧の近代」に学び、近代化を進めてきたのが先に書いたトルコである。トルコにおいて、イスラームと近代化はどのようであったか。結論を先に書くと、近代化の思想は軍部、官僚、インテリなどには普及したが、一般庶民には受け入れられない傾向にあったのである。すなわち、一般庶民はイスラーム共同体を支持していたのである。ウンマは平等主義の思想だからである。

近代社会では、個人の自由が尊重され、自由が強調される。しかし、先にも書いたように、自由とは競争することである。自由に競争すると強い者が勝ち、弱い者は貧しくなる。イスラーム共同体にも貧富の差はあるが、ある程度の平等化政策が行なわれることで、一般庶民はイスラームを選択することになる。したがって、トルコでは総選挙をするとイスラーム主義の政党が多数を占めることが多くなるのである。

かつて、「マルクス主義か資本主義か」という論争があったが、この論争を単純化して表現すると、それは「平等主義か自由主義か」ということになる。しかし、平等主義のもとでは強制による規制が多くなり、自由競争による経済成長はおぼつかない。結果としてマルクス主義は敗退したとはいえ、平等主義そのものは立派で高貴な思想である。人類にとって重要な思想である平等主義を、イスラームは今後も実現するのかどうか、期待したいところである。

最後にイスラームの聖典、『コーラン』の一節を記しておくことにする。イスラム過激派はよく自爆テロなどによって多くの人たちを殺害するが、その一つの要因がこの『コーラン』の一節にあるのかもしれないと思われるからである。

『コーラン』九(章)改悛五(節)

だが、(四か月の)神聖月があけたなら、多神教徒は見つけ次第、殺してしまうがよい。

ひっとらえ、追い込み、至るところに伏兵を置いて待ち伏せよ。しかし、もし彼らが改悛し、礼拝の務めをはたし、喜捨も喜んで出すようなら、その時は逃がしてやるがよい。（井筒俊彦訳、岩波文庫）（注・神聖月とは、この期間を宗教行事にあてるため、激しく対立する敵同士でも一時和平を守る期間のこと）

メソポタミア文明の原点に誕生したイラクの混迷

紀元前三〇〇〇年ころにエジプト文明は始まったが、メソポタミア文明は、現在のイラクの地にすでに成立していた。チグリス川とユーフラテス川が流れるこの偉大な大地には、そのあともバビロニア、アッシリアなどの文明が栄えている。

しかし、紀元前五三九年にアケメネス朝ペルシャによって新バビロニアは滅ぼされ、二〇〇年ほど支配されたのちに、アレキサンダー大王の征服下に置かれた。ゾロアスター教を国教とするササン朝ペルシャの支配もうけた。六三四年にはイスラーム軍によって征服され、言語はアラビア語に、宗教はイスラームに変わった。シュメール語もアッカド語も消滅し、メソポタミア土着の宗教も消滅することになったのである。

古代エジプトも大文明であったが、やはりメソポタミア同様のことが起こっている。アラブ人に六三九年に征服されて言語はアラビア語に変わり、宗教もイスラームに変わった。エジプト語も、エジプトの土着宗教も消滅してしまったのである。

しかし、メソポタミア地域では、八世紀になってアッバース家のカリフ（イスラーム国家の指導者の称号）が支配するアッバース朝になると、バグダッドは北アフリカからメソポタミアまでの巨大なイスラーム帝国の首都となり、当時の世界最大の都市となった。しかし、一二五八年にモンゴル軍に攻略されると、その繁栄も終わりを告げ、バグダッドは荒廃した。

一五三四年からの四〇〇年間は、イラクはオスマン・トルコの属州として生き残ることはできた。しかし、第一次世界大戦中の一九一七年にイギリスはバグダッドを陥落させ、翌年にはオスマン帝国が降伏。イラクは、イギリス委任統治領メソポタミアとなった。やがて、サウジアラビアがイギリスから独立を認められた一九三二年に、イラクも独立する。

イラクは幸運なことに、サウジアラビアと同じく石油資源が豊かで、独立後は石油に関連する工業化を進めることができた。しかし、この経済発展は軍部の台頭を許すことになった。一九五八年の軍事クーデターによって王制は廃止され、共和制に転換した。「イラク革命」とよばれたものの、共和制は混乱を増長させる結果となり、政情不安は長くつづいた。そういうなかで軍事政権は力で社会を安定させ、一九七九年に誕生したサダム・フセイン政権は長期政権を維持した。

国内を安定させるには外部に敵をつくり、戦争をすることである。サダム・フセインもそう考えたのか、イラン・イラク戦争、湾岸戦争、アメリカとのイラク戦争を仕掛けたが、失敗して失脚した。

以来、イラクは政治不安、社会不安、経済不安と多くの困難をかかえて格闘している。

かつてのメソポタミア文明を生み出し、こんにちの日本人の日常生活をも拘束している一週七日の暦文化を後世に伝えたイラクである。「昔の光、今いずこ！」と叫びたくなる悲哀を覚える。

魅惑のペルシャは悲哀のシーア派イランへ

アケメネス朝ペルシャが、ギリシャのアレキサンダー大王によって帝国を奪われたことはすでに書いた。では、そのあとのペルシャはどうなったか。次は、そういうイランの物語である。

ギリシャに敗れて祖国の地に帰着した古代イランは、紀元前三二三年からシリアのセレウコス朝の支配下に置かれるが、イラン北東部の遊牧民であったイラン人のパルティア王朝（アルサケス朝）が興隆してセレウコスを排除し、紀元前二五〇年から約五〇〇年間、イランを含む西アジアの広い範囲を治めた。そのあとはゾロアスター教を国教にするササン朝の時代になり、アケメネス朝時代の伝統を受け継ぎ、イラン文化・ペルシャ文化の興隆期を創った。

しかし、六四二年にササン朝はアラブ軍に滅ぼされ、ウマイヤ朝、アッバース朝とつづいたイスラーム帝国のもとで、イランはゾロアスター教からイスラームへと改宗が進んだ。アッバース朝はイスラーム帝国であり公用語はアラビア語であったが、イランはアラビア語の習得を強制されることはなかった。イスラームは強制されたが、ペルシャ語からアラビア語への転換は強要されなかったのである。

なぜか。理由は二つあったと思われる。

一つは、言語系統が異なる二つの言語間での言語転換はやさしくないという理由である。エジプト語やベルベル語は、アラビア語と同じアフロ・アジア語族に属する言語であったので、比較的容易にアラビア語に転換することができた。これにたいして、ペルシャ語はアラビア語とは系列の異なるインド・ヨーロッパ語族の言語であり、学習しにくいのである。

もう一つの理由は、ペルシャ語が高度な文化をもっていたことである。紀元前一二〇〇年ころからつづくゾロアスター教の文化を具えるペルシャ語は、七世紀に誕生したイスラーム文化のアラビア語にとっては手ごわい言語であった。そういう背景のもとに、公用語はアラビア語であったアッバース朝のもとにありながらペルシャ語は生き残り、近世ペルシャ文学が生まれることになった。

アッバース朝を破って、次にイランを支配したのは、南下してきたセルジューク・トルコである。トルコもまたペルシャ文化を保護したが、一三七〇年からはチムール帝国の支配下に置かれることになった。アッバース朝はアラブ人、セルジューク・トルコはトルコ人、チムール帝国はモンゴル人の国である。

次から次へと大帝国がやってきたのは、イランがそれだけ魅力的な国であったからであろう。しかし、もっと感心するのは、そのような外国からの支配をうけながらも、イラン人はふたたび立ち上がって、自分たちの王国を立ち上げたことである。

一五〇一年、イスファハーンを首都とするイラン民族国家サファビー朝が誕生した。この王朝はシーア派イスラームを国教にして繁栄し、その最盛期には首都イスファハーンの人口は七〇万にも達している。しかし、一八世紀末にはまたチュルク系のカージャール朝の支配下に置かれ、ロシアとの戦争にも敗れている。しかも、一九世紀に入るとイギリスとフランスが進出してくるようになり、イランはロシア、フランスとの関係を断ち、イギリスとの関係を強化している。結局のところ、イランはヨーロッパへの石油の供給地であり、かつ工業製品の輸入市場という典型的な発展途上国になっていったのである。

イギリスの後を継ぐかたちで進出してきたのがアメリカである。一九五三年には、イラン軍部とアメリカCIAの協力のもとでパフラビー朝を復活させている。皇太子時代にスイスに留学したパーレビ国王は、その経験を生かしてイランをヨーロッパのような近代的な国家にしようと、中央集権的な行政組織も整えた。軍事、法制、学制などの近代化も図っている。女性のチャドル（外被）廃止も、イスラーム保守派の反対を押し切って強権的に推進した。同時に、ペルシャ絨毯などの伝統的な産業の育成にも努力している。

しかし、一九五〇年代を通じて、石油事業は国営、外国資本、国内資本の利権争いがつづいた。そんななかでもパーレビ国王は、一九六二年から農地改革、女性への参政権付与などを実施して、一九七一年には経済発展を祝うとともに、建国二五〇〇年祭を挙行している。

ところが、そのような政策が強権的に行なわれたために国民の反発を招き、一九七八年一月にイスラーム革命が起こり、王制は廃止されてイスラーム共和国が成立した。イスラームの指導者、ホメイニによる独裁政権が発足したのである。

女性はふたたび頭にチャドルをかぶらなくてはならなくなった。イラン人にそれを強要するのはともかく、観光旅行でイランを訪ねた外国人にまでそれを強要するようになった。小学生の女児は、日本人の女児と同じように元気に飛び回って遊んでいるが、中学生になると黒いチャドルとマントを着けなくてはならない。夏を迎えて暑いなかでのあの姿は、女性虐待である。しかし、イスラームの指導者たちは、「これが正しい」と主張し、女子学生に強制している。

国家予算の六〇パーセントは、石油収入でまかなわれているイランの経済。若者は職を求めているのに、「モスクでお祈りをしていなさい。イラン産原油を高値で買わないアメリカが悪いのだから」と答えるだけのイスラーム聖職者たち。かつて、アケメネス朝ペルシャのキュロス王が治めたペルシャ・イランの政治と宗教が懐かしく思われるイランの悲哀である。

迫害から移住したゾロアスター教徒、タタ一族

最後に、「ゾロアスター教徒、イラン人の輝き」を記しておくことにする。イスラームからの迫害を逃れてイランからインドに移住したゾロアスター教徒、タタ一族の物語である。

およそ六万人のゾロアスター教徒が迫害を逃れて、いわば難民としてインドに移住している。インドのヒンドゥー教は、さまざまな教派の寄せ集めのようなところがあり、仏教もジャイナ教もヒンドゥー教の仲間といった感じで受け入れ、排他的ではない。ゾロアスター教徒たちも、そのようにして受け入れてもらった。

このゾロアスター教徒のなかから、一九世紀中ころに、「現代インドの偉大な創設者の一人」と称えられる企業家、J・N・タタが誕生している。タタは中国貿易に従事したのち、革新的な綿工業経営を展開し、さらにイギリスの汽船会社に挑戦するボンベイ航路を日本郵船会社と提携して開設している。ほかにも、イギリスの植民地であった当時のインドの人たちはホテルの利用ができなかったので、タタは東洋一のホテルを自分で建てて経営している。インドの工業を自立させる鉄鋼産業を興そうともした。これを息子たちが継承して、タタ鉄鋼会社が誕生している。

人材育成が重要とも考えて、一九一二年には南インドのバンガロールにインド科学大学を設立している。バンガロールが「インドのシリコン・バレー」となった基礎を築いたのである。タタ一族の後継者たちは、財閥本社の株式の大半をチャリティー財団が所有する体制にし、巨額の資金を奨学金、医療、後進地域開発などに振り向け、社会貢献するシステムも整えている。

四代目のタタはタタ航空（現インド航空）を創設し、五代目は一台二〇万円という大衆車の生産を始めただけでなく、イギリスのジャガー、ランドローバーといった高級車メーカーを買収してインド市場を活気づけている。ほかにも、住宅産業のタタ・ハウジング、携帯電話のタタ・テレサービシズなども設立している。日本の新日鉄住金と提携しているタタ鉄鋼は、ヨーロッパの鉄鋼メーカーを買収して、世界有数の企業となっている。

タタのグループ企業はすでに九〇社以上で、従業員総数は二五万人という。イスラームからの迫害を逃れたゾロアスター教徒のイラン人のタタ一族は、インドの発展に貢献している。

侵略の十字路、アフガニスタンの混迷

アフガニスタンは複雑な国である。その人口構成も多様である。総人口三〇五五万の四〇パーセントがパシュトゥーン人、三〇パーセントがタジク人、一〇パーセントがハザラ人、一〇パーセントがウズベキ人だという。公用語はダリー語。ダリー語は、ペルシャ語の方言であったようでパシュトゥー語ともいう。

このパシュトゥーン人が、いわゆるアフガニスタン人である。すなわち、アフガニスタン人とはイラン東部のイラン人ということになる。ただし、それはアフガニスタンの四〇パーセントの人たちのことであって、その他の六〇パーセントは別の民族である。このような状況では統一もむずかしい。それでも、公用語は一つであることからすると、統一の可能性は残されている。

アフガニスタンの国情が複雑なもう一つの背景に、地形がある。ヒンズークシ山脈をいただき、最

高七六〇〇メートルの山やまに囲まれ、多くの深い谷とそこを流れる川を意識すると、侵略者の目にはアフガニスタン征服は困難に映ったであろうと思われる。

紀元前五世紀にはアケメネス朝ペルシャに支配され、次にギリシャ人によるバクトリア王国が成立してギリシャの文化が流入している。紀元後一世紀には土着のイラン系クシャン朝が成立し、仏教によるガンダーラ美術が発展している。しかし、ゾロアスター教のササン朝ペルシャに従属したのち、イスラームのアッバース朝の支配をうけて、社会はイスラーム化することになった。

次にやってきたのはチベット仏教のモンゴル人で、一四世紀にはモンゴル人のチムール朝の支配下に置かれている。隣のイラン地域では、一五〇一年にシーア派イスラームを国教として繁栄したイラン民族国家のサファビー朝が誕生し、アフガン地域も一五一〇年にその勢力下に置かれる。しかし、このサファビー朝の王を暗殺することで、一七四七年に初めてアフガン人の王国が成立し、政治的な独立も達成できた。

このころになると、ロシアとイギリスが進出してきて「アフガニスタン争奪戦」が始まった。一八三九年には第一次、一八七八年には第二次アフガン戦争がイギリスとのあいだで戦われ、敗れたアフガニスタンはイギリスの保護国にされた。それでも一九一九年の第三次アフガン戦争でイギリスに勝利してアフガニスタン王国として独立する。しかし主権は安定せず、クーデターによって王は追放されて一九七三年には共和制になった。このころから、軍事クーデターやイスラム義勇兵による紛争、指導者の殺害・処刑事件がつづき、アフガニスタンはますます混迷することになる。

しかも、一九七九年にソ連軍が侵攻して共産主義政権が誕生するが、ソ連軍と政府軍とイスラーム義勇兵のムジャーヒディーンとの戦闘が激化し、厳しいソ連非難が世界的に起こった。

一九八二年には、国連総会で外国軍の撤退を要求する国連決議が採択され、ソ連軍は引き揚げた。しかし、一九九六年にゲリラ戦が起こり、イスラーム原理主義を主張するタリバーンが勝利してカブールを占領した。タリバーンはイスラーム法（シャリーア）を適用して、女性の通学と就労を禁止したほか、「偶像崇拝禁止」に反するとしてバーミアンの仏像石窟を爆破した。

このタリバーンのイスラーム原理主義に賛同して、ウサーマ・ビン・ラディン率いるアルカイーダがアフガニスタンに集まった。そして、アメリカの中枢部を狙う「同時多発テロ」を計画し、二〇〇一年九月一一日、航空機四機を乗っ取り、ニューヨークの世界貿易センターのツインタワーやバージニア州の国防総省本庁舎（ペンタゴン）など四か所をテロ攻撃した。いわゆる九・一一事件である。

これにたいし主流文明アメリカは、「ゴッド・ブレス・アメリカ！」のキャンペーンを実施してアフガニスタン攻撃を始めた。主流文明の魔力である。ジョージ・ブッシュ大統領の支持率は三〇パーセントほどに落ちていたが、一挙に九〇パーセント以上に上昇し、その支持率に乗ってアメリカはイラク戦争へと戦線を拡げていった。ミサイル攻撃を受けるアフガニスタンとイラクの人たちにはまったくの災難であり、悲哀であった。

アフガニスタンの再建は困難であろう。誰かが援助しなくてはならないが、国際社会は徐々に関心を薄くしている。期待できるとすれば、イスラームを国教にしている国ぐにがイスラーム共同体として対処することくらいであろうか。ところが、アフガニスタンがスンニ（スンナ）派のイスラームであるのに対し、隣国のイランはシーア派である。したがって、イランに期待はできない。アフガニスタンは気の毒な存在で、ただただ悲哀のみが残っている。

栄光のインダス文明と征服されつづけたパキスタン

パキスタンは、ウルドゥー語（パキスタン語）で「清浄なる国」を意味し、ヒンドゥー教のインドから独立した「清浄なイスラーム国家」であることを強調する。したがって、正式国名は「パキスタン・イスラーム共和国」であり、国教もイスラームである。現在のパキスタンが立地する地域は、モヘンジョ・ダロやハラッパーといったインダス文明が栄えた地である。

北インドのこの地は、紀元前六世紀にはアケメネス朝ペルシャに征服され、紀元前四世紀にはアレキサンダー大王の遠征、つづいてギリシャ系セレウコス朝、仏教のアショーカ王で知られるマウリヤ朝、さらにイラン系のクシャン朝、ふたたびアケメネス朝ペルシャに、四八九年から六九〇年はラーイ朝に支配されている。

パキスタン誕生は、この地が七一二年にイスラームのウマイヤ朝に征服されたことに始まる。ウマイヤ朝は、イスラームの預言者ムハンマドと父祖を同じくする名門、ウマイヤ家によるイスラーム史上最初の世襲イスラーム王朝である。現在のシリアのダマスカスを首都としていたが、七五〇年にアッバース朝によって滅ぼされた。アッバース家も、預言者ムハンマドと同じハーシム家のカリフが支配した王朝である。バグダッドはイスラーム世界の政治・経済・文化の中心として繁栄したが、このアッバース朝も一二五八年にモンゴル軍に滅ぼされた。

その後は、デリーを中心に主として北インドをトルコ系やアフガン系イスラーム王朝のデリー・スルタン朝が一五世紀半ばまで支配している。

一六世紀初頭から北インドを、一七世紀末から一八世紀初頭にはインド南端部を除くインド亜大陸のほぼ全域を支配したのが、インド史上最大のトルコ系イスラーム王朝、ムガール帝国である。隣のアフガニスタンからやってきた人たちで、ムガール帝国は一九世紀後半まで存続した。ムガールの語源は、モンゴル（モゴール）に由来するという。

しかし、一八五七年のインド大反乱ののち、インドを直接統治するようになったイギリス（東インド会社）が、ヒンドゥーとムスリム（イスラーム教徒）の分割統治政策を始めると、インドの人口の二〇パーセントを占めるムスリムたちは危機を感じるようになった。一九〇六年にはインド・ムスリム連盟を結成して、パキスタン独立運動を始めたのである。

一方でヒンドゥー至上主義の台頭もあり、ムスリムの多くは伝統的にムスリムの多いパキスタン地域に移り住むことになった。インドがイギリスから独立した一九四七年に、パキスタンも念願の独立がかなった。領土はインドを挟んで東西に分かれたが、パキスタンの誕生である。

しかし、いざ独立すると内部からさまざまな勢力が台頭した。クーデター、戒厳令、暗殺などの混乱がつづき、不安定な国家となった。一九七一年には、東のパキスタンが分離独立してバングラデシュとなった。それでも、パキスタンの二〇一七年の人口は約二億七七七万もある。

こうした複雑な歴史と文化の融合の結果、この地で話されている言語は、パンジャブ語を中心に、パシュトー語、シンド語、ウルドゥー語に加え、カシミール語、コワール語、バローチー語、ドラビダ語族のブラーフーイー語、ブルシャスキー語など多彩である。したがって公用語は共通語としての英語になり、人口の一〇パーセント以下の人たちが話すウルドゥー語を国語としている。インドの公用語であるヒンディー語と同系の言葉である。

仏教、ヒンドゥー、イスラームと転変したバングラデシュ

バングラデシュは、ベンガル語で「ベンガルの国」を意味する。ガンジス川とブラマプトラ川の下流のデルタ地帯で、インド亜大陸北東部にあたる。したがって、バングラデシュの人口の九八パーセントはインドのベンガル州と同じベンガル語を話すベンガル人だが、モンゴロイド系の先住民族も一〇パーセント以上存在していて、仏教徒が中心のこの人たちはジュマと総称される。ベンガル人から

迫害をうけている人たちである。ジュマの総人口は一〇〇万から一五〇万とされている。

この地域では、紀元前七世紀ころから文明が発達し、紀元後七世紀ころまではヒンドゥー教や仏教、そして八世紀からふたたび仏教の影響をうけた文明が栄えた。一二世紀にはヒンドゥーの王朝となるのだが、一三世紀にはイスラーム化が始まっている。一六世紀にはムガール帝国の支配下に置かれ、東ベンガルではイスラーム信者が多数を占めるようになった。

国土は豊富な水資源に恵まれて米やジュート（黄麻）の生産に適し、かつては「黄金のベンガル」と称えられる豊かな地域であった。したがって、こんにちも人口密度の高い国である。それが災いして、政争の地となったともいえよう。そういうなかで、インド亜大陸は一八世紀にイギリス（東インド会社）の植民地となり、綿織物の原料供給でイギリスの繁栄を支えた。

イギリスは、ベンガル分割令を一九〇五年に施行し、ヒンドゥー教徒中心の西ベンガルとムスリム中心の東ベンガルとに分割した。だが、これがヒンドゥー教徒、ムスリムの反発を招くことになった。両宗教間に溝ができ、東西のベンガルはやがてインドと東パキスタンに分離独立することになった。

英領インドは一九四七年に独立を達成したものの、宗教上の問題からヒンドゥー教地域はインド、イスラーム地域はインドを挟んで東西のパキスタンとして分離独立することになった。東ベンガルは、東パキスタンへの参加を決めた。

東ベンガルでは、ベンガル人としての意識とムスリムとしての意識が並存していたが、やがてムスリムとしての意識のほうが高揚していった。一九四六年八月には、コルカタ暴動（カルカッタ虐殺）でムスリムとヒンドゥーが衝突し、四〇〇〇人以上が命を失っている。この事件ののち、両教徒は明確に住み分けるようになった。

一九四七年に東パキスタンとしてイギリスから独立したが、一九七一年にはパキスタンとの分離独立を主張し、インドの支援を得て独立戦争を戦って独立を勝ちとって、国名をバングラデシュとした。しかし、政治は安定しなかった。軍事政権が誕生して内戦となり、それが収まりそうになると次は大雨による洪水と氾濫が毎年のようにつづき、経済は停滞してきた。人口は一億六五〇〇万でパキスタンよりも多く、世界でも一〇位以内に入る国家である。

インド、パキスタン、バングラデシュは、イギリス主流文明の植民地であったという共通の悲哀がただよう。

ムスリムに苦悶する仏教国、ミャンマー

ミャンマー（ビルマ）最大の特徴は、多民族国家であることである。総人口五一四〇万のうち、六八パーセントがビルマ族で、他にシャン族、カレン族など一〇以上の民族が集合して一つの国家を形成している。公用語は多数派のビルマ語であるが、一〇もの民族が暮らすということは、ビルマ語のほかに一〇種類もの言語が話されているということである。

ビルマ語は、チベット・ビルマ語族に属する言語であり、原ビルマ人はチベットに近い地域から南に移動してきた人たちである。南下してきたビルマ人は、一〇四四年に最初の統一王朝、パガン朝を樹立して仏教を受け入れ、都市としても繁栄した。中国の雲南省からインドのアッサムに通じる交通の要所であったことも繁栄要因の一つであった。

現在でもヤンゴン周辺を含めると数千の仏教寺院・パゴダが立ち並ぶ観光地になっている。しかしながら、他の国ぐにと同じように一三世紀にはモンゴルに襲撃されて支配され、一七世紀にはムガール帝国の統治下に置かれている。

一九世紀に入るとインドを支配したイギリス主流文明と対峙する。二回も戦ったがともに敗れ、インドの州の一つにされてしまった。しかも、イギリスの植民地支配政策によって、ビルマの分割統治は次のようになった。インド人は金融、中国人（華僑）は商業、カレン族などの山岳少数民族は軍と警察を担う。しかし、最大人口のビルマ人は農奴にされた。このことが、のちにカレン族とビルマ人との民族対立の要因を形成することになった。カレン族は優遇されたのに、ビルマ人は底辺に追いやられたからである。

しかも、ビルマはイギリス領インドの一部になったことで稲作ができなくなった。綿花を栽培してイギリスに輸出するよう強要されたからである。米は中国の清から輸入した。

一九四二年、建国の父とされるアウン・サンがビルマ独立義勇軍を率い、日本軍とともに戦ってイギリス軍を駆逐し、紆余曲折の末の一九四八年にビルマ連邦として独立した。しかし、中国とは陸続きのため、中華民国の国民党の敗残兵がビルマに侵入してくる事態となった。あるいは、北部のカレン族が独立を要求するなど、たくさんの難題をかかえて混乱をきわめた。

政治の混乱・不安定がつづいて国軍が出動するまでに発展した。ビルマは軍事独裁政権へと移行したのである。その国軍内部からもクーデターが起こり、ビルマ式社会主義軍事独裁体制が生まれた。しかし、軍政に反対する勢力も力をつけた。なかでも、建国の父アウン・サンの娘で民主化運動の指導者のアウン・サン・スーチーは、国政を動かすキーマンとなった。そのアウン・サン・スーチーを軍が自宅軟禁するなどしたことで、欧米など西側諸国は軍政を非難し、経済封鎖などをうけて経済は低迷することになった。

その軍政時代の二〇〇五年には、欧米から孤立した政府は中国と接近した。天然ガスなどの産出国のミャンマーは、西部のベンガル湾の原油と天然ガスを中国南部の雲南省に運ぶ「中国・ビルマ・パイプライン」の契約を中国との間で成立させている。さらに、中国との合弁事業で中国国境近くに水力発電用ダムを建設するなど、ビルマは中国の影響下に置かれることになった。

しかし、アウン・サン・スーチー率いる民主化勢力が二〇一六年の総選挙に勝利すると、事実上のアウン・サン・スーチー政権が成立して国際的にも承認された。これを契機に、水力発電用ダムの建設を中止するなど、中国との距離を置くようになった。

宗教難民が民主勢力を苦境に追い込む

ここまではよかったのだが、ミャンマーでもイスラーム問題がもちあがった。上座部仏教国のミャンマーに住む少数派のムスリム、ロヒンギャへの虐待である。これが原因となって、ミャンマーから数十万人のロヒンギャが隣のバングラデシュに難民として流出したのである。

ロヒンギャは、英領インドの時代に現在のバングラデシュから流入した人たちであるとされるが、ミャンマーではずっと「不法滞在者」の扱いを受けてきた。当然のことながら、国際的な非難を浴びることになった。むずかしい問題であるが、時間の経過にともないロヒンギャにとっても、ミャンマーは自分たちの故郷となっている。ミャンマーがイギリスから独立することに加担した日本は、双方がなんとか仲良く暮らせるよう協力しなくてはならない。幸い、同じ仏教国の日本とミャンマーとは良好な関係がつづいている。友好国としての希望がもてるのではなかろうか。

王朝の権威が文化と経済力を育んだタイ

タイも、ミャンマーと同じ上座部仏教の盛んな国である。しかも、東南アジアにおいてヨーロッパ列強の植民地にならなかった唯一の国である。イギリスとフランスの抗争を上手に利用して、両国から植民地化されることをうまく避けることができた。幕末の日本で、フランスが幕府を支援し、イギリスが討幕派を支持するようにしたことでバランスを確保したことに似ている。

しかし、日本はその後の明治維新で近代化に成功したが、タイではあまり成功しなかった。原因はなんであったか。これをタイの歴史からみることにしよう。

革新勢力を生み出すことになった近代化への努力

現在のタイ国土の中心地域は、もともとメコン川やチャオプラヤー川（メナム川）などのデルタ地帯の肥沃な大地で、水利にも富んで稲作に適した土地であった。タイ族は中国華南地域から移動・定住し、上座部仏教を受容した人たちである。

一二三八年に北西部で創始したスコータイ朝は、中国の雲南からベトナム、ミャンマーなど広い地域に分布するモン族をも征服した。アンコール・ワットを建設したカンボジアのクメール文化も受け入れて一五世紀ころまで栄えたものの、一三五〇年に始まったアユタヤ朝に吸収されている。

アユタヤ朝は四〇〇年の治世の間にビルマとの戦争をくり返したが、一四世紀には成文法も整え、一七世紀にはキリスト教の布教も認めている。アユタヤは日本、とくに琉球とも活発に交流して日本人町をも築いていた。その頭領が山田長政であり、琉球はアユタヤを通じて酒の蒸留技術を学んでいる。泡盛、ひいては焼酎の誕生である。

このアユタヤ朝も、ビルマ軍によって王朝を占拠され、さらに中国の広東省東部の潮州系タイ人、タークシン王（鄭昭）によって創設されたトンブリー王朝がこれにとって代わった。しかし、この王も一五年ほどで部下に殺され、ラーマ一世が王に就いた。これが現王朝、チャクリー朝である。バンコク王朝とも、ラッタナーコーシン王朝ともいう。

一七八二年に創建されたチャクリー朝は、チュラーロンコーン（ラーマ五世）の時代の一九世紀後半には西ヨーロッパ的な行政、司法、郵便、電信、鉄道などの制度を導入して近代化に努力した。ところが、この努力は裏目に出た。官僚や軍人を覚醒させ、革新勢力を生み出すことになったのである。一九三二年には立憲革命が起こり、絶対君主制は崩壊した。

周辺の政変と抗争を受けて軍部が政治介入

第二次世界大戦後は自由主義陣営の一翼を担ったが、軍部などを背景にクーデターがあいついだ。米軍によるベトナム戦争、ラオス戦争の影響もあって、共産ゲリラの活動も活発になった。小党乱立、軍部による政治介入などで、政情不安とクーデターもつづいた。ベトナム戦争はカンボジアにも拡がり、さらにカンボジア内戦では難民がタイ領に流入して混乱は継続した。

直近のクーデターはタイ王国軍による二〇一四年の政変で、一九三二年の立憲革命以来一九回目であった。クーデターによる軍事政権下で議会制民主主義が行なわれるという不安定な政情の、不思議な政治形態にある。それでも、タイ経済はかなり順調に成長し、東南アジア第二位の経済大国である。一位はインドネシアである。人口はインドネシアの約半分の六七〇〇万で、一人当たりの経済力はインドネシアよりも高い。識字率九三パーセントも立派である。

ここで、文明としてのタイの重要な欠陥を指摘しておきたい。タイ社会がたいへんな経済格差社会であることである。国民の一〇パーセントの人たちが、国家資産の八〇パーセントを所有しているという格差である。政治、政情の不安定がつづく理由も、この偏重にあると理解できる。軍部によるクーデターが多いのは、多くの軍人が低所得層に属しているからであろう。タイにとっての希望は、所得格差を縮小できるかどうかにかかっている。格差是正を実現できれば、タイ仏教の実力を示すことになり、世界から高い評価を得ることになるであろう。

ミャンマーと同様、仏教国タイにおいても南部でムスリムが増加し、勢力を増強していることも不安定要素となっている。とくにマレー半島深南部の三県のマレー系住民はほぼムスリムで、自立の動きが顕著である。国王への不敬罪などの面で、イスラームとの衝突は避けがたい。反政府活動の惹起や政治的自立を求めるムスリムの動きは、独立運動へとつながる可能性を秘める。

インドシナ半島に共通する課題としては、北部の少数民族の存在と文化的・経済的融和の課題がある。貧困問題と地域経済格差の克服も課題である。

多民族国家にされたマレーシア

マレー語はオーストロネシア語族に属し、オーストロネシア語族の最古の言語は台湾原住民諸語であると言語学者は説明する。祖先は、台湾からフィリピン、インドネシア、マレー半島へと拡がっていったと考えられている。つまり、マレー半島の原住民は、台湾、フィリピン、インドネシアの原住民と同系の人たちであるということになる。

活発な海上交易が政治と異文化接触の抗争の場に

この地域では、紀元後一世紀ころから航海術が発達して海上交易が活発であった。四世紀には仏教、ヒンドゥー教が伝わり、東南アジア全体にインド文化が広まった。さらに七世紀ころになると、マレー半島とインドネシアのスマトラ島とを隔てるマラッカ海峡を経由するインドとのルートが、アジアの海上交易路としての重要度を増した。マラッカ海峡に面したマレー半島の古都マラッカは繁栄することになった。スマトラ島南部では、仏教国シュリーヴィジャヤ王国が成立した。

しかし、一三世紀になるとアラブ商人、インド商人とともにイスラームが伝来し、仏教とヒンドゥー教は駆逐された。一四〇〇年には、イスラームのマラッカ王国が成立している。マラッカは貿易取引によって国際都市へと発展し、やがて日本とも交易が始まっている。日本からは銀、刀、漆器などが輸出され、東南アジアからは象牙、スズ、鉄、砂糖などを輸入した。

列強のアジア支配の前線基地に

ところが、一六世紀になるとヨーロッパによる「大航海時代」の影響がマラッカにまで伸びて、マラッカはポルトガルに占領されることになった。日本人はポルトガル人から鉄砲技術を学ぶが、その鉄砲は、このマラッカ基地からポルトガル商人によってもたらされたものであった。南蛮貿易、南蛮美術などは、ポルトガル商人のマラッカ基地を経由して発せられた文物・情報だったのである。しかしながら、ポルトガルのマラッカ支配は一三〇〇年ほどで終わり、一六四一年にはオランダがマラッカを占領することになった。

江戸時代を通じて、日本はオランダとの交易によってヨーロッパとつながっていた。オランダ商人は、マラッカの商館と長崎の出島とを結ぶことで日欧貿易を実現していたのである。そういうところに、ヨーロッパ勢として最後にこの地に登場したのがイギリスであった。ポルトガルとオランダは、単純にアジア諸国と貿易するためにマラッカを占領して商館を建てた。しかし、イギリスはインドを基地に東南アジアに進出し、マラッカにとどまらず、マレー半島全体を植民地として占領した。ペナン、シンガポールを含むマレー半島全体を植民地にしたイギリスは、シンガポールに極東艦隊の基地を置き、中国を攻撃する「アヘン戦争」にもここから出撃していった。

イギリス主流文明は、まずイギリス領インドを獲得し、ここを基地にイギリス領ビルマ、イギリス領マラヤを獲得し、中国からは香港を租借し、さらに中国大陸への進出を図った。

イギリス領マラヤが成立したのは一八七四年であった。イギリスは、マレー半島でのスズの採掘労働者としてインド人と中国人を採用した。よく働くインド人と中国人は、現地人より高い所得の高所得者層になっていったのである。そして、このことがのちの民族間の対立要因になった。

第二次世界大戦と日本の進出が変えた地政学

一九四二年、日本軍はイギリス軍を駆逐してマラヤ全域を占領した。そして、日本が敗退して引き揚げたあとの一九五七年に、この地域はマラヤ連邦として独立している。独立にさいしては、インドネシアとの争いが発生した。ボルネオ島北部のサラワク王国の所属をめぐって、マラヤ連邦が帰属を主張したからである。

結論は、旧宗主国のオランダ領であった地域はインドネシア、イギリス領であった地域はマレーシアとすることになった。この結果、オランダ領であったニューギニア島のイリアンジャヤもがインドネシアの国土となってしまった。

ボルネオ島のサバ州とサラワク州は、こうしてマレーシアに帰属することになった。総人口二六六〇万、国教はイスラームとなった。人口比率はマレー系が六六パーセント、中国系が二六パーセント、インド系が八パーセントで、宗教別ではマレー系がイスラーム、中国系が仏教、インド系がヒンドゥー教と、はっきりとした違いが生じた。これがのちに、「民族的カースト」などとよばれる事態、対立を招いたのである。

所得水準では、都市に住む中国系がもっとも高く、次がインド系、農村に住む現地のマレー系は最低であった。マレーシア政府は「ブミプトラ政策」で、この格差修正を試みた。ブミプトラは「土地の子」を意味する言葉で、マレー人の地位向上を図るマレーシア政府が一九七一年に始めたマレー人優先政策である。官僚、兵士、警察官などの公務員には、マレー人を優先して採用した。しかしながら、いずれにしてもマレー系と中国系との対立はつづくことになるだろう。それでも、中国系住民が圧倒的であったシンガポールが一九六五年にマレーシアから分離独立したことで、この対立はいずれ緩和されることになるかもしれない。

マレーシアの経済と産業は、近年かなり順調である。「ルック・イースト」の掛け声で日本、韓国、台湾、香港に学ぼうと、外資導入を進めた結果である。天然ゴム、スズ、パーム油、木材、石油などが主要な輸出品であるが、とくに発達した石油関連産業がマレーシアを豊かにしている。しかし、石油の時代はそろそろ終わりが近づいている。次の産業を育てる必要があるだろう。

マレーシアにとっての将来は、民族対立をいかに解消するか、次の産業をどのように育成するかにかかっていると思われる。

分断されたマレー系民族の国、インドネシア

インドネシアは、「島のインド」の意味で、インド文明を歴史的に受容してきたことを国名で表している。前述のように、第二次世界大戦でオランダ領の植民地を併合することで、ジャワ島、スマトラ島、ボルネオ島、スラウェシ島、ニューギニア島の半分など、大小あわせて一万七〇〇〇もの島からなりたつ国家となった。

広大な地域のために、自然、民族、社会もきわめて複雑かつ多様である。そこで、オランダの支配から解放されて統一国家を形成するモットーとして掲げたのが、「多様性のなかの統一性」である。

二〇一九年で人口は二億六四〇〇万であるから、イスラームを国教にし、これにもとづいて統一を図ろうということであろう。では、イスラームははたして現代文明の基軸文化になりうるのか。インドネシアはこの良い見本、試験薬になるであろう。

広大なマレー系民族文化の核として

インドネシア人はマレー系民族であるが、紀元前後あたりから東進してきたインド商人によってヒンドゥー教、仏教を中心にするインド文化が伝えられた。水稲栽培の技術やサンスクリット系の文字、『ラーマーヤナ』などの文学も伝えられ、従来の伝統文化の上に新しい民族文化を開花させた。

五世紀に入ると西ジャワにヒンドゥー系タルマ王国が成立し、六世紀にはスマトラ島のパレンバンに仏教系の王国が誕生して栄えている。八世紀には中部ジャワに壮大なボロブドゥール仏教寺院を建設して繁栄を謳歌し、当時の東南アジア文化の一大中心地となった。ジャワ島は、古くからモルッカ諸島の香辛料の中継貿易地としても栄えた。

一三世紀には、この豊かな島を狙ってモンゴルのフビライが大遠征隊を組んで攻めているが、失敗している。これを撃退したヒンドゥー教のマジャパヒト王国は、その後も大いに繁栄した。しかし、当時は西からイスラーム勢力が東進しつつあり、スマトラ島の北端に基地を築くとマラッカ、モルッカ諸島にも基地を獲得して、ジャワ島沿岸都市に勢力を拡大していた。マジャパヒト王国は一五二七年、ついに滅ぼされて、新たに二つのイスラーム王国がジャワ島に誕生している。

オランダ植民地を統合して誕生したインドネシア

この時代は、ヨーロッパ勢力の植民地獲得競争が激化した時代でもあった。ポルトガル、イギリス、オランダの勢力争いが展開し、最終的に勝利したのはオランダであった。オランダの東インド会社は、一六〇二年に西ジャワのジャカトラ港にバタビア城を建設して中核的な基地とし、これより三〇〇年間にわたって「オランダ領東インド」(蘭領東印度)と命名して植民地にした。

オランダは強制栽培法を施行して、先住民の水田にサトウキビ、コーヒー、あるいは藍などの特産品を強制的に栽培させ、それを安価で買い取ってヨーロッパに輸出していた。

オランダは、インドネシアを「熱帯の宝庫」にして巨額の利益を上げ、その資金で自国の海を埋め立てて陸地とし、近代的で豊かな国をつくった。しかし、水田を失った農民は食料生産ができず、貧困と飢餓に打ちのめされることになった。

一九世紀後半からは、スマトラ島、ジャワ島を中心に大農園や油田開発が行なわれ、これもオランダに厖大な富をもたらした。しかもこの間、現地住民への教育などは放置され、地元住民の文化的な発展はみられなかった。このようなオランダの植民地政策に反発するジャワ戦争、アチェ戦争などの大規模な抵抗運動もしばしばあったが、すべて鎮圧されている。

そのようなオランダ支配は、一九四二年の日本軍によるインドネシア進攻によって終わりを告げた。オランダによる植民地支配を終わらせることができたという意味においては、日本軍による太平洋戦争にも意味があったといえよう。

統一言語をつくることから始まった国づくり

日本軍がインドネシアに「結果」として遺した業績を、もう一つ記しておくことにする。「インドネシア文明」の形成に決定的に重要な「共通言語」である。オランダは、インドネシアを植民地として経営する策を、イギリスのインド植民地経営策から多く学んでいた。インドネシアが、「オランダに反抗しないように」分割管理を行なっていたのである。具体的には、インドネシアが統一言語をもたないようにする政策であった。

対するインドネシアの青年たちは、全インドネシアが統一言語をもって独立するように運動を展開していた。そういうときに、日本軍が進軍してオランダを排除した。日本軍も、インドネシア青年たちの協力を得て占領したインドネシアを管理するには、共通語があったほうが好都合であった。

青年たちが用意していた共通語は、マラッカ海峡周辺で貿易語として共通に話されていたマレー語系の言語であった。先に書いたように、マレー人、インドネシア人は共通の先祖をもっていたので、多くの島に分かれて住み着いていても、かなり類似した言語を使っていた。

当初はジャワ語を共通語にしようという案があったが、そうするとジャワ島人だけを利することになると、この案は排除された。こうして、インドネシア国民はマラッカ周辺の共通語を受け入れたのである。「インドネシア語」の誕生である。

では、現在のインドネシア語はどうなっているのか。日常会話は、それぞれの地方の言語で話され、法律などの公文書、学校教育、新聞、テレビなどはインドネシア語が使われている。ようやく、日常生活でも共通語のインドネシア語が標準語として徐々に使われるようになってきた。すなわち、インドネシア文明が確実に成立しつつあるといえる。

基軸文化はイスラーム＋ヒンドゥー

インドネシアの二億三〇〇〇万もの人たちをいかにまとめるのか。共通語ができたことは、成功への第一歩である。しかし、基軸文化はイスラームでよいのか。というのも、独立後は政治的な不安定が継続的につづき、いわゆる「開発独裁」といった思想も大手を振って主張されていた。しかも、それは政治的な腐敗、賄賂の日常化などを生んでいた。そのような腐敗に、イスラームの教えは有効な力になりえたが、アメリカにおける同時多発テロ、つづくアフガニスタン紛争、イラク戦争はインドネシアにも影響を与え、さらには、イスラーム過激派によるバリ島での自爆テロなどがあいついだ。

インドネシアには公立の普通学校のほかに、「イスラーム学校」が幼稚園から高等教育まで並立して存在している。その一部がイスラーム原理主義を教えているのではないかとの疑念をもたれている。いずれにしても、インドネシアにとって「イスラーム」は決定的に重要な課題である。

ただし、インドネシアのイスラームは、アラブ諸国のイスラームとは少々違ったところがある。インドネシアを代表する航空会社の名前に、「ガルーダ・インドネシア航空」があるが、「ガルーダ」はヒンドゥー教の「神の鳥」のことである。すなわち、イスラームとは異なるもの、かつての国教のヒンドゥー教をも肯定しているのである。

イスラームの国にあって、バリ島はインド以上に古いヒンドゥー教が生きている島である。この島の古くて美しい宗教的な暮らしは世界的によく知られ、観光地になっている。中国における香港のように、バリ島にはインドネシアにおける世界に開かれた窓になってもらいたいものだ。

オランダの植民地として苦しんだ悲哀はあったが、モンゴルの襲来にも負けず、自らの力で魔力の支配を避けることができたインドネシアである。自分たちの力で立派な国家を建設する希望は現実になろうとしている。

インド・中国の文化や文明と無縁だったフィリピン

国名は、かつての宗主国スペインの皇太子フェリペ（のちの国王フェリペ二世）にちなんで名づけられた群島名、フィリピナスに由来する。フィリピン原住民もインドネシアやマレーシアと同様マレー系で、五世紀から一三世紀ころまでにフィリピンに移住してきた人たちである。

首都マニラを含むルソン島南部で話されているのはタガログ語で、タガログ語もまたマレー系の言語である。移住初期のフィリピン人の多くは、ルソン島に定住していたのであろう。

彼らはバランガイとよばれる小さな社会をつくって、自給経済で暮らしていた。バランガイは、スペイン人が来航する前からある基本的な政治・社会組織で、三〇家族から一〇〇家族で構成されていた。しかし、王国をつくることはなかった。

砂糖、タバコ、マニラ麻はアカプルコ経由でスペインに

フィリピンに最初に到達したヨーロッパ人は、一五二一年のポルトガル人のマゼランであった。しかし、スペインとポルトガルとの条約によって一五二九年にスペイン領となり、一五四二年にはフィリピンと命名された。

中南米のスペインの植民地同様、スペインが現住民に強要したのがローマ・カトリック、キリスト教の受容であった。フィリピンには原始的な宗教しかなかったといってよく、フィリピンの人たちをキリスト教化することは比較的容易であった。スペイン語の強要も試みたが、七〇〇〇以上もある島の人たちにこれを強要することは困難であった。それでも、現在のフィリピン人の名前がスペイン人の名前に似ているのは、その名残である。

スペインによる植民地支配は、一五六五年からメキシコ経由で営まれた。メキシコのアカプルコとフィリピンのマニラとの間は、大航海時代前半の船よりも荷物が多く積め、速度も速いガレオン船を往復させて交易した。しかし、メキシコ、アルゼンチンなどの南米植民地が一九世紀初めに次つぎと独立したことで、スペインはフィリピン植民地の経営に力を入れるようになっていた。

スペインは砂糖、タバコ、マニラ麻などを住民に栽培させ、ヨーロッパに運んだ。フィリピンには

富の不平等が生まれることになったが、豊かになった地主と商人がフィリピンの独立運動を始める契機になった。

宗主国はスペインからアメリカに

そんなときに、スペインはフィリピンをアメリカに割譲してしまった。キューバの独立問題に始まるアメリカ対スペインの戦争でスペインは敗退し、アメリカはフィリピンの割譲を求めたのである。フィリピンの独立を主張するフィリピン革命隊はアメリカに独立を要求したが、アメリカはその革命隊を鎮圧してしまった。

アメリカの統治下で、フィリピン経済は繁栄した。フィリピンの産品をアメリカに輸出できたからである。しかし、第一次世界大戦が終わると、アメリカ産品と競合することになった。フィリピン植民地に利点がないことがわかったアメリカ議会は、フィリピンの独立を認めることにした。

そのような状況下で、第二次世界大戦が始まったのである。日本軍は、アメリカ軍が支配するフィリピンを攻撃してアメリカ軍を追い払った。ダグラス・マッカーサー元帥が率いるアメリカ軍は、いったんオーストラリアに引き下がったが、体制を立て直してフィリピン挽回作戦を展開した。フィリピン独立を約束しているアメリカと、フィリピンを植民地にしようとする日本軍との戦争である。しかも、この戦いはフィリピンを舞台に行なわれたのだから、フィリピン民衆がアメリカ軍に加担したのは当然である。フィリピン民衆は、日本軍へのゲリラ作戦を各地で展開した。

バターン半島では、日本軍に投降したアメリカ軍とフィリピン軍の捕虜を捕虜収容所に移動するさいに多くの犠牲者が出た。悪名高い「死の行進」である。日本軍による直接的な被害だけでなく、アメリカ軍が日本軍を狙った爆撃によっても、多くのフィリピンの民衆が犠牲になっている。しかし、フィリピンは日本軍に勝利した。

基軸文化はカトリックの自由と民主主義

一九四六年、フィリピンは念願の独立を達成した。では、いったいどのような国家をつくるべきなのか。カトリックのキリスト教を背景に、アメリカ的な民主主義国家を建設することが憲法で謳われることになった。

基軸文化は、カトリックのキリスト教と自由・民主主義である。共通言語・公用語はタガログ語と英語とした。新しい文明を形成するための基本的な文化はそろった。問題は、これらの文明要素を有効に使って、望ましいフィリピン文明をいかに構築するかであった。

現実はなかなか容易ではない。アメリカ的な民主主義を標榜し、形式的にはアメリカ的であっても、政治家も国民も民主主義は未経験で、対立ばかりがつづいた。フィリピンでは、政治は政治家一族が行なうもので、その他の人たちは政治家にはなれないような慣習があった。カトリック教会も保守的で、改革的なことは実行できない。有力な五〇から一〇〇の家族が政治も経済も、さらには教会までも牛耳っているような社会・政治状況がつづいた。

そこに出現したのが、マルコス大統領による戒厳令政治である。マルコスは経済開発を最大の看板に外資導入、工業化、農業開発、土地改革などを積極的に行ない、かなりの成果をあげた。この実績をもとにマルコスは、憲法の三選禁止条項を変更して、いわゆる開発独裁をつづけた。

独裁はよくないと一般的にはいわれるが、当初のマルコスの独裁は好評であった。海外からの投資も増加して、フィリピン経済は活況を呈した。しかし、一九八〇年代に入ると、独裁政治の矛盾と腐敗を露呈するようになり、大統領一族や側近による経済支配、私物化が暴露され、旧特権階級からの反撃も始まって、二〇年に及ぶマルコス政権は終焉を告げた。

インドと中国の文明をもとに発展したアジア文明の例外

文明としてのフィリピンを調べると、一つの大きな特徴があることに気づく。日本を含むアジアの諸文明は、すべてインド文明か中国文明を受け入れることで、それぞれの文明を発展させてきたが、フィリピンはそのどちらの影響もほとんど受けてこなかったという事実である。インドネシアにはインド文明の証としてのボロブドゥール仏教遺跡が遺っているし、カンボジアにはアンコール・ワットの遺跡が遺っている。ベトナムには中国とそっくりの古い町並みも、孔子廟も遺されている。しかし、フィリピンにはそのような遺跡はいっさいない。

スペインがメキシコ経由でフィリピンに到着したとき、フィリピンには村落共同体のバランガイが存在しただけで、小さな王国さえなかった。それゆえ、フィリピンは簡単にスペインの植民地になってしまった。「文明を発展させる」という視点で客観的にみると、スペインによる植民地化は幸運であった、ということができるかもしれない。

日本は、本書の前半に書いたように、聖徳太子が仏教を受け入れ、普及させた。倫理、道徳などを含む日本人の心をつくることになったのである。日本は、それがあって文明が発展した。

一方のフィリピンは、スペインの植民地にされたことにより、ローマ・カトリックのキリスト教を受け入れたが、このことがフィリピンの文明化に大きく貢献することになった。他のアジア諸国よりもかなり遅れて文明化が始まったフィリピンが急速に発展できたのは、カトリック・キリスト教のおかげであった。発展途上国が直面するさまざまな問題、課題は同じようにあるが、フィリピンはそれらの困難にも打ち克てる希望がある。

外国支配と闘いつづけたベトナムの未来

ベトナム人はどこからきたのか。ベトナム北部にあるドンソン遺跡の発掘によって、この地域には紀元前一四世紀の時点で祭器としての青銅器文化を携えた人たちが暮らしていた事実が判明した。ベトナムは南北に細長い国であるが、北部はホン川（紅河）がデルタ地帯を形成し、穀倉地帯となっている。それゆえ、古くから人が住みつき、集落をつくっていた。

しかし、現在のベトナム人の先祖は中国南部に住んでいて、南に移動して「南越国」という王国を建てた。最盛期には、現在の広東省および広西チワン族自治区の大部分と福建省、湖南省、貴州省、雲南省の一部、ベトナム北部のホン川デルタ周辺を領有していた。

中国、フランスに支配されつづけた反発と恩恵

ところが、紀元前一一一年に中国の漢王朝に征服され、それから一〇〇〇年にわたって中国の支配をうけることになった。それにしても一〇〇〇年は長い。中国自体も、この一〇〇〇年のあいだに多くの王国が勃興し、衰退し、消滅している。ベトナムの支配者も交代をくり返している。

そんな中国の支配下で、ベトナム人はなにをしていたのか。もちろん、ベトナム人も支配者に反抗し、独立を勝ち取ろうと試みた。しかし、つねに鎮圧されていた。なぜ鎮圧されてしまったのか。文明力が未熟であったからである。

ベトナムが中国に支配されていた一〇〇〇年の間に、日本は弥生時代、古墳時代、奈良時代、平安時代という歴史を刻んでいる。先進文明国の中国から多くの文化も学んでいる。

文字をもたなかった日本が、中国から漢字を学んだことは重要であった。漢字を通して中国の先進文明を学べたからである。インド文明のもとで生まれた仏教も、日本は漢字を用いて中国から学ぶことができた。

ベトナムも、この一〇〇〇年のあいだに、日本と同じように中国から学んでいたのである。ベトナム語の表記に中国語の漢字を受け入れた。孔子廟もあるし、科挙で官僚に登用された人たちもたくさ

んいる。仏教も中国から学んだ。タイやインドネシアに伝わった仏教は上座部仏教であるが、ベトナムの仏教は日本と同じ大乗仏教である。こうして中国の高度な文化を学んだベトナムは、九三八年に挙兵する。この偉業を達成したのが、呉朝の建国者、呉権（ゴ・クエン）である。

一三世紀後半には三回にわたってモンゴルが来襲するが、三回とも追い払っている。ベトナムは、その力を南方への領土拡張にそそぐようになり、一五世紀後半には南部のチャンパ王国を征服し、現在のカンボジア人であるクメール人を追い払っている。

一六世紀には、ベトナム南部に広南国（かんなん）を開いた広南阮（グエン）氏政権が誕生し、クメール人を排除してメコンデルタまで勢力を拡大した。このころの日本は広南阮氏と交易し、中南部のホイアンに日本人町をつくっている。いまも「日本橋」ともよばれる「来遠橋」が遺り、近くからは日本製のたくさんの陶片が発掘されている。

文字と宗教を武器にする植民地文化

やがて一九世紀後半になると、中国に代わってフランスが侵略してきた。フランスのライバルのイギリス主流文明は、インド、ビルマの植民地化に成功しており、オランダはインドネシアを支配して二〇〇年が経過していた。スペインは、フィリピンを植民地化して久しい。インドシナ半島はヨーロッパからは遠く、中国の支配もつづいていたが、フランスにはベトナム、カンボジア、ラオスのインドシナ三国しか残っていなかった。

フランスは、「仏領インドシナ（仏印）」としてインドシナ三国を八〇年にわたって植民地にすることになった。カンボジアとラオスは比較的おとなしくフランスに従ったが、ベトナムは当初からフランスに反抗して独立闘争をつづけた。

八〇年間もフランスに搾取される悲哀はあったが、ベトナムにとって良かったこともあった。その第一は、ベトナム語の表記を漢字からラテン文字に替えたことである。フランスは、植民地経営に漢字を用いるのは不便だからと、フランス語と同じラテン文字にしたのである。ベトナム人にとっても、ラテン文字のほうが習得しやすい利点があった。独立後の現在も、ベトナム語はラテン文字、すなわちローマ字で書かれる。コンピュータが普及し、スマートフォンが日常的に使われる現在とはいえ、ベトナム語が中国語と同じく漢字で書かれていたらどうであったか。反乱を封じるための植民地政策ではあったが、結果としてベトナムにとってもありがたいことであったはずである。

二番目の利点は、カトリック・キリスト教が入ってきたことである。中南米諸国がスペインに征服されたときの現地の宗教は、文明度の低い民族宗教であった。これにたいして、スペインによるカトリック・キリスト教は文明度の高い宗教であったことで現地に受け入れられた。ところが、ベトナムには中国から入った高度な宗教、仏教があった。キリスト教は中南米のように全面的に受け入れられることはなく、全人口のおよそ半数が仏教徒であり、キリスト教徒は三割程度とされている。高度な宗教である仏教とキリスト教の信者が八〇パーセントを占めるということは、ベトナムの将来への希望となるであろう。

自主・自立にむけての果てしなき戦い

一九四〇年、フランスがドイツに占領されたことにより、ドイツの同盟国であった日本軍は北部仏印に進駐してフランス軍を追い払い、日本軍の援助のもとバオ・ダイ帝が独立を宣言した。しかし、一九四五年八月、日本が敗退して戦闘を中止すると、北部のベトナム独立同盟（ベトミン）がハノイを占拠してベトナム民主共和国を樹立し、ホー・チ・ミンが初代国家主席になった。ところが、日本軍が引き揚げるとフランスがふたたび戻って南部のサイゴンにバオ・ダイ帝を復位させ、ベトナム国として承認した。ホー・チ・ミン率いる北ベトナムと、フランスが支援する南ベトナムの対立の始まりである。

このような状況のもとで、中国と当時のソ連が北ベトナムを承認し、支援を始めた。フランスは一九五四年に、北ベトナムのホー・チ・ミン軍とベトナム北西部のラオスとの国境に近いディエン・ビエンフーで戦い、敗北して撤退した。同時に、北緯一七度線付近に非武装地帯を設けて南北に分断することが決まった。かつての王都であったフエ市の一〇〇キロメートルほど北にあるベンハイ川が境界の軸になった。

フランスが撤退する前からフランスを支援していたアメリカは、フランスに代わってゴ・ディン・ジェムを大統領に就任させ、積極的に北ベトナムへの攻撃を始めた。フランスがベトナムで戦ったのは、フランスの植民地に戻す狙いからであったが、アメリカが介入したのは共産主義勢力の拡大を阻止したいとの思惑からであった。第二次世界大戦後の東ヨーロッパ諸国は、当時のソ連の支配下に入り、ドイツは東西に分割された。中国が共産主義化したうえ、分割されたドイツ、朝鮮半島、ベトナムのいずれもが共産化することを恐れたのがアメリカだった。

主流文明となったアメリカが直面したのは、建国以来の基軸文化の自由と民主主義がアジアで否定される危機であった。アメリカは、南ベトナムの共産化はなんとしても避けなければと考えた。

当初は北ベトナムを空爆する計画はなかったが、いくら叩いてもへこたれずに南下する北ベトナム軍の補給基地であるハノイをも爆撃するようになった。北ベトナム軍と南ベトナム解放戦線はそれでも南進をつづけ、一九七五年に南ベトナムの首都サイゴンをついに占領した。アメリカは完全撤退した。主流文明アメリカの、まさかの完敗であった。

北ベトナムと解放戦線は、当時のソ連や中国から武器や砲弾の支援は受けていたが、飛行機やヘリコプターなどは保有していなかった。一方のアメリカは、世界一の軍事力とあらゆる種類の兵器をふんだんに保有していたし、核兵器を除いてそういう武器を駆使もしていた。戦力や火器では圧倒的に有利であったアメリカが、なぜ負けたのか。戦う目的と意識、なぜ戦うべきなのかという信念・覚悟が、ベトナム人よりもはるかに劣っていたからである。

アメリカ軍兵士は徴兵制で招集され、たまたまベトナムで戦うクジを引いてしまったという程度の気概であった。大統領とその指示を受けた上部の命令だからという理由だけで戦っていた。アメリカ本土ではベトナム反戦運動が盛んになり、大学キャンパスも反戦学生のデモで埋まっていた。日本を含む世界の学生や知識人が、ベトナム反戦運動を展開するようになっていた。

これにたいしてベトナム人は、自分たちの祖国を守るという気概に満ちていた。中国の支配とも戦ったし、日本とも戦い、八〇年間勝てなかったフランス軍をも破ってきた実績があった。「負けない」という自負が生まれていた。

一九七六年、南北ベトナムは統一されてベトナム社会主義共和国が成立した。

被害者へのお詫びのない戦争加害者の反省

強力なアメリカがなぜ、ベトナムのような小さな国に負けたのか。自由の国アメリカでは当然、自由な議論があり、何冊もの書籍も出版された。そのなかで、もっとも注目された著書が、デイヴィッド・ハルバースタムによる『ベスト・アンド・ブライテスト』であった。

「最良でもっとも聡明な人たち」とは、一九六〇年代のアメリカ合衆国大統領、ジョン・F・ケネディとその跡を継いだリンドン・ジョンソン政権において、ベトナム戦争を担当した閣僚および大統領補佐官たちのことである。ハーバード大学など、いわゆるアイビー・リーグとよばれる東部一流大学出身の優秀なエリートたちによって企図されたベトナム戦争がなぜ失敗に終わったのかを、詳細な調査によって明らかにした著作である。

ところが、この書籍よりもかなり遅れて、『ベスト・アンド・ブライテスト』の中心人物、ロバート・マクナマラが、『マクナマラ回顧録——ベトナムの悲劇と教訓』を出版したのである。第二次世界大戦当時は空軍の作戦参謀を担当していて、「日本の本土攻撃には新しくB29爆撃機を開発して空爆するのが費用対効果を考えるともっとも効率的である」と提案して採用され、大成功した人物でもある。しかし、民間人を含む無差別空爆には反対していた人物ではあった。

戦争終了後は、業績不振のフォード・モーターの社長に迎えられて成功しつつあったとき、当選したばかりのケネディ大統領から、「ぜひに」と乞われて国防長官になり、ベトナム戦争のほぼ全体を指揮した最高責任者であった。そのマクナマラが、この著書のなかで自らの誤りを認め、多くの犠牲者をだしたことを、アメリカ国民と神に謝罪したのである。

「いまさら、なにを言うか」と思った人が多数であっただろうが、「さすがにアメリカ人」と感心する人もいたであろう。「自分の誤りを認め、謝罪すること」はむずかしい。しかし、謝罪したのはアメリカ国民と神にであって、枯葉剤などで苦しむことになったベトナム人への謝罪ではなかった。

ベトナム反戦運動の見返りとして、アメリカの若者が手にしたのは徴兵制の廃止であった。志願制になったのである。志願制により女性も応募できるようになり、戦争によって戦死しても一般の人たちからは、「自己責任でしょう」という無責任な態度をとられるようになってしまった。ベトナム戦争は、主流文明の内部構造をも変えてしまったのである。

ベトナムの統一は、北ベトナムが南ベトナムを吸収するかたちになり、共産党一党支配による国家となった。かつてのソ連や中国がそうであったように、ベトナムでも共産党政府による統制経済は社会を萎縮させ、経済活動を不活発にした。独立後の一〇年間は、ソ連や中国の教科書どおりに計画経済、統制経済をつづけたが、結果は思わしくなかった。

一九八六年になって、中国の「改革・開放」にならうことにした。「ドイモイ（刷新）政策」と銘打って、改革・開放路線に踏み出したのである。社会主義型市場経済である。社会主義版であって、独裁者は共産党である。中国がこの方式で成功したので、ベトナムも成功するだろうと期待される。ただし、それは経済発展に限ったことで、文明発展にどうつながるかはわからない。唯物論・物質至上主義の共産主義思想で文明発展が可能かどうか、いささか疑問である。しかし、先に書いたように仏教徒とキリスト教徒とが協力してベトナム文明を回復しようとするなら、大きな希望が生まれるかもしれない。

三方の大国に脅かされた歴史の韓国と北朝鮮

ベトナム同様に、第二次世界大戦のあと民族を二つに分割されたのは、ドイツと朝鮮であった。とくに朝鮮半島は、大戦前の三六年間は日本に併合され、植民地になっていた。したがって、「民族の分割」に関しては、日本にもそれなりの責任はある。

朝鮮半島は、一九四八年に北緯三八度線で南北に分断された。それまでは日本に支配されていたとはいえ、朝鮮族の国であった。韓国人も北朝鮮人も、ともに朝鮮族であった。

では、朝鮮族はどこからきたのであろうか。大和族がどこからきたのかわからないように、じつは朝鮮族もわからないのである。そこで、言語学者の知恵を拝借して、朝鮮語がどこからきたのかを調べることにする。

日本とは近くて遠い文化的親近度

ところが、朝鮮語も日本語と同様に孤立した言語で、言語系統は不明だという。それでも、「アルタイ諸語との関係はありそうだ」とか、「遠い昔には日本語とも関係があったらしい」といった議論はある。日本語も、類型論でいうとアルタイ系の言語で、トルコ語、モンゴル語、ツングース・満州語、朝鮮語と似た言語であるとされている。そうすると、「日本人も朝鮮人も、西シベリアとモンゴルにまたがるアルタイ山脈周辺からやってきたらしい」ということになる。

アルタイ諸語を話す人たちとは、どのような人か。山羊、羊、牛などを飼育して生きる遊牧民である。穀類などの栽培ができない砂漠地帯や寒冷地では、動物に野草を食べさせて、その乳を飲み、加工し、肉を食するといった牧畜農業が展開されていた。東アフリカのマサイ族は、草原で牛を飼い、その首にナイフや弓矢で傷をつけて血液を出し、それを食料に生活している。

いずれにしても、日本人は日本列島に到着してのちに大和族として成立する。祖先は北方系モンゴロイドの一部であったようだ。しかし、大和族には遊牧民らしい文化がまるで存在しないのである。つまり、大和族と朝鮮族とでは、その生産活動様式が異なっていたのではないか。大和族は狩猟採集時代の他の民族と同じように、三〇人から四〇人くらいの単位で活動していた。これにたいして朝鮮族は大きなグループをつくり、遊牧しながら移動して朝鮮半島に定住した。この結果、朝鮮語という単一言語のかなり大きな朝鮮民族が成立したのではないか。

これにたいして大和族は、朝鮮族よりも早い段階でアルタイ山脈周辺を離れ、小さなグループのまま朝鮮半島を縦断して、個々ばらばらの状態で日本列島に渡ってきたのではなかろうか。しかも、日本列島にはすでに南方から渡来していた縄文人やアイヌ系の人たちが暮らしており、その人たちに合流するかたちで日本列島に定住していった。こうして、縄文語にアルタイ系の言語が混合するかたちで日本語が形成されることになったと考えられるのである。

他民族の脅威と文化的刺激を受けつづけた歴史

さて、古代朝鮮半島では、紀元前二〇〇年ころには衛氏朝鮮が成立している。中国の漢王朝内の勢力争いの結果、大勢の部下を引き連れて亡命してきた衛満が建国した朝鮮国である。この衛氏朝鮮は一〇〇年ほどつづいたところで前漢の武帝によって滅ぼされ、それから四〇〇年間は中国の王朝に支配されることになった。

しかし、紀元前三七年には中国の支配を抜け出して、朝鮮人による最初の王国、高句麗が出現する。

中国からの脅威を排除して王国を維持していたが、四世紀半ばになると百済と新羅が勃興して、朝鮮半島の三国時代が始まった。三国が互いに戦争をくり返す歴史になったが、この三国のうち日本と交流したのは地理的に日本に近かった百済であった。その百済は、日本の根幹をなす重要な文化となった仏教を伝えた。奈良の法隆寺には、そのことを偲ばせる百済観音がある。

この三国では、高句麗がかなり長期にわたって有力であったが、朝鮮半島はつねに中国の脅威にさらされてきた。六六三年には、唐の攻撃によって百済が滅びた。この敗戦にともなって、かなり多くの百済人が百済文化を携えて日本に亡命したことは記しておく価値があるだろう。百済の要請により出撃した日本軍は、百済を支援して唐と戦ったが、白村江の戦いで唐に敗れた。しかし、それから一三年後には、唐は内政の失敗から朝鮮半島を放棄したために、新羅が朝鮮半島全体を支配することになった。それから二六〇年という長期間にわたって平和な時代がつづいた。中国渡来の仏教寺院が各地に建立され、その仏教の教えに負うところもある平和であった。

この九世紀ころの中国では、仏教の臨済宗や曹洞宗など禅宗の五家が誕生していた。のちにこれが朝鮮半島に伝来すると、朝鮮禅として独自の発展をとげることになった。仏教、なかでも禅宗と関連して入ってきた茶の文化も拡がった。日本は、最澄や空海が中国からもたらした天台宗や真言宗がようやく拡がろうとしていた時代であった。

長かった新羅の時代が終わり、高麗が朝鮮半島を統一したのは九三六年である。文化的には当時も仏教が盛んで、中国陶器の景徳鎮の鮮やかな青の青磁に比して、燻し銀の趣のある高麗青磁が歓迎されていた。当時の日本は宇治の平等院が完成し、平安貴族の優雅な文化の華が開花していた。すなわち、日本が平和で安定した国家をつくり、女流文学などを誕生させていた時代は、朝鮮半島でも高麗が比較的平和で安定した時代を営んでいたのである。

高麗は、一〇世紀初頭に満州から中央アジア地域に「遼」を建国した半農半牧の契丹（きったん）から仏教の経典を総集した『大蔵経』を贈られるなどの交流があった。この契丹はしかし、女真族（満州族）に滅ぼされ、さらに統一を進めた女真族は一一一五年に「金」を建国し、北宋を滅ぼして中国の北半分を支配した。ところが、漢族が支配する全土をモンゴルが一二七一年に征服して元（蒙古帝国）が誕生すると、大都（現在の北京）が首都となった。しかも、金がモンゴルの元に征服されると、高麗も元の支配下に置かれることになった。

一三世紀の日本では鎌倉幕府の武家政治が始まっていたが、その日本に元は高麗軍を率いて二回も征服を試みている。いわゆる「文永の役」と「弘安の役」である。鎌倉幕府と日本の武士団、そして日蓮などの日本の指導者たちは苦しい対応を迫られている。

儒教と科挙を受け入れて柔軟性を失った社会

李氏朝鮮が成立して、国号を朝鮮としたのは一三九二年である。官僚制中央集権国家を確立するために仏教を弾圧して儒教を奨励したのも、この李朝であった。朝鮮文明の基軸文化が、仏教から儒教に代わったのである。

徳川幕府も儒教を中心に国家運営を行なっていたが、同時に仏教も重視していた。この点が日本と朝鮮で決定的に異なる点であった。江戸日本文明の基軸文化も儒教であったので、封建制にもとづく身分制は厳しく強制された。朝鮮の身分制も、高麗・李朝時代になると両班（ヤンバン）制度によって強固なものになっていた。高麗は、中国にならって文官の一部を科挙によって地方豪族などから登用する制度を実施し、これによって中央集権的な官僚体制を整備したのである。文官を文班、武官を武班とよび、あわせて両班としたのである。

李朝になると、文・武の官僚はすべて科挙によって登用するようになり、両班官僚制度が定着した。そのうえ、両班の多くは地方の地主層であったため、その子孫や一族も両班とよばれるようになり、力役（肉体労働）や軍役の負担を免除され、中央・地方の支配者として勢力をふるった。ただし、文班のほうが武班よりも優位にみられていた。一八世紀後半以降、この両班制度は廃れていったが、家系を重んじる韓国社会では、現在でも両班出身を誇りとする意識が強い。

高麗時代の後期には、高麗人が日本の対馬に侵入するようになったが、それ以上に日本の倭寇が朝鮮半島のあちこちを荒らしまわるようになった。豊臣秀吉による朝鮮侵略の試みも二回行なわれた。幸いなことに、李氏朝鮮軍は二回とも、秀吉軍を追い払うことができた。

李氏朝鮮が朝鮮史に遺した自慢できるもう一つの業績がある。朝鮮語を表記する独自の文字、ハングルを発明したことである。日本語も、漢字だけを用いていたのでは、その文明発展は遅れたと思われる。朝鮮・韓国の文明発展を容易にする大きな功績であった。

李氏朝鮮では儒教が奨励されて儒学者が活躍したが、それは両班制度を強固なものにし、社会の硬直化を促進するものでもあった。結果論であるが、朝鮮半島における儒教、科挙の制度、両班の制度などの李朝の政治・行政文化は、失策であったように思える。

一九世紀になると、西欧の列強は次つぎとアジアに進出し、大国中国の清朝もぼろぼろにされた。主流文明イギリスによる「アヘン戦争」はその最たるものであったが、朝鮮半島にも同じように開国の要求が突きつけられ、支配されるおそれが訪れた。イギリス、フランス、アメリカ、ロシアが開国と通商を求めて朝鮮半島に押しかけてきたのである。しかも、さらにその上を行く日本もいた。朝鮮半島を支配していた清に日本は挑戦したのである。それが「日清戦争」である。

西欧列強と日本に対立した清王朝

一六一六年に後金（清）を建国した満州族のヌルハチは、二五歳で挙兵して朝鮮半島北部の白頭山の山頂のカルデラ湖から発して中国東北部を流れる松花江の上流域を制圧した。つづいて東北部全域をも支配するようになり、満州族を統一した。一六四四年には首都を北京において本格的に中国支配を開始し、雲南に侵攻するビルマを討ってビルマをも属国にしてしまった。軍事力に優れていた清は、周辺国を次つぎと支配圏に入れ、トルファンやチベットも清領にし、台湾や朝鮮も支配下に置いた。

一方で、一七二七年にはロシアとキャフタ条約を結び、国境を確定させ、通商ルールを取り決めるなど、近代国家としての清帝国を明確にした。ところが一八〇〇年代に入ると、イギリス主流文明が積極的に開国と通商を要求するようになり、アヘンの輸入を強要してきた。「アヘン戦争」が始まったのは一八四〇年であるが、アヘン戦争での敗戦は清帝国の衰退を決定的なものにした。欧米各国は中国沿岸各地域、各都市を租借する条約締結を次つぎと清に要求して、中国はぼろぼろに分割支配されることになったのである。

こうなると国内でも混乱が発生する。大規模なものがキリスト教信仰をもとに起こした「太平天国の乱」で、南京を首都に独立国家を樹立した。外国軍の介入でなんとか壊滅させたものの、清はますます弱体化した。一八六八年に明治維新に成功していた日本も、清の支配下にあった台湾に出兵し、朝鮮半島に関するさまざまの要求を清に突きつけた。

そのような状況下の一八七六年、李氏朝鮮は日本に開国を通知した。当然、他の欧米各国も開国を要求し、李朝は全面的な開国に踏み切ることになった。朝鮮半島の独占的な支配を清に要求していた日本は、清に受け入れられないとみると、日清戦争に発展させた。漢族の中国を支配してすでに二五〇年が過ぎて衰退期に達していた満州族の清は、世界が驚く敗戦となった。

勝利した日本は台湾を獲得するとともに、中国の遼東半島をも獲得した。しかし、ロシア、ドイツ、フランスがこれに強硬に反対して、遼東半島は清に返還した。そうこうしていると、ロシアが朝鮮半島に侵入してきた。帝国主義の時代のもとで、先進各国は利権を求めて競っていたのである。富国強兵にやや成功していた日本は、この帝国主義競争に参戦した。これが日露戦争である。「日本を守る」の自国防衛ではなく、朝鮮半島や満州地域を獲得する侵略戦争であった。

日清戦争にしろ日露戦争にしろ、常識的には日本が負けるはずの戦争であった。ところが、侵略戦争ではあったものの、弱小国の日本が大国に勝利したことはアジア諸国に勇気を与えるものとなり、世界史において一定の功績を残した。

日清戦争で清が負けたことで、李朝は清から解放されて独立した。国名を大韓と改めて懸命に富国強兵に努めたが、日本の勢力がじわじわと韓国内に拡がっていた。日露戦争が終わると、その五年後には日本に併合されてしまった。反日運動はさまざまあったが、伊藤博文が韓国人の安重根にハルビンで暗殺されると、日本の権力者は一挙に韓国を強行支配してしまった。現在もつづく慰安婦問題や強制労働などの問題を生み出した三五年間の植民地時代の始まりである。

日本に併合されていた三五年間は、世界地図から大韓帝国という国は消えていた。地図上から自分たちの国名が消えてしまうという悲しみを、日本人は経験したことがない。韓国人はその悲哀と無念さを体験した人たちである。日本人はこのことを理解しなくてはならない。

共産主義と民主主義の対立のとばっちり

一九四五年、日本が敗戦したことで韓国はふたたび地図上に復活した。しかし、アメリカと当時のソ連という大国の都合で、朝鮮半島は南北に分割されてしまった。第二次世界大戦後に生まれたアメリカ主流文明と新興勢力のソ連との対立であったが、それはまた自由・民主主義の資本主義と、マルクス主義・唯物論の共産主義という思想的な対立でもあった。

しかし、共産主義思想は戦争などの暴力を積極的に肯定する思想で、東欧諸国は武力でかつてのソ連に共産化された。中国共産党の毛沢東も、「政権は銃口から生まれる」と演説していた。このような共産主義思想のもとに誕生した北朝鮮は、共産主義の当時のソ連と中国の支援を得て、一九五〇年に三八度線を越えて韓国に攻め込んでいった。

戦後に成立した秩序を軍事力によってふたたび変更することは、国際連合の憲章に反する。そこでアメリカを中心に国連軍が形成され、北朝鮮の侵略に対抗した。これが朝鮮戦争である。

当初は北朝鮮が優勢であったが、徐々に国連軍が優勢になると中国軍が北朝鮮軍の支援に乗り出してきた。国連軍の最高司令官で日本占領の最高司令官であったダグラス・マッカーサーは中国本土攻撃を主張したが、トルーマン大統領は戦争の拡大を避けるためにマッカーサーを解任した。三年間つづいた朝鮮戦争は、一九五三年に休戦協定が成立して、現在に至っている。すなわち、現在も戦争は終わっておらず、休戦状態にあるのである。

東西対立は軍事力の競争であったが、同時に経済体制の優劣を競う競争でもあった。当初は共産主義体制のほうが優れているとの喧伝が優勢であったが、徐々に共産主義の「虚偽」が明らかになり、本家のソ連が経済破綻したことで、冷戦とよばれた東西対立の勝敗が決まった。それでも、アジアにおいては中国、ベトナム、北朝鮮の三国がまだ共産党独裁体制を維持している。

同じ民族が闘い、国を二分した不幸

一九四八年に南北に分割された朝鮮半島では、南半分が韓国（大韓民国）になり、北半分が北朝鮮（朝鮮民主主義人民共和国）になった。韓国では李承晩が大統領になり、北朝鮮では金日成が主席になって、それぞれ開発独裁をつづけた。北朝鮮では北朝鮮王朝のような体制が現在もつづいているが、韓国では李承晩大統領の一五年もの独裁に韓国軍が反感を抱き、若手軍人たちと決起してクーデターを起こした朴正熙が大統領になった。この朴大統領が日本と交渉して一九六五年に日韓基本条約を締結し、日本からの賠償金を利用して荒廃した韓国の国土を復興した。

じつはこんにち、問題になっている慰安婦問題や徴用工の問題の処理にかかる費用は、日本からのこの賠償金に含まれているというのが日本政府の見解である。日本政府は、この「日韓基本条約」という国際条約を守ってもらいたいと主張しているのである。ただ、先にも書いたように、韓国はいまなお民族の分割がつづいており、彼らの歴史そのものが悲哀、悲哀の連続である。

移民・植民が築いた諸文明
アフリカ、新大陸

●アフリカ大陸諸文明の悲劇と悲哀……446
悲哀の歴史を歩む「白アフリカ」のイスラーム諸国／人が人を売る黒アフリカの奴隷貿易／キリスト教の布教の先にあった植民地化／奴隷貿易の利益を産業革命に投資したイギリス／讃美歌『アメイジング・グレイス』の誕生／共通言語のない「多民族のモザイク国家」

この人たちは取り残された人たちなのか〈ケニア〉

第10章

イギリス移民による諸文明の誕生
悲哀を遺し希望へ……456

主流文明の闘う本質／豊かで厳しい自然と先住民の大地、オーストラリア／先住民との共存を実現したニュージーランド／多文化主義を標榜するカナダの成立

スペイン、ポルトガルからの移民による諸文明
その悲哀と期待……470

荘厳なる古代文明を凌辱されたメキシコ／魅惑のアルゼンチン・タンゴは動乱と悲哀の世界／輝かしい未来を予感させるブラジル文明

多文化主義の国カナダ〈バンクーバー〉

先住民マオリとの融合を謳うニュージーランド〈クライストチャーチ〉

アフリカ大陸諸文明の悲劇と悲哀

「国際比較文明学会」で私が論文を発表したさい、アフリカの学者が最初の質問者として私に意見を求めてきた。「アフリカになぜ文明が生まれなかったのか」という問いであった。この疑問に関しては、カリフォルニア大学地理学教授のジャレド・ダイヤモンドが、その著書で書いている。その答えは次のようである。「サハラ砂漠以南のいわゆるブラック・アフリカ大陸には、穀類植物がなかったこと、もう一つは家畜化できる動物がいなかったからである」。すなわち、農業革命が起こる基盤がなかったのだ。

悲哀の歴史を歩む「白アフリカ」のイスラーム諸国

大麦、小麦、稲、トウモロコシといった穀類の植物がないところに文明は生まれなかったし、家畜化できる動物がいない土地でも文明の誕生はむずかしい。ではなぜ、そのような動植物を導入しなかったのか。サハラ砂漠がそれを遮っていたからである。さらに、いったんアフリカ大陸からユーラシア大陸に移住した人たちに、もう一度アフリカに戻りたいと思う者がいなかったからでもあろう。ユーラシア大陸は、快適な楽園であったのだ。こんにち、アフリカ大陸でみられる穀類や家畜は、すべてユーラシア大陸から持ち込まれたものである。

すでに書いたように、エジプトからモロッコまでの北アフリカは、古代フェニキア人や古代ギリシャ人とローマ人が支配した白アフリカの地域であった。そこには先住民のベルベル人が住んでいたが、七世紀以後はアラビア人が侵攻して、アラビア語によるイスラーム文明が栄えた地域であった。その後、モロッコを除く諸国はオスマン・トルコの支配をうけるが、近代に入るとすべての北アフリカ諸国はヨーロッパの植民地や保護領になり、悲哀の歴史を歩んできた。

第二次世界大戦後は独立して、基軸文化としてアラビア民族主義、あるいは社会主義を掲げて文明の高度化をめざしている。それでも、政治の安定が進まない悩みをかかえつづけている。

リビアのように石油を産出する国は、それなりの経済発展はできた。しかし、その利益の配分をめぐる混乱と内乱を、二〇一九年の時点でもつづけている。モロッコのように王制を維持して隣国と「国盗り合戦」をつづける国もある。王制をいまもつづけているサウジアラビアと同様、イスラーム諸国の不安定な社会はつづきそうである。イスラーム文明を掲げる諸国は、残念ながら今後も悲哀はつづくことになるであろう。

人が人を売る黒アフリカの奴隷貿易

サハラ砂漠以南のブラック・アフリカは、八〇〇〇もの言語が九〇〇〇もの民族に話される巨大な大陸である。およそ二〇万年前に南アフリカで誕生したわれわれ現生人類の祖先は、その人口を増加させ、アフリカ大陸全体に拡がったと考えられる。

しかし、一〇万年ほど前になると、そのうちのいくつかのグループが大地溝帯に沿って北上し、ユーラシア大陸に移住した人たちは、のちにコーカソイド（白色人種）になり、モンゴロイド（黄色人種）にもなった。不思議に思われるのは、一〇万年前にはユーラシア大陸に移住する人たちがいたのに、それ以後に移住する人がいなかったことである。その理由はわからない。

結果として、アフリカ大陸に残った人たちはネグロイド（黒色人種）となった。その彼らが現在は九〇〇〇もの民族に分かれ、八〇〇〇もの言語を話すアフリカの人たちである。およそ二〇万年前にアフリカで誕生したネグロイドは、それ以来ずっとアフリカに住み、狩猟採集の生活をつづけてきた。

ところが皮肉なことに、一〇万年前にアフリカから出ていった親戚の白色人種たちの子孫が、静かに暮らしていたアフリカの人たちの村落を大挙して訪ねてくるようになった。しかも、アフリカの人たちを奴隷として売買する商売を始めたのである。奴隷貿易である。

ポルトガルのエンリケ航海王子による一五世紀半ばからの大航海時代も、じつは西アフリカに始まっている。そのころになると、アフリカでも小さな文明が誕生し、西アフリカには「コンゴ王国」が誕生した。ポルトガルの海外進出は、このコンゴ王国との国交の開始と貿易協定の締結から始まった。ポルトガルは、ローマ・カトリック教会の宣教師をコンゴに送り込み、コンゴの王までもカトリックに改宗してしまった。

ポルトガル王国が、コンゴ王国よりもはるかに高度な文明を具えていることを知ったコンゴの王は、皇太子をポルトガルに留学させてヨーロッパの文明をコンゴに導入したいと努力した。ところが、ポルトガルの商人たちはそんなことに関心はなく、コンゴの住民を捕らえて奴隷にして売る商売を始めたのである。コンゴの王は、ポルトガルの王に手紙を書き、ポルトガルの商人がコンゴの住民を奴隷として売らないように願い出た。しかし、その手紙は無視され、ポルトガルは軍隊を送り込んでコンゴ王国を属国にしてしまった。しかも、ポルトガルがもっとも力を入れていた商売の商品は、利益の大きかった「奴隷」であった。

では、この奴隷を誰が買ったのか。当初は、コロンブスが発見したとされる西インド諸島の砂糖プランテーションの経営者たちであった。原住民を使ってサトウキビを栽培し、ヨーロッパに砂糖を輸出する商売であったが、労働力が決定的に不足していた。アフリカからの奴隷は、そういう経営者たちに歓迎されたのである。

南米大陸の植民地においても、同じような労働力不足は起こっていた。理由の一つには、スペイン人やポルトガル人が持ち込んだ病原菌によって原住民が激減していたことがあった。さらに、過酷な労働による病気や死亡があいついだのである。先にも書いたボリビア高地のポトシ銀山でも労働力不足が深刻になり、黒人奴隷が投入されたのである。

キリスト教の布教の先にあった植民地化

大航海時代のポルトガルの海外侵出は、日本にも大きな影響を与えた。たとえば、一五四三年に種子島に来訪したポルトガル人は、鉄砲を伝えた。弓矢と刀、そして槍で戦っていた日本の戦国時代を終息へと導いたのが、この鉄砲であった。

ポルトガル国王の命を受けてキリスト教の布教に赴いたイエズス会のフランシスコ・ザビエルが、インドのゴアから鹿児島に来訪したのは、その「鉄砲伝来」から六年後のことであった。

そのようなイエズス会の活動を可能にしていたのがポルトガルの商船であり、ポルトガル商人であった。ポルトガル船が日本に売り込んでいたのは鉄砲などの銃器であったが、その見返りに彼らが買って帰ろうとしたのが、日本の銀や日本人奴隷であった。

日本人が奴隷としてフィリピンなどに売られていることを知った豊臣秀吉は、ただちにポルトガルとの貿易を禁止し、日本人による朱印船貿易の制度を導入した。織田信長が許可していたイエズス会のカトリック・キリスト教の布教も禁止した。日本がカトリック教国になれば、日本はローマ・カトリック教会に支配されることになり、かつポルトガルやスペインの植民地にされてしまうことを知ったからである。

メキシコ以南の当時の中南米諸国は、すべてポルトガルとスペインの植民地にされた。このことは同時に、ローマ・カトリック教会に国が支配されることでもあった。アジアでは、フィリピンがスペインの植民地になり、ローマ法王の支配下に置かれた。

このことを知った江戸幕府も、豊臣秀吉と同様にキリスト教禁止令を厳格に守らせた。日本が植民地にされず、かつローマ法王の支配下に置かれないためであった。日本史の真実として、キリシタン弾圧は正しかったのである。しかし、幕府によるキリスト教禁止令という弾圧によって犠牲になった人たちは、そこまでは知らなかったのだから、気の毒な悲哀であった。

奴隷貿易の利益を産業革命に投資したイギリス

一五世紀と一六世紀の世界の通商は、中南米を植民地にしたポルトガルとスペインが、新大陸とヨーロッパ大陸との貿易をほぼ独占していた。したがって、大西洋奴隷貿易もこの両国によって独占されていたのである。

それでも、ハプスブルク家のスペインに支配されていたオランダは、スペインとの「八十年戦争」をへて一六世紀後半に独立を勝ちとると、海上貿易においてもスペインを駆逐してスペインの商売を横取りするようになった。日本に渡来するようにもなった。

オランダよりもやや遅れてイギリスとフランスも海外進出を始めたが、ポルトガルとスペインから学んだ後発組は、利益の大きい奴隷貿易に参入していった。アフリカでは「奴隷狩り」の基地が建設され、奴隷売買のための商館が建設されるほどであった。

海外貿易は商船の発達を促進したが、当初はオランダが高速の帆船を開発して有利であった。やがてオランダに追いつき、追い越して、奴隷貿易においても主導権を握ったのはイギリスであった。一八世紀になるとイギリスのリバプールが奴隷貿易の中心地になり、アフリカで集めた奴隷をリバプールに送り、ここでセリにかけた。売買が成立すると奴隷船に乗せて、カリブ海や南北アメリカ大陸に送ったが、一部はイスラーム諸国やスリランカなどのアジア諸国にも送られた。

この奴隷貿易に従事していたリバプールの商人は、アフリカから奴隷を買ってくる見返りにアフリカに売り込む商品はないかと調べた。すると、アフリカでは綿布の需要が大きいことがわかり、マンチェスターでの綿織物の生産を盛んにすることになった。すなわち、奴隷貿易から得た利益を綿織物産業に投資したのである。ジェームズ・ワットの蒸気機関の開発には、奴隷貿易による利益が投資されたともいう。

こうして、小さな漁港であったリバプールは奴隷貿易、綿織物の輸出港として発展し、ロンドンに次ぐイギリス第二の都市に成長した。アフリカの人たちにとっては大きな悲哀であった奴隷貿易が、イギリス産業革命の成功の一翼を担っていたのである。

およそ三〇〇年つづいた大西洋奴隷貿易によって、一〇〇〇万人近いアフリカの人たちが奴隷として主に南北アメリカ大陸に売られていった。アフリカ大陸にとっては労働力の大きな喪失であった。ローマ法王とカトリック教会をはじめ、ポルトガル、スペイン、オランダ、フランス、イギリスなどの先進国は、その巨大な加害者であった。

讃美歌『アメイジング・グレイス』の誕生

そういうなかで、小さな慰めとなる一つの遺産が生まれた。リバプールの奴隷商人であったジョン・ニュートンによる讃美歌、『アメイジング・グレイス（すばらしき神の恵み）』の誕生である。

彼はリバプールで奴隷船を所有して奴隷貿易に従事していたが、あるとき大嵐で船が沈没しそうになった。ところが、なにか不思議な力が働いて、彼は奇跡的に助かった。彼はこれまでの自分の商売を懺悔し、悔恨の歌詞を書いた。自分が奇跡的に助かったのは、「その後の生涯を神に捧げるように」という神さまからのメッセージであると考えた彼は、プロテスタント教会の牧師になった。

この『アメイジング・グレイス』は、アメリカに渡って南部の黒人教会で愛唱されるようになった。ミシシッピー川を遡ったメンフィスではエルビス・プレスリーによって歌われ、シカゴに到達するとゴスペルの女王といわれたマヘリア・ジャクソンが、この曲を拡げる役割を果たした。

アトランタで活躍していたキング牧師はシカゴに本拠地を移し、公民権運動を本格化したが、この運動の心を支え、疲れを癒してくれたのも、讃美歌『アメイジング・グレイス』であったという。銃規制を強化しようとした黒人大統領バラク・オバマは、自分の出身地であるシカゴで黒人の若者が射殺された葬儀で、大統領自身がこの曲を独唱して青年を弔った。

『アメイジング・グレイス』の作詞者、ジョン・ニュートンが亡くなったのは一八〇七年であったが、イギリスが奴隷貿易の禁止法を制定したのもこの年であった。他のヨーロッパ列強も奴隷貿易は中止した。それでも一九世紀は帝国主義の大競争時代となり、アフリカ大陸を無理やり八つ裂きに分割する植民地化が行なわれた。

共通言語のない「多民族のモザイク国家」

ヨーロッパは、奴隷貿易に代わる利益創出をアフリカを植民地化することで生み出そうと画策した。しかしながら、ヨーロッパのこの帝国主義による大競争は、その内部矛盾から第一次、第二次世界大戦に発展し、アフリカからの利益搾取額よりもはるかに巨大な都市の破壊と人的損害を生んだ。この結果、ヨーロッパは衰退し、アフリカには独立の機会がやってきた。

一九六〇年代になると、アフリカはようやく自分たちの意思と実力で、自らの文明を生み出すことができるようになった。ところが、ここにも重大な困難が待ちうけていた。文明の形成に必要な基本的な言語が、宗主国のつごうによる分割植民地で八つ裂きにされていたのである。ヨーロッパ諸国によって人工的に国境がつくられた植民地は「多民族のモザイク国家」になってしまい、文明形成に必要な共通言語がない状態にあったのである。

東アフリカのケニア、タンザニアなどの海岸部では、スワヒリ語が公用語になっている。アラブ系商人とバントゥー系諸民族の数世紀にわたる交易を通して、バントゥー諸語にアラビア語が加わって形成された言語がスワヒリ語である。しかし、多くの国ではインドと同じように、旧宗主国の言語を共通語にしようとしている。

アフリカ大陸の中央から西半分はフランス語がかなり通用するし、東アフリカでは英語が公用語であったりする。しかしながら、ほとんどの国が多民族のモザイク国家である。民族対立、地域対立、そして宗教対立までが加わり、ヨーロッパや日本のような統一国家を形成するにはどうしても大きな困難が横たわる。長い年月をかけて努力することが求められるはずである。

ヨーロッパによってさんざんな被害と人間破壊を強いられたアフリカの人たちに、日本人のわれわれはなにか支援ができるだろうか。幸いなことに、日本はこれまでアフリカの国や人に悪いことはしてこなかった。そういうこともあって、彼らは親日的で日本人を受け入れてくれる。

そのような背景もあってか、個人の資格でアフリカの人たちの支援に働いている日本人が、アフリカのあちこちにいる。グループをつくって運動している人たちもいる。たとえば、「ルワンダの教育を考える会」というＮＰＯ法人をつくり、内戦状態を脱したルワンダの初等教育を支援している福島市のグループがある。資源のない日本の経験を伝える人材教育こそアフリカを元気にする源である、という発想からの活動である。

アフリカの人たちをぜひ支援したいものである。

イギリス移民による諸文明の誕生
悲哀を遺し希望へ

毎年、夏と春に甲子園球場で行なわれる高校野球の全国大会「全国高校野球選手権大会」は、日本ではよく知られた年中行事である。この高校野球に多くの日本人が興味を抱くのは、出場する高校がそれぞれの都道府県、すなわち郷里を代表しているからであろう。都道府県の間での競争だからである。しかも、大都市の東京や大阪の代表が勝利して当然であるのに、ときには予想もしなかった東北の公立農業高校が優勝するなどで、多くの人の感動を集める。

さらに、国民が一体になったかのように応援するのが四年に一回行なわれるスポーツの祭典、近代オリンピック・パラリンピック大会である。これは国家間の競争で、どの国が金メダルを何個とったかが話題になる。日本人にかぎらず、通常の人間は「競争」が大好きである。

主流文明の闘う本質

じつは、文明もまた民族間での競争をつづけてきたし、競争によって文明は発展してきた。そのような競争の最たるものが戦争であった。大文明、あるいは主流文明と認識された文明はすべて、戦争に勝ち残ってきた文明であった。

主流文明とよばれる文明は、ひときわ多くの戦争を戦ってきた文明である。もちろん、ときには負けることもあった。しかし、ただちに挽回して勝利してきたのが主流文明である。シュメール文明のように、競争相手となる文明がなかった時代の文明は、文明対文明の戦争にはならなかった。しかし、近代になるにつれて複数の文明が出現すると、やはり文明間の戦争がくり返された。

アケメネス朝ペルシャ文明と古代ギリシャ文明との戦争は何度もくり返されたが、最終的にはギリシャが勝利した。古代ローマ文明が長くつづいたのは、ほかに強力な文明が登場しなかったからである。古代とは、周辺に強力な文明が誕生しなかった時代のことでもある。したがって、強力な古代文明は中国文明、インド文明を含めて、中華思想を生み出すほどに輝いていた。

しかし、中世の時代になると、ビザンチン文明のように周辺に強力な文明がぞくぞくと誕生するようになった。一つの文明だけが主流文明として輝いていることは不可能になったのである。中世は、どんぐりの背比べのように文明が横並びになった時代であった。

そのような「どんぐり文明」においても、ときとしてイスラーム文明のような輝きのある文明が出現した。そういう中世の西ヨーロッパで頭角を現したのが、フランク族のフランス文明であった。それでも西ヨーロッパは、スペイン、ポルトガル、オランダ、そしてイギリスなどの諸文明が、互いに覇権を競う世界でもあった。

現代文明の勝者、アングロ・サクソン

民族による中世の「主流文明戦争」に最終的に勝利したのは、産業革命を最初に成功させたイギリスであった。フランク族ではなく、アングロ・サクソン族が最終勝利者であった。フランク族は、ラテン語をフランス語に発展させたが、アングロ・サクソンはゲルマン系言語を英語に発展させて国際語としての英語に成長させた。

このイギリス文明から派生するかたちで誕生したアメリカ文明は、その後、イギリスを凌駕する発展をして主流文明になり、イギリス文明の遺産であるイギリス英語をアメリカ英語にまで成長させ、ほとんど「世界語」になるほどの重要な言語に仕立てた。このアメリカ文明と同様に、イギリス文明から派生した文明がオーストラリア、ニュージーランド、カナダの諸文明である。ほかにも、ジャマイカやフォークランド諸島のような小さな国や島も誕生している。

ただし、アメリカ文明はイギリスとの独立革命の武力衝突に勝っての独立であったが、オーストラリア、ニュージーランド、カナダ、ジャマイカは、イギリス連邦に所属することで獲得した独立である。そのイギリスはほとんどの戦争に勝ったのに、アメリカとの戦争にはなぜか負けた。革命戦争であったこと、もう一つはフランスがアメリカを支援していたからである。

いずれにしても、アメリカはもはや民族としてのアングロ・サクソンの文明ではなくなっている。イギリス文明の後継者として誕生したものの、ヨーロッパ各国から多くの移民を受け入れ、さらに先

住民、奴隷として連行されてきたアフリカ人、そして中南米からの移民などによって成長してきた文明である。この意味では、アメリカ文明は民族文明ではなく、「国際文明」とよばれてよいものである。

これにたいして、オーストラリア、ニュージーランド、フォークランドなどは、アングロ・サクソン系の人たちによって形成された文明とみることができる。しかしながら、近年のオーストラリアとカナダは白人以外の移民もかなり積極的に受け入れるように変わった。日本人にも、積極的に移住を働きかけている。

豊かで厳しい自然と先住民の大地、オーストラリア

オーストラリア先住民、アボリジニはどこからきたのか。はっきりしたことはわからないが、五万年前ころの氷河期の海面は、いまより一五〇メートルも下がっていた。そこで、南方系モンゴロイドとしてニューギニア島に到着し、それから三万年ほど前にオーストラリアに移住してきたと考えられている。

ヨーロッパ人がオーストラリアに到着するまで、彼らは狩猟採集生活をつづけていた。ブーメランは狩猟の道具としてよく知られていて、広大な大地のオーストラリア大陸には五〇万人から一〇〇万人くらいの人たちが暮らしていたと考えられている。

最初にオーストラリアに到着したヨーロッパ人は、一六〇六年のオランダ人であった。しかし、

「ニュー・オーストラリア」という名前をつけただけで、利用価値はないとして入植しなかった。オーストラリアとは、ラテン語で「南の国」という意味である。「イギリスの領有」を宣言したのは、一七八〇年にシドニー湾周辺を探索したスコットランド人のジェームズ・クックであった。

イギリスでは、それまで罪人の流刑地にしていたアメリカ大陸が独立したことで、その代替地としてオーストラリアを流刑地にし、入植を始めた。一八二八年から本格的な開拓が始まったが、それは土地を奪って先住民を放逐、または殺害することであった。

先住民を絶滅させて欧州移民を受け入れた「白人の大陸」

こうした結果、大陸から二〇〇キロメートルほど南のタスマニア島の先住民、タスマニア人は一八三〇年までに絶滅した。文明戦争に勝利したイギリス人は、繁栄を謳歌してオーストラリアをも獲得したが、一方で少数先住民族を絶滅させていたのである。

アボリジニの人口も現在は三〇万くらいにまで減ってしまった。それでも近年はオーストラリア人としての市民権が与えられ、ようやく多少なりとも民族文化を主張できるようになった。

一八五〇年代になるとゴールド・ラッシュが始まり、オーストラリアは繁栄した。しかし、金鉱山で働く中国人が増えてくると徐々に白豪主義が台頭して、「白人の大陸」を実現させることになった。オーストラリアは一九〇一年に事実上の独立を達成したが、イギリス国王への忠誠心は強く、現在もエリザベス二世を君主としてイギリス連邦に属している。

しかし、第二次世界大戦後はヨーロッパ諸国が衰退して、イギリスをはじめヨーロッパからの移民は激減した。オーストラリアの人口は二五〇〇万ほどだが、世界における発言権を高めるには、もう少し人口を増やさなくてはならない。そこで、一九八〇年には白豪主義を撤廃して、多文化主義に移行した。しかし、難民が激増し、テロが頻発する現在の世界で、オーストラリアだけが多くの移民を受け入れることは困難であろう。そういうなかで、増加する中国人の問題がある。

オーストラリアは天然資源が豊富であり、資源の乏しい日本は鉄鉱石、天然ガス、石炭などをオーストラリアから輸入している。しかし、このような資源は豊富でも、水が決定的に不足している。砂漠と乾燥地帯が延々とつづく世界が、この大陸の特徴である。

一方、地球温暖化で南極上空付近のオゾン層は破壊され、人体に有害な紫外線が強烈に差し込んでいる。日本だと、地震、津波、台風などの自然災害は大きな悲哀であるが、オーストラリアにとっては、オゾン層破壊の環境問題が重大な課題である。この自然災害は、こんごの大きな悲哀になる可能性はある。

先住民との共存を実現したニュージーランド

ニュージーランドに最初に移住したのは、中央ポリネシアのタヒチ周辺から八世紀ころにやってきたマオリ族である。一四世紀ころにはマオリ族の大規模な移住があり、「白くて長い雲」とよばれたこの島はマオリ族の島になった。とはいえ、ニュージーランドの土壌や気候はタヒチ周辺とは異なっていた。彼らが持ち込んだ食料となる植物の種はうまく育たなかったのである。食物となったのはサツマイモとシダの根くらいで、野生動物で大型の飛べない鳥「モア」を乱獲した。こうして、モアは絶滅してしまった。

先住民と移住者とが平和裡に融合して誕生した国家

ヨーロッパ人で最初にニュージーランドを発見したのは、オランダ人のタスマンである。一六四二年であった。オーストラリア同様、オランダ人はオランダの一地方の名前をとって「ニュージーランド」と命名したが、あまり利用価値がないと判断して入植することはなかった。

ところが、一九世紀中ころにイギリス人が移住してくると、マオリの人たちはこれを受け入れた。イギリス人が、小麦などの栽培方法を伝えたからであろう。この結果、ヨーロッパ系の移民がどんどん進み、現在ではヨーロッパ系の人たちが九〇パーセントを占めるまでになった。

こういうニュージーランドの歴史は、日本の歴史によく似ている。日本には、先住民の縄文人が住んでおり、そこに弥生人がぞくぞくとやってきて稲作農業を広め、日本文明の形成へと進んだ。ニュージーランドも、イギリス人がマオリ族を征服してニュージーランドをつくったのではなかった。ニュージーランドは平和裡に誕生した国家なのである。

たとえば、女性の参政権が世界で最初に認められたのは、アメリカやヨーロッパではなく、ニュージーランドであった。一八九三年のことであったが、指導者であったケート・シェパードの肖像は、ニュージーランドの現在の一〇ドル紙幣になっている。さらに、一九九七年には女性の総理大臣が誕生し、生活水準の高い完全福祉国家を実現している。

自然が豊かで多民族国家の魅力がはちきれる

ニュージーランドの総人口は四九五万であるが、その七六パーセントは北島に住んでいる。北島のオークランドにはとくに人口が集中していて一〇〇万を超え、人口構成はマオリ族を含む多民族都市になっている。産業は、天然ガス、酪農、園芸などである。

南島には、自然が豊かで魅力的な観光地がいくつもある。クライストチャーチはオークランドに次ぐ第二の都市であるが、氷河の跡を辿るフィヨルド、雪をいただくマウントクックも美しい。多くの花が咲くので蜂蜜も種類が多く、魅力的な自然である。

しかし、人口が少ないために、自動車工場を建てたりすることはできない。街を走る自動車の多くは日本からの輸入車か中古車である。人口の少ない島国の宿命でもあるが、輸入品の値段はどうしても高くなる。

いずれにしても、ニュージーランドは小さいけれども魅力の多い国で、スポーツではラグビーのオールブラックスが耀いているし、音楽ではクライストチャーチ出身でアイルランド系ニュージーランド人の歌姫、ヘイリー・ウェステンラが、その美しい歌声を世界に届けている。

多文化主義を標榜するカナダの成立

オーストラリア、ニュージーランドと同様に、イギリスの植民地から独立して形成した国がカナダである。先住民イロコイの言語で集落を意味する「カナタ（Kanata）」が国名「カナダ」となったというのが有力な説である。

コロンブスがアメリカに到着したのは一四九二年とされるが、その五年後の一四九七年には「イギリス国王ヘンリー七世がカナダ東海岸を探検させた」との記録が残されている。スペインがカリブ海など南方地域を植民地にしていたので、イギリスは北方を探索したのである。

しかし、実際に手をつけたのはフランスで、一六〇五年にカナダ東部の大西洋に面するノバ・スコシア付近に植民地建設を試み、二年後には同じく東部のケベックに移動している。イギリス人が進出してきたのは一六二一年で、ノバ・スコシア植民地を建設すると植民地建設は本格化し、すぐ北に位置するプリンス・エドワード島などに植民地をつくっている。

海外植民地の獲得においても、イギリスとフランスは競争していたが、両国はカナダにおいても一七五九年に戦争を始めている。その結果、イギリス軍がケベックとモントリオールを占領してフランスの負けとなり、フランスの植民地はすべてイギリスに割譲された。

フランスとオランダはなぜアメリカ独立に加担したのか

アメリカとカナダの両方をイギリスは植民地にしたが、それから一六年後にはイギリスのアメリカ植民地一三州による独立戦争が始まっている。結果、フランスには勝ったイギリスであるが、アメリカの東部一三州の植民地との戦争には負けたのである。

主流文明のイギリスがなぜ負けたのか。理由はいくつか考えられるが、植民地の軍にとって戦場は自国だということがある。イギリス軍は、命令も軍需物資もすべてイギリスから船で運んでこなくてはならない。現在のように高速船はなかったので、ロンドン・ボストン間に一か月もかかっていた。しかし、地元の植民地軍はすぐに対応できた。

イギリス軍にとって、戦場が広すぎたこともあった。たとえばニューヨークを占領すると、ずっとそこを守らなくてはならない。次の戦場に移動すれば、ニューヨークはふたたび植民地人に占拠されてしまうからである。イギリス軍は大軍を必要としたが、当時のイギリスは世界各地に植民地があってそれぞれに軍隊を派遣していた。軍人が不足していて、アメリカの独立運動との戦いでも、たくさんのドイツ人傭兵を採用していたし、先住民をも雇って戦っていた。

しかし、もし植民地軍とイギリス軍だけが戦っていたら、イギリス軍が勝利したはずである。たとえば、開戦後に戦線が膠着状態になったとき、植民地軍は「カナダ侵攻作戦」をたててイギリス軍が守備を固めていたカナダに攻め込むという失策を犯している。アメリカ国内に独立に反対する「王党派」がいて、彼らはカナダに移動してイギリス軍の協力者になっていたのである。したがって植民地軍は敗退して、ボストンに引き返すしかなかった。

勝敗を決めた転機は、フランス軍が植民地軍のアメリカに協力して参戦したことにあった。つづいてオランダ軍も植民地軍に協力した。フランスもオランダも、植民地獲得戦争ではつねにイギリスに負けていたからである。しかも、植民地軍が善戦していてイギリスに負けそうにないことから、植民地軍に協力すれば独立後もアメリカとの友好関係を維持できると計算しての参戦であった。

そのように、イギリスはヨーロッパにおいて孤立していたが、フランスも財政的に厳しくなっていた。国内的にも不安定になり、フランス革命（一七八九年~九九年）の一つの要因をつくってしまったのである。この結果、イギリスとフランスは消耗し、アメリカは独立を実現（一七八九年）して発展する希望を獲得したのである。このとき、カナダもアメリカ同様、一つの文明として発展する可能性を見出している。

当時のアメリカもカナダも、州として確立していたのは東部だけであった。西海岸も奥地も未開の地であった。カナダでもっとも整っていたのは、のちにL・M・モンゴメリの小説『赤毛のアン』の舞台になるプリンス・エドワード島であった。プリンス・エドワード島は小さな島にもかかわらず、現在も独立した一つの州として扱われているのは、そういう歴史を背景にしているからである。

アメリカの南北戦争が一八六一年に始まると、イギリスの植民地が散在していた当時のカナダは、アメリカに併合されてしまうのではないかと危惧するようになった。この問題はカナダの植民地人の間だけでなく、本国のイギリスでも問題になり、一八六七年の「英領北アメリカ法」によってカナダの植民地全体がイギリスの自治領として統合された。

そして一九三一年、カナダは主権国家としてイギリス連邦の構成員として法制化された。オーストラリア、ニュージーランドと同様、イギリス国王がカナダの君主である。

なぜ英語とフランス語をともに公用語にしたのか

フランス人の入植によってできたケベック州の人たちは、イギリス領になってからも日常的にフランス語を使っていた。通常、このような場合、多数の強者は言語の統一を主張するものである。カナダでもそのように統一すべきとの主張はあったが、これを強行して戦争にでもなればアメリカが介入してきて、カナダはアメリカに併合されるとの危惧が優勢になった。国王親政を支持する王党派のカナダ人も、英語で統一されたカナダよりもアメリカに支配されないカナダを望み、英語とフランス語の二言語が公用語である国家の姿を選んだのである。

こうしてフランス系の国民を多くかかえることになったカナダであるが、植民地時代から第一次世界大戦まで、カナダの経済はイギリスに従属する植民地経済であった。すなわち、小麦などの農産物をイギリスに輸出し、工業製品をイギリスから輸入する経済構造であった。

しかし、第一次世界大戦後はアメリカ資本がカナダに大量に流入して工場を建設し、カナダ経済はイギリスとの関係よりもアメリカとの関係を深めるようになった。この結果、従来の一次産業中心から製造業中心の経済へと変容していった。さらに、第二次世界大戦後はカナダの豊かな鉱物資源が注目されるようになり、アメリカ資本が盛んに投入されるようになった。

しかし、カナダ政府はアメリカ資本によるカナダ経済の支配を恐れるようになり、一九七四年には外資審査法を施行して、投入される個々の外資がカナダ経済に貢献するかどうかを審査することになった。それから二〇年後には北米自由貿易協定（ＮＡＦＴＡ）が結ばれ、アメリカ、カナダ、メキシコの三国による巨大市場が成立することになった。

ヨーロッパ人のカナダへの移住あるいは侵略は、イヌイット、イロコイなどの先住民にとっては巨大な魔物に映った。しかし、他の大陸のケースと比較すると、その悲哀は比較的少なかったといえるかもしれない。それに一九九九年に、ノースウエスト準州の一部を分割してイヌイットの自治準州、ヌナブト準州にすることが認められたのは、せめてもの慰めであった。

英語とフランス語の共存を受け入れるカナダは、香港などからの移民も受け入れ、多文化主義を標榜している。北欧諸国と同程度の福祉国家をめざすカナダには、大きな魅力がある。

「民族文明競争」の結果、国際語になった英語と波及効果

「民族文明競争」に勝利したアングロ・サクソン系民族は、二一世紀初めにおいてアメリカ、カナダ、オーストラリア、ニュージーランドなどの大陸と領地を占拠して、民族の繁栄を謳歌している。イギリス本国から大勢の子孫を海外に移住させることによって実現した勝利である。この勝利によって、いまのイギリスはどのような利益を得ているのだろうか。じつは、実質的な経済利益、輸出入市場と

しての特別な利益はあまりない。

どちらかといえば、ＥＵ市場がイギリスにとっては重要である。旧植民地諸国にとっては、自分たちの生産物を大量に買ってくれたイギリスは、当初の重要な経済的パートナーであった。しかし、現在はそのような状況にない。オーストラリアもニュージーランドも、自分たちの生産物を買ってくれるアジア諸国を重要な市場ととらえ、アジア諸国との関係を深めている。

カナダにとっては、当初のイギリスは重要であったが、いまではアメリカのほうがはるかに重要なパートナーで、経済政策はアメリカと歩調をあわせている。アメリカにとってのイギリスは、市場としての価値は小さい。経済的な関係では、それぞれの国が真に独立した結果である。

では、このアングロ・サクソン系諸民族国家はバラバラになって、協力することはなくなったのかというと、「ある」のである。国際政治において、彼らは強い関係を発揮する。ただし、そういうときのリーダーはイギリスではない。アメリカがリーダーシップをとって、みなが協調していることがほとんどである。

ウクライナのクリミア半島をロシアが軍事力で奪ったときも、アメリカがリーダーシップをとってロシアに経済制裁を実施した。最初にこれに同調したのはイギリス、カナダ、オーストラリア、ニュージーランドであった。「イギリス家族」は協力して国際問題に取り組んでいるのである。

彼らには、「英語」という共通言語によって意思の疎通をしやすいメリットがある。世界各地のニュースや出来事を英語によってすばやく把握できるし、世界の人たちとも交流できる。民族文明競争に勝って多くの利益を上げている背景には、この「英語の国際語化」があるといえる。

スペイン、ポルトガルからの移民による諸文明
その悲哀と期待

二〇一九年三月二七日の「日本経済新聞」夕刊が、「メキシコ大統領、スペイン国王に侵略の謝罪要請」という見出しの記事を報じた。この謝罪要請はスペイン国王フェリペ六世にだけでなく、ローマ・カトリック教会のフランシスコ法王にも、侵略と植民地時代における人権侵害などに謝罪するよう求める書簡を送ったという。アメリカ大統領がイギリスのエリザベス女王に謝罪を要請するような事態が、メキシコでなぜ起こったのであろうか。

そもそも、スペインとはどのような国であったのか、最初にこれを概観する。

イベリア人とケルト人の文化の混血

イベリア半島には、イベリア人という先住民が住んでいた。このイベリア人の先祖は、『旧約聖書』の「ノアの箱舟」に出てくるノアの息子たち、すなわちハム・セム族のハム族であったという。ハム

語系の言語を話す人たちが、古代エジプト周辺から北アフリカを通ってイベリア半島に移住していたのである。

その地に、紀元前一〇〇年ころにローマ軍に追われたケルト人が移動してきて混血したのがスペイン人だという。中央アジアの草原から馬車と車輪をつけた戦車とともに渡来して、ヨーロッパに鉄器文化をもたらしたのがケルト人である。インド・ヨーロッパ語族の人たちで、農耕・牧畜の高い技術を具えていた。アルプス以北のライン川やドナウ川上流域に居住していた精悍な騎馬民族でもあった。現在はケルト音楽がよく知られているが、スコットランドやアイルランドに末裔が暮らしている。

そのように、スペイン人はイベリア人とケルト人との混血である。しかし、イベリア半島のスペインは紀元前三世紀にローマに征服され、ラテン語を受け入れたが、その後にキリスト教も受容している。しかも、五世紀には西ゴート人の侵入と支配があり、八世紀には北アフリカのイスラームの侵攻をうけて後ウマイヤ朝によって一〇三一年まで支配された。

レコンキスタの勝利に始まるスペインの全盛期

しかし、八世紀初めからキリスト教国家によるイベリア半島国土回復の戦争、レコンキスタが始まり、カスティリアのイザベルとアラゴンのフェルナンドとの結婚によって一四七九年にスペインは統一された。レコンキスタにも勝利した。ここからスペインの全盛期が始まるのである。

契機となったのは、一四九二年のコロンブスによるアメリカ大陸到着と、植民地化の成功であった。

ハプスブルク家の支配下にあったスペインは、アメリカ大陸から持ち帰った大量の金・銀で空前の繁栄を謳歌し、当時の世界最強の帝国になっていた。メキシコが、「侵略され、人権侵害をうけた」と訴えているのは、この期間のことである。

その後のスペインは、しかし弱体化して混乱をつづけることになった。一八世紀にはフランスのブルボン家の支配下に置かれたが、政治不安、独裁政治、独裁の崩壊、王制の廃止、共和制、フランコ将軍の反乱、スペイン内戦、立憲君主制の誕生などとつづくのである。

いずれにしても、スペインが安定していたのは一六世紀と一七世紀の二〇〇年くらいで、あとは混乱がつねにつづく文明であったといえる。

荘厳なる古代文明を凌辱されたメキシコ

「メキシコ」という国名は、アステカ帝国の「太陽と戦争の神・メシコ」に由来するという。アステカの末裔ということだろうか。古代メキシコ人は紀元前一万五〇〇〇年ころには、北アメリカからメキシコに到着し、紀元前三五〇〇年ころからトウモロコシ農業を始めている。

紀元前二〇〇〇年を過ぎるころには定住農村、祭祀のセンターも出現して、先古典期文明が誕生したと考えられている。紀元前一三〇〇年ころの巨石人頭像やジャガー信仰の痕跡が、メキシコ湾岸や南岸低地のオルメカ遺跡で発見されている。中央高原には「太陽のピラミッド」や「月のピラミッド」

などで知られるテオティワカン遺跡があるし、ユカタン半島には古典期マヤ遺跡の優美で巨大なピラミッドが遺されている。

侵略、搾取、利権闘争、政治抗争、抵抗運動

一〇世紀ころになると、北方狩猟採集民族が侵入し、軍事的色彩の濃い新古典期文明が始まっている。人を生贄として神に捧げる人身犠牲を盛んに行なう文化も広まった。しかし、中央高原ではアステカが一三二五年にテスココ湖の小島に住居群を設け、強力な軍事力によって勢力を拡げるようになった。やがて、一六世紀になると人口数百万ともいわれる征服国家を築いている。

ところが、一五一九年からの二年間は、コルテスの率いるスペイン軍と戦うことになった。この戦に敗れたアステカ王国は、その後三〇〇年にわたってスペインの支配をうけることになる。

スペイン王が獲得したのは大量のメキシコ銀であったが、先住民は酷使され、疫病にかかり、人口は八〇パーセントも減少した。その一方で、植民地生まれのスペイン人と先住民との混血によって生まれたメスティーソとよばれる人たちは増大した。白人は、そういう混血の隷属民を支配する大農園主や鉱山主になった。

こうして、「スペイン的文化と不平等」を特徴とする一つの社会が形成された。同時に、「カトリック化しても先住民の言語文化を維持する」もう一つの社会も生まれた。しかも、これがメキシコの基本構造となる社会構造となったのである。

さらに、一八世紀初めになるとフランスのブルボン家がスペイン王位を継承してメキシコの産業振興政策を強化したことで、メキシコは繁栄期を迎えた。これは同時に、王家による支配体制と搾取の強化につながった。貧しい民衆はもちろんのこと、有産階級の白人も本国への不満を募らせ、独立へと向かうことになったのである。独立運動は、フランス革命後のナポレオンによるスペイン占領が引き金となって始まった。

一八一〇年から四回もの独立戦争をくり返し、メキシコは一八二四年にようやく独立を実現した。憲法を制定し、大統領も選出した。ところが、保守派と自由派との対立は内戦にまで発展したのである。こうなると外国から侵略されることになり、独立したメキシコは混乱をきわめた。

隣国アメリカにもつけ込まれて、一八三六年にはテキサスを失い、その一〇年後のアメリカ・メキシコ戦争によってカリフォルニア、アリゾナ、ニューメキシコを奪われることになった。国土のおよそ半分を失ってしまったのである。

こういう事態にもかかわらず、保守派と自由主義派との対立抗争はその後もつづき、政権が交代するたびに社会制度も変更された。内戦がつづいたことで外債の返済も滞り、イギリス、スペイン、フランスの三軍にメキシコ湾に面するベラクルス港を占領される事態にまでなった。これ以降の大国の利権争いと内戦は、いよいよ狂気と混乱の時代に入った。

フランス軍はメキシコ市を無血占領するが、のちに大統領になるファレスは米国の支援のもとに四年間にわたる抵抗運動をつづける。一方、保守党の代表派遣団はオーストリアのハプスブルク家のマキシミリアン大公と面接して、メキシコ皇帝となるよう要請している。しかし、皇帝となったマキシミリアンは、国家反逆の罪で数年後には処刑された。

ファレスは共和制の復活を宣言して、財政再建のために革命軍も解散した。軍の勢力削減と財政再建を目的に常備軍を三万人から一万人に減らしたのである。ところが、これが将兵から恨みを買うことになった。ファレスは軍出身のディアスを破り大統領に再選され、初等教育の無償・義務化を定めて大衆教育を教会から切り離したが、一八七六年には軍の不平派の代表、ディアスに権力を奪取されてディアスによる独裁政治が始まることになったのである。

鉄道建設、銀・銅・スズの鉱業開発、大地主による農牧業の近代化が進み、メキシコ経済はすばらしい発展をみた。しかし、このことは外国資本に従属することでもあった。大多数の農民の土地を奪い、労働者の権利無視、そして民族文化の蔑視を生むことになったのである。

自立への挑戦と疲弊

そういうなかで、民族資本家のマデロが一九一〇年にディアス独裁を打倒し、メキシコ革命を成功させた。しかし、その六年後には革命の反動でふたたび内戦に発展した。一九二九年の世界恐慌後の再建にさいして、メキシコ革命の理念と成果の定着を掲げて支持を得たのはカルデナス政権であった。彼は大規模な社会経済改革と工業化政策を実施し、労働運動も保護・育成した。

こうしてメキシコは徐々に近代的な国家へと向かうことになった。アメリカ、イギリス、オランダに支配されていた石油会社を国有化し、民族資本の育成にも努力するようになった。

第二次世界大戦は、メキシコの工業化に絶好の機会を与えた。軍需景気に沸くアメリカや戦乱のヨーロッパから工業製品を輸入することが困難になり、国産品が愛用されるようになったからである。さらに、戦後はアメリカ資本の導入が進み、大学都市が建設され、高速道路や水力発電用ダムなどの巨大公共投資も行なわれた。こうして経済成長と発展がみられたが、同時に労働者や農民の不満は拡がり、キューバ革命の影響もあって農村ゲリラや学生運動が活発になった。そのような動きを政府は武力で弾圧し、国民をも虐殺した。

しかし、一九六八年のメキシコ・オリンピックの成功は、それ以後の二〇年以上にわたる政治的安定と経済成長を実現し、「メキシコの奇跡」と称賛された。とはいえ、好況がつづくとさまざまな問題も噴出する。農業は不振に陥り、国際収支が悪化した。それに、国民の所得格差の拡大、貧困層の増加、人口爆発、一党支配による政治の腐敗などである。

さらに悪いことに、一九八五年九月のメキシコ大地震が混乱に追い打ちをかけることになった。それでも、かつてのメキシコとは違って政治的にも経済的にも強くなっており、幾多の困難を徐々に克服することができた。

アメリカ、カナダ、メキシコ三国によるＮＡＦＴＡも、メキシコの経済成長に大きな機会を与えるものになった。世界各地から多くの企業がメキシコに進出して、組立て・加工した完成品をアメリカに輸出することができるようになったからである。

頑張るメキシコだが、気の毒なことに次から次へと問題は発生する。南部の先住民や農民が武装蜂起する事態が発生した。メキシコ最貧困州であるチアパス州では、先住民主体のゲリラ組織によって貧困問題の改善を要求するサパティスタ民族解放運動がもちあがった。巨額の対外債務の慢性化から、一九九四年には深刻なメキシコ・ペソ危機も発生した。

それでも、ＮＡＦＴＡ加盟が奏功して、メキシコは自動車や家電製品などの対米輸出国になり、経済発展にも成功した。反面、自由化、民営化は倒産や失業を増加させ、公共料金の値上げ、福祉の切り捨てなどで貧富の差はますます拡大した。治安の悪化、社会の不安定化は、現在も危惧されている。

輝ける国家を再度めざして

さて、「メキシコの大統領が、スペインの国王とローマ教会の法王に謝罪を要求した」というニュースの背景を解説しておこう。

まずは、メキシコにおけるカトリック教会の役割と位置づけについてである。植民地時代から教会は市民の暮らしに大きな影響力を具えていたほか、大土地を所有して政治的な力も発揮していた。二〇世紀初頭のディアス将軍の独裁政権を支える働きもしてきた。これが災いして、メキシコ革命で生まれた一九一七年憲法では、「反教会条項」が規定された。教会の土地所有と聖職者の政治参加の禁止が法制化されたのである。メキシコ国民の九〇パーセント以上はカトリック教徒であるが、教会は政治活動を禁止されている。したがって、メキシコ大統領はローマ法王に忠実である必要はない。

次は人口である。スペインの人口がおよそ四四〇〇万であるのにたいし、メキシコの人口は約一億二九〇〇万である。しかも、この数字はラテンアメリカにおいて人口抑制に成功した例外的な実績なのである。ローマ法王の指導を拒否して家族計画を実行した結果である。一九七五年の三・五パーセントの人口増加率は、二〇〇五年には一・七パーセントにまで低下している。しかも、人口構成は混血のメスティーソが六〇パーセント、先住民が三〇パーセントで、いわゆる白人のスペイン人はまったくの少数派になってしまった。大統領を含めてメキシコの九〇パーセントの人たちは、スペインに謝罪を要求したい気分なのであろう。

さらに、メキシコの経済力である。経済力を支える最大の要因は、豊かな天然資源である。現在も、銀の埋蔵量でメキシコは世界第二位である。その他、銅、亜鉛、モリブデン、金、鉄鉱石、マンガン、ストロンチウム、そして石油を産出する。最大の稼ぎ頭は、石油である。

かつての宗主国と法王にたいして、堂々と謝罪を要求する心情はわかるというものであろう。アステカ帝国以来、メキシコはアメリカに国土の半分を獲られたという悲哀を含めて、たくさんの苦しみを経験してきた。しかし、いまはそのアメリカを利用して、メキシコ文明の魅力を立派に発揮できるようになったといえようか。

魅惑のアルゼンチン・タンゴは動乱と悲哀の世界

アルゼンチンという国名はスペイン語では「アルヘンテイナ」、「銀」を意味するラテン語に由来する。「ラ・プラタ」はスペイン語で銀を意味する。ラプラタ川周辺には豊かな鉱物資源があるだろうと、この名前が与えられた。しかし、資源らしいものは実際には出てこなかった。かわりに豊かな草原地帯、パンパが拡がっていた。

アルゼンチンには、山岳地帯を中心にアイデンティティを異にする先住民のインディオたちが住んでいて、スペイン人侵入者と戦っていた。アルゼンチンには、メキシコやペルーのように高い文明を具えた先住民もいず、労働力も不足していた。周辺のペルーやパラグアイからの移住者はあっても、人口の自然増加はなかった。アルゼンチンにおける労働力は、ペルーの鉱山労働を支援する物資の供給や、採掘物を輸出する作業などに充てられた。

豊かな自然、パンパの恵みに包まれて

しかし、一六世紀の半ばから大規模な探検隊が派遣され、「ラプラタ川の発見」とか、マゼランによる「マゼラン海峡の発見」などがあった。ヨーロッパからの移民で人口は増加し、ブエノスアイレス市も建設された。一八七〇年代以降は、中央部の草原地帯パンパを開発して広大な農地とし、牛肉と小麦の一大輸出国になった。

一方、探検隊による征服作戦が行なわれなかったパンパなどの地域では、スペイン人と先住民との

戦闘が長くつづいた。征服されて植民地になった地域では混血も進んだ。

他のスペイン領植民地と同様、ナポレオンによる一八〇八年のスペイン征服を契機に、アルゼンチンにおいても独立の気運は高まった。植民地生まれの白人が中心となって、一八一〇年には独立の契機となる「五月革命」に成功している。しかし、国内対立がつづき、政情が安定したのは一八六八年以降であった。

ヨーロッパからの移民と外国資本の導入によって、温帯農産物輸出国として急速に経済発展が進み、都市化、工業化は実現した。二〇世紀初頭は、アルゼンチンの黄金時代であった。しかも、第一次世界大戦時にはアメリカと同様、多額の外貨を獲得して世界有数の富裕国になった。しかし、その直後の世界恐慌によって大混乱に陥り、政治も経済も第二次世界大戦まで混乱がつづいた。

その反面、この混乱期に輸入制限を実施したことで国内工業は発展し、都市労働者が増加した。この労働者を組織化して一九四六年に大統領に当選したのがフアン・ドミンゴ・ペロンである。妻は元女優で、国民からカリスマ的な支持をうけて夫を大統領に仕立てたエバ・ペロン（通称・エビータ）と、若死にしたエバの死後に再婚した歌手のイサベル・ペロンである。

ペロン党（正義党）はいわば労働党で、労働者の保護、社会保障の充実、外国資本の鉄道の国有化、国家主導による工業化の推進など、国家社会主義的な政策を実施していた。これに資本家、保守派、教会が反対したことで経済状況は悪化して、軍はクーデターを起こした。こうして、一八年近くヨーロッパに亡命することになったペロンだが、一九七三年には大統領に復帰している。

ファン・ペロンの死後は、妻のイサベル・ペロンが大統領を継いだが、その後もペロン派、保守派、軍によるクーデターなど、政治的な混乱をくり返した。

自らの施策が導いた悲哀のこんにち

そのようななかで、アルゼンチン軍はマゼラン海峡近くのイギリス領フォークランド諸島を占領したが、ただちにイギリス軍に反撃されて敗退した。この敗戦により、軍はその権威を失墜し、政治的な影響力を弱めた。民主主義は回復したが、累積債務問題の激化から、一九八九年には物価上昇率は五〇〇〇パーセントに加速した。このため、アメリカの了承を得ないまま、アルゼンチン・ペソをアメリカ・ドルに固定する兌換法を実施し、通貨の安定に努めた。

通貨の安定はこれで実現したものの、巨額の公的債務から経済危機を招き、住民による暴動が拡がった。さらに、二〇〇一年一二月二五日、ペロン党の大統領は突然、デフォルト（債務不履行）を実施した。国家が借金を返済しないという決定である。アルゼンチン国債を買っていた人は、利息を受け取れないだけでなく元本も返ってこなくなった。企業でいえば倒産である。企業は倒産すると社会から消えるが、国家は存続しつづける。「そんな国は信用できない」と外国は相手にしなくなるから、国家の経済運営はますます困難になるしかない。

「アルゼンチンは、ヨーロッパの一員である」と主張して有色人種の移民を受け入れてこなかった人口四四五〇万のアルゼンチン。サッカーのアルゼンチン、そして魅力的なアルゼンチン・タンゴの国には、なんとか頑張ってもらいたいものである。

ところで、アルゼンチン・ペソをアメリカ・ドルに固定する兌換法は長つづきしなかった。理由は簡単である。アルゼンチン経済は、アメリカ経済と同じような強さを具えていないからである。

これを裏づける数字を示しておこう。二〇一九年三月の段階で、アルゼンチンのインフレ率は約五〇パーセントで、経済成長率はマイナス二・五パーセントである。物価は上昇し、経済は縮小しているのである。

アルゼンチンは、メキシコやブラジルのように天然資源が豊富ではない。だから経済困難に陥るのだ、などと言いわけをしていても始まらない。アルゼンチンの悲哀は、自ら招いた悲哀である。自分たちの力で頑張ってほしいものだ。

輝かしい未来を予感させるブラジル文明

「歴史とは、そのほとんどが文明史である」と本書の冒頭あたりに書いた。狩猟採集の時代や初期農業時代については、歴史として物語るには材料がほとんどないのである。

アルゼンチンと同様、ブラジルの先住民は紀元前八〇〇〇年ころに、このあたりに到達したものと考えられている。当初は沿岸部に住んでいたようである。トゥピ族、グアラニー族、アラワク族などで、総人口は一〇〇万から二〇〇万くらいであったという。私には、この推定人口は多すぎるように思えるがどうか。彼らは狩猟採集と焼き畑農業を取り入れた少人数の社会を形成していたようである。このような事実は、文明をもったポルトガル人が到達したことでわかったことである。

先に書いたように、ヨーロッパ諸国で最初に海外進出を始めたのはポルトガルであった。その第一次海外派遣艦隊を率いたのがバスコ・ダ・ガマで、一四九七年のことであった。つづく第二次インド派遣艦隊によって、ブラジルは一五〇〇年に「発見」された。国名は、特産品の赤色染料となる「パウ・ブラジル」に由来する。ポルトガル語で、「炎のように赤い木」を意味する。

一四九四年にスペインとポルトガルの両国間で締結された「トルデシリャス条約」によって、スペインとポルトガルの植民地の支配領域分界線はすでに確定していた。しかし、ポルトガルはアジアとの交易に忙しく、ブラジルにまで手が届かなかった。ポルトガルのブラジルでの事業は、大西洋岸に自生していたパウ・ブラジルの伐採と搬出くらいであった。ブラジルの植民に力を入れるようになるのは一五三〇年代以降で、ポルトガルが砂糖産業を導入するためであった。

貴金属と奴隷売買からサトウキビとコーヒー産業に

熱帯性気候と肥沃な土壌、ポルトガル王室による土地分与制度（大土地所有）、首都リスボンから南西約一〇〇〇キロメートルの大西洋にあるマディラ諸島から導入したサトウキビとプランテーション方式の栽培方法の導入、黒人奴隷の確保、ヨーロッパの砂糖需要の増大、オランダの金融資本の参加、これらの好条件に恵まれて、ブラジルは砂糖の一大生産国になった。

ところが、スペインとポルトガルが同じフェリペ四世を君主に戴く「同君連合」であったため、スペインが事実上ブラジルを支配することになった。しかも、スペインはオランダを敵視していたため、ブラジル北東部の砂糖生産地域からオランダを追い出したのである。

オランダは一六五四年に撤退したが、そのさいに砂糖の生産技術をカリブ海の諸島に移植した。その結果、キューバなどで砂糖生産が始まり、ブラジルの砂糖生産は一時減少した。それでもサトウキビからの砂糖生産は、ブラジルが現在も圧倒的な世界一である。

植民地時代は奥地探検の時代でもあり、ポルトガルは貴金属の発見と先住民のインディオを捕獲して奴隷にすることを事業にしていた。「アフリカ大陸諸文明の悲劇と悲哀」のなかでも書いたが、ポルトガル人は有色人種の住民を「商品」として扱っていたのである。また奥地探検でも、「同君連合」を利用してスペイン領に侵入し、ブラジルの領土拡張に生かしていたのである。

さらに一七世紀末には、南東部のミナス・ジェライス州で金が発見され、ゴールド・ラッシュが始まった。王室は現地に鋳造所を設け、課税を強化して王室財政を豊かにした。すでに指摘したように、ブラジルの金は主流文明イギリスによる金本位制を維持・強化し、国際経済の体制を安定させる働きをしていた。ブラジルの金は、ポルトガルの王室とイギリスを利することになったのである。ブラジルにとっての利益には、あまりならなかった。

一八〇八年三月、ポルトガル王室はフランスのナポレオンに追われ、イギリス艦隊に保護されて植民地ブラジルに逃げてきた。イギリスとフランスとの覇権争いに巻き込まれて避難するというポルトガルの遷都であった。しかし、ブラジルに貢献することにはなった。外国への開港、印刷・出版の自由、大学の設立、首都となったリオデジャネイロの環境整備などが進んだ。ただし、王室はイギリスの貢献に報いるために不平等条約を結び、イギリスに有利になる関税条約を結ぶ結果を生んだ。

ナポレオンが失脚して、ポルトガル王ジョアン六世が一八二一年に本国に帰ると、その翌年にブラジル独立戦争が起こり、翌二二年九月には独立したブラジル王国が誕生した。憲法も制定され、その後の六七年間は南米唯一の立憲君主制の王政がつづいた。スペイン領の植民地は多数の共和国に分散したが、ブラジルが一体性を保てたのは王政を敷いていたからであるとの説もある。

ブラジルの主要産業は、みごとなサイクルで変遷した。初期は染色用木材のパウ・ブラジル、次が砂糖、その次がゴールド・ラッシュの金、そのあとの一八三〇年から一〇〇年にわたってはコーヒーであった。

ブラジルのコーヒーは、いまも世界市場においてその銘柄を誇るが、当時のブラジルの輸出額の五〇パーセントがコーヒーであった。その生産地は徐々に南に移り、リオデジャネイロとサンパウロの大都市を生み出した。ブラジルの二大都市は、コーヒーが成長させた都市であった。コーヒーを輸出する鉄道整備が進み、労働力としてヨーロッパからの移民も増加した。イギリスの圧力によって、アフリカからの奴隷輸入が不可能になったからである。

独立後の帝政、軍部独裁、クーデター、民政移管のなかで

国内体制は、軍部が蜂起して一八八九年に王政を崩壊させ、第一次共和制が始まっている。アメリカにならった連邦制で、三権分立、大統領制とする憲法が制定された。しかし、実態はサンパウロ周辺のコーヒー生産地主の意向を強く反映する寡頭政治であった。

日本からの自由移民は一九〇八年に始まったが、ヨーロッパ、中東、日本などからの自由移民は、それまでの「地主階級と奴隷層」という二極社会のブラジルを大きく変えることになった。すなわち、新移民は社会の中間層を形成するようになり、コーヒー産業と無関係の国民が生まれることになったのである。ブラジルは、「人的にも技術的にも」豊かになったのである。

その一翼を担ったのが日本人移民である。ブラジルの全人口二億一〇〇〇万のなかで、およそ二〇〇万人の日系人が頑張っている。

世界大恐慌によってコーヒー経済が退潮した一九三〇年、若手軍人の支持によって就任したバルガス大統領は徐々に独裁色を強め、「バルガス革命」とよばれる工業化を実現した。中央集権的な政治によって、製鉄、化学肥料などを国産化することで工業発展を促進する政策であった。しかも、この大統領は社会民主党とブラジル労働党をつくるというブラジル政治史に足跡を残す働きもしている。第二次世界大戦では、ブラジル史上初めてヨーロッパ戦線に派兵した大統領にもなった。アメリカの要請に応えるものであったが、ブラジルの民族的な構成や戦闘能力を考え、ドイツ戦線ではなくイタリア戦線で戦っている。

第二次世界大戦後は、一九五六年に大統領に就任したクビチェック大統領時代に、道路、電力網などのインフラ整備を進め、自動車、造船、製鉄などの工業化を進展させた。首都も、内陸の高原地帯のブラジリアに移した。そうするなかで、一九六四年に発生した軍事クーデターに始まって、政権の変動が頻繁にあった。

軍政時代が二一年もつづくという典型的な権威主義体制のもとで、反対勢力は弾圧されていた。それでも、一九六八年からの五年間は年率一〇パーセントを超える経済成長を実現して、「ブラジルの奇跡」とよばれた。しかも、一九七三年の石油危機を契機に、ガソリンの代替として植物由来のエタノールの生産や大陸棚での石油探査を始め、次代の発展の礎を用意した。

一九八五年には、軍政から文民への政権移管が行なわれた。しかし、対外債務危機に端を発してインフレが進行し、年率三桁から四桁の物価上昇を起こしている。この対策として、一九九四年に新通貨、レアルを発行してなんとかインフレを収拾した。

その翌年には、アルゼンチン、パラグアイ、ウルグアイ、ブラジルの四か国による共同市場、メルコスール（南米南部共同市場）を発足させている。国際的な経済環境の好転にも支えられて、ブラジル経済は安定に向かい、為替の変動制への移行も実現した。

二一世紀に入ると、世界的に食糧、資源、エネルギー需要が増大している。ブラジルはそのような需要の増大に応えるべく、大豆、砂糖、食肉、そして鉄鉱石、エタノールなどの供給国としての発展が期待されている。

二〇一一年にはブラジル史上初の女性大統領、ジルマ・ルセフが就任した。二〇一四年にはサッカーのワールドカップを、二〇一六年にはリオデジャネイロでオリンピックを開催している。次の世界経済をリードすることが期待されているブリックス(BRICs)の四か国(ブラジル、ロシア、インド、中国)の一翼を担うのがブラジルである。

植民地時代に沿岸地域に住んでいたインディオがほぼ絶滅した悲哀、労働力として連行されてきたアフリカ人奴隷たちの悲哀を意識するものの、ブラジル文明の未来は魅力的である。サンバの歌と踊りに酔いしれないように、注意しながら頑張ってもらいたいものである。

第11章 文明と個人

人は生まれる文明を選べない

●文明と人の生涯
所属する文明が左右するそれぞれの人生……490
●文明と宗教との深い関係……493

ギリシャ正教の修道院に描かれたフレスコ画〈オシオスルカス修道院〉

ヒンドゥー教寺院の彫像は人をどこに導こうとしているのか〈インド〉

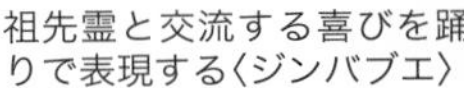

祖先霊と交流する喜びを踊りで表現する〈ジンバブエ〉

文明と人の生涯

所属する文明が左右するそれぞれの人生

草木を含めて生物はみな、自分の親を選ぶことはできない。まず親がいて、そのもとにあらゆる生物は誕生するからである。自分が誕生する場所や年月を選ぶこともできない。生まれたときには、すでにその場所と年月が決まっている。

人間には、他の動植物と異なって、もう一つ選ぶことのできない状況がある。それは文明である。現代の人間は、必ずどこかの文明に所属するかたちで誕生する。長寿の人は、およそ一〇〇年を生きても、多くの人は生まれてきた文明のもとで死ぬことになる。国際結婚とか留学、戦争の難民として異文明に移住する人、経済的な事情や仕事で移住する人もある。しかし、それは少数者で、多くの人は自分が生まれた国、あるいは同族や同じ民族と一緒に生きたいと願い、一生を終える。多くの人間にとって、そのような生き方は快適で、かつ幸福を与えてくれる。

「よりよい文明」に変えたいという希望と野望

自分にとって魅力的な文明とは、自然環境を含めて「ふるさと文明」である。あるいは、民族文明である。しかし、多くの人はそれでも、自分の文明を少しでも「よりよい文明」に変えたいという希望や野望をもっている。したがって、政治や経済について議論し、価値を主張して、このふるさと文明、民族文明の形成に努力する。

若者にとっては、高校や大学への入学競争、そこでの勉学は文明形成への挑戦になる。社会人は職場を通して、あるいは職業によって自らの文明の形成に参画する。しかし、私たち一人ひとりは、自分が現代日本文明の形成に参画しているなどとは考えたこともない。

現代日本文明に所属している人、すなわち日本国籍のパスポートを所持できる人は、アルバイトでもすれば学生でもアジア旅行程度はできる。これも日本文明への参画の一部だが、他の国・他の文明だと、そう簡単ではない。北朝鮮やイランの若者は、気の毒なことに海外旅行はまず不可能である。経済制裁をされていることもあるが、貧しいからである。

移住を願う貧しい文明の人たち

貧しい文明に所属する人は、海外旅行ができないばかりか、病気になっても適切な治療を受けることができない。日本の社会は、国民皆保険の制度によって、貧しい人でも治療を受けることができるようになっている。ただし、それは現在のことであって、第二次世界大戦前にはできなかった。将来については、財政事情からできなくなる可能性もある。

文明は時間の変化とともに変わる可能性がつねにある。主流文明アメリカには、日本のような公的な健康保険制度はなかった。アメリカ文明の特徴である自由の原理に従って、健康保険などは自己責任で行なうものだという主張があるからだ。豊かな文明に所属していても、かならずしも国民全員が健康というわけにはならない。貧富の差が大きいことも、健康格差があることも当然という文明である。

さて、豊かな文明の場合は、たとえ貧しい階級の人であっても、その豊かな文明を離れて他の文明に移住しようとする人はほとんどいない。しかし、貧しい文明のもとに生きている人たちは、内戦があったり、経済混乱があったりすると、豊かな文明、安全な文明に移住したいと願い、移動する。

現在では、アフリカ大陸の人たちと中近東の人たちがヨーロッパをめざして移住を渇望している。中南米の国ぐにでは、アメリカをめざす人たちのことがニュースとして聞こえてくる。貧しい文明の人たちが、豊かな文明の国に移住したいという気持ちは理解できる。しかし、それを安易に受け入れると、自分の力で自尊心をもって生きようとする貧しい文明の人たちの力をもぎとってしまうことにならないだろうか。民族文明・ふるさとと文明を魅力ある文明として、この地上に遺そうとする気概が求められている。

とはいえ、輝かしい世界の主流文明について書いていて強く感じることは、なぜ強い文明と弱い文明とがあるのか、なぜ貧しい文明と豊かな文明とがあるのかという疑問である。

かつては、「優秀な民族」と「劣等の民族」などという説明もあった。天然資源に恵まれた、地理的条件が良かったといった理解もあった。近代思想が西ヨーロッパで生まれ、いわゆる白人が世界を支配していた時代があったからである。ヨーロッパ文明が世界各地を支配していた二〇世紀半ばまでは、植民地主義が当然と考えられていたからでもある。しかし、二一世紀の現在は違う。これをどのように理解すればよいのだろうか。私は次のように考えている。「それは、その文明がもっている宗教によるのではなかろうか」と。

文明と宗教との深い関係

本書の初めに、ユヴァル・ノア・ハラリ教授が、「文明や文化は空想であって実体がない」とか「宗教はとくに空虚である」といった主張をしていることを書いた。

しかし私は、文化、文明、宗教はしっかりと人類の歴史に組み込まれていて、世界史を形成してきたと考えている。とくに宗教は、深い関わりをもって現在も生きていると主張したい。ただ、私がここで書いている宗教は、伝統的な仏教、キリスト教、神道といったものではなく、それらすべてを覆うような宗教概念である。

宗教を論じるさいに必要なことは、まず「神」の概念を明らかにしておくことである。じつは、仏教や神道は、「これが神である」と明確に規定するような教義や説明に乏しい。仏は仏であって、神ではない。そこで、かなり明白にしているキリスト教の「神」の概念をここで説明してみよう。

キリスト教の教義のベースは「三位一体の神」

キリスト教は、ローマ帝国時代の三一三年に公認され、やがて帝国の国教になった。そのさい、イエス・キリストは人なのか、神なのかが大きな神学的議論に発展した。そこで、三二五年にニケーア公会議が開かれ、「三位一体説」が発議された。そして、テオドシウス帝によって招集された三八一年の第一コンスタンチノープル公会議によって、キリスト教の神とは「三位一体の神」であることが確定した。「父なる神、その子イエス・キリスト、聖霊」の三位は一体の神であるという教義が確定したのである。父なる神と聖霊が神であるという説明はわかりやすい。しかし、人間であったイエスがなぜ神なのかは、わかりにくい。そこでその説明をしよう。

『新約聖書』の最初の部分にあるのは、人間イエスの言動をつづった四人の記者による「イエス物語」である。一人の人物伝は一つでよいはずだが、『新約聖書』では四人が書いた四つのイエス伝が記載されている。現在のように、誰かが記録をとって、のちにそれを本にしたものではないからである。

イエスが十字架上で亡くなって三〇年から八〇年くらいたってから、各地に拡がっていた初代教会に残るイエスの言動を集めたのが、この四つのイエス物語（福音書）なのである。したがって、クリスマスになると幼稚園などで子どもたちが演ずるイエス誕生物語は「ルカによる福音書」だけに書かれている物語で、そのような出来事が実際にあったかどうかはわからない。

ではなぜ、そのような物語が書かれたのか。それは、イエスが神の子であるような言動をしていたので、そのような神話をつくり、それを信じて伝えたからである。実際に四つのイエス伝を読むと、驚くべきことがたくさん書かれている。

「神は霊であり、イエスは人」という私の理解

たとえば、この四つのイエス伝に収められたイエスの言動には、女性蔑視や差別がまったくないのである。それどころか、売春婦のような女性にも同じように対応しているのである。二〇〇〇年前の社会は、現在よりもはるかに男尊女卑の時代であったのに、イエスは女性を男性とまったく同じに扱っていたのである。多くの女性たちが、「イエスは神さまだ」と信じても当然である。

ただし、この四つのイエス伝には、「女と子どもを除いて……」といった記事がある（マタイ一四・二一）。イエスがそのように話したのではなく、この物語を書いた記者が、そのように当時の常識を書いたものであることを追記しておく。

「三位一体の神」は、ローマ・カトリック教会、ギリシャ正教会、主要なプロテスタント教会のほぼすべての教会によってこんにちでも信じられ、その信仰は守られている。多くの場合、「二〇〇〇年以上の長きにわたって信じられてきたことを、いまさら否定はできない。もし否定したとするなら、その後のキリスト教の神をどのように説明するのか」と問われてしまう。

じつは、私はプロテスタント・キリスト教の信者であるが、この三位一体説には同意しない。本書はキリスト教の神学を論じているのではなく、「文明にとって神とはなにか」を考えているからである。

キリスト教、仏教など伝統的な宗教では、神学論争、仏教論争といった「身内だけに通用する言語と論理」で教義を定め、それを民衆に布教してきた。しかし、近代科学を学び、多くの情報と知識を身につけた人たちは、そのような教義を信じなくなってきたのである。

日本では毎年、多くの仏教寺院が廃止されているし、キリスト教が盛んであったアメリカでも毎年、一万ものプロテスタントの教会が解散しているという。

それでは宗教は無用になったのか。もしも無用になったのであれば、現状を放置しておけば自然に消滅する。しかし文明を研究してきた私は、人類にとって「幸せな文明」を形成するには、「一人ひとりがなんらかの宗教を信じていることが必要である」という結論に達したのである。というのは、どのように立派で豊かな文明のもとで人生を生きてきたとしても、誰もが必ず死ぬからである。たとえば五歳の子どもが癌で亡くなろうとしているとき、その本人と両親はどうすればよいのか。神さまの援助がどうしても求められると、私は考えている。

そのように、文明にとっても宗教は重要な文化であるからには、その宗教の本質である「神」を取りあげなくてはならない。

キリスト教の神を含めて、「神は霊（スピリット）である」というのが私の理解であり、主張である。キリスト教ではこの霊を「聖霊（Holy Spirit）」とよぶが、この聖霊を含めて、神とは「スピリット」なのである。

キリスト教の主人公、イエスは人間であるからスピリットではない。しかし、キリスト（救い主）

はスピリットである。「イエス・キリスト」というので、イエスは名前で、キリストは苗字のように思っている人がいるが、それは誤解である。キリストは「救い主」の意味なのだ。

イエスが生きていた当時のイスラエルにおいては、「イエス」という名前は日本でいうと「太郎」のような、どこにでもある名前であった。ところが、イエスはまったく人間を超越した言動をとり、神のような働きをしたので、多くの人はイエスを神と信じて「キリスト（救い主）」とよんだのである。すなわち、イエスは人であるが、キリストは霊であって、スピリットなのである。

ところが、伝統的なキリスト教会では、救い主は「復活」するという信仰をもっていた。したがって、「復活するのは人間のイエスのことだ」と主張して、混乱が起こってしまったのである。

『新約聖書』には、パウロという人の書簡がたくさん載っているが、そのなかでイエスが生きていた時代のパウロが、「復活とは霊が復活することだ」とはっきり書いている（「コリントの信徒への手紙 一」一五章）。実際問題として、イエスがもし人間として復活すると考えると、イエスは一人しかいないから、イエスに会える人はほんの少数の人だけである。ところが、スピリットのキリストが復活すれば、世界のどこででもキリストと再会できる。パウロも、「キリストが復活する」と書いている。すなわち、イエスが復活するのではない。

日本の神は、日本人の守護神

私が住んでいるのは、京都市に隣接する宇治市である。京都の繁華街からほんの少し離れているだけで、このあたりは田舎である。昔からの集落には鎮守の森があり、樹齢一五〇年というような大木が鬱蒼と茂っている。そういう森には神社があって、近辺のいくつかの町内会では総会を開くさいに役員は毎年この神社に集まって参拝し、一年の安全を祈祷してもらっている。

神社とは神道であるから、「そのような宗教的な行為はすべきではない」といった反対意見はある。しかし、伝統だからといったこともあってつづいている。二回ほど町内会長を務めた私も、この神社で祈祷してもらった。町内会のメンバーの大多数がこの神社の存続を願っているし、この神社があることで住宅開発などが行なわれないですんだからである。楠、榎、椿の大木などによって、伝統的な日本の緑の森が守られてきたからである。

日本には、鎮守の森のある神社はたくさんあり、そういう神社は農業文明で生きてきた日本人を統合するものでもあった。日本人のいわば守護神であった。日本が戦争を始めると、それがゆえに神道として強力な力を発揮する宗教になったという歴史もある。

鎮守の森の神に似るユダヤ民族の「ヤーウェ」の神

神社・神道は、民族宗教であったのだが、そのような民族宗教は世界のほとんどの民族がもっていた。キリスト教もその母体はユダヤ教で、ユダヤ教はユダヤ民族の民族宗教であった。

『旧約聖書』はユダヤ教の聖典であるが、『旧約聖書』にはかならずしも現実の歴史ではないが、ほぼ事実に近い民族の歴史とユダヤ教の歴史が書かれている。これによると、アブラハム一族がユダヤ民族の始祖であり、この一族の守り神がユダヤ教へと発展したという。

この一族は、遊牧民としてメソポタミアからパレスチナへと移動するが、アブラハム一族の守り神には当初、名前はなかった。「存在」、あるいは「存在するもの」というような呼び方で神を表現していた。そのうちに、「ヤーウェ」の神というように変わり、「唯一の神」といった一神教の信仰へと発展していったのである。

では、ヤーウェの神はどこに存在し、なにが神であったのか。おもしろいことに、それは日本の鎮守の森の神さまとよく似ているのである。ヤーウェの神は山に住んだり、岩陰や枯草の中、そして燃える火の陰に潜んでいたりした。日本の神社の御神体も、大きな石であったり、巨木であったり、大地そのものであったりした。

ただ、日本は仏教が渡来するまでは他の民族の宗教を学ぶ機会はなかった。しかし、ユダヤ人はユダヤ教が成立するまでの過程で他の多くの民族宗教から学ぶことがあった。とくにペルシャの民族宗教、ゾロアスター教からは多くのものを学んでいる。こうして、ユダヤ教は民族宗教から世界宗教に発展するキリスト教を生み出すことになったのである。しかしながら、鎮守の森の神社で祈る「神」も、ユダヤ教やキリスト教が祈る対象の「神」も、目で見たり手で触れたりすることのできない「スピリット」である。もちろん、スピリットの内容は異なる。これについては、後述する。

キリスト教でも、神とは「全智全能の神」と説明している。すると神は宇宙をも創造したのだから、

「キリストは宇宙を創造した」などと短絡的な主張をすることになる。しかし、この説明には無理がある。全智全能の神は偉大であって、「キリストは、そのうちの人間担当の神」ということである。永遠の過去から永遠の未来へとつづき、無限に拡がる宇宙。この巨大な宇宙を創造したのは、イエスではなく、「霊なる神、スピリットである」と説明したならば、ほとんどの人は納得するだろう。神はスピリットなのである。

つい最近まで、宇宙空間にはなにもなく、無の世界と考えられていた。ところが最近の研究によると、宇宙空間はびっしりと「ダーク・マター」とよばれるごくごく微小なもので満たされていることがわかってきた。このダーク・マターと同じように、スピリットも宇宙全体に、そして地球上にもびっしりと拡がっているのではないか、そのように考えるのが私の神観である。しかもこの神は私の体の中だけではなく、一つひとつの細胞の中にも存在しているという理解である。そしてキリストという神も、同じように私の中に生きているのである。

大自然こそ、「霊なる神」

南米に生息するオオアリクイの舌は、最大六五センチメートルにも伸びるという。アリを食べるのに都合がよいように進化したからである、と説明されている。人間を含めて、生物のすべては「進化」の原則によって生き残ったというのが、一九世紀のイギリスの生物学者チャールズ・ダーウィンの『種の起源』以来の進化論である。

進化論が生まれる以前は、『旧約聖書』の「創世記」に記されている「すべてのものは神によって創造された」という記事が信じられていた。しかも、「いまあるものは、そのままの形で創造された」と信じられていた。ダーウィンは、そこに疑問をもったのである。そして、さまざまな生物の起源や変化を、「進化」という概念で説明したのである。

生物の起源や変化を説明するのに「進化」という言葉を使うと便利である。そうした結果、「進化の結果」という説明は、それ以上の思考を停止させてしまったのである。先のオオアリクイの舌が長いのは「進化の結果」であると説明されると、わかったような気分になって、それ以上の思考はしないことになったのである。

しかし、一歩踏み込むと、「その長い舌をつくったのは誰か」という疑問が生まれるであろう。答えは、「霊なる神、スピリット」なのである。進化論は、「神がつくった各種の生物の存在のあり方にはある種の原則がある」ことを発見したものであったのだ。

ところが、その進化の原則をつくったのは誰なのか、さらに進化させたのは誰なのか、は語られない。動植物が自分で考えて自分を進化させることなど、できるはずはない。

「進化」の概念と同じように使われて、議論が止まっているものがある。「突然変異」である。人間がチンパンジーと分かれて人間になったのは突然変異による、という説明がある。進化の概念と同様、便利な表現である。なんのことかわからないことがあると、「突然変異による」と説明して、それで終わってしまう。本書の前半にも書いたが、ハラリ教授の人類史における「認知革命は遺伝子の突然変異によって起こった」などという説明で終わるのも、その類である。

たとえそうであったとしても、突然変異は人間が工夫して起こしたものではない。一般的な表現をすると、「進化」も「突然変異」も、ともに「大自然」が起こしたのである。キリンの首が長いのも、象の鼻が長いのも、進化や突然変異によるのかもしれないが、その根本は大自然そのものがそのような動物を創る原因であった。「この大自然こそ、霊なる神」なのである。

「霊なる神」が創造した美しき大自然

梅雨が明けて暑い夏になると、涼しい夜に散歩し、美しく輝く星空を楽しむ季節がやってくる。地球が所属する太陽系の金星や火星は、夕方早くから輝き始める。やがて、たくさんの星が川のように連なる「天の川」、銀河が見えてくる。この銀河には太陽系のような星が無数にある。宇宙には、そのような銀河が無数に存在する。地球をはじめとする無数の星々。人間によってまだ発見されていない銀河が無限のようにつづく。これらは当然、霊なる神によって創造され、永遠の過去から永遠の未来に向かって存続する。

霊なる神は、全能の神である。そうすると、文化や文明も当然、全能の神が創造されたということになる。ところが、われわれ人間は、「自然の状態では存在しないものを人間は創造し、これらを文化、文明とよぶ」と主張してきた。人間は、全能の神を冒涜して、たんに自惚(うぬぼれ)ているだけの話なのだろうか。たしかに、人間の行為や主張には、神を冒涜するものが多々ある。そのような人間の行ないを、もう一度きちんと考えてみる必要はあるだろう。

大自然である霊なる神が創造したものには、二種類がある。一つは無機質の物であり、もう一つは有機質の物である。無機質の物は大自然が生み出した、と説明しても問題はまったくない。ところが、有機質の物になると少々問題がある。有機質とは生物のことであり、生物には「生命」と「死」があるからだ。

生と死の両方を支配する霊なる神

こうなると、根源的な問題である「生命」とはなにか、「死」とはなにかの問いに答えを出さなくてはならない。人間を含めて、すべての動植物は死ぬ。すると、生きていたときと、死んだときの様相の違いはなにか。物体としての死体は生前とほぼ同じである。人間だと、その場がベッドの上であれば、遺体は生前と同じようにベッドの上に寝ているだろう。物体としての人体は、生前とほぼ同じだからである。

そうすると、「死とはなにかが抜けていった」という状態のことになる。なにが抜けていったのか。それは「霊」である、と誰もが思うであろう。京都の宇治市にある平等院には、「阿弥陀来迎図」という壁画がある。もうすぐ死にそうな人に向かって、空飛ぶカーペットのような雲に乗った阿弥陀さまが迎えにくるという聖画である。阿弥陀さまが死者を浄土へと連れて行ってくれる、そういう平安仏教の浄土信仰を描いたものである。

平等院は、平安時代の貴族が信仰していた天台仏教にもとづく西方極楽浄土を表現した建築と庭園である。遺体はこの世に遺され朽ちるであろうが、霊はこの平等院のような浄土において、阿弥陀さまとともに楽しくその生命をつなぐと信じたのである。

この信仰は、キリスト教の信仰ともよく似ている。霊なる神は、人間の生命と死の両方を支配しているということである。では、人間は自分一人ではなにもできないのだろうか。私の理解では、神の支配下ではあるが、人間にはある範囲で自由が与えられていると考えている。

文明を形成し生き残る自由が与えられた人間

植物は、種として草木から落ちた瞬間から、与えられた条件下でしかほとんど生きることができない。土地、気候条件などにしたがって、その場で一生を終えることになる。そのような植物も、自分の意思で、太陽光がよく当たる方角に葉や枝を伸ばすことはできる。少しは自由が与えられている。野生の鳥や動物は自由に動くことができるので、かなり広い範囲で自由が与えられている。とはいえ、自らが食べられる食物が実っている地域や季節の範囲にしか自由はない。

人間は広い適応力があるために、さまざまな自然環境のなかで生きる自由が与えられた。人工の文化や文明を創造して、生きる方法や活動の範囲を拡げてきた。霊なる神から与えられた特権である。この特権を利用して、最近では核エネルギーの利用、人工知能とロボットを用いた軍隊など、とんでもない魔力を生み出そうともしている。この特権ははたして、ハラリ教授がいう「ホモ・デウス（神になる人間）」などという人間を生み出すことができるのだろうか。

一卵性双生児は、まったく同じ遺伝子を親から受けとって誕生した人間である。したがって、顔形から後ろ姿、得意な勉強まで同じである。では、まったく同じかというと、じつは成長するにしたがって、少しずつ異なってくるという。

それはなぜか。遺伝子は、両親から受けとるというかたちで、霊なる神から受けとった、基本的には変更されることのない生命である。しかし、誕生後の生活環境によって、双生児といえどもその遺伝子には多少の自由が与えられているのである。

この自由は、双生児ではない、ふつうの人たちにも許されている自由である。植物は太陽光に向かって成長する自由があったが、人間は犬が好き、サッカーが好き、昆虫が好き、数学が好き、音楽が好き、科学者になりたい、社長になりたいなど、自由に選ぶことができる。

自分で自分の人生を選ぶことのできるそのような自由は、二割から三割くらいまでだろうと私は考えている。残りの七、八割は、両親を含む先祖と、その人たちが属していた民族の力である。しかも、この祖先集団が生き残ったから、われわれ一人ひとりが生まれてくることができた。この先祖代々の一人でも欠けていたら、「私」は生まれてくることはできなかった。先祖代々が形成してきた民族が、われわれ一人ひとりを誕生させ、生き残るために文明を形成してきたのである。

世界各地の各時代にそれぞれの文明が生まれ、あるものは成長して主流文明になり、あるものは準主流文明にまで成長し、あるものは弱小文明の状態でとどまっている。もっとも悲惨だったのは、すでに消滅してしまった文明である。とにかく、それらすべては霊なる神のなさったことである。そのような文明をつくった民族が、どのような宗教を信仰し、どのような文化を形成してきたかの結果であったと考えるよりほかはないだろう。すなわち、民族に与えられた二、三割の自由を、どのように活用したかによるのである。

「利己的な願い」と「感謝の祈り」

こうして日本文明を考えてみると、日本はラッキーな文明であったといえる。日本人が特別に優秀であったとか、なにか善いことをしたわけでもないのに、神さまは日本を「エコひいき」してくださった。韓国は中国や日本の支配を何度も経験したし、中国もモンゴル族や満州族の支配を何百年も経験した。他の民族と比較すると、日本人はほとんど悲劇や悲哀の歴史をもたない。

さて、「文明と宗教」という視点で、本書が書いてきた主流文明を振り返ってみると、「古代ローマ文明」、「ビザンチン文明」、「フランス文明」、「イギリス文明」、「アメリカ文明」と連続するかたちで、これらの文明の背景にはキリスト教が存在していることに気づく。その意味では、日本人もキリスト教に学ぶ必要があるだろう。もっとも、キリスト教は同時に、環境破壊の原罪という面も具えているので、それもそれなりには参考になる。

鎮守の森の神社でのお祈りと、キリスト教会でのお祈りとの違いについても書いておこう。
神社での一般的なお祈りは、大きな鈴を鳴らし、賽銭を箱に入れ、二礼・二柏手して両手を合わせて、「家内安全、商売繁盛」などを神さまに祈り、最後に一礼する。これが主な願いで、受験の合格祈願、病人の快癒、すてきな結婚、そして「困ったときの神頼み」などをお願いする。ほとんどが、「利己的な願い」である。

これにたいしてキリスト教会は、イエス・キリストを信仰する信徒であるから、初めから「感謝の祈り」である。「自分の健康を一週間見守ってくださって、ありがとうございます」というような祈りである。すなわち、鈴を鳴らして神さまを呼び出さなくても、キリスト教の神はつねに自分と一緒にいてくださって、自分を守り、導いていてくださるという確信と信仰にもとづく祈りなのである。とはいえ、商売繁盛や試験の合格祈願などの願いごとも、その祈りの中にこっそりと入れ込むのは人情である。

二割の自由度をどう活用するかは人の「死」に直結する

人は年齢を重ねると病気がちになり、やがて死んでゆかなくてはならない。そんなとき、神道を信仰している親族の誰かが熱心に「願(がん)」をかけに神社に通い、神さまに救いを求める。カトリックのキリスト教会では、神さまの救いは基本的に教会を通して実現することになっているから、司祭や神父の祈りを待たなくてはならない。しかし、聖母マリヤさまにはお願いする。

しかし、自由主義神学によるプロテスタントの信者は、自分の中にキリストの霊、聖霊・霊なる神を宿しているので、その神の支えと慰めのもとで一緒に病気の苦しみに耐えて、天国へと導いてもらう。このキリスト教信仰は、自分の病気も死も、いっさいを霊なる神に委ねる文化といえる。

「文明と宗教は深い関係にある」と書いてきたが、どのような文明に属するのか、自分はどのような宗教文化を選ぶのか、そういう神から与えられた二割程度の自由活用方法は、人生の最後に必ず迎えなくてはならない一人ひとりの「死」に直結している。

「いっさいを霊なる神に委ねている文化」を歌っている讃美歌の歌詞の一部を記しておこう。

讃美歌　四〇五
神ともにいまして、行く道を守り
あめ（天）のみかて（御糧）もて
力を与えませ、また会う日まで
また会う日まで

追記として

ウィリアム・クラークの「少年よ、大志を抱け」でよく知られている札幌農学校の一期生で、クラーク先生の影響でキリスト者になった内村鑑三は、キリスト教国が多くの戦争を戦うことに疑問を抱いた。日清戦争や日露戦争に反対していた内村にしてみると、キリスト教国は戦争などをしてはならないはずだと思っていたであろう。

この疑問は、多くの人たちが共通にもっている。古代ローマから現代アメリカに至るまでの主流文明がいかに多くの戦争を戦い、破壊と殺戮をくり返してきたか、これは歴史が明らかにしている。そこでこの問題について追記する。

『新約聖書』を読むとイエス・キリストは、「誰かが、あなたの右の頬を打つなら、左の頬をも向けなさい」と教えて復讐を否定し、「敵をも愛しなさい」と説いている。これに従うならば、たしかに戦争などはできないはずである。ところが、『旧約聖書』を読むと、ユダヤの神は熱心にユダヤ人の民衆を扇動し、元気づけて多くの戦争に勝利するよう導いているのである。

『旧約聖書』は、ユダヤ民族の宗教、ユダヤ教の聖典である。だから、守護神である神はユダヤ民族を守り、エジプトからパレスチナへと移住するときも、その途上経路に住んでいた他の民族と戦い、その土地を奪い取ることに加担しなくてはならなかった。現代のイスラエル民族は、戦争によって奪い取ったパレスチナの土地を、「神さまから与えられた聖なる土地」と主張し、現在の彼らのイスラエル建国の根拠を、「神から与えられた土地」を奪い返して確保しているだけであると説明している。

結局、キリスト教国は、『旧約聖書』と『新約聖書』の二つの聖書を「正義の新約聖書」と「自己保存の旧約聖書」というように、じょうずに使い分けて、世界史を勝ち抜いてきたといえる。

仏教は、いわば「正義の新約聖書」だけで、「自己保存の旧約聖書」がなかった。したがって、インドでは、イスラームやヒンドゥー教に仏教は負けてしまったということができる。霊なる神は、「人間が考える正義や善」を単純に「良し」とはしないのである。この意味で、霊なる神は、「人智を超えている」といわなくてはならない。

第12章　未来の主流文明
文明崩壊ののちに女性主導文明が誕生

●近未来の主流文明
環境破壊による崩壊と国際通貨システムの創設……512
●魅力的な未来の主流文明
男性支配文明から女性主導の文明へ……519

動物たちの社会秩序に人間たちは学ぶべきかもしれない〈ケニア〉

悠然と振る舞うオスのライオンだがメスから餌をもらって生きている〈タンザニア〉

近未来の主流文明

環境破壊による崩壊と国際通貨システムの創設

当然のことながら、なにが起こるか、未来のことはわからない。しかし、こうなるのではないかといった想像はできる。とくに近未来については、ある程度の確実性をもって語ることができる。水を含む天然資源の枯渇と自然環境汚染によって、人類は生きてゆけなくなるだろうということだ。世界の総人口は、もうすぐ一〇〇億に達する。この人口で経済成長をつづけると、まず水が足りなくなる。しかも、電力が足りなくなるからと、原子力発電所を世界中で稼働させて事故を起こしたら、どうなるのか。

ひたひたと押し寄せる「文明の終わり」

大気汚染、水質汚濁、そして地球温暖化は急速に進んでいる。異常気象で毎年、被害が拡大している。第一章の「狩猟採集から農耕生活へ」で書いたように、当時の人類が行なった自然環境破壊程度ならば、神さまも大目に見てくださっていただろう。しかし、産業革命以降の人類、とくに「先進国」による自然環境破壊は猛烈であった。

「先進国」とは、主流文明のイギリスとアメリカ、それに日本を含む準主流文明のヨーロッパ諸国のことである。これらの国の良心的な人たちは、環境破壊に責任を痛感していることだろう。日本を除くと、ほかはすべてキリスト教文化圏の国である。

『新約聖書』を読むと、二〇〇〇年前の人たちが「世の終わり」を信じ、それが近いことを恐れていたことがよくわかる。だから、神を信じ、救われる道を求めていた。「終わりのとき」の具体的な光景は、『新約聖書』最後の「ヨハネの黙示録」に書かれているが、この光景をそのまま信じることはできないとしても、それが「文明の終わり」であることは理解できるだろう。

過去には、崩壊したり、消滅したりした文明は多々ある。本書の最初に話題にしたユヴァル・ノア・ハラリ教授が心配する「ホモ・デウス」(神になる人間)が出現できる余裕はない。老化や死を克服し、動物や植物を人間の意のままに設計・創造するという神の行為は人間には不可能である。どのように優秀な人も、どのような金持ちも、貧しい人たちと同じように「終わりのとき」を迎える。

キリスト教文化圏の人たちは当然、「ヨハネの黙示録」を知っているはずである。しかし、ラテン語でしか読めなかった『聖書』をドイツ語に翻訳したマルチン・ルターは、『聖書』に「ヨハネの黙示録」はなかったほうがよかった、と語ったという。黙示録は「不都合な真実」であったのだ。

「もはや主流文明ではない」と宣言したアメリカ

主流文明アメリカを除くすべての先進諸国は、「第三回気候変動枠組条約締約国会議」を一九九七年に京都で開催した。会議では、国別の温室効果ガスの削減目標と、その実施期限を定めた「京都議定書」を採択した。しかし、主流文明のアメリカはこの議定書に署名しなかった。アメリカが、なぜこの京都議定書を拒否したのか。彼らの言いぶんは、「中国やインドが参加していない条約は無意味」というものであった。たしかに、三大排出国のアメリカ、中国、インドが加入していない京都議定書は、実施されることなく終わった。がっかりしたヨーロッパやアメリカの専門家を中心に、「地球環境は各分野、各地域で急速に悪化している」という報告書を、毎年発表しつづけた。

中国やインドの経済発展には目を見張るものがある。それは自然環境のさらなる悪化を意味している。東南アジア諸国、ブラジルの熱帯雨林などの自然破壊にもすさまじいものがある。ＰＭ二・五などの大気汚染物質によって、北京もニューデリーも呼吸が困難になるほどに汚染が進んでいる。人間は、魔力によって現実の危害をうけないことには、正しい方向に進むことができないようである。

二〇一五年一二月、「第二一回気候変動枠組条約締約国会議」がパリで開催された。今度はアメリカも加入し、中国もインドも参加した。「パリ協定」の署名式はアメリカのニューヨークで行なわれ、一九六か国の加盟国すべてが署名し、二〇一六年一一月に発効した。

ところが、この年にアメリカ大統領に当選した共和党のドナルド・トランプはただちに、アメリカはこのパリ協定から離脱すると発表した。「アメリカ経済にとって、パリ協定は障害になる」というのが理由である。アメリカよりもはるかに貧しい国を含む世界が、「自分たちの欲望を少々抑えて、自然環境破壊を止めよう」と一致して決めたことを、世界でもっとも豊かな生活をしているアメリカが否定したのである。

このことは明らかに、「アメリカはもはや主流文明ではない」と宣言したことになる。しかし、救いもある。「大統領は離脱するといっているが、われわれはパリ協定を順守する」と、カリフォルニア州など数州の知事たちが宣言していることだ。次の大統領選挙でトランプが落選すれば、アメリカはパリ協定に戻ってくる可能性はある。

では、アメリカがパリ協定に戻ってくれば地球環境は改善されるのか。残念ながら、その可能性はない、あるいは少ないだろう。「パリ協定」は口約束であって、必ず守られるものではない。猛烈なハリケーンや台風が荒れ狂い、ひどい乾燥に襲われ、砂漠化が進行するなどの地球規模の自然現象の変化は避けられないであろう。専門家たちが数十年も前に警告していたことである。まさに、「ヨハネの黙示録」が展開されるようなものだ。

以上でわかるように、近未来の主流文明とは「地球文明」のことである。地球環境破壊は、世界全体で取り組まねばならない課題であり、一部の国の努力で避けられるような問題ではない。トランプ的利己主義が否定され、世界が協力して地球文明形成に向けて生きようとする方向に向かうことができるかどうか。これが人類の未来にとって決定的に重要になる。

アメリカ一国支配の国際通貨制度の改革は必然

未来の文明にとって、もっとも重要な課題は環境問題であるが、身近で数年内の未来について記すと、「主流文明としてのアメリカ」の最後の部分で説明した「適切な国際通貨制度」の創設がつづく。地球環境の激変、巨大な自然災害などがあっても、人類が生き残ることができたなら、その状態から人類は「文明」を再構築することになる。他に方法がないからである。

　地球文明の時代となっても、文明社会である以上、必ず「通貨」を必要とする。その国際通貨を発行するのが、現在のＩＭＦ（国際通貨基金）を改変した「世界銀行」になるであろう。もちろん、現存の世界銀行とは異なる組織である。

　この世界銀行が新しい国際通貨を発行し、その通貨の運営に当たることになる。新しい通貨は、現在のＩＭＦが発行しているＳＤＲ（Special Drawing Rights）（特別引出権）を改変したものになり、その通貨の価値もＳＤＲと同じ方法によって計算され、為替相場に応用される。

　このＩＭＦの制度はすでに機能しているのだから、創設は簡単そうにみえる。しかし、最大の障害は主流文明アメリカである。「アメリカ・ドル」が国際通貨として世界で使用されていることを単純化して表現すると、世界全体がアメリカ・ドルの支配下にあるということである。

　イランにしても北朝鮮にしても、アメリカの経済制裁をうけると国際的な経済活動は困難になる。中国も、アメリカによる制裁が始まると困難に直面する。世界経済全体がアメリカ・ドルによってなりたっているからである。これが、アメリカが主流文明である所以でもある。これがあるがゆえに、アメリカは世界の政治・経済の中心に立って采配を振るえると同時に、アメリカの利益を追求できる。

したがってアメリカは、この地位から降りたくはない。

アメリカをこの地位から引きずり下ろすには、二つの方法がある。一つは戦争で負かすこと、もう一つはアメリカの経済力を落としてアメリカ自身がこのシステムを維持できなくすることである。アメリカを戦争で負かすことは容易ではない。したがって、アメリカの経済力を弱めることが唯一の方法となる。具体的にはどうすればよいか。アメリカ・ドルの価値を下げることである。一ドル＝一一〇円を、たとえば五〇円にする。

そういうことを恣意的に実行できるのかと、疑問に思われるであろう。恣意的には、たぶん無理であろう。ところが、現実にはすでに実行されていて、主流文明アメリカの未来は終わりを迎えているのである。古代ローマ文明と同じような状況が、現在のアメリカに生まれているからだ。

古代ローマの通貨は金貨であったので、ローマ皇帝は自分の肖像画を刻印した金貨を発行していた。この時代の国際通貨は「金」であったので、ローマ人はほしいものはローマ金貨でどんどん買うことができた。こんにちでも「インドの遺跡からローマ金貨が発見された」といったニュースが届くことがある。ローマ金貨はインドにまで流出していたのである。このことは、「ローマの通貨は減る」ことを意味する。

ナショナリズムを排して人類が生き残れる制度に

通貨が減少することは不景気になることであり、経済が不活発になって社会が衰退することになる。

ローマ人はぜいたくな生活で楽しい生涯をすごせたであろうが、ローマ文明は徐々に衰退して崩壊することになった。アメリカ・ドルは、あたかも現代の金貨で、アメリカ国民はそのドルをどんどん使って世界各地からさまざまな商品やサービスを買って豊かな生活を送ってきた。

古代ローマの金貨は、使えば使っただけ金は減って貧しくなった。現代のアメリカは、ニクソン・ショックを引き起こしたように、ドルはただのペーパーマネーになった。印刷すれば通貨はどんどん供給できる。しかも、そのアメリカ・ドルは、外国から借金して印刷したものである。「主流文明アメリカ」を論じた章でも書いたように、巨額のアメリカ国債は中国や日本などの外国に買われていて、アメリカは巨額の債務をかかえている状況にある。

財政赤字と貿易赤字という双子の赤字をつづけることによって、アメリカは現在の国際経済システムを運営している。これは異常なシステムである。どこかでツマズキがあると突然、システムは崩壊する可能性がある。中国経済が異常を起こして世界経済が混乱すれば、アメリカ・ドルはそれだけで一ドル＝五〇円という大幅なドル暴落を起こし、アメリカ文明は徐々に衰退するのだ。

二〇一九年の時点でも、「EUを含む世界各地でナショナリズムが勃興して、グローバリゼーションへの反動が起こっている」などと論じられている。アメリカ・システムによるグローバリゼーションへの反動が起こっているのである。二〇二〇年のコロナウイルスの大流行も、グローバリゼーションに疑問を呈することになった。

グローバリゼーションはアメリカ主導で推進されたが、これはアメリカ・ドルを国際基軸通貨にしたグローバリゼーションでもあった。そうすることがアメリカにとっての利益であったからである。ところが、トランプ大統領が登場すると、アメリカのナショナリズムを主張するようになった。アメリカ・ドルを使わないグローバリゼーションを考案しなくてはならなくなったのである。その方策の一つが、先に述べたＩＭＦを改変して創設する国際通貨制度である。

ただし、この制度を実現するには、強力なリーダーシップと国際協力が求められる。いわば第二次ブレトンウッズ体制であって、全世界が協力しなくては実現しない制度である。温暖化対策としての「パリ協定」と同じか、それ以上の協力を必要とするのである。自国の利益、民族の利益だけを主張するのではなく、人類全体が生き残れる制度を確立することが、近未来の文明を生み出すカギになる。

魅力的な未来の主流文明
男性支配文明から女性主導の文明へ

「男女雇用機会均等法」という法律が、一九八五年に制定された。女性にとっては一歩前進であったが、この法律が制定されることでこれまで粘り強くつづけられてきた「女性運動」のほとんどが消えてしまった。常識的に考えてもこの法律の立法精神は誤っていた。

その誤りとは、明らかに男女間には「違い」があるのに、「同じ」としていることである。なぜそのような誤りが生まれるのか。従来の女性運動が、単純な「男女平等」を主張していたことにある。しかも、この平等は近代思想にもとづく平等であった。

フランス革命について述べるなかで、「自由、平等、友愛」について説明した。そのさいに指摘したように、革命によって解放されたのは「フランス人の男性」であった。フランス革命とは、男性の革命思想であったのである。

この結果、「男女平等とは、女性が男性と同じようになる」ということになった。これがなにを意味するのか。いうまでもなく、男女平等なのであるから、「女性も男性と同じように働き、男性と競争せよ」ということである。この結果、男性と競争して疲れて病気になった人が続出したし、退職せざるをえなくなった人も多く出た。

働くうえで男女平等をめざすことに間違いはないか

頑張って男性に勝利した人は、極端には独身で頑張るしかなかった。安定した女性の職場もあったが、そこで働く女性は結婚して子どもを産むと、子どもを保育園に預けて働くことになった。多くの女性がパートタイムで働くことにもなった。安い時間給で働き、不景気になると「使い捨て」のように首にされた。正社員もパートの社員も家計を助けるために、それでも子どもを保育園に預けて働きたいという。政府や地方公共団体も、保育園の増設を図っている。

それでは保育園が完備されれば、それで大丈夫なのか。実情はこうである。子どもを保育園に預けて職場で働き始めた母親は、次のように呟く。「お乳が張って痛いので、便所に行って自分のお乳を搾って捨ててきた」と。赤ちゃんは保育園のミルクを飲んでいるから大丈夫、と思われているのであろう。赤ちゃんの人権を無視した、ものすごい非人間性があることに気づかないのだろうか。

赤ちゃんが飲むべき人間のお乳、母乳は便所に捨てられ、仔牛が飲むはずの牛乳を人間の子どもに飲ませている。赤ちゃんの頭脳を含む全身は、人間の乳・母乳によって形成されるものであるが、かわりに牛の乳で人間の脳みそをつくるというのである。

もう一つ重要なことがある。母親の授乳は、単純に食物を与えることだけではない。母親が授乳することで赤ちゃんに「大きな安心感」を与え、赤ちゃんの情緒は安定する。胎内にいたときに聴いていた母の心臓の音と同じ音を聞きながら母乳を飲む赤ちゃんは、心から安心して乳を飲み、眠ることができる。成長して小学校に入り、情緒不安定で学校生活に問題を起こさないようにするには、安心して母乳を飲ませることが大切なのである。子どもの心と体の両方に、大切なものがあるのである。

多くの女性は、仕事が忙しいので赤ちゃんはゼロ歳児から預かってほしいと希望する。しかし、その方式の育児は、目に見えないかたちで子どもたちの頭脳をゆがめ、情緒が不安定なまま成長させてしまう可能性もある。

こう書くと、ゼロ歳児から預かってほしいと希望する女性を、私は否定しているかのように思われるであろう。そうではなく、私はそのような状況をつくっている社会に問題があると主張したいのである。人手不足だからと、主婦を社会に引きずりだして経済成長につなげよう、会社の業績を維持しようなどという現代日本の資本主義はこれでよいのか、そういう問題なのである。

少子化対策など、日本の将来を真剣に考えるのであれば、私は現在の日本人の社会常識を変えるべきだと考える。保育園はゼロ歳児から預かるのではなく、三歳か四歳から入るように、社会のシステムを変更すべきなのである。

「男性支配型文明」から「女性主導文明」への革命

このことは、たんなる「女性の働き方改革」などといった問題ではない。人類の生き残りを賭けた「女性革命」とでもいうべきもので、新しい主流文明へと繋がるものになると考える。なぜなのか。従来の「男性支配型文明」から「女性主導文明」へという革命を意味し、人類史における「農業革命」と同じような歴史の方向転換に向かうものだからである。

農業革命は、人類が生き残るために生まれた革命であった。女性革命もまた、人類が生き残る革命につながるものである。これが革命であるということは、現在進行中のアメリカ主流文明を否定するものである。さらに、アメリカ文明だけでなく、近代文明を生み出し推進してきた「近代合理主義思想」をも再考するものにしなくてはならないであろう。

近代合理主義とは、そもそもなんであったか。それは価値観と常識の大転換であったはずである。「身分」こそが最大の価値であると考え、それを常識とした社会から、「合理的なもの」にこそ価値があるとし、それを社会の常識としたのが近代である。すなわち、合理的なもの、科学的なもの、効率的なものにこそ価値があるとし、これに反するものは排除するという思想である。

こんにちでもこの価値観は受け入れられていて、私たちの日常的な活動は、この原則にもとづいている。資本主義という経済制度はこの思想によって生まれ、この原則は現在も生きているし、私たちもこれに従っている。たとえば、通常の買い物は「安くて、品質の良いもの」を選んで買う。その結果、値段が高くて品質の悪いものは排除されることになる。排除された会社や業者には気の毒であるが、社会全体としては効率の良い健全な経済活動が継続することになる。ひいては、この合理的な資本主義制度もつづくのである。

一方、効率や能率が強調されると、先の保育園で保母一人が二人の園児を受けもつのは効率的ではない、三人を受けもつべきだといった行政が行なわれることにもなる。だから、母親が一人の赤ちゃんを世話しているのは効率が悪い、人手不足なのだから子どもは保育園に入れて、母親はパート労働者になるべきだ、などと主張する政治家が出てくる。一般の労働者も、国際競争が熾烈だから能率を上げて効率よく働いてもらいたいと、長時間労働を強いられる。

その結果、独身者は異性を探す時間もデートする時間もない、家族のある人も家族と話をする時間がないとなる。なぜそんなに効率を上げて、忙しく生活しなくてはならないのか。それは、会社がつぶれないためであり、国家は経済成長をつづけなくてはならないからであり、労働者は賃金を上げるためであるという。それぞれ、それなりの説得力はある。しかし、このようなことをつづけていては、地球環境破壊を増進するだけではないか。

女性主導文明は、あたりまえを否定する思想

「女性主導文明」は、従来当然と考えられていた事柄を否定する文明である。基準になる行動規範あるいは労働規範は、妊娠しているあるいは子育てしている女性が、無理なく楽しく生きることのできる社会をつくることである。そういう社会は効率的ではないし、経済的でもない。ゆっくりした、田園風景的な、のんびりとした社会である。基本は、「もう経済成長を求めない」と覚悟することである。それには、海外の文物と過当な競争をしないことである。経済力とか、大学生の学力水準の国際比較の結果がどうのと、右往左往しないことだ。

発展途上国はもう少し経済を発展させて、生活水準を経済先進国に近づける必要がある。したがって、前章では経済が安定しない国の「近代化」を主張した。しかし、西ヨーロッパ、アメリカ、日本を含むアジアで豊かになった国ぐには、もう経済競争をする必要がない。仏教が教えるように、「煩悩を鎮めてもう少し静かな暮らしを送ろうではないか」という提案が女性主導文明である。

ゆっくりした労働、ゆっくりした暮らしは緩やかな経済活動になり、人の消費生活も節約的になる

だろうし、廃棄物の排出も抑えることができる。そのような社会に変えるには、政治、経済、教育など、主要な社会機構の主導を女性にお願いするのが適切であり、女性主導が必要になる。

具体的には、議会、理事会、委員会、役員会など、ものごとを決定する機関は、女性六人に男性四人というように、人員構成を女性優位にする。ただし、このような社会システムになると、おそらく男性の欲求不満が爆発し、混乱が生まれてくるであろう。そこで、男性の「勢力」を社会的に受け入れる、あるいは受け流せる多くの機関を設けることが必要になるだろう。

いわば、男性の「性力」吐き出し口をつくるのであるが、その最適なものは格闘技である。ボクシング、相撲、レスリングの施設を充実することである。ほかにもサッカー、ラグビー、野球、バスケットボール、バレーボールなど、男性の「攻撃性」を受容するスポーツが必要であろう。

女性の視点から性を解放する

次に、「性」の解放である。人間を含む動物が具える基本的な欲望は、食欲と性欲である。動物が生きるには、自己保存のためにまず食物が必要である。次に、種の保存のために子どもを産んで育てなくてはならない。したがって、人間は誰でも「食欲」と「性欲」を具えているが、こんにちの日本の社会では、あらゆる食物が豊富にあふれて、日本人の食欲を十二分に満たしている。

では、「性欲」はどうか。女性のことはよくわからないが、男性でいうと、日本人の男性の多くは性欲を満たすことができずに悩んでいる。性欲に負けてなにかの事件を起こす男がニュースになる。

昔に比べて、現在の日本人男性がいかに性欲を抑圧されているかを知る実話を紹介しよう。

オランダのライデンには、江戸時代の長崎の平戸にあったオランダ商館の医師、シーボルトの小さな博物館がある。日本の地図を持ち帰ろうとして罪に問われた「シーボルト事件」によって、江戸幕府から国外追放されたシーボルトは、江戸時代末期の日本のあらゆる文物をオランダに持ち帰り、日本をヨーロッパに紹介したのである。

平戸に滞在中のシーボルトは、幕府から一度だけ許可を得て、平戸から江戸までを旅行して、その旅行記を残している。そのなかでシーボルトが驚いたのが、すべての宿泊地には売春宿があり、昼間から繁盛していたことであった。「日本人は昼間からセックスをする!」と。

当時の日本の農村は貧しく、女性蔑視も一般であった事情はあった。しかしそれ以上に、男性にとって性のはけ口が充分にあったことに驚いた。日本における売春は江戸時代からつづいていたが、一九五六年に売春禁止法が成立して、表向きの売春はなくなった。女性の尊厳を売買するなどという行為は人権の否定であり、もちろん廃止すべきものである。

もう一つの実話を記しておく。私は一八歳から二二歳まで、陸上自衛隊に勤務した。そのころ、新入隊員の教育隊に中ノ神二等陸曹という教官がいた。二等陸曹は、旧陸軍の階級でいうと軍曹にあたる。彼は「鬼軍曹」で、新入隊員に恐れられる人であった。訓練で失敗すると、「腕立て伏せ一〇回」とか「グラウンド三周」などと罰を与えたからだ。ところが、その彼が四、五日休暇をとって休んで帰隊したことで、彼は結婚したことがわかった。しかも、軍曹は鬼でなくなっていた。他の教官と同じような、やさしい教官に変わっていたのである。独身の男性が荒々しく暴れまわるのは、性欲が発散されていないからであることがわかった。

そのようなことを軍の上層部が知らないはずはない。戦争のさいは、独身の暴れ者を最前線に送るのである。逆に、政治家がいくら煽り立てて戦争を決めても、性欲が満たされた若者は前線などには行かない。それどころか、平和運動に参加するようになるかもしれない。「平和憲法を守る」には、若者の性欲を満たすことが第一歩ということになるだろう。日本の学生運動が盛んになったころ、日本政府はこれを逆手にとって、筑波大学などがスリーエス（スタディ、スポーツ、セックス）政策で、女子寮への男性の入室を認めたりもした。

売春禁止だけなら、男たちもそれを守ることができるであろう。しかし女性の体にちょっと触れただけで「セクハラだ」、「セクハラだ」と言いたてられると、男たちは困惑することになる。

もちろん、酒を飲んでいたなどと言いわけをする悪質な男たちがセクハラ行為に及ぶことはある。当然、非難されるべきである。日本だけでなく、世界各地で「ミートゥー（MeToo）（私もされたのよ）」が叫ばれたことがあった。男たちの伝統的な女性蔑視がみえてくる。

一面では、多くの男性が女性と友人のように仲良しになりたいと願っている。どうすればよいのか。さまざまな問題を女性優位で決める女性主導の文明とする、そのようなあり方を女性から提案していただきたい。

性欲を抑圧して食欲を充足させる文明の歪

合理主義思想を生み出した近代社会は、科学技術を発展させて、効率的・能率的な産業経済によって、物質的にはありあまる豊かな文明を生んだ。こういう世界になれば人間は幸福になれる、と考えていた。たしかに食欲は充分に満足した。しかし、性欲は逆に抑圧されたものになった。近代文明は、性欲を抑圧して食欲を充足させるという偏った文明になったのである。しかもそれは、環境破壊を促進する文明である。

では、性欲が充足している文明であったとしたら、どうであろうか。性欲を充足するには、特別なエネルギーや特別な仕掛けは必要ない。裸の男と、裸の女で性欲は充足され、幸福を得ることができる。もちろん、平凡な衣食住は必要であるから、それを得るための労働は必要である。その程度ののならば多くの資源も必要ないし、自然破壊も大きくはないであろう。

ただし、性欲が充足できる社会を現在の延長線上で考えると、また男性支配の社会に戻ってしまうことになる。どうしても、「女性主導による性欲の充足」を提案しなくてはならない。女性にとって、どのような考え方、あるいは制度がよいのか、これも考えていただきたい。

男性も女性も幸福を感じて生きる社会の創造

家族、民族、国家、文明、こういうものすべては人間の集まりである。人間とは、男と女のことであって、人間が幸福になることとは、男も女も幸福になるということである。男が幸福を感じるものの一つは、魅力的な女性との交流である。さらにいうと、道で出会うすべての女性が魅力的であったなら、そこは天国であろう。

魅力的な女性といえば、健康で笑顔の絶えない女性を想定するが、それぞれの好みによってなにが魅力かはさまざまであろう。とにかく、女性が魅力的であることは男性にとっても、社会全体にとっても、重要な喜びであろう。

女性主導文明とは、女性が社会の中心的な役割を担当して、男性も女性も幸福を感じて生きることのできる文明である。結果として、その文明においての女性はみな魅力的になるし、男性は女性が魅力的になるように支援する、そのような文明である。

おわりに

「日本比較文明学会」は一九八三年に設立され、東京の共立薬科大学で、当時の国立民族学博物館長であられた梅棹忠夫先生による記念講演を聴くところから始まった。その設立目的は三つあり、一つは総合的で、かつ超領域的な研究をすること、二番目は地球文明的な視座の研究をすること、そして三番目が人類文明のよりよい未来を構想する研究をすることであった。

現代の学問は細分化されているので、このように幅広く、かつ奥深い目的の学会はほかに存在しない。私はこの学会の目的に賛同して、設立当初から会員として参加し、いくつもの論文を発表することができた。独断と偏見に満ちているが、本書はこの学会の三つの目的をすべて書いてみようと試みたものである。この学会がなかったら、本書も書くことはなかったであろう。

日本の比較文明学会よりも一〇年ほど早く設立されていたアメリカの研究者を中心とする国際比較文明学会から、日本の研究者に参加要請がきたことがあった。この学会の第二〇回記念学会をカリブ海のドミニカ共和国のサント・ドミンゴで開催するという。日本人は私一人だったが、これに参加することにした。一九九二年のことであった。

会員のみなさんはたいへん親切で、差別的な扱いを受けることはまったくなかったので、それ以来、二十年近く毎年、この学会に参加して小さな論文を毎回、発表してきた。アイルランドのダブリン、フランスのパリ、ロシアのサンクトペテルブルク、あるいはジャマイカやアラスカなどでの楽しかった学会を思い出す。本書は、これらの学会で発表した小さな論文を反映したものである。

「主流文明史観の構想」と題して、本書のベースになった構想を発表する機会を与えてくださったのは、国立民族学博物館名誉教授で、現在は吹田市立博物館の中牧弘允館長である。中牧館長は、日本比較文明学会関西支部を立ち上げ、その支部長を引き受けられたが、その第一回の研究会で私の構想を発表させてくださったのである。

この発表の場は、支部設立ということもあって当時は国立民族学博物館名誉館長であった梅棹忠夫先生も出席しておられ、私の構想を聴いていただいた。梅棹先生は名著、『文明の生態史観』の著者であるが、私ども後輩たちはなんとか『文明の動態史観』を書きたいものだなどと主張したことを覚えている。梅棹先生は、「頑張ってください」と励ましてくださった。

この関西支部研究会で、何回も論文を発表させていただき、また論文集『地球時代の文明学』(京都通信社、二〇〇八)に論文を掲載していただいた。論文集の計画や編集を引き受けてくださったのも中牧教授で、そこに収められた私の草稿も、本書の一部を構成している。中牧教授には、この紙上を借りて心からの感謝を申しあげたい。

本書には参考資料や脚注をほとんど入れていない。必要と思われる場合は、その個所に簡単に説明的に記入しておいた。実際にも、参考にするような理論や資料がないからである。歴史的な事実などは、インターネットで調べるとすぐにわかる。したがって、脚注などはほとんど必要ないと考えたのである。

本書の中心的な主張は、「文明は、言語と通貨を用いて形成される」というものであって、国際文明・世界文明も、適切な国際通貨と国際語が必要であるということである。本書の最初の箇所で引用したハラリ教授の『サピエンス全史』は貨幣の弊害は書いているが、その重要な役割には触れていない。国際通貨や国際語の重要性が無視されているのである。

梅棹先生に約束した本書の出版が遅れてしまった理由は二つあった。一つは、「私は九〇歳まで生きるから大丈夫」といって怠けていたこと、二つ目は途中で道草を食い『晩恋』(京都通信社、二〇一七) などという私小説的ノンフィクションを書いていたからである。

ところが、八〇歳になると突然、血糖値が上がり始め、糖尿病と診断された。つづいて息切れがひどくなり、重度の貧血症状がでて、入院して輸血をつづけながら検査をすると胸腺に巨大な腫瘍があることがわかり、手術をして除去した。幸いその胸腺腫は癌ではなかったが、完全に除去しても貧血症状は変わらなかった。

あとでわかったことだが、たぶん老化現象で胸腺腫ができ、ここから免疫細胞であるT細胞が自己免疫を開始し、膵臓のベータ細胞を破壊してインシュリンをつくれないようにしてしまった。これが1型糖尿病の原因だろうと思われる。インシュリンを自分の体でまったくつくれないのが糖尿病1型であるから、私はこれから死ぬまでインシュリン注射を打たなくてはならなくなった。

Ｔ細胞が次に攻撃したのは骨髄である。Ｔ細胞に攻撃された骨髄は赤血球をつくれなくなり、血中ヘモグロビン量が標準の三分の一にもなってしまい、重度の貧血と心不全を起こしたのだ。これが赤芽球癆（せきがきゅうろう）という難病で、百万人に八人くらいの患者がいるという。結局、私は1型糖尿病と赤芽球癆という二つの病気と一緒に生きることになった。

二〇一七年の年末から二〇一八年の年始までの多忙な時期に私の命を救ってくださったのは、「べっぷ内科クリニック」の別府浩毅医師であった。別府先生には、私の糖尿病の主治医として治療していただいている。また、友人でもある高橋権也医師には、彼がかつて副院長をしていた京都岡本記念病院を紹介していただき、胸腺腫の手術をしてもらい、いまも赤芽球癆の免疫療法による治療をつづけてもらっている。

この免疫療法による治療を担当してくださっているのは、総合診療科の八百脩平医師で、この病院では二人主治医制度をとっているので、糖尿病担当の主治医は別府先生であるが、赤芽球癆の治療担当主治医は八百先生である。赤芽球癆の治療は八百先生を中心にして、ほかにも血液内科、呼吸器外科、消化器内科の医師などがチームを組んで治療にあたってくださっている。感謝、感謝である。

自分の寿命が終わる前に、なんとか本書を完成させたいと、入院中から書きつづけ、治療と体調を優先してメールや電話、それに年賀状などの外部との交流をいっさい絶って、本書の完成に集中した。

多くのみなさんに失礼があったり、迷惑をおかけしたりしたかもしれない。この紙上を借りてお詫びを申しあげたい。

前回の『晩恋』と同様、梅棹忠夫先生の孫弟子でもある京都通信社の中村基衞代表・藤本壮史・平尾朋嵩の諸氏にはたいへんお世話になった。「原稿を最初に読むのは編集者だから」と、第三者の目線で読みやすい本をつくろうと、原稿に小見出しをいくつもつくって、読みやすい本にしてくださった。私の記憶違いをいくつも正していただいた。心からのお礼を申しあげたい。

私の家族にも、ただただ感謝のみである。入院していたときから退院以後も、私が本書の執筆に専念できたのは、家族のみんながさまざまな協力と配慮をしてくれたからである。彼女らの協力なしに本書の完成は不可能であったのだから、心から「ありがとう」のことばを贈りたい。

二〇二〇年四月二〇日　　宮原一武

〈追記〉 新型コロナウイルスによるパンデミック（世界的な疾病の流行）

本書の出版直前になって、人類の文明を転換させかねない事件が発生した。ついては、この魔力の発生の一部を記録し、解説する。

二〇一九年一二月、中国湖北省の省都、武漢において新型コロナウイルスによる最初の新型肺炎が確認された。武漢市の保健機関が、原因不明の肺炎患者を報告したのは一二月八日であったという。一二月三〇日には、コロナウイルスを検出した検査結果を発見した医師は、その事実を他の医師たちとインターネットで伝えあった。市当局にも報告したが、そのような「不名誉」な情報は受け付けられなかった。一月一日には八人の医師が警察に呼び出され、この医師も三日になって、「ネットでデマを流した」との理由で呼び出され、処分をうけた。しかし、行政は一月一日には発生源とされる華南海鮮卸売市場を閉鎖している。ヒトからヒトに感染することが確認されたのは一月二〇日であったが、この医師はすでに新型肺炎に罹患していて、二月六日には亡くなった。

「第一基軸文化」が共産主義である現代中国の「政治・行政文化」は、共産党一党支配のもとで、政治・行政を行なっている。感染症対策も、共産党の政治・行政機関の担当である。この政治・行政機関は、人民の不平や不満を警察や軍隊によって抑えることはできても、新型ウイルスによる感染症を抑えることはできなかった。

春節（旧正月）の休日を利用して旅行したり故郷に帰省したりする人たちは、一月に入るとどっと移動を開始した。人口一〇〇〇万を超える武漢とその周辺の人たちも各地に散らばり、この人たちが新型コロナウイルスを拡散させることになった。日本に観光にきた人たちのなかにも、このウイルスに感染した人がいた。

初期段階で大きな動揺を与えたのは、新型コロナウイルスに感染した乗客を乗せた大型クルーズ船「ダイヤモンド・プリンセス」の横浜港到着後である。船籍はイギリス、運航はアメリカの会社で、日本は入港拒否もできた。しかし、新型コロナウイルスに感染している患者を治療せずに追い返すことはできない。ウイルス検査で感染者だけを下船させ、隔離して治療することになった。業務を担当するのは厚生労働省である。「新型ウイルス」は、その正体も性質も特性も、当時はいっさいわからない代物であった。結果として、専門家の医療従事者までもが、このウイルスに感染する事態も起こった。それでも、三七〇〇人もの乗客・乗員の検査を終了し、彼らの故郷に帰還させた。

ここに至るまでに長時間を要したのは、「新型ウイルス」に対処する多数の検査キットなどの準備が必要だったからである。現代世界の主流文明はアメリカである。日本と同じようにアメリカでも特別機を用意して、中国の武漢や、日本に停泊していたクルーズ船からアメリカ人を本国に帰国させ、サンフランシスコ近郊の陸軍施設に二週間隔離して経過を見守ることになったが、この施設の周辺地域で新型コロナウイルス罹患者が発見されたのである。施設周辺の人たちは、「検査をしてほしい」

という要望をカリフォルニア州知事に申し出た。アメリカＡＢＣテレビに出演した知事は、「カリフォルニア州全体で、このウイルス検査ができるキットは二〇〇人ぶんだけ」と回答した。横浜港で日本が直面した事態と同じであった。ニューヨークでは、検査結果を調べるには検体を南部のアトランタにある連邦疾病症対策センター（ＣＤＣ）の施設に送らなくてはならなかった。主流文明のアメリカにおいてすら、この状況であった。

初期段階では、中国に次いで患者数が多かったのは韓国で、一日に五〇〇〇人以上の患者が発生した。ヨーロッパではイタリア人が近隣諸国に感染を拡大させ、バルト三国まで感染者は拡がった。北朝鮮と同様、世界に閉ざしているイランでも、副大統領が感染者になった。このあとのことは予測を超えている。

一四世紀に西ヨーロッパで「ペスト」が大流行して、総人口の三〇パーセントから六〇パーセントもの死者が出たことはよく知られている。このときのペストは中国で発生したもので、中国の人口の半分が失われたともいう。そこから西に進み、ヨーロッパで猛威を振るったのである。中世フランスが、このペストに負けなかったことは第六章で書いた。一三五〇年代のイングランドの人口はおよそ四〇〇万であったが、ペストで三〇パーセントの人が死亡したという。その多くは支配者のフランス語を話すフランス人と、ラテン語を話す聖職者であったことから、フランス語は廃れ、英語が生き残った、といったオチをつけて語られる。ペストという細菌のパンデミックである。

ペストは細菌であるが、新型コロナウイルスは文字どおりのウイルスである。細菌とウイルスとの大きな違いは、その大きさである。細菌をサッカーボールとすると、ウイルスはパチンコ玉くらいである。「ウイルス検査」とは、この小さなパチンコ玉を見つけることであり、サッカーボールを探すよりもはるかにむずかしい。しかも、たくさんの種類のウイルスのうちの「新型ウイルス」だけを見つけるのである。現代医学では抗生物質によってほとんどの細菌を抑制できるようになったが、たとえ風邪でもそのウイルスを見つけ、抑えることはむずかしいのである。

七〇〇年の時間差はあるものの、なぜか同じ中国大陸で発生した細菌とウイルスが、世界文明史に大きな傷跡を生むことになりそうである。もちろん、この二つの感染症を生み出したのは「漢民族（中国人）」ではない。これらの細菌とウイルスは、ユーラシア大陸東端で発生したが、そこがたまたま中国の領土であって、住んでいたのが中国人であったということでしかない。単純に中国人を非難するようなことは避けなくてはならない。

しかし、現代文明の問題としてとりあげると、中国は経済大国に成長して、主流文明アメリカと経済や科学技術の覇権競争、軍事力強大化競争をしているという現実がある。この局面をみると、中国は圧倒的に不利ではないかと思われる。中国は、数十年にわたってアメリカに貿易黒字を積み上げて経済成長を実現してきた。これはいわばアメリカの「温情」から生まれたもので、アメリカ・ドルの庇護のもとで中国は経済成長に成功してきたといえる。ところが、今回の新型コロナウイルスは、中国の意向とは関係なしに、あたかも「ウイルス・ミサイル」としてアメリカの覇権体制を破壊しそうな様相を呈している。

主流文明の国アメリカは、世界一の軍事力を保持しなくてはならない。そのために、通常兵器はもちろんのこと、核兵器、ミサイル兵器、ガス兵器、細菌兵器、宇宙戦争用兵器、そのような兵器による敵からの攻撃に備える迎撃兵器など、完全な装備をしてきた。「九・一一」のようなテロ攻撃に備えて、さまざまな検疫も実施してきた。しかし、「新型コロナウイルス」というミサイルを完全に抑えることはできていない。トランプ大統領は「ウイルスに勝つ」と宣言しているが、ハーバード大学の感染症専門の教授は、「世界全体の七〇パーセントの人が感染するだろう」と予想している。当然、アメリカも日本も含まれる。

もしもアメリカが、この新ウイルスとの戦争に勝ったとしても、アメリカ・ドルによって支配してきた世界経済は、決定的なダメージに直面する可能性がある。農業文明のもとで発生したペストは、各地で甚大な人的破壊を遺したとはいえ、農業は自給自足が可能で、その損害も部分的であった。しかし、現代世界の経済は全体が緊密な関係をもって組織化されている。中国の工場で生産される部品が足りないので製品が完成しない、などの事態は容易に発生する。中国に大規模な工場を置いている日本の企業は業績不振に陥り、倒産の憂き目をみるかもしれない。

中国は「世界の工場」であったが、いまでは一三億の人口の大消費市場でもある。中国での販売が減少すれば、企業の業績は大幅に下落する。これはアメリカの企業も同じで、サプライチェーンによってアメリカと中国の企業はつながっており、世界経済一位と二位の大国は景気後退に直面することになる。資本主義経済の宿命であるとはいえ、サプライチェーンの中心にある大企業は高度に効率化されているがゆえに、大きな脆弱性をともなう。いわば組織全体が精密機械化されているので、どこかにわずかな狂いが生じても、つまずいてしまう。さらに、設備投資などで大きな負債をかかえていると、それが命取りになり倒産ということにもなる。

とくに問題をかかえているのが金融機関である。第八章で述べたように、リーマンショック以来、世界の中央銀行は常識を超える金融緩和政策を実施した。「問題先送り」の通貨過剰供給である。金利がほとんどない、あるいは「マイナス金利」などという考えられない政策を実施している。この結果、世界の多くの金融機関は経営危機に直面している。世界恐慌につながってもおかしくない状態にある。新型コロナウイルスという魔力が世界史を動かしているが、「温暖化」や自然災害という魔力も控えている。人類は、そのような試練に直面しているが、その詳細は第十二章に書いた。

世界史の最先端は、「いま」であり「現在」である。文明史も同様である。なお、この新型コロナウイルスの呼称は、今後、「COVID—19」とよばれることになるだろう。英語でそうよばれるようになっているからである。「2019年型コロナウイルス感染症」である。

（二〇二〇年三月五日記す）

宮原　一武（みやはら・かずたけ）の略歴

一九三五年、長野県に生まれる。一七歳で大学入学資格検定合格、近江絹糸紡績（株）に約一年、陸上自衛隊松本部隊に四年勤務したのち、二三歳で同志社大学商学部に入学。現在のニチコン㈱に二年間勤務したのち同志社大学大学院商学研究科修士課程に。在学中の二九歳で古津游子と結婚。平安女学院短期大学に勤務（八年）しながら、三三歳で同志社大学大学院博士課程単位取得。

その後、神戸市外国語大学に二六年間勤務。現在は同大学名誉教授。この間、イースタン・ケンタッキー大学客員教授（一九九三年）、国際比較文明学会理事（一九九三～一九九六年）などを務める。専攻は貿易論と比較文明論。国際比較文明学会の理事・会員として世界各地で開催される学会に出席する傍ら、各地の歴史的史跡や遺産を訪ねて歴史と文明を検証。語学力とプロテスタントのクリスチャンとしての視点から、歴史の大きなうねりを客観視してきた。

著書に、『国際ビジネスコミュニケーション』（紀書房、一九九五）、『文明の構造と諸問題』（近代文芸社、一九九八）、『女性主導文明が未来を救う』（文芸社、二〇〇四）などがある。共著に、『21世紀へのアプローチ』（学生社、一九八九）、『この国を憂いて』（キリスト新聞社、二〇〇二）、『地球時代の文明学』（京都通信社、二〇〇八）、『晩恋　映子と爺のラブメール（京都通信社、二〇一七）などがある。

主流文明の世界史　魅力と魔力が歴史をつくる

二〇二〇年五月二六日　初版発行

著者――宮原一武
発行人――中村基衞
発行所――株式会社　京都通信社
京都市中京区室町通御池上る御池之町三〇九
郵便番号六〇四‐〇〇二二
電話〇七五‐二一一‐二三四〇
印刷――共同印刷工業株式会社
製本――大竹口製本所

ISBN978-4-903473-34-5　C1022

◎書店にない場合は、京都通信社のホームページからお求めいただけます